无锡文博论丛

WUXI ARCHEOLOGY AND MUSEOLOGY REVIEW

第 3 辑
2018

无锡博物院 编

科学出版社
北 京

图书在版编目（CIP）数据

无锡文博论丛. 第3辑，2018 / 无锡博物院编 . -- 北京：科学出版社，
2018.12

ISBN 978-7-03-060071-4

Ⅰ. ①无… Ⅱ. ①无… Ⅲ. ①文物工作 – 无锡 – 文集 ②博物馆 – 工作 – 无
锡 – 文集 Ⅳ. ① G269.275.33-53

中国版本图书馆 CIP 数据核字 (2018) 第 285819 号

责任编辑：张亚娜　郑佐一 / 责任校对：邹慧卿
责任印制：肖　兴 / 封面设计：北京美光设计制版有限公司

科 学 出 版 社 出版
北京东黄城根北街16号
邮政编码：100717
http://www.sciencep.com
中国科学院印刷厂印刷
科学出版社发行　　各地新华书店经销
*
2018 年 12 月第　一　版　　开本：889×1194　1/16
2018 年 12 月第一次印刷　　印张：18 3/4
字数：526 000
定价：180.00 元
（如有印装质量问题，我社负责调换）

目 录

CONTENTS

博物馆

艺术

遗产

附录

考古

试论宗孝意识到宗法观念在土墩墓考古发掘中的反映

刘宝山[*]

【摘要】本文认为江南土墩墓，特别是一墩多墓，是埋葬制度家庭化或家族化在考古学上最直观的反映，高大封土之下形式多样的祭祀遗迹、墓下建筑和墓上建筑遗迹是宗孝文化的物质载体。由家庭、家族内部的宗孝意识扩展延伸到社会层面的效忠理念完成了宗法观念的制度升华，这一升华演变过程反映在考古学上就是贵族墓葬和高台祭祀的统一。这一考古学现象最早应发生在崧泽文化向良渚文化的过渡时期，而良渚文化时期则基本成熟。江南土墩墓的发掘及其起源的研究，揭示了宗孝制度作为中华传统文明中的核心可以上溯到5000年前，是考古学界对中华文明探源工程的又一重要贡献。

【关键词】土墩墓　高台墓葬　宗孝　崧泽文化　良渚文化

一、宗孝文化起源的探索和概念的界定

（一）宗孝文化起源的考古学探索仍然属于空白

利用考古材料分析意识形态方面的问题在考古学界一直存在争议，但笔者认为作为理论探索不应该设置学术禁区。例如，中国孝文化从"尊祖敬宗"的祭祀礼仪演化为以"尊亲事亲"为核心的家庭伦理，再升华到以"事君"为核心的效忠政治伦理，这一演变过程能否从考古学材料上找到线索？人类宗孝意识始于何时？是哪个发展阶段的产物？目前学术界依靠文字记载能够推断孝文化起源的最早时间是传说中的尧舜时期[1]，而就目前所能见到的出土文物资料

中最早的"孝"字发现于殷墟甲骨文第五期[2]，在西周青铜器铭文中"孝"字多有发现，例如著名的"颂鼎"[3]"散盘"[4]等。经东周之后考古发现的自汉代一直到明清时期墓葬中直接反映孝文化的以"二十四孝图"为代表的历代孝子故事壁画屡见不鲜，说明孝文化伴随着中国古代社会中儒家思想的兴盛与儒家教育的普及始终存在[5]。但从考古学角度来看，人类的埋葬习俗从旧石器时代晚期就已经开始了，但是这一时期埋葬死者的现象和等级制度以及孝文化的产生没有必然联系。因为最早的孝意识萌芽一定是在"血缘家庭"内部，而血缘家庭产生于新石器时代。本文试图从江南地区典型土墩墓考古的特征及其起源角度探讨宗孝意识的起源问题，抛砖引玉，认为宗孝意识在考古学

---

* 刘宝山：无锡市文化遗产保护和考古研究所所长，研究馆员

上的反映应该至少发生在崧泽文化向良渚文化的过渡时期，并且良渚文化时期已经由家族内部外溢到了社会层面，宗法观念已经形成。

（二）相关概念的界定

本文认为土墩墓葬俗和父系血缘家庭以及孝文化起源有着密切的关系，现界定相关概念如下。

（1）宗孝文化。从文献和哲学角度讨论孝文化的论文很多，限于篇幅这里不再展开。《说文解字》："孝，善事父母者。从老省，从子，子承老也。"可见普通意义上的孝文化就是子女善事父母，属于家庭内部的道德伦理范畴、是"私德"，所以其先决条件就是要知道父母是谁，即进入父系社会。宗与孝相结合的概念外延就扩大了，意味着不单单是看得见摸得着的"善事父母"，而且要对高于父母以上的同一宗所有长辈都要表示尊重，办法只有一个：举行祭祀仪式。所以祭祖活动就是宗孝文化，《说文解字》："宗，尊祖庙也。"

（2）宗法观念。《说文解字》："法（灋），刑也。"是指最高行事准则，所以宗法就是指调整家族之间关系的制度。宗法观念指对规定嫡庶系统法则的看法，以宗族血缘关系为纽带，与国家政治制度相结合，维护贵族世袭统治的一种法则。

（3）土墩墓。本文所指土墩墓属于一墩多墓的"典型土墩墓"，不包含石室土墩墓和秦汉以后的竖穴土坑封土墓。随着土墩墓考古资料的丰富，越来越多的学者已经意识到有必要把"竖穴土坑封土墓""石室土墩墓"和平地起建的一墩多墓即"典型土墩墓"分别研究。

二、考古材料所见江南地区家庭的出现

（一）崧泽文化时期发生了社会结构复杂化

江南地区环太湖流域，从马家浜文化（距今约 6000—7000 年）到崧泽文化（距今约 5300—6000 年）阶段社会性质的变化在埋葬形式上反映得非常明显。例如，马家浜文化时期，墓葬普遍集中在大的生活区范围内，并没有专门修筑独立于生产、生活区之外的墓地。成年女性以单人仰身直肢葬为主，以俯身葬、屈肢葬和侧身葬为辅，有时与幼童合葬，而男性则以俯身葬为主，随葬品女性普遍多于男性，无论男女多数头向偏北方。崧泽文化时期墓地的安排已不见马家浜文化特别是早期常见的分布于房前屋后的埋葬，而是有相对独立的埋葬区，说明已经由部落氏族开始向相对封闭的家庭化转变。崧泽文化时期葬式演变为男性以单人仰身直肢为主，女性以俯身葬为主，无论男女头向偏东南的居多。这一现象应该和马家浜文化时期属于母系氏族社会，妇女占领导地位，而崧泽文化时期已进入父系氏族社会有关[6]。在父系氏族社会中男性地位大为提高，居领导地位，在葬式上也就相应的表现为采用"领导者"的仰身直肢葬葬式了。另外，崧泽文化的各遗址中，房屋都比较小，大多数房屋为长方形地面式建筑，也说明崧泽文化时期已经从母系大家庭走向小型的父系家庭。

目前，我国最早的等级分化考古学材料见于崧泽文化。在江苏省张家港市东山村遗址发掘之前考古学界一直认为崧泽文化时期仍然没有出现明显的等级分化，2008 年东山村遗址 M101 的发现证明：距今 6000—6300 年前的马家浜文化晚期开始出现较大规格的大墓，象征部落军权的石钺也最早出现在马家浜文化晚期。在东山村遗址发展到崧泽文化早中期时就已经开始出现大墓与小墓分区埋葬，其中 9 座高等级大墓的发掘使我们对环太湖流域崧泽文化整体面貌和社会生产力发展水平有了新的认识，2009 年被中国社会科学院公布为"中国六大考古新发现"之一。9 座高等级大墓共出土玉器 100 件，多数随葬有大型石钺、甚至带柄

钺形玉器，说明太湖流域人类权威之军权制度已经建立。另外，居住遗址也相应出现了面积较大的"高等级"房址，说明社会已经出现了明显的阶层分化，中华文明的曙光在太湖流域出现了，其中5座高等级墓葬的¹⁴C测年矫正数据在距今5700—5900年之间[7]。中华文明探源工程首席专家李伯谦先生看到东山村崧泽文化考古发掘现场和出土材料之后认为，崧泽文化早期偏晚阶段已经进入了苏秉琦先生所说的"古国"阶段，中华文明最早出现社会转型不在黄河流域、也不在长城内外的北方地区、也不在长江中上游地区和珠江流域，而发生在"长江下游环太湖为中心的东南部"，并且强调"从崧泽文化到良渚文化，其文明演进模式发生的重大变化，单纯从遗迹、遗物的物质形态观察而忽略其反映的思想观念等方面的研究，是难以揭示出来的。考古学既要研究物，也要研究人，当然也包括人的观念和思想"[8]。对家庭孝意识的萌芽探索就属于运用考古学材料综合研究人类意识形态的内容之一，孝文化的起源，一定是人类社会各方面发展到一定阶段的产物，绝不是偶然和孤立的。

考古发现马家浜文化至崧泽文化早期的墓地仍属于大型的氏族性质的公共墓地，经常和生活区混杂在一起，也没有发现专门的封土堆。普遍情况是同一墓群内墓葬的规模、随葬品的数量、质量无大的区别，随葬品主要还是一种实用器而不见礼器，有少量的装饰品。发展到良渚文化时期男女性别和社会地位分化已经反映的十分明显，如反山、瑶山墓地中代表男性墓葬出土玉或石钺的墓中，高级别的随葬品玉琮、玉三叉形器、成组玉锥形器、成组半圆形玉饰等，这些已经绝对不与代表女性的玉璜、陶纺轮和陶过滤器等配伍了[9]。追根溯源，崧泽文化后期墓地才开始小型化（家庭化），开始出现土墩墓葬俗。土墩墓是在不同的时期随家庭成员的死亡逐步层层加筑形成

的，和商周时期吴越土墩墓的构建形式相同，区别于北方的竖穴墓室上面的封土。有学者早就意识到土墩墓现象应和个体家庭、世系、敬祖观念有关[10]。笔者认为江南土墩墓的出现就是以血缘家庭为单位独立埋葬的最直观的表现，是宗孝文化的"化石级遗存"，所以江南土墩墓的起源问题，有学者已经预见到应提前到崧泽文化时期[11]，2017年我们在宜兴下湾遗址的崧泽文化考古发掘最新资料就证明了这一观点。

（二）宜兴下湾遗址首次把土墩墓起源提早到距今5300年前

2017年在我们和南京博物院联合对宜兴下湾遗址进行抢救性发掘的过程中首次发现了崧泽文化晚期的一墩多墓埋葬习俗。下湾崧泽文化遗址明确发现了居住区与家族墓地不但分别独立规划，而且把墓地专门规划在山脊上、生产和生活居住区规划在山脚平原地带，证明这一时期家庭和家族作为社会相对独立的单元已经得到普遍认可，且受到社会重视。

宜兴下湾遗址发现崧泽文化时期土墩墓13处共160座墓葬，沿山脊和缓坡分布，其中最高处的9座土墩中结构布局保存状况相对完整的有D1埋葬35座、D9埋葬22座、D12埋葬18座。以D1（图一）为例。D1位于墓地北端，发掘出崧泽文化墓葬35座。首先整平土地，然后开始一层层堆土，再根据死者顺序建造墓室埋葬，相对集中分布在墩子东北和西南部（图中十字隔梁的第一和第三象限），排列有序，向心式分布，这和商周时期的一墩多墓布局没有区别。另外，墩子内部发现的几个灰坑有祭祀遗迹。根据出土器物和¹⁴C数据判断，属于崧泽文化向良渚文化过渡时期。土墩最高处中心位置由于被后期墓葬打破和盗掘比较严重，没有发现崧泽文化时期的墓葬，所以35座向心式墓葬的发

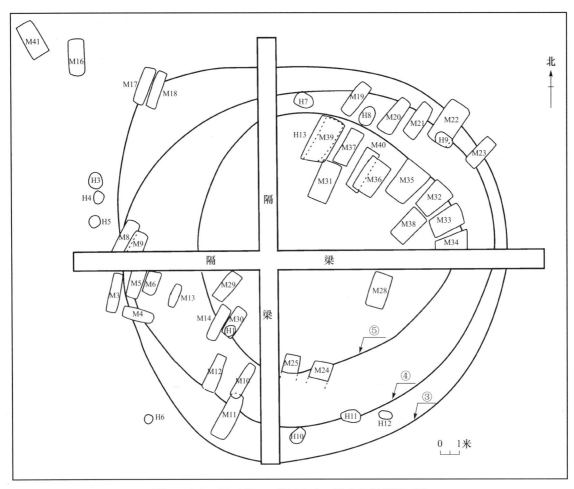

图一 宜兴下湾遗址 D1 崧汉文化一墩多墓埋葬平面图

M：崧泽时期墓葬 H：崧泽时期灰坑 ③：③层墩子范围 ④：④层墩子范围 ⑤：⑤层墩子范围

现证明至少距今 5000 多年前太湖流域出现社会结构家庭化、家族化，且有了"宗"的概念。

宜兴下湾遗址中每一个土墩墓都开口于同一层位下的崧泽文化墓葬，除个别的两三座之外，大部分都没有叠压打破的关系，墓葬均为单人葬，说明前后埋葬时间间隔并不长。墓穴长度大多在 200 厘米左右，宽大多在 90 厘米左右，墓葬之间并没有显示出较大的等级分化。该墓群随葬器物基本组合为陶罐、陶豆、陶杯、石锛。陶器种类有鼎、豆、罐、壶、杯、盘、碗、缸、纺轮等家庭生活用器物；石器种类有斧（钺）、锛、凿、镞、纺轮，其中石锛数量最多；玉器种类有钺、璧、璜、玦、环、管、坠。所以江苏宜兴下湾遗址土墩墓群

一墩多墓并非像后来良渚文化贵族高台墓地那样等级森严，而应该是以血缘关系为主的家族"温暖型"的、长幼有序的、宗孝意识的反映。

所谓土墩墓的向心式布局，即在土墩中心墓葬周围的不同层面安葬的多座墓葬头向均朝向中心墓葬。首次发现于 2005 年配合"合常""镇溧"高速公路建设的抢救性考古发掘[12]。在 40 多座土墩墓中发现有 14 座明确存在这一布局方式，且首次发现有 9 座土墩墓有用来进行孝祭仪式的墓葬建筑、首次发现有 1 座土墩墓有明显的界墙和护坡、1 座土墩墓有土垄遗迹。但无论一墩一墓还是一墩多墓，都普遍存在多种形式（形式不一也反映了其民间性质和家庭差异性）的祭祀遗迹，所以

我国源远流长的家庭内部尊宗敬祖孝文化在土墩墓考古发掘上的反映可谓是"昭然若揭"。

三、祭祀土台与土墩墓相结合是从宗孝意识上升到宗法观念在考古学上的直接反映

（一）崧泽文化时期遗址中经常遇到的土台遗迹和祭祀有密切关系

《礼记·祭统》："祭者，所以追养继孝也。"祭，就是对已经逝去的先人继续赡养、继续尽孝。崧泽文化时期还有一个最显著的变化是考古报告中经常描述的所谓人工"土台"的出现。例如，在浙江嘉兴南河浜遗址、浙江海盐仙坛庙遗址、江苏苏州吴县（现吴中区、相城区）郭新河遗址等均发现了这种土台遗迹。从总体上来看，这些土台的规模均不是太大，一般最初使用几十方土堆筑而成，在土台的基础上通常随着墓葬的增多而多次扩大成为土墩墓，和江南商周时期一墩多墓的典型家族墓地营造方式相同。从典型江南土墩墓内的规划布局情况来看，土台往往是墓地的中心区，墓地中最早的墓葬位于土台上或是接近土台，土台上多能够发现举行仪式活动的痕迹，周围的墓葬打破土台再封土埋葬，说明先有土台后有墓葬，所以陆续形成的土墩墓葬都和祭祀土台有关，土台—墓葬—台、墩一体化，一座土墩墓就相当于人活着时候居住的一座房屋，不断有"新人"到来，可被视为属于同一"宗"的成员，死后归宗的孝文化起源一览无余。

根据考古发掘资料来看江南土墩墓的祭祀遗存包含祭祀建筑、祭祀坑、用人祭祀、牺牲、祭祀台、焚烧祭祀、祭祀器物群、封土祭祀等多种形式，依据祭祀遗存与土墩墓营建的相对早晚关系，可分为葬前、葬时、葬后三类祭祀遗存[13]。无论江南土墩墓的祭祀方式有多少种类，其性质都无可否认是人们对家族宗孝文化的高度重视，是宗孝文化以祭祀的形式在土墩墓葬俗上的真实反映，特别是墓下临时建筑周围排水沟的发现说明祭祀活动是延续了一段时间、并有活人守灵尽孝，之后才拆除建筑覆土埋葬。所以甲骨文中的宗（⋒）造字本义是"献祭崇拜祖先的祖庙"，示（**T**）表示"祭拜祝祷"。可见考古发现的江南土墩墓是中华宗孝文化的最直观反映，宗孝也就是"孝于宗"的意思，是对"同一宗、正宗"观念的重视。用于祭祀的墓下建筑和墓上建筑就是后来宗庙建筑祭祀即"庙祭"的起源。

首次发现的崧泽文化时期两座异性合葬墓是在苏州草鞋山遗址[14]，是父系小家庭出现最直观的反映。一座是北区的M95，左边为成年男性，随葬罐、杯、彩绘杯各1件；右边为成年女性，随葬品有8件：鼎、豆、玉璜各1件，杯2件，罐3件。两骨架分别发现了葬具的痕迹，且两棺相互隔开保持一定空间，说明应该不是同时下葬。另一座是南区的M85，男性仰身直肢，随葬鼎、豆、壶、罐、盆各1件，女性侧身葬，随葬鼎、豆、壶、罐、盆、杯等10件。

2017年宜兴下湾遗址土墩墓群的发掘反映出普通家庭（家族）墓地对所有的社会成员均是开放的，器物群与遗址中的埋葬位置仅存在细小区别，说明崧泽文化晚期一般血缘家庭内部存在的并非真正的社会地位等级差异，而属于是比较单纯的"孝"文化意识上的长幼辈分差异，之后孝文化内容随历史的进步才逐渐丰满并正式作为中华"家风文化"的一部分流传下去，在商周时代作为礼制的一重要内容为宗法礼制服务。

（二）祭坛与高台墓地相结合是孝文化与政治早期融合发展在考古学上的反映

从经济学理论来看，马家浜文化时期农业经济还没有占据主导地位，但到了崧泽文化中

晚期和良渚文化时期开始，以农业为主的生产型经济开始占主导地位，随着人口增长、聚落规模扩大，出现了新的社会协调机制和阶层的分化。甚至有学者认为，崧泽文化圈已经有了商品经济贸易，且为手工业和商业精英成为社会上层提供了路径，引发了社会的等级分化，使得长江流域的社会分化即复杂化开始于崧泽文化时期，明显早于其他地区[15]。崧泽文化早期军权已经崛起，发展到崧泽文化中晚期祭祀台遗迹开始出现，神权登上历史舞台。神权体制将整个社会调动起来，极大地提高了生产力。酋长以神的替身来主持祭祀仪式使其权力和地位合法化，酋长拥有特权来控制资源分配和别人的劳动，私有财产出现，权力、地位和财富世袭，有专职的工匠生产日用品和奢侈品。之前考古仅出土少量可能是仪式用的器物，而且并没有出现于个人墓葬中，说明仪式还不是个人的权利。发展到良渚文化时期，神权彻底占了主导地位，例如玉琮贯穿了良渚文化始终，成为良渚文化最为典型的玉器，神人兽面像与玉琮相始终，良渚文化灭亡，神人兽面像也同时"走下神坛"。

考古资料证明，崧泽—良渚文化的转型时期，在太湖流域的"高等级聚落"遗址中普遍存在具有祭祀性质的土台遗迹（表一），土台遗迹的布局、构造、功能均表现出强烈的一致性，土台遗存中皆有烧烤或者挖坑祭祀遗迹现象。这时期的土台遗存以浙江余杭良渚文化遗址群当中的瑶山墓地[16]、反山墓地[17]、汇观山墓地[18]等最为著名，它们和良渚古城以及大型水利工程遗迹等众多现象共同说明良渚文化已经迈入了文明。因为文明起源的本质是各种强制的和非强制制度的出现并被自觉遵守，文明程度越高制度越完善、越限制人的自由。孝文化和祭祀活动相结合是中华文明形成初期以及随后国家体制形成的基石和典型特征，是中华文明5000多年没被打断的独特的文化血脉，有人甚至提出了"祭祀国家"和"国家祭祀"的概念[19]，可谓是世界文明体系中的一大景观！

考古发现的所谓"土台"，实际上就是祭坛[20]。土色不一但多由相对纯净的土质堆筑，底部多呈圆角正方形，剖面呈梯形，形状近似覆斗状；四周和顶部置放有大口尊、鼎、罐、盆等陶器，经大火焚烧后形成坚硬的红烧土遗迹，陶器往往被烧结于红烧土中；有时土台内还瘗埋有精致的陶器和小型玉器，土台上或土台内大多有建筑遗迹，土台四周或土台上分布有墓葬，土台上的墓葬打破土台[21]。

然而考古发现崧泽文化时期的祭祀土台并不一定都与墓葬相结合。例如，2013年在无锡市惠山区发现的崧泽文化时期规模最大的双祭台就远离墓葬区[22]。双祭台由西墩与东墩双墩组成，两个墩子东西连续并列，大小形状基本相同，^{14}C测定年代在距今5200—5300年上下。其中东墩呈覆斗形，顶小底大，上口东西长22.8米、南北残长13.6米、底部东西长24.6米、南北残长16.6米、残高1.6—1.8米。东墩和西墩共同使用一个由纯净的青灰色土平铺的台基作为奠基层，青灰色台基上发现有人类头盖骨残片，东西祭祀台之间残留有隔墙遗迹，应该是双祭台的界线。青灰色台基之上用纯净的黄土堆筑成祭祀台，台上有房屋建筑遗迹和红烧土面，红烧土中发现大量的陶鼎足和石器以及炭屑。赤墩遗址双祭台距离其西北方向的墓地有200多米，是祭祀和墓葬分离的典型案例。这些说明崧泽文化时期既有部落或部落集团的公共祭祀场地又有家庭土墩墓祭祀，两者是分开的。

可以肯定的是，至少发展到良渚文化早期，从高等级墓葬和祭坛的紧密结合情况来看，血缘家庭内部的等级制度已经外溢到了社会政治层面，演变为宗法理念，从家庭发展到氏族再到部落或部落联盟（酋邦），从简单的

表一　环太湖流域崧泽—良渚文化祭坛墓葬遗迹举例 [23]

编号	遗址分期	遗址名称	规模（m²）	发现遗迹
1	崧泽文化中期	吴县郭新河	226.7	上有墓葬
2	崧泽文化晚期	海盐仙坛庙	120	祭祀遗迹
3	崧泽文化晚期	嘉兴南河浜	90	用牲祭奠遗迹
4	崧泽—良渚文化过渡期	宜兴下湾		红烧土遗迹
5	良渚文化早期	昆山赵陵山	9600	大型、中型墓葬及丛葬墓
6	良渚文化早期	吴县张陵山		中型墓葬
7	良渚文化早中期	海宁达泽庙	307	圆丘状，仪式性活动遗迹
8	良渚文化中期	余杭瑶山	3000	大型祭坛
9	良渚文化中期	余杭汇观山		多阶梯、高级别祭坛
10	良渚文化中期	余杭反山	18000	内部祭坛约 3360 立方米
11	良渚文化中期	昆山少卿山	9600	祭祀坑、兽与人骨的灰坑
12	良渚文化晚期	武进寺墩	200000	大型祭坛、三面环濠
13	良渚文化晚期	苏州草鞋山		大型墓葬
14	良渚文化晚期	江阴高城墩		大中型墓葬
15	良渚文化晚期	青浦福泉山	11800	祭坛、积灰坑、介壳屑堆、祭祀器物堆等祭祀痕迹

孝意识、家庭父权跃升到了社会化的"礼制"和强权。因为在平等松散的社会中，就不会存在大型的公共工程。而在复杂化了的等级社会中，才需要大型的公共工程，其工程量远远超过一个家庭、家族的能力，是一种更大范围的社会协作的结果。例如，良渚文化早期阶段的瑶山墓地就是经过精心设计、严格规划而建成的，在墓地结构和随葬品放置方面都不同程度地体现出制度化特征。从空间位置上看，瑶山土台周边位置的墓葬规格相对较低，高规格墓葬位于土台的中间位置，土台北部之所以没有安置墓葬，说明是"非埋葬区"，是用来进行复杂的葬仪和祭祀活动的空间。浙江瑶山墓地规则的祭坛结构，墓地内部所体现出的井然有序的婚姻或血缘关系，玉琮、玉钺等高端玉器的使用和对高端玉器技术的控制等，无不显示出神权、族权和军权的高度结合，所以良渚文化时期的显贵们无疑拥有很高的权力。另外，汇观山和瑶山在墓地结构上都是"回"字

形祭坛和墓葬的结合，这也许暗示了两宗族在统治职能上的相似或传承。由大型墓地的资料判断，当时最高层的权力构架是以一个宗族为中心、其他多个宗族辅政的"宗族联合"的形式，在不同宗族的合作和角力中，权力重心发生过转移，不同宗族在统治职能上似有分工。和大多数中小型聚落相比，这些宗族共同构成了显赫一时的王族集团[24]。用来维护权力的制度利用土台祭祀仪式不断巩固，宗孝意识不断加强并加以神话，最终达到了崇拜的程度，随着生产力的发展特权阶层自然而然诞生并合法化。

从墓葬随葬品分析，随葬兵器类的石钺、工具类的石犁、石耘和随葬镯、环及管珠串饰等装饰品，是从崧泽文化到良渚文化普遍存在的器物，但随葬璧、琮、三叉形器等具有浓厚宗教色彩的玉器及玉器的神徽图像，却是由良渚文化才开始出现的。在良渚文化时期中央都邑性质的遗址内如反山、瑶山等一些最高等级

墓葬随葬的玉石器中，这类所谓神器已超过兵器类的钺、镞等，占有了突出的地位，神徽图像雕刻在多种物质媒介上说明当时神权思想统治已经登峰造极。这一现象在区域性的中心聚落和一般聚落甚至个别小型聚落遗址的考古发掘中也能够反映出来[25]。

总之，从宗孝意识开始，由血缘到地缘，由低级到高级，由家庭到氏族，由氏族内部到氏族之间，地域范围不断扩大传播，至少在良渚文化早期晚段，太湖地区已经形成较为统一的宗教信仰观念，作为神灵载体的高端玉器成为权力的象征，神崇拜、祭祀和权力三者结合的趋势非常明显。太湖地区发展到良渚文化阶段已经进入到了"古国"与"王城"阶段，是目前考古所见最早成熟了的中华文明，宗孝意识已经上升为宗法理念，被成功植入了中华文明的沃土之中。所以国际权威考古学家科林·伦福儒在第三届世界考古论坛期间指出："中国新石器时代是被远远低估的时代。良渚遗址的复杂程度和阶级制度已经达到了'国家'的标准""确定中国早在五千多年前的良渚社会就已经进入了早期国家文明的阶段"[26]。

注　释

[1] 陈筱芳：《孝德的起源及其与宗法、政治的关系》，《西南民族学院学报》（哲学社会科学版）2000 年第 9 期。舒大刚：《虞、夏、商、周的孝梯文化初探》，《西华大学学报》（哲学社会科学版）2010 年第 8 期。

[2] 马如森：《殷墟甲骨文实用字典》，上海大学出版社，2008 年版，第 199 页。

[3] 刘桓：《释颂鼎铭中册命之文——兼谈（寅）字的释读》，《故宫博物院院刊》2002 年第 4 期。

[4] 张筱衡：《散盘考释》，《人文杂志》1958 年第 3、4 期。

[5] 赵超：《出土文物中的孝子故事画传统"孝文化"考古》，《大众考古》2015 年第 1 期。江玉祥：《宋代墓葬出土的二十四孝图像补释》，《四川文物》2001 年第 4 期。董永强：《唐代西州百姓陪葬〈孝经〉习俗考论》，《西北大学学报》（哲学社会科学版）2015 年第 3 期。

[6] 王华杰：《关于绰墩遗址马家浜文化墓葬葬式与性别关系的推测》，《长江文化》2007 年第 00 期。

[7] 林留根：《从东山村遗址看长江下游社会复杂化进程》，《东南文化》2010 年第 6 期。

[8] 李伯谦：《回望东山村——崧泽文化最早进入"古国"阶段的代表性遗址》，《华夏文明》2017 年第 5 期。

[9] 方向明：《聚落变迁和统一信仰的形成——从崧泽到良渚》，《东南文化》2015 年第 1 期。

[10] 刘和惠：《从土墩墓遗存看句吴的社会结构》，《1981 年江苏省考古学会第二次年会暨吴文化学术讨论会论文集》第三册，1981 年。

[11] 黄建秋：《江南土墩墓三题》，《东南文化》2011 年第 3 期。

[12] 林留根、王奇志、李虎仁等：《江苏句容、金坛土墩墓考古获重大突破》，《中国文物报》2006 年 4 月 5 日。

[13] 高伟、曹玲玲：《试析江南土墩墓的祭祀遗存》，《东南文化》2017 年第 1 期。

[14] 南京博物院：《江苏吴县草鞋山遗址》，《文物资料丛刊》第 3 辑，文物出版社，1980 年版。

[15] 何弩：《关于崧泽文化商品经济的思考》，《东南文化》2015 年第 1 期。

[16] 浙江省文物考古研究所：《瑶山》，文物出版社，2003 年版，第 20 页。

[17] 浙江省文物考古研究所：《反山》，文物出版社，2005 年版，第 16 页。

[18] 浙江省文物考古研究所：《浙江余杭汇观山良渚文化祭坛与墓地发掘简报》，《文物》1997 年第 7 期。浙江省文物考古研究所：《良渚文化汇观山遗址第二次发掘简报》，《文物》2001 年第 12 期。

[19] 芦军：《祭祀与中国早期国家历史互动进程研究》（硕士学位论文），四川大学，2006 年，第 22-25 页。

[20] 李婷婷：《良渚文化祭坛与高台墓地研究》（硕士学位论文），南京师范大学，2017 年，第 7 页。

[21] 张小帆：《崧泽—良渚转型期的礼制遗存当

议——以小兜里、仙坛庙、邱承墩遗址为例》，《南方文物》2015 年第 4 期。

［22］刘宝山、李一全：《无锡发现崧泽文化末期双祭坛遗迹》，《崧泽文化学术研讨会论文集》，文物出版社，2016 年版。

［23］郑建明：《环太湖地区与宁绍平原史前文化演变轨迹的比较研究》（博士学位论文），复旦大学，2007 年，第 134 页。

［24］王芬：《海岱地区和太湖地区史前社会复杂化进程的比较研究》（博士学位论文），山东大学，2006 年，第 221 页。

［25］李伯谦：《从崧泽到良渚——关于古代文明演进模式发生重大转折的再分析》，《考古学研究》，科学出版社，2013 年版。

［26］李剑平：《杭州良渚古城水管理系统考古发现和价值正式发布》，《中国青年报》2017 年 12 月 13 日。

无锡安镇安南村清代墓葬发掘简报

李永军*

【摘要】安南村墓地位于无锡市锡山区安镇安南村，是一处清代早中期平民公共墓地，经初步勘探，该墓地内有近百座墓葬。此次配合九里河综合整治工程发掘墓葬20座，基本为夫妻合葬，其中多数为砖室墓，少量为土坑墓，墓葬时代均为清代早中期。安南村墓葬虽然没有出土精美的随葬品，但其墓葬形制、埋葬制度、及其出土的少量日常用具和充满民俗色彩的画像砖等，都为研究明清时期江南社会风貌、社会习俗等提供了鲜活的材料，为研究清代早中期无锡商品经济地位，资本主义萌芽及发展程度提供了重要的资料。

【关键词】安南村墓地　清代墓葬　砖室墓　夫妻合葬

一、墓葬概况

2016年5月无锡市文化遗产局接群众举报，在九里河综合整治工程四标段安南村施工点发现古墓葬。受市文化遗产局的指派和委托，考古所工作人员随即到现场进行实地勘察，发现在施工现场有多座古代墓葬，根据《中华人民共和国文物保护法》《江苏省文物保护条例》等相关法规规定，亟需对这些古墓葬进行抢救性考古发掘，并对相关施工区域进行考古调查、勘探。经与无锡市重点水利工程建设管理处协商，就九里河综合整治工程的考古工作达成一致意见。经过两个多月的考古勘探和发掘，在九里河南岸安南村共清理发掘清代墓葬20座，并出土一批随葬品，现把此次发掘情况简要报告如下。

安南村墓地位于无锡锡山区安镇安南村北侧，九里河南岸，锡东大道西侧（图一）。该区域为一处稍高于周围的坡地，大致呈不规则椭圆形，长约300米，宽100米，面积3万余平方米，现为菜地。在墓地北侧九里河河道拓宽过程中发现了多处墓葬，经过考古勘探，在该处坡地上发现了近百座墓葬，因此判断该处为墓葬分布比较集中的古代墓地，定名为安镇安南村墓地。九里河河道向南拓宽5米，涉及墓地的范围长120米，宽5米，在施工区域内共清理发掘墓葬18座，另外在九里河与锡东大道的中安桥东侧发掘2座，共计20座（图二，表一）。

二、墓葬形制

此次发掘的20座墓葬中有3座竖穴土坑墓，

* 李永军：无锡市文化遗产保护和考古研究所研究室主任，副研究馆员

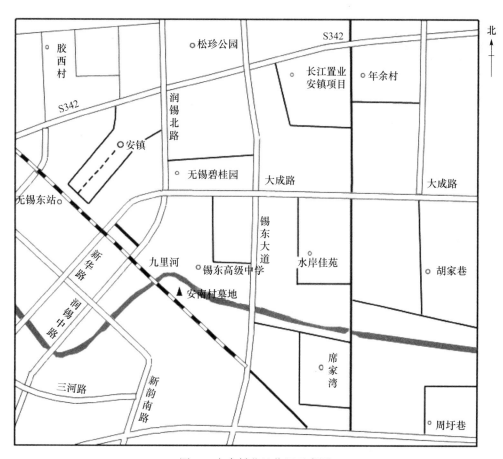

图一　安南村墓地位置示意图

表一　安南村墓地发掘墓葬登记表

墓号	形制结构	墓圹数据（单位 cm）	葬具	随葬品	时代	方向	备注
M1	竖穴土坑	80×20（50）—50	釉陶罐	1、2.釉陶罐	清代	111°	
M2	券顶砖室	284×191（200）—69	木棺	1、2.釉陶罐	清代	18°	合葬墓
M3	石盖板砖室	252×202—84	木棺	1.釉陶罐	清代	16°	合葬墓
M4	券顶砖室	243×180—68	木棺	无	清代	18°	合葬墓
M5	石盖板砖室	250×164—86	木棺	1、2.釉陶罐	清代	20°	合葬墓
M6	券顶砖室	185×163—71	木棺	1.釉陶壶	清代	15°	合葬墓
M7	券顶砖室	272×124—54	木棺	1.釉陶罐	清代	13°	合葬墓
M8	石盖板砖室	244×180—80	木棺	无	清代	25°	合葬墓
M9	竖穴土坑	195×70（76）—36	无	无	不详	195°	
M10	石盖板砖室	188×154（110）—90	木棺	无	清代	18°	合葬墓
M11	石盖板砖室	260×208（200）—72	木棺	1.釉陶罐 2.铜钱	清代	20°	合葬墓
M12	石盖板砖室	272×210（180）—78	木棺	无	清代	3°	合葬墓
M13	石盖板砖室	194×70（82）—74	不详	无	清代	5°	合葬墓

续表

墓号	形制结构	墓圹数据（单位 cm）	葬具	随葬品	时代	方向	备注
M14	石盖板砖室	270×224（200）—70	木棺	1. 铜钱	清代	15°	合葬墓
M15	石盖板砖室	210×186（176）—70	木棺	无	清代	10°	合葬墓
M16	石盖板砖室	256×210（184）—74	木棺	1、2.釉陶 3.釉陶盏	清代	15°	合葬墓
M17	竖穴土坑	120×82（78）—96	无	无	清代	16°	
M18	券顶砖室	270×260—65	木棺	1～3.釉陶罐	清代	28°	三室合葬墓
M19	石盖板砖室	240×220—76	无	无	清代	15°	合葬墓
M20	石盖板砖室	300×234（220）—80	无	无	清代	18°	合葬墓

其余均为砖室墓；其中 5 座为券顶砖室墓，12 座为石盖板砖室墓，下面分三个类型分别介绍。

（一）土坑墓 3 座，以 M1、M9 为例

M1：不规则椭圆形土坑墓，方向 111°，开口于②层下，向下打破③、④两层。开口距地表深 57 厘米，墓坑长 80 厘米，宽 20—50 厘米，墓坑深 50 厘米。两幅骨架分别置于两个釉陶罐中，但每幅骨架都不完整，仅有数段肢骨和肋骨，从肢骨的特征可以判断分属为一男一女，因此推测 M1 为二次迁葬，应当是子女把父母的尸骨合葬在一起（图三）。

M9：平面形状为梯形的竖穴土坑墓，方向 195°，开口于③层下，打破第④层和生土。墓坑开口距地表深 58 厘米，墓坑长 195 厘米，宽 70—76 厘米，墓坑深 34—36 厘米。坑内填土为黄褐色五花土，夹杂有零星瓷片、砖块等物，未见有随葬品。葬具和骨架均已腐朽，仅见残碎的骨关节碎屑。从墓坑的宽度和葬具的痕迹可以判断 M9 为单人墓（图四）。

（二）券顶砖室墓 5 座，以 M4、M7、M18 为例

M4：长方形券顶双室墓，方向 18°，开口于③层下，向下打破第④层和生土。墓

坑开口距地表深 60 厘米，墓坑长 243 厘米，宽 180 厘米，深 68 厘米。墓室营建方式为先挖竖穴土圹，四壁及墓底经过修整后，用青砖筑砌墓室，墓底未铺地砖，直接在生土面上筑砌墓室四壁及中间隔墙。墓壁筑砌方法为横向错缝平铺而上，第 12 层开始起矮券顶，券顶受外力挤压垮塌严重，仅残留局部。隔墙为竖向错缝平铺筑砌墙，隔墙上有方形孔沟通两个墓室。墓砖规格有两种，分别为 20×11—3 厘米和 20×7—3 厘米，大尺寸的主要用于中间隔墙及周围墓壁，小尺寸的用于券顶部位。因券顶倒塌，墓室内堆满土和砖块，除锈蚀严重的铁棺钉外未见其他随葬品。

东西两个墓室规格稍有差别，东室内长 220 厘米，宽 51—66 厘米，高 58 厘米；西室内长 220 厘米，宽 56—68 厘米，高 66 厘米。葬具和骨架已经腐朽，墓底仅见棺痕及板灰，复原出东棺长 175 厘米，宽 31—50 厘米，西棺长 178 厘米，宽 35—49 厘米，东棺板底可见有骨痕，朽蚀严重（图五）。

从西至东依次排列着 M2、M3、M4 和 M5，方向一致，排列整齐，M3 在挖墓坑时打破 M4 后偏移，未扰乱 M4。由此可以判断这 4 座墓葬关系密切，推测墓主人为一个家庭成员。

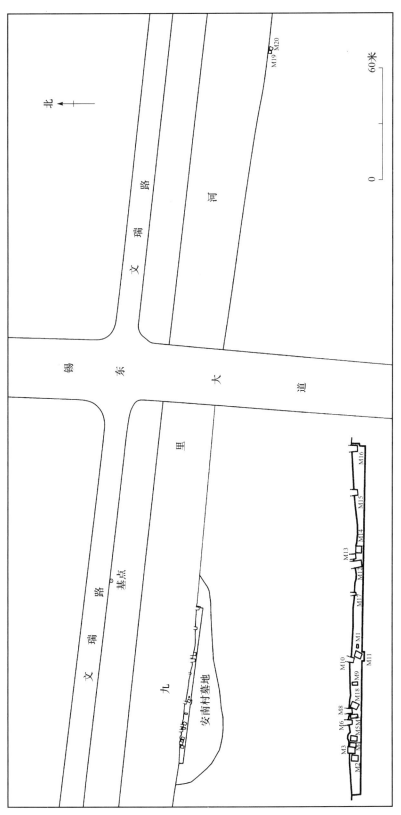

图二　安南村墓地发掘墓葬平面图

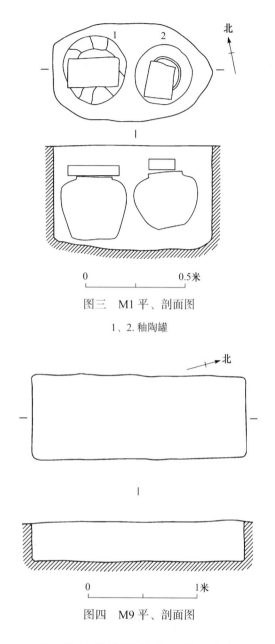

图三　M1 平、剖面图

1、2. 釉陶罐

图四　M9 平、剖面图

M7：长方形券顶单砖室墓，方向13°，墓坑开口于③层下，近梯形，打破第④层和生土。墓坑开口距地表58厘米，墓坑长272厘米，宽100—124厘米，深56厘米；墓室内长230厘米，宽85—97厘米，高54厘米。墓底未铺地砖，直接在生土面上筑砌墓室四壁及隔墙，墓室墙砖筑砌方法为错缝平铺，第11层开始起券，券顶由于受外力影响垮塌严重，仅残留局部。墓室北壁上有一壁龛，高18厘米，宽17厘米，深12厘米。墓砖有两种规格：26×12—3厘米和20×7—3厘米。木棺和骨

架腐朽严重，仅见棺板灰和骨骼碎屑，复原木棺长170厘米，宽35—55厘米。墓室填土黄褐色花土，近墓室底部为黑色淤积泥，随葬品仅见釉陶罐1件（图六）。

M18：长方形券顶砖室三室合葬墓，方向28°，墓坑近长方形，开口于③层下，向下打破第④层和生土，开口距地表深97厘米。墓葬营建过程为先挖出竖穴土圹，四壁及墓底经过修整后，进行筑砌墓室，墓底未铺墓底砖，直接在生土面上筑砌墓室四壁及隔墙，墓室墙砖筑砌方法为横向错缝平铺，第10层开始起券，由于受外力影响，券顶仅西室保留完整，其余两室均坍塌。墓室东室与中室隔墙为单排横向错缝平铺筑砌，中室与西室隔墙为一层立砌与两层平铺砖组合筑砌，最上一层为两层立砌砖。该墓三室北壁均有一壁龛，壁龛上部为波浪状，高28—36厘米，宽30—40厘米，壁龛内置有随葬品，西室随葬品跌落于墓室。墓坑长250—270厘米，宽260—270厘米，深103厘米；东室内长212厘米，宽65—79厘米，高65厘米；中室内长214厘米，宽59厘米，高76厘米；西室内长200厘米，宽46—62厘米，高76—87厘米；砖长规格为20×7—3厘米和26×12—5厘米两种。每个墓室底部都有棺板灰痕迹，东棺长180厘米，宽30—43厘米；中棺长160厘米，宽32—43厘米；西棺长157厘米，宽28—40厘米。三个壁龛内分别放置一件釉陶罐（图七）。

（三）石盖板砖室墓12座，以 M3、M5、M11 为例

M3：长方形土坑石盖板砖室合葬墓，方向16°，开口于③层下，向下打破第④层和生土。墓坑开口距地表深60厘米，墓坑长252厘米，宽202—204厘米，深128厘米；东室内长205厘米，宽56—65厘米，残高84厘米；西室内长204厘米，宽54—66厘米，高

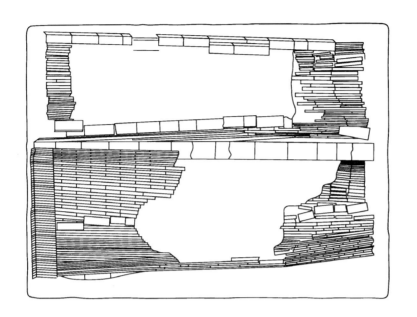

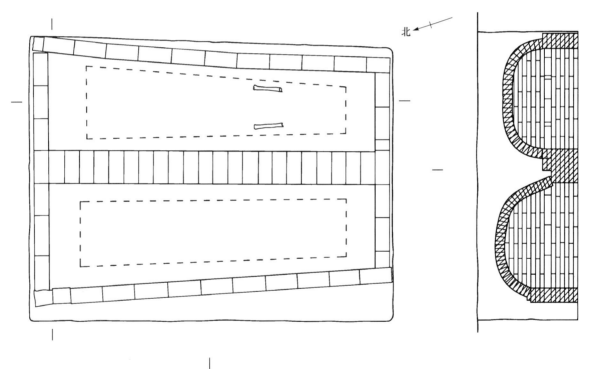

北

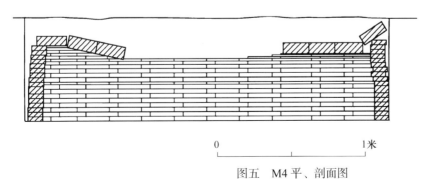

0　　　　　　　　　　1米

图五　M4平、剖面图

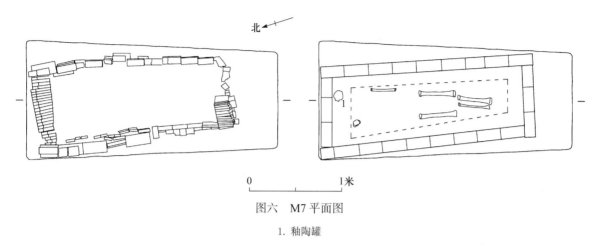

图六　M7 平面图
1. 釉陶罐

86 厘米。M3 营建过程为先挖出竖穴土坑，四壁及墓底经过修整后，再进行筑砌墓室，墓底未铺地砖，直接在生土面上筑砌墓室四壁及隔墙后盖上石板。墓室四壁墙砖筑砌方法为错缝平铺，隔墙为两层错缝平铺砖与一层立砌砖组合修砌而上。西室北壁有一壁龛，高 18 厘米，宽 18 厘米，深 12 厘米。墓顶东西两室分别盖有 4 块长方形石板，石板边缘不规则，仅墓室内壁面较平整，外壁为原始断裂面，凹凸不平，石板长 54—82 厘米，宽 38—62 厘米，厚 12—16 厘米。墓室内填土为黄褐色花土，近墓底为黑色淤泥，墓室内未见随葬品，仅在壁龛内发现釉陶罐 1 件。木棺及骨骼已经朽烂，仅见棺痕及板灰，通过板灰痕迹复原东棺长 185 厘米，宽 44—52 厘米；西棺长 182 厘米，宽 35—48 厘米（图八）。

M5：平面近梯形土坑石盖板砖室合葬墓，方向 20°，开口于③层下，开口距地表深 59 厘米。墓坑长 240 厘米，宽 140—164 厘米，深 86 厘米。东墓室为砖室，西墓室为土坑，东室内长 232 厘米，宽 62—88 厘米，残高 78 厘米；西室内长 180 厘米，宽 44—52 厘米，深 40 厘米。

M5 营建过程为先挖竖穴土坑，然后起东墓室，东墓室墙砖筑砌方法为横向错缝平铺而上。西壁北部有一孔，高 12 厘米，宽 12 厘米，深 10 厘米。墓顶加盖 4 块长方形石板，

石板边缘不规整，仅墓室内壁面比较平整，墓顶外部凹凸不平。由于石板边缘不平整，故石板与石板结合处缝隙用墓砖残块填充。西室未修砌砖室就直接在墓坑内埋葬，而且墓底高于东室，埋葬过程显得很仓促。墓坑内填土为五花土，土色花杂，夹杂有零星瓷片、砖块等包含物。东室内木棺已看不到板灰痕迹，西室通过板灰痕迹复原木棺长 180 厘米，宽 43—52 厘米。两个墓室内各有一件釉陶罐作为随葬品（图九）。

M11：平面近梯形土坑石盖板砖室合葬墓，开口于③层下，方向 20°，开口距地表深 60 厘米。墓坑长 260 厘米，宽 200 厘米，深 110 厘米；东室内长 218 厘米，宽 60—70 厘米，高 64 厘米；西室内长 218 厘米，宽 62—74 厘米，高 64 厘米。石盖板长 80—100 厘米，宽 52—60 厘米，厚 12—14 厘米。墓砖规格分 36×18—7 厘米和 42×28—8 厘米两种。

M11 营建过程为先挖墓坑，再进行筑砌墓室，墓室墙砖筑砌方法为横向错缝平铺至墓顶，墓顶加盖 8 块石板，石板为长方形，边缘不平整，仅墓室内壁平整，墓顶外壁保留原有断裂面，凹凸不平，石板与石板之间缝隙及石板与墓圹空隙均用砖块填充。墓室北壁东西两室均有一壁龛，西室壁龛置有一釉陶罐，东室无器物。壁龛上部为波浪状，高 28 厘米，宽 22 厘米，深 18 厘米。墓室隔墙为横向错缝平

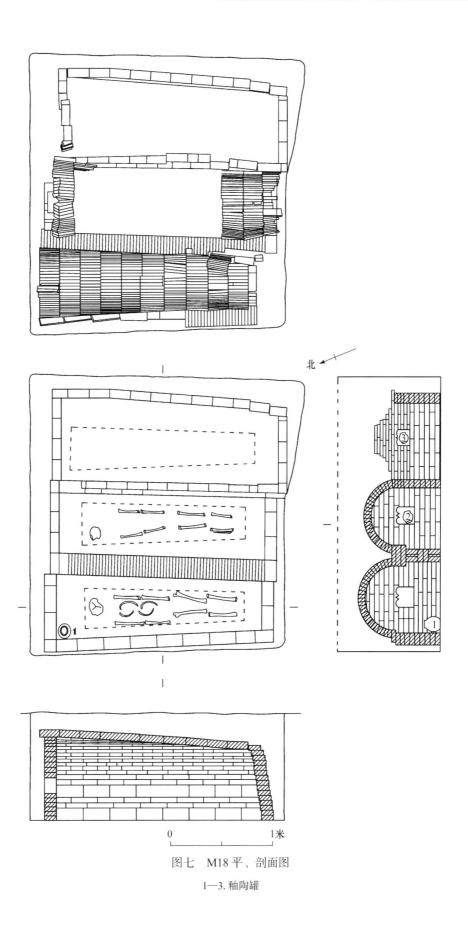

图七　M18 平、剖面图

1—3.釉陶罐

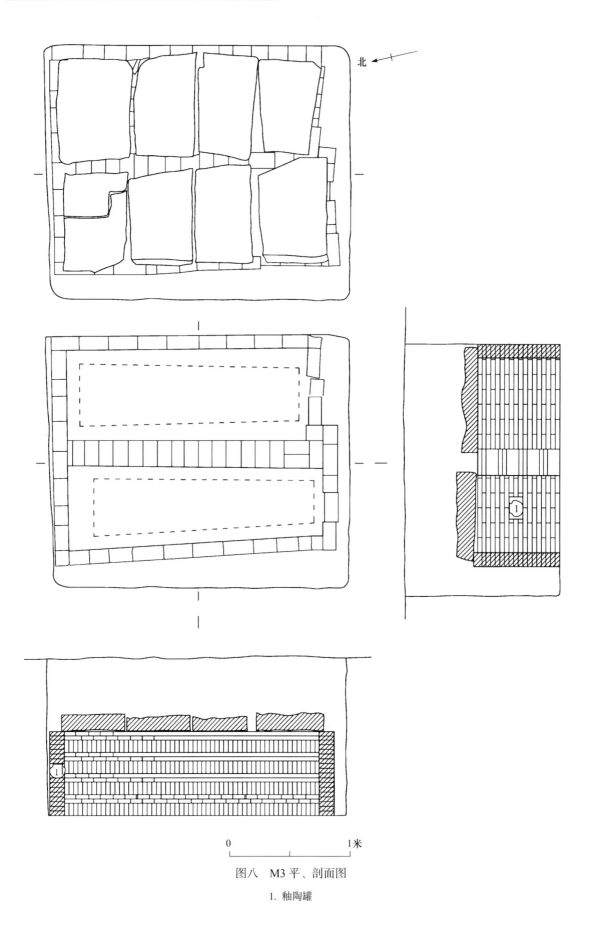

图八　M3 平、剖面图

1. 釉陶罐

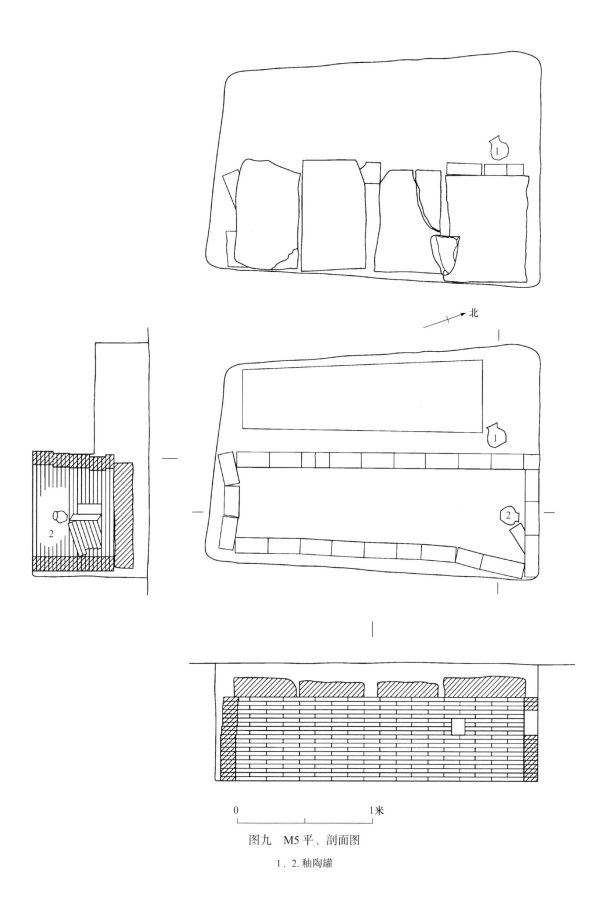

北

图九　M5 平、剖面图

1、2.釉陶罐

铺，隔墙北部有一过窗，过窗顶部为波浪状，过窗高 38 厘米，宽 20 厘米，进深 28 厘米。根据棺灰痕迹复原东棺长 175 厘米，宽 40—50 厘米；西棺长 185 厘米，宽 40—50 厘米。在西室壁龛内发现釉陶罐 1 件，在西室内发现铜钱 2 枚（图一〇）。

三、主要随葬品

此次发掘随葬品较少，每座墓葬仅见一件或两件生活用具，少量墓葬发现有几枚铜钱，但多数锈蚀严重，下面对这些随葬品分别叙述。

M1∶1　釉陶罐。子母口外侈，尖圆唇，矮弧颈，溜肩，筒形腹，平底内凹。内外饰酱釉，釉不及底。口径 9.2 厘米，底径 11.6 厘米，高 11.6 厘米（图一一，1）。

M1∶2　釉陶罐。侈口，卷沿，矮弧颈，溜肩，上腹外弧，下腹内收，圜底内凹。肩部饰凸棱一周，腹部饰菱形内点梅花和钱纹 6 对。内外饰酱釉，釉不及底。口径 6.8 厘米，底径 7 厘米，高 10.4 厘米（图一一，2）。

M2∶1　釉陶罐。敞口，卷沿，矮弧颈，溜肩，圆弧腹，平底内凹。肩、腹交接处置规则形贴条，腹部饰菱形纹。内外饰酱黄釉，釉不及底。口径 7.4 厘米，底径 7.4 厘米，高 10.4 厘米（图一一，3）。

M2∶2　釉陶罐。直口，卷沿，矮束颈，广肩，上腹外弧，下腹斜直，圜底内凹。肩、腹交接处置近规则形贴条，腹部饰菱形纹。内外饰酱釉，釉不及底。口径 6.8 厘米，底径 6.2 厘米，高 10.2 厘米（图一一，4）。

M3∶1　釉陶罐。侈口，卷沿，矮弧颈，广肩，上腹外弧，下腹斜直，圜底内凹。肩、腹交接处置规则形贴条，上腹几何纹圈带，下腹饰两对称放射形梅花纹。内外饰酱黑釉，釉不及底。口径 7.2 厘米，底径 7.8 厘米，高 11 厘米（图一一，5）。

M5∶1　釉陶壶。上腹及口部残，下腹内弧，平底内凹，底部刮削。腹部置系，残，体饰酱釉，釉不及底。底径 7.6 厘米，残高 12.6 厘米（图一一，6）。

M5∶2　釉陶罐。侈口，圆弧沿，斜直肩，上腹外弧，下腹内收，平底。肩、腹交接处置规则形贴条，内外饰酱褐釉，釉不及底。口径 8 厘米，底径 8.6 厘米，高 11.6 厘米（图一一，7）。

M6∶1　釉陶壶。敞口，卷平沿，圆唇，束颈，广肩，上腹圆弧，下腹内收，平底内凹。肩部饰凹弦纹一周，一侧置流，腹部饰不规则枝条纹，内外饰酱釉，釉不及底。口径 7.8 厘米，底径 9.8 厘米，通高 13.8 厘米（图一一，8）。

M7∶1　釉陶罐。敞口，卷沿，矮弧颈，上腹外弧，下腹呈波浪状内收，平底。内外饰酱黄釉。口径 8 厘米，底径 6 厘米，高 12 厘米（图一一，9）。

M11∶1　釉陶罐。直口，圆唇，束颈，斜肩，弧腹，平底。肩、腹交接处置规则形贴条。内外饰酱釉，釉不及底。口径 10.2 厘米，底径 8.6 厘米，高 9.6 厘米（图一一，10）。

M16∶1　釉陶罐。侈口，卷沿，矮弧颈，溜肩，筒形腹，平底内凹。内外饰黑釉。口径 8.2 厘米，底径 7.6 厘米，高 11.4 厘米（图一一，11）。

M16∶2　釉陶罐。子母口内敛，尖圆唇，圆鼓腹，平底内凹。内外饰黑釉，腹部釉剥落。口径 9.6 厘米，底径 9.4 厘米，高 11.4 厘米（图一一，12）。

M16∶3　釉陶盏。敞口，圆弧沿，斜弧腹，平底。内外饰酱黄釉。口径 9.4 厘米，底径 4.4 厘米，高 3.4 厘米（图一一，13）。

M18∶1　釉陶罐。敞口，卷沿，矮弧颈，溜肩，上腹外弧，下腹内收，平底内凹。上腹部饰对称两组桥形耳，内外饰黑釉，釉不及

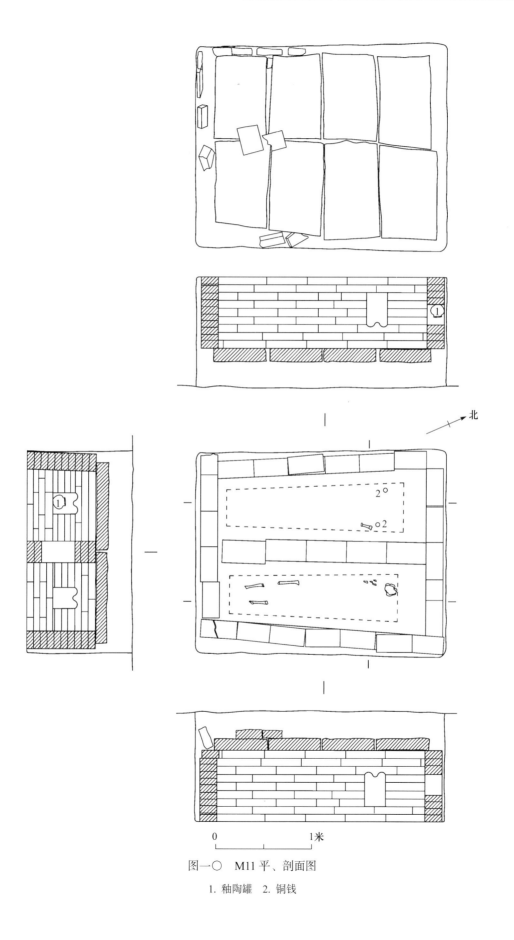

图一〇　M11 平、剖面图

1. 釉陶罐　2. 铜钱

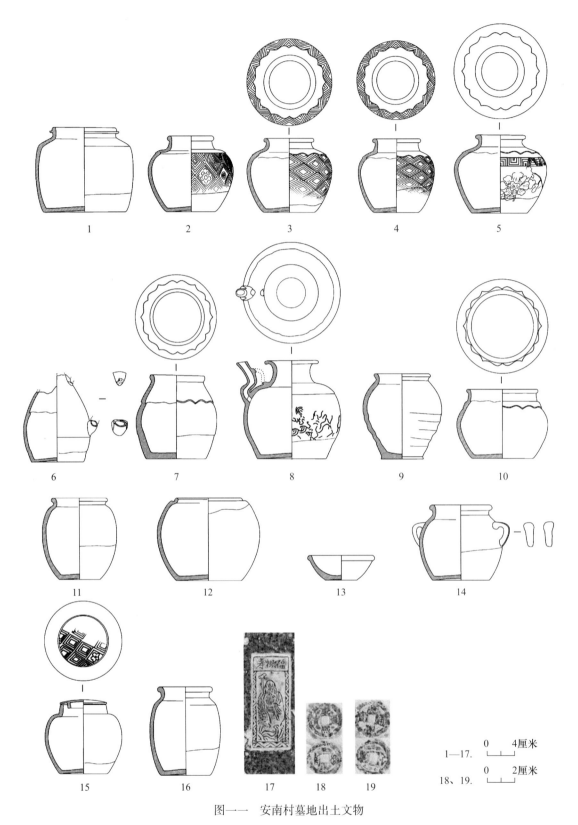

图一一　安南村墓地出土文物

1. 釉陶罐 (M1∶1)　2. 釉陶罐 (M1∶2)　3. 釉陶罐 (M2∶1)　4. 釉陶罐 (M2∶2)　5. 釉陶罐 (M3 西∶1)　6. 釉陶罐 (M5∶1)
7. 釉陶罐 (M5∶2)　8. 釉陶罐 (M6∶1)　9. 釉陶罐 (M7∶1)　10. 釉陶罐 (M11∶1)　11. 釉陶罐 (M16∶1)
12. 釉陶罐 (M16∶2)　13. 釉陶罐 (M16∶3)　14. 釉陶罐 (M18∶1)　15. 釉陶罐 (M18∶2)
16. 釉陶罐 (M18∶3)　17. M12 画像砖　18. 铜钱 (M11∶2)　19. 铜钱 (M14∶1-1)

底。口径 8.8 厘米，底径 8 厘米，高 10.4 厘米（图一一，14）。

M18：2　带盖釉陶罐。盖呈覆钵状，圆弧顶近平，器体呈直口，小平沿，圆弧腹，平底内凹。内外饰浅黄釉，釉不及底。口径 7.2 厘米，底径 7.2 厘米，通高 10.4 厘米（图一一，15）。

M18：3　釉陶罐。侈口，卷沿，矮弧颈，溜肩，近筒形腹，平底内凹。内外饰黑釉。口径 8.4 厘米，底径 7.6 厘米，高 10.4 厘米（图一一，16）。

M11：2　铜钱。"康熙通宝"带郭，正面楷书"康熙通宝"，背饰满文，钱径 2.6 厘米，穿径 0.6 厘米（图一一，18）。

M14：1-1　铜钱。"康熙通宝"带郭，正面楷书"康熙通宝"，背饰满文"江、浙"，钱径 2.6 厘米，穿径 0.6 厘米（图一一，19）。

四、结　语

（一）墓葬时代

此次发掘的 20 座墓葬开口层位相同，墓葬形制也大都相同，因此判断这批墓葬应该为一个时代。部分墓葬出土有"康熙通宝"，同时出土的釉陶器时代特点也比较明显，结合墓葬形制等因素综合判断这批墓葬的时代为清代早中期。

（二）墓主人之间的关系

这批墓葬以双室合葬墓为主，两室之间有过窗相通，民间也称其为"过仙洞"，虽然骨架都已经腐朽难以辨别性别，但参考同时期同类型墓葬情况，结合当地当前葬俗，都可以说明这些合葬墓都是夫妻合葬，多数为一夫一妻，个别为一夫一妻一妾。墓葬事先已规划好，根据死亡时间先后下葬，成排成组的墓葬关系密切，根据中国古代葬制葬俗，他们当

属同一个家族，因此次发掘面积和墓葬数量有限，难以对他们之间更精确的身份地位进行分辨。

（三）发掘意义和研究价值

这批墓葬虽然均为平民墓葬，也没有出土精美的随葬品，但部分墓葬内出现了一些世俗化的纹饰和题字，"福禄寿"的画像砖（图一一，17）不仅在无锡地区的明清墓中少有发现，在全国其他地方也不多见。古代墓葬特别是高规格的砖室墓中画像砖较为常见，但其内容多为神话故事、历史典故等，民间世俗化的题材较为少见。根据几年来无锡的考古发现，明清墓葬数量众多，而且不乏高规格的大家族墓葬，此次发掘的虽然都是普通的平民墓，但建造也都颇为讲究。这些表明了明清时期无锡聚集了大量的家境殷实家族，而普通民众的生活水平也远高于全国其他地区。这些都是明清时期江南富足、商品经济发达的表现。无锡作为江南商品经济最繁荣的核心区域，在充分的经济基础保障下，即使是最普通的民众也都营建相当考究的墓室。

领　　队：李永军

发　　掘：陈　良、宋　清、宋学旺、
　　　　　堵译丹

绘　　图：宋学旺、杨　瑞

无锡龙山石冢与石墙

丁兰兰[*]

【摘要】锡惠山区是无锡三大山区之一，位于无锡市区西南，俗称龙山。这里风景秀丽，人文资源丰富，部分区域被纳入阖闾城考古遗址公园的范围。近年来，考古工作者对杨湾以西的龙山进行了多次考古调查，在龙山山脊上发现了规律分布的石冢和蜿蜒的石墙，随着对两者性质认识的进一步深入，龙山文化景观的打造也初露端倪。

【关键词】龙山　石冢　石墙

在环太湖地区的群山上分布着一些形制特殊的土石建筑，它们往往占据山势的最高位置，并呈点、线状散落、匍匐在山脊线上，这种形制的建筑在无锡地区的马山、龙山山脉上也有发现，我们通常称之为石冢和石墙。本文就目前已知的考古资料向大家简要介绍一下无锡龙山上的石冢、石墙情况。

一、龙山简介

（一）地质地貌

龙山，为锡惠山区的统称，位于无锡市西南沿太湖一带，东起惠山，向西南至闾江的胥山一带，分布着惠山、舜柯山、桃花山、华藏山、孟湾山、虾笼山等大小数十个山峰，蜿蜒起伏，若卧苍龙，古称九龙山[1]（图一）。近年来，考古工作者对西环路西南、环太湖公路西北、刘闾路以东、钱胡路以南的山脉进行了

考古调查，发现了石冢和石墙遗迹，本文所谓龙山即指这一区域。

龙山山体呈北东向展布，系由推覆构造运动形成的断块山，由于在推覆过程中产生拉张力而使山体断开，故常有峭壁悬崖，该现象主要发生在太湖一侧，山势依次降低，断块变小，直至倾没在湖水之下。龙山地形起伏较小，属低山丘陵，山体自然坡度20°—30°，山体主要由志留系茅山组石英砂岩组成，上覆有厚度较薄的残坡积层，岩性坚硬，抗风化能力强，虽历经沧桑，仍挺拔峻峭，古来多有采石场，阖闾城遗址博物馆即建于一处废弃的采石宕口位置。龙山平均海拔在95—160米之间，最高峰摩天岭标高160.4米，山顶多呈馒头状，发育有黄土岗，植被茂盛[2, 3]。

（二）龙山胜迹

龙山山脉皆滨太湖，绵延十几公里，"岗峦纡折，山非特起，亦无定名"[4]，山峦坞湾

---

* 丁兰兰：无锡阖闾城遗址博物馆陈列保管部部长，文博馆员

众多，美景不可胜计，古来深受文人墨客喜爱，并逐渐形成了"闾江十景"胜迹。查阅史料记载以及当地人的口述资料，可知龙山山脉山、湾有名，咀、渚各异，但因历时悠久，难免一处多名、或一名多处的情况。譬如原闾江村东边的天井山，便有闾山、闾江山、泽峰山之称；夏墓湾山与嶂山为同一座山；所谓的大雷咀，在清代的志书上则为小雷咀；表达当地人盼望伍子胥归来的归山位置也古今不同。另外由于方言导致的以讹传讹现象也比比皆是，比如箕笼山、骑龙山、青龙山很可能就是同一座山。

图一　绵延的龙山

进入 21 世纪以来，随着怀古思潮兴起，龙山胜迹得到了详细考证，使"闾江十景"得以重现真容，有"闾江垂钓、雷嘴观鱼、盘坞樵歌、夏墓云峰、章洞危崖、月牌雪霁、石台远眺、胥山故垒、七星石墩、梅梁帆影"[5] 等。

二、龙山石冢

（一）概况

龙山石冢，亦称龙山石室土墩墓，为发现于龙山山脉主脉及其支脉山脊上的石室土墩墓的统称。龙山石冢在龙山山脊上呈点状分布，彼此间距小到几米，大到上百米。目前共调查发现有 100 多座，其中大部分石冢分布在山脉

西端，靠近阖闾城遗址的位置，彼此间距大约在 50 米左右，往东的石冢分布间距相对比较大，通常在 90 米上下。石冢平面近圆形，封土直径约为 14—30 米，墩高 1—3 米，一般越近山顶，石冢规模越大。

（二）石冢的营造方式

根据考古发掘资料可知，石冢位置基本选择在山脊坡度相对平缓的地方，石冢建造前先平整地面以形成土墩的基础，再确定墓室墓道的位置，开始往上垒砌石块，建造石室。所用石块经过简单地修整，较为平整的一面面向石室内部，石块间的缝隙有时用碎石或土填塞。石室平面为狭长方形，长十几米，宽 1—2 米。石室下宽上窄，顶部用长条石覆盖。在石室周围有用大石块垒砌成长方形的石坎以防水土流失，再围绕石室用块石和泥土混合堆筑，形成一个馒头形的土墩。下葬时，死者及随葬品经过墓道平放于墓室地面，墓室未发现有向下挖墓坑的现象，葬式、葬具等情况也均未发现，尚不清楚。入葬仪式结束后，用石块砌筑墓道封门，使墓室成为一个独立的封闭空间，再在墓道里填充碎石和泥土，这样一个完整的土墩墓就形成了。

（三）石冢的性质

关于石冢的性质，在证据还不充分的过去，人们对其有多种猜测，一般有军事说、墓葬说、居住说、祭祀说及多元说等[6]。龙山上的一些石冢民间即有头炮台、二炮台、三炮台、大炮台等叫法。但越来越多的考古证据指向其为墓葬。

2007 年到 2008 年，阖闾城考古队对龙山上的 7 座墓葬进行了发掘，出土了一批原始青瓷和陶器，器型有碗、豆、盘、罐、坛、纺轮等。从石室的形制上来看，它分为前后两部分，并用一道石砌封门分开，前面部分宽度较

窄，且两侧石墙为斜坡状，其内填满土石，后面部分是一个完整的独立空间，内部宽而高，并摆放有器物，从器物形制判断，大多非实用器。根据石室土墩的结构和出土器物来看，其封闭的石室结构、狭窄的内部空间、摆放有序且制作粗糙具有明器特征的器物等，可以看出其具有墓葬的特点。时代约在西周到春秋中期之间。

学界对石冢的研究肇始于 20 世纪 50 年代，而确定其为墓葬则要到 20 世纪 80 年代后期。但时至今日，仍然有人对此持怀疑态度。其中最大的疑点就是，在已发掘的墓葬内几乎没有发现人骨架或其痕迹，这一现象在环太湖地区的石室土墩墓中普遍存在。那么，这些人骨架到底去了哪呢？推测一：石冢主人所在群体的葬俗文化很可能存在火葬习俗，所以下葬时候只有骨灰，没有骨架；推测二：南方地区多雨，且为酸性土壤，骨殖在几千年的时间里被彻底腐化分解。

（四）石冢主人身份

根据文献记载及考古学与民族学资料显示，商周时期，长江以南地区分布着百越各民族，《汉书·地理志》云："自交趾至会稽七八千里，百越杂处，各有种姓。"即从今江苏南部沿着东南沿海的上海、浙江、福建、广东、海南、广西及越南北部这一带，是古越族人最集中的分布地区；局部零散分布还包括湖南、江西及安徽等地。越人所用器物以印纹陶和原始瓷器为主，反映在墓葬类型上有福建、江西的崖墓，四川的大石墓，湖北、四川的悬棺葬等，它们与太湖流域的石室土墩有许多相同之处。首先，择高而葬，位于山上或高地，这与百越民族长期山居有关。其次，墓葬营造或使用石材，或利用天然洞穴作为墓室。再次，随葬品有印纹陶和原始瓷器。最后，很少见有人骨架，很可能与这一区域实行火

葬有关，至今西南山区还有地方实行火葬[7]。所以，石室土墩墓应该是这一区域越人的埋葬方式。

（五）石室土墩墓和土墩墓

土墩墓主要分布于江浙皖等地，最早见于夏商时期，以印文硬陶和原始青瓷为主要随葬品，墓地选择或在高岗，或在土丘高地，或在依傍丘陵的岗阜，外观呈馒头形。埋葬方式一般为平地放置尸体后封土成墩，但也发现挖有土坑或浅坑的情况。另外还存在一墩多墓，并且多座墓葬的下葬时间有先后。

从时代上看，石室土墩墓发现的最早时间为西周中期，比土墩墓出现的时间要晚，形制上也有较大的差异，所以有学者认为石室土墩墓是土墩墓发展和演化的结果[8]。但也有学者从葬地选择、墓葬结构、随葬品组合、随葬品比例、延续时间、分布区域等的不同，指出吴地石室土墩墓和土墩墓是两种不同类型、不同渊源的墓葬[9]。这一观点认为石室土墩墓源于浙西北地区的土墩墓，而宁镇地区的土墩墓则是在湖熟文化的基础上发展而来的，可能属东夷族的葬俗，石室土墩墓的主人前述已说明为百越族。当然，亦有学者认为吴地的封土墓、石室土墩墓和土墩墓同时构成吴国墓葬的不同层次和群体[10]。

三、龙山石墙

（一）概况

龙山石墙是指绵延于龙山主脉及其支脉山脊、山坡上连续或断续的石筑墙体的统称。从目前考古发现来看，石墙几乎遍布整个龙山主脉山脊，另外在 10 余条支脉及少数山坡上也有分布，支脉上分布的石墙均与主脉上建筑的石墙相连，但长度较短，目前尚未发现有石墙延续至山脚的情况。

一般认为，石墙在龙山山脊已经屹立了2500多年。在这漫长的历史长河中，由于受到人类活动和自然现象等的侵扰，石墙或多或少遭受了损毁，根据其损毁程度，现存石墙大致可以分为保存较好、一般、差三类。保存较好的石墙在地面上清晰可见，且有一定高度，墙体结构清楚，这类石墙在现存石墙中占比较高；保存一般的石墙在地面残留高度较矮，难以完整判断墙体结构，但是石墙宽度、走向较为明显；保存较差的石墙仅在地面残留有零星、断续的石块，大致可以看出其走向，并可通过参考保存状况好于它的石墙来判断其性质。

从保存现状来看，龙山主脉分布的石墙具有一定的连续性，但考古工作者也发现在一些似乎应该保持连续的石墙中间突然出现一个较大的缺口，该缺口从地面上看不到有残存石墙的明显迹象，而前后的石墙断口有的似乎有封墙的意味，但也不明显。初步推测这种缺口大概是筑墙的时候为了某种原因而刻意留下的，相似的情况在支脉上表现不明显。

（二）石墙的构造

龙山山体由砂岩、石英砂岩、砂砾岩组成，岩性坚硬，古来即在此采石，所以兴建石墙的石头应该也是就地取材。石墙在砌筑前当先平整地面并确定墙体宽度，目前没有发现明显的基槽现象，有的地方石墙直接砌筑在基岩上。所用石块经过粗略修整，然后将较平整的一面朝外，放置于墙体两侧构成墙基，墙基的石块普遍较大，基本上两块石头便构成墙基的宽度，有的墙基甚至由一块独立的巨石构成，如果两块石头间还留有缝隙则填以碎石和土。石墙打好基础后，再往上垒砌石块，上层石块尺寸相对较小，由于砌筑石墙的石块并没有经过严格地修整，所以石块之间的拼接非常粗糙，往上砌筑的时候必然向内收分以保持石墙的稳定。从目前调查来看，残存的石墙墙基宽

度在30—130厘米，残高最高为130厘米。

（三）石墙的性质

绵延于龙山山脊的石墙到底是用来做什么的？学界存在着不少猜测。

猜测一：作为阖闾城防御工事的一部分。有考古学者认为，龙山石墙位于阖闾城遗址东侧山脊上，应是阖闾城的第一道防御工事，并与阖闾大城、东城、西城和胥山湾构成完整的军事防御体系。石城立于太湖之滨，为阖闾城的第一道防御；胥山湾为训练和驻扎水军之湖湾，构成阖闾城的东部水域防御；阖闾大城居住兵士和民众，构成阖闾城的第二道防御；东城居住兵士或民众，形成西城的外藩；西城的南区为大型建筑群（宫殿区），北区则加强了南区（宫殿区）防御的纵深。从而提出，龙山石墙是首次发现的"吴国长城"，也是长江下游年代最早的"长城"[11]。

猜测二：作为古代葬俗的一部分。考古调查和发掘发现，龙山山脊不仅有绵延的石墙，还规律地分布着石冢，而且两者之间似乎存在着一种微妙的关系。在鸟瞰的情况下，好像石墙有将散落在山脊的各个石冢穿连起来，或者石冢是插在石墙的某个位置的感觉。那么，或许石墙和石冢本来就是一个不可分割的整体。但这其中隐藏的含义，目前还没有一个令人信服的解答。另外，也有不少人猜测它可能是地界、道路等，但都无法给出确凿的证据。

四、石冢和石墙

（一）两者之间的位置关系

龙山石冢和石墙（图二）均分布于龙山山脊（有少量石墙出现在主脉山脊一侧），从表面来看，石冢以点状方式分布在石墙沿线，而石墙则以线状穿连起了石冢，那么两者之间是否有一种亲密的内在联系？他们在时代上、性

质上会有什么关联吗？根据最新的考古调查结果，可以看到残存的石墙与石冢在位置上存在以下几种情况：①没有关系。石冢和石墙分别为单独存在，在石冢周围没有发现有石墙连接，石墙也不与石冢相交，不过看起来单独存在的石冢不少，单独存在的石墙却比较罕见；②石墙从石冢顶上过。石墙在山脊上延伸，遇到石冢后，从石冢顶上越过；③石墙从石冢边上过。石墙在山脊上延伸，遇到石冢后，从石冢腰部绕过。

图二 龙山石冢和石墙

（二）石冢、石墙的时代

根据墓葬形制、随葬品资料可以得出石冢的时代在西周到春秋之间，那么石墙又是属于什么时代呢？从石墙越过石冢的现象可以推测，石墙的时代大约晚于石冢，所以有学者认为石墙是阖闾城防御工事的一部分，是吴国的长城，与石冢并无关联，两者不过是因为巧合正好都位于龙山山脊。但是调查也发现石墙似乎有直接叠压于石冢封顶石或石冢墓壁，然后再往上覆土的情况，而且在诸多石墙越过石冢的现象中，还发现石墙似乎有意避免同方向叠压在墓室顶上，而是采取与墓室顶交叉或从墓室一侧的墓壁顶通过的方式，好像建筑石墙的人知道墓室的确切位置，所以筑墙时尽量避免墓室坍塌的意外。这些现象倾向于说明石冢和石墙为一个不可分割的整体，即属于同一时期，而石墙应该是古人丧葬制度的一部分。

尽管如此，石墙所隐含的意义至今仍是一个谜团。无锡市文化遗产保护和考古研究所于2018年申请获批对龙山石墙的考古发掘，希望能借此机会揭开石墙的真相。不过，无论石墙守护的是石冢还是阖闾城，它的存在的确是龙山上一道奇特的风景线，民间俗称其为"小长城"也无可厚非。近年来，龙山的部分区域被纳入阖闾城考古遗址公园的范围，龙山文化景观的打造是公园展示的重要项目。随着对龙山、石冢、石墙认识的不断深入，这里或将成为人们休闲旅游、历史探秘的一个新去处。

注 释

[1] 无锡县志编纂委员会编：《无锡县志》，上海社会科学院出版社，1994 年版，第 130 页。

[2] 江苏省地质调查研究院：《无锡市阖闾城遗址博物馆建设工程地质灾害危险性评估报告》，无锡吴都阖闾城遗址管委会，2009 年版，第 8 页。

[3] 无锡市地方志编纂委员会编：《无锡市志·第一册》，江苏人民出版社，1995 年版，第 246 页。

[4] 〔清〕裴大中、倪咸生修，秦缃业等纂：《光绪无锡金匮县志》，光绪七年（1881）刻本影印。

[5] 无锡吴都阖闾城遗址管委会等编：《阖闾古城》（中卷），凤凰出版社，2011 年版，第 191 页。

[6] 刘建国：《论太湖越族石室墓》，《1981 年江苏省考古学会第二次年会暨吴文化学术讨论会论文集（第二册）》，1981 年版。

[7] 张照根：《石室土墩与吴国墓葬》，《东方文明之韵——吴文化国际学术研讨会论文集》，岭南美术出版社，2000 年版，第 189 页。

[8] 陈元甫：《江浙地区石室土墩遗存性质新证》，《东南文化》1988 年第 1 期，第 20 页。

[9] 刘建国：《江苏武进、宜兴石室墓》，《文物》1983 年第 11 期，第 56 页。

[10] 张照根：《石室土墩与吴国墓葬》，《东方文明之韵——吴文化国际学术研讨会论文集》，岭南美术出版社，2000 年版，第 189 页。

[11] 张敏：《阖闾城遗址考古调查及其保护设想》，《江汉考古》2008 年第 4 期，第 102 页。

历史

尸黎密冢砖的若干文化意义略释

张晓婉[*]

【摘要】本文以南京博物院藏一块红色东晋墓砖为研究对象，墓主人是两晋时一位西域僧人，名字叫"尸黎密"。本文根据墓葬砖相关信息，从墓主人身份及生平概要、铭文中的"西竺"地名及镌刻书法三个方面对此砖做简要介绍和初步探索。

【关键词】尸黎密　墓砖　西竺　铭文

2017 年 2 月 10 日南京博物院清理出一批旧藏碑刻、墓志，此批文物大多被发现于建国后，长期以来存放在南京博物院，在第一次全国可移动文物普查时被重新发掘和整理出来。其中有一块东晋墓砖，通体红色，整体呈正方形，较平整，长 40.4 厘米，宽 39 厘米，厚 14 厘米，正面刻有文字"晋西竺僧尸黎密冢砖"，出土地点暂不详（图一）。

砖瓦从颜色上可以划分为红色和青灰色两大类。"在焙烧阶段结束后，慢慢熄火，外界空气进入窑内，坯体冷却后会显现红色，这就是我们常见的红砖。"[1] 此砖材质细密，铭文

1. 正面

2. 整体

图一　尸黎密冢砖

---

* 张晓婉：南京博物院典藏部文物管理员

显示其被墓室所用。铭文砖在东汉大量出现，与当时特定的墓葬习俗有关。由于秦代与西汉前期的墓葬，"主要仍沿用战国殡葬习俗，死者所葬墓穴为竖穴式土坑木椁墓，故并不需要采用砖块为筑墓材料。从大量发现的西汉（中期）墓葬群的发掘报告中了解到，这一时期的墓葬形式，在墓穴方面有了极大变化，开始改竖穴式为横穴式，成为一种洞穴类型的墓圹。于是使用方便的砖块成为筑墓的主要材料之一"[2]。

与志墓相关的丧葬铭刻包括墓碑、墓志、告地状、买地券、画像石、铭文砖瓦等。严格意义上，正式的墓志应该符合以下条件："一、有固定的形制（如首题、志文、颂文等）；二、有惯用的文体或行文格式；三、埋设在墓中，起到标志墓主身份及家世的作用；按此标准两晋之前几乎没有可以被正式称作墓志的器物。"[3] 又因"曹魏两晋之时，魏武帝以天下凋敝，禁立碑，晋武帝又诏曰，碑表私美，与长虚伪，莫大于此，一禁断之"于是转碑为墓志埋藏地下[4]。魏晋以后墓志开始定型。此砖寥寥数字，不是严格意义上的墓志砖，只是作为墓主身份、墓葬位置的标记，利于辨认。

（一）尸黎密其人

此砖显示墓主人是位叫尸黎密的僧人，历史上确有其人。《世说新语》上卷言语篇三十九载："高坐道人不作汉语。或问此意，简文曰：'以简应对之烦。'"此书由刘孝标（南朝梁文学家）作注，他征引典籍为此注释，《高坐别传》记载其："'胡名尸黎密，西域人……永嘉中始到此土，止于大市中……俄而周侯遇害（即周顗，官至尚书左仆射，322 年在王敦之乱中被杀害），和尚对其灵坐，作胡祝数千言，音声高畅，继而挥涕收泪。其哀乐废兴皆此类。性高简，不学晋语。诸公与之

言，皆因传译……'《塔寺记》（应为南朝宋僧昙宗著《京师塔寺记》）曰：'尸黎密，冢曰高坐，在石子冈常行头陀，卒于梅冈，即葬焉。晋元帝（此应为晋成帝）于冢边立寺因名高坐。'"[5]

南梁时慧皎著《高僧传》，其卷一也有记述，"帛尸梨密多罗，此云吉友，西域人……晋永嘉中始到中国……止建初寺……丞相王导一见而奇之，以为吾之徒也，由是名显。太尉庾元规、光禄周伯仁、太常谢幼与廷尉桓茂伦，皆一代名士，见之终日累叹……密译出孔雀王经明诸神咒，又授弟子觅历高声梵呗传响于今。晋咸康中卒……密常在石子冈东行头陀，既卒因葬于此。成帝怀其风为树刹冢所。后有关右沙门来游京师，乃于冢处起寺。陈郡谢琨［西晋惠帝立陈郡，乃六朝世族谢氏祖籍地，谢琨（365—444）生于金陵，叔祖父是谢安］赞成其业，追旌往事，仍曰高座寺也"[6]。此书成书时间在刘作注之后，与刘孝标的注引中所述尸黎密生平一致。

根据以上文献可知尸黎密于西晋永嘉年间（307—313）从西域来到中国，交游甚广，梵行高远，受到当时名士王导等人的尊崇，翻译和弘扬佛法，卒于东晋咸康年间（335—342），葬于大市中或建初寺。那么大市和建初寺是什么关系呢，是否是同一个地方？建初寺是吴帝孙权于赤乌十年（247）为西域僧康僧会所建，"大市"可通俗理解为"规模较大的集市"，经张学锋老师考证，孙吴时期建初寺就位于"大市中"，而大市在流经当时建康城南的秦淮水（即今内秦淮河）北，"建初寺的地点应该在今中华路与长乐路交界处的中华中学与第一医院附近"[7]，可见尸黎密葬于今南京市。

（二）"西竺"地名考

铭文揭示了尸黎密来自西竺，那么"西

竺"是什么地方？相比"西竺"，"天竺"更为人们所熟知。东汉至宋朝时期，中国人将印度称呼为"天竺"，它也是佛教的发源地。最初见于《后汉书·西域传》"天竺国一名身毒"。至唐，玄奘的《大唐西域记》卷二称："详夫天竺之称，异议纠纷，旧云身毒，或曰贤豆，今从正音，宜云印度。"而西竺与之有密切的关联。

"西竺"既是一个佛教用语，"佛教传入中国后，中国人关于'西方'的想象发生了质变，由一个虚幻不实的概念变成了以印度为中心的佛化区域（我们姑且以'西竺'相称）……'西竺'是一片实在的土地，更是一个神奇的文化方位"[8]。"西竺""西天"都是佛家信众心驰神往的圣地。

同时，也是一个地理概念，《古代南海地名汇释》收录了"西竺"一词，解释为"西天竺之略，参天竺条"。宋元以前很多重要的中外交流活动，都出现过游历"西竺"的记录。明《成化广州志》记载的西晋域外僧人迦摩罗就来自西天竺，明刻光孝寺（位于今广州）《重修六祖菩提碑记》记载梁武帝天监元年（502）智药三藏大师自西竺国持菩提树而来。

（三）铭文书法考

对于中国书体笔法的演变，尤其是民间书法，古代砖文为我们提供了很好的素材。"两汉至六朝恰恰是这一演变最激烈的时期，两汉和两晋是砖文书法发展的两个高峰。"[9]汉代完成了由隶书向楷书及行草的转变，至六朝真隶行草皆有发展，新旧并立。砖文既有镌刻讲究的精品，也有随意草率、质朴自然的民间书刻。而墓志书体在汉魏两晋时多属隶书范畴，南北朝墓志楷隶相杂。墓志庄重且严肃，其镌刻质量既与墓主人身份地位有关，更与工匠的技艺有关。

这块墓砖铭文共九个字，其书迹应属隶书而兼有篆式点画，刻凿较深，字体工整对称，古意益然（图二）。篆书行笔圆转、字体瘦长飘逸，而隶书字体书写效果略呈宽扁，横画长而直画短，讲究"一波三折"，轻重顿挫富有变化。此砖铭具篆隶相融之风，结体紧密，粗细、大小、方圆相结合，苍劲而又奔放，规整而沉稳。"尸""冢""黎""竺""砖"的撇、捺、横、竖勾等笔画有明显的波磔之势，即"蚕头燕尾"。值得注意的是，笔画的变化和文字的间隔体现出篆工的创造性，似乎有意增加文字的装饰效果，如"密"字的平宝盖将字包裹起来，横竖方峻，如高耸的双肩；所有字中的包围结构横折处都没有全部闭合，而突显笔锋；"僧"字的上半部分笔画灵动，充满趣味。比起很多砖文的书写随意、草率而就，可以看出镌刻此砖的工匠颇用心思。

图二　尸黎密冢砖拓片

其中"晋""竺""砖"三个字比较特别，其余六字几乎与今字无差，容易识读。今昔对比，从这三个字的写法可对书体衍化的历史窥见一斑。《说文解字》是东汉许慎编撰的中国第一部字书，记载的是当时通用的小篆字体。《说文解字·卷七·日部》中记载的“晋”字篆文字形为“晋”，同时在《卷十三·二部》中，“竺”字写法为“竺”。这与墓砖上的二字相同，可见从东汉到东晋仍保持这种写法。

《说文解字》并没有对“塼”字的直接记录，但出土文物却有记载。如“东晋咸康七年七月砖”之“塼”，砖文为“咸康七年岁在辛丑七月十日□□将军上庸太守□佐阳□□造作砖甓日工都梁向贤”（图三），字体随手刻划，朴拙简约；“东晋升平二年王闽之墓砖志”（图四）之塼，此为背面铭文，“之后故刻砖于墓为识妻吴兴施氏字女式弟嗣之咸之预之”，结体谨严厚重，有隶楷之意；此两处与尸黎密冢砖上的“𪨍”字虽风格不同，但字形非常接近，区别在中间“田”字下部多出来的一笔，疑为工匠个人风格所致。20 世纪 60 年代汉字简化后才最终定型了“砖”字，“早在 1957 年商务印书馆出版的《新华字典》中就已明确了‘砖’，繁体字和异体字分别为‘磚’和‘甎’，而字典中未见‘塼’”[10]。今天电脑字库还能检索出来，但字形已经衍化为“塼”。作为出土文物，尸黎密墓砖再次表明东晋年间的“塼”字使用普遍，而且已经作为说明其“砖瓦”一类的实用目的而存在。

“早在东汉初，中天竺僧人迦叶摩腾、竺法兰即随汉代使节到达洛阳，这是史书记载的外来僧人弘法的开始。”[11] 此后，更多的外来僧人或居士来中国传教，包括大月氏、康居、天竺等多个国家。小小方砖，折射出丰富的历史背景，不仅使文献人物形象更加鲜活，也表明魏晋南北朝时期建康在佛教传播和丝绸之路上的重要地位，为西域与东方文明的友好交流又添一佐证。

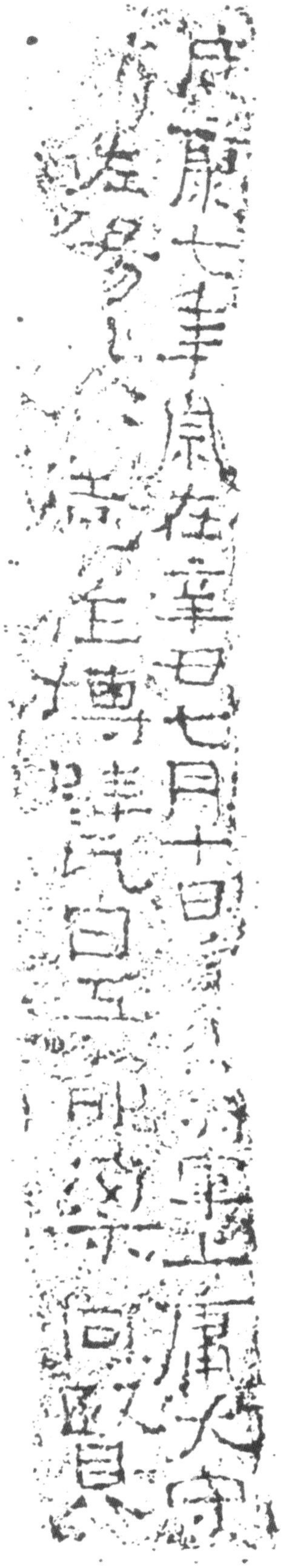

图三　东晋咸康七年（341）七月砖拓

图四　东晋升平二年（358）王闽之墓志砖拓（背）

注　释

[1]　李楠：《中国古代砖瓦》，中国商业出版社，2015年版，第85页。

[2]　殷荪：《中国砖铭文字征》（上），上海书画出版社，1996年版，第4页。

[3]　赵超：《汉魏南北朝墓志汇编》，天津古籍出版社，1992年版，第2页。

[4]　王壮弘、马成名编纂：《六朝墓志检要》，上海书画出版社，1982年版，第2页。

[5]　〔南朝〕刘义庆撰，〔梁〕刘孝标注：《世说新语》，上海古籍出版社，1982年版，第70页。

[6]　〔梁〕慧皎等撰：《高僧传合集》，上海古籍出版社，1991年版，第8页。

[7]　张学锋：《六朝建康城研究中的史料学问题——以建初寺的地点考证为例》，《南京晓庄学院学报》2012年第1期，第25页。

[8]　段玉明：《从"西方"想象看"一带一路"的文化向度》，《中外文化与文论》，四川大学出版社，2015年版，第30页。

[9]　王镛、李淼：《中国古代砖文》，知识出版社，1990年版，第21页。

[10]　曹然：《"砖"字的起源与演变考》，《太原师范学院学报（社会科学版）》，2016年第2期，第89页。

[11]　田永胜等：《六朝宗教》，南京出版社，2004年版，第162页。

笔如矛戈助北征　墨似刀剑快国仇

——从《草仓祠诗》谈李纲文学思想及爱国诗歌

杨启明[*]　李文华[*]

【摘要】李纲是两宋之交的一位杰出政治家、诗人。他对国家面临的内忧外患和民生疾苦给予了极大关注，在诗歌创作上也具有很高成就。本文着重从李纲的政治思想在诗歌创作中的体现，来论述他的人格魅力，爱国情操、仁者情怀以及旷达的胸襟在诗歌中得到情真意切的展现，这也是李纲诗歌创作中效仿古人的突出特点。

【关键词】李纲　爱国　文学思想　诗歌

一、李纲生平

李纲（1083—1140），字伯纪，又字天纪，宋昭武人（今福建邵武），其祖上始居无锡，因无锡有梁清溪，故别号梁溪居士、梁溪先生、梁溪病叟。梁清溪是无锡的母亲河，史载梁清溪："距州城西四十丈，阔十丈，深三丈，源发于惠山之泉，入溪，为南北流，其南绕惠山，西南三十里，自小渲淹，西流出浦岭、独山二门，入太湖，其北至五里桥，与运河通，今谓之双河口"[1]。李纲的祖先是唐代李姓后代，因避唐末战乱而举家至邵武，"有以宗室为建州（今福建省建瓯市）刺史者"[2]，卒官，因定居于此。其曾祖李僧护、祖父李赓在邵武定居后，"隐德不仕，行义为乡闾所

宗"[3]，其父李夔登宋神宗元丰三年（1080）进士第，累官至右文殿修撰终龙图阁待制。

有人认为李纲居住于无锡，宋朝赵希弁在介绍《梁溪先生文集》时认为李纲别号来源："邵武人，寓于常州无锡'梁溪'，因以为号。"由此可见无锡在其心中的地位，据此，也有人认为李纲生于无锡，但根据不足。北宋神宗元丰六年（1083），李纲出生于其父李夔任职的秀州华亭（今上海松江）。据载："松江府九峰书院，初在府治西北。宋时邑人卫谦建，后赵骥以宋李纲生于华亭，因祀纲于此。明正德十一年，同知侯自明奉提学张鳌山檄，改建于谷阳西门"[4]。《明一统志》亦载："九峰书院，在府治西北，宋邑士卫谦建。按：华亭……旧有折桂阁，宋右文殿修撰李夔为尉时，生子纲于此。后纲为相，因呼相公阁。"[5]

* 杨启明：无锡博物院副院长
* 李文华：无锡博物院专题馆部主任，副研究馆员

幼时的李纲聪颖好学，胸怀大志，卓尔不群，其"形神俱清，器识绝人"，"举动必合于规矩法度，见者知其必将名世"[6]。大观二年（1108），李纲参加贡生考试，名列第一，任真州（今江苏仪征）司法参军。征和二年（1112）登进士第，任镇江府学教授。三年后升为监察史兼权殿中侍御史，后因得罪权贵被降职为员外郎。政和八年(1118)四月，复被起用为太常寺少卿、国史编修。宣和元年（1119），开封遭受严重水灾，他上书徽宗要求采取紧急措施，拯救灾民，又鉴于北方女真势力深入国土，建议整顿军备，防止外敌入寇。徽宗不纳李纲谏言，将其贬谪到南建州沙县充当一名监税小吏。面对外忧内患，国是日非，李纲顿生退意，于是在无锡梁溪河畔营造庭院，以备退隐。宣和三年（1121），父李夔病故，葬于无锡惠山北麓的湛岘山麓。在守墓三年期间，他种植了大量青松翠柏，故后人将湛岘山称为大松坡。

宣和六年(1124)，李纲被任为秀州知州，第二年复任少卿。是年冬，金兵大举南侵，他冒死血书上谏，请徽宗赵佶禅让帝位，使太子赵桓能以皇帝名义号令军队抵抗金兵。宋钦宗赵桓即帝位后，任命其为尚书右丞，北征行营使，委以防卫京师的重任。李纲发动军民人等严密布防，在靖康元年（1126）正月打退金兵对京城的围攻。靖康二年（1127），因其力主抗金，反对议和而被免职。陈东等数千名太学生上书，京都数万军民集会要求朝廷让李纲复职，宋钦宗被迫复用李纲，并封其为开国伯，又赐无锡惠山寺作为他奉祀父母的功德院。但是，没多久就将其调出京城，任河北宣抚使，旋即又以"主战""丧师费财"之罪名将其贬谪为亳州明道宫提举。是年秋，金兵又大举南下，宋钦宗急忙下诏起用李纲，李纲奉诏立即率兵北上勤王，但此时京城已经沦陷。次年五月，宋高宗赵构在应天府（今河南商丘）即帝位，用李纲为尚书右仆射兼中书侍郎。

李纲雄心勃勃，决心重振朝纲，收复失地，重建山河。他积极改革弊政，充实国库，整军备战，宋朝国力为之一振。但他力主北伐，坚决反对迁都江南的政治主张触犯了一心偏安的宋高宗，在相位仅七十七天就遭免职。此后李纲屡遭诬陷，自南宋建炎元年（1127）起，先后被放逐到鄂州（今湖北武昌）、万安军（今海南万宁）等地。建炎三年（1129），金兵袭击扬州，高宗不得已将刚贬斥到琼州三天的李纲赦还。次年春，建州爆发范汝为率领的农民起义，韩世忠奉命前往镇压，建州城攻陷后，韩世忠欲屠全城百姓，李纲说服韩世忠收回屠城令，建州十多万百姓免遭屠戮，故宋、明、清三代建瓯人尊李纲为"芝城之父"，立祠塑像以祀奉。绍兴元年（1131），宋高宗再次起用李纲，官复资政殿大学士，先后任他为荆湖广南路宣抚使兼潭州（今湖南长沙）知州、江西南路安抚制置大使兼隆兴（今南昌）知府等职。任职期间，他积极招抚流亡，安定社会，发展生产，整饬军政，招募工匠建造战舰以巩固江防，并屡次上书要求宋高宗明大义、省得失，待机北伐。但这一切均不为高宗所接受，李纲因此屡遭谪贬。李纲的宏伟抱负和宏才大略无法得以施展，抗金救国之志始终未能实现。绍兴九年（1139），他愤而辞官。

李纲一生屡遭谗谤贬谪，但他于起落进退间从不忘军国大事，"以身卫社稷，当其见危，知有社稷，不知有身，故勋业至如此"[7]。他的爱国主义精神激励了一代又一代人，林则徐在西湖桂斋修建了李纲祠以供后人瞻仰，并撰楹联："进退一身关社稷，英灵千古镇湖山。"正直耿介、忠君爱国的李纲一心希望宋高宗能"以宗社为心，以生灵为意，以二圣未还为念"[8]，但宋高宗为坐稳皇帝宝座，早已将父子兄弟之情抛诸脑后，宁愿苟且偷生，甚至不惜将半壁江山拱手相让。李纲心力交瘁，怀着"中原未定"的遗憾，于绍兴十年（1140）正月十日，在福建苍山松风堂病逝，终年 57 岁。

二、李纲的文学思想

李纲少年时代主要随父母居于无锡，在这期间对他以后影响最深的当为"李相书堂"，"李相书堂在惠山，小径萦纡，有堂三，楹中绘唐相李绅像。绅未遇时，常读书是山，堂即绅读书之所。锡麓书堂在锡山下，宋文简公尤袤读书之处，奇花异卉咸植于前，春月，率邑人往游焉"[9]。作为唐朝宰相读书的地方，"李相书堂"在对李纲以后的思想形成过程中的影响是不言而喻的。

李纲是一位以儒家学说为主，释道为辅的三教合一论者。他于儒家《易》《春秋》《论语》很有研究，对释家《华严》、禅宗也颇深入，对道家思想有所了解。在《三教论》中，李纲对此有详细的论述，"治之道本于儒，而道释之教存，而弗论于助教化，以通道遥"[10]。他说："释氏之所谓布施、持戒、忍辱、精进、禅定、智慧者，其说可取，而亦可以助教化矣"[11]。这在宋代儒学占统治地位的时代背景下，是不容于当时学界的，因此后世很少有宣扬其学说者。

李纲一生"忧国之愤，耿耿不忘"，"幽怀壮志，时发于文词之间"[12]。罢相后，李纲深感济苍生的理想无法实现，转而将更多的心思花在学术研究上，著有《论语详说》和《易传内外篇》，并创作了大量诗文作品。从其文论思想和论诗诗文中可以看出，李纲遵从的是传统儒家的文学理论批判标准，即重道德实践，强调文学的社会内容和教化功能。虽然李纲囿于传统儒学教化之下，但难能可贵的是他并不因循守旧，而是能够在继承中发展，在发展中创新。

三、李纲的爱国诗歌

"诗者，志之所之也。在心为志，发言为诗。情动于中而形于言……"这是李纲对诗歌创作观和创作实践的生动阐释。《李纲全集》中共收录了诗人作品 1566 首，宣和中被贬谪后的岁月，是李纲诗歌创作的鼎峰时期。诗篇体裁丰富多样，内容包罗万象：有平淡自然的山水田园诗篇；有凭吊古迹，感慨今昔的怀古诗篇；有忧心时局，关心民瘼的爱国诗篇。李纲的诗"是他自己一生的忠实记录，也是两宋时代一幅真实的历史剖面图景"[13]。

这些诗篇中，最多的、也是感情最浓烈的是抒发诗人对祖国山河的热爱，字里行间流露诗人对恢复中原、重振国威的声声呐喊，以及因复国无望、壮志难酬而悲痛难抑的满腔血泪。现无锡碑刻陈列馆藏李纲《草仓祠诗》就是其中的典型作品：

> 不愁芒履长南谪，满愿灵旌助北征。
> 醉徹一杯揩泪眼，烟云何处是三京。
>
> 新皇光嗣宝历，予被命，拜相献恢复中原之策，上不采用。两月阅，余以观文殿学士□却潭州，今春改洪州，夏又改福州，自洪抵吉赣，来福道宁化，行倦憩草仓祠下，因拜神，坐间，思忆二帝有感，作一绝写怀兼寓行踪云。时大宋绍兴二年壬子夏五月吉，金紫光禄大夫平章事樵川李纲书。

此忠定公草仓祠题句也。公法书刻入《凤墅续贴》中，先君子多方求之，卒不能得。又言公有真迹百四十五字，明沈启南氏所藏，乃公在湖广时诏问攻战守备奏，上赐手诏，褒美，公表谢。因移书告同志者，盖绍兴五年笔也。此诗先彼三年，不知何时勒石，先君子摄归，欲重樵以陷祠壁，未果而逝。今检旧藏得之。亟命儿瀚樵勒上石，以成先志。又恨沈礼不

复可购，无由追摹，示我同族也。道光十
有四年仲秋日二十八世裔孙朝钦跋。

作为一名爱国抗金将领，忧心社稷和忠
君爱国无疑是贯穿李纲诗歌作品的主线。这块
《草仓祠诗》碑书法笔力遒劲，字间充满张力，
气势奔涌。从《草仓祠诗》及题记中不难看出，
此诗是李纲在其南谪途中所作，面对二帝北狩，
山河破碎，生灵涂炭，李纲忧心如焚。心中充
满了山河破碎、壮志难酬的悲怆之情。而他屡
次忠言直谏却不用，在壮志难酬之下，把这种
情感寄托在诗篇之中。在洋溢着崇高爱国精神
的诗篇中，李纲一再向统治者表明心迹，表达
了对战乱中国破家亡、妻离子散、流离失所的
人民的深切同情，同时矛头直指只顾自己贪图
荣华，置国家民族利益于不顾的投降派，但更
多的是寄希望于当政者能采纳忠言，早日收复
失地，恢复中原河山，拯救人民于水火之中。

碑后跋文是李纲二十八世裔孙李朝钦所
作。从跋文中可知，当时李纲的诗作被收录入
《凤墅续贴》中，且多被后人所藏，朝钦之父
欲求而不能得。而此诗拓本的来龙去脉在跋中
亦叙述清晰，由朝钦之父根据勒石所搨，准备
重新橅刻后安置于祠堂壁间，没有完成心愿就
离世，朝钦在整理父亲旧藏时发现，而此碑是
李纲第二十九世孙、朝钦之子瀚"橅勒上石"，
完成了其父的遗志。并且因沈启南所藏李纲手
札不能购得，不能让同族追摹而引以为憾。

蒙冤被贬，此时李纲处于人生的低谷时
期，虽然心怀不平，甚至感到愤懑、痛苦，诗
人也借助诗歌来抒写自己的不平之气，在《戏
为吴语》中有"莫问农家作底愁，细思今古事
悠悠"之句。此时，诗人躬身自问，但求无
愧于心。也发出"只因读得数行字，便觉分
为一世忧。问舍求田须更矣，济时泽物且能
休""至言逆耳弃不收，遣祭徒劳长叹息。古
来忠谠尽如此，端欲济时如谷帛"的感慨。但
国难当头、民生艰难之际，诗人依旧不改初

衷，关心时局变幻，顾念国家安危，正如其诗
所言："咽咽不能语，岂自鸣其穷。"（《中秋望
月次玉局翁韵二首》）李纲与封建社会里许多
正直的知识分子一样，"他们不能坐视世界的
衰落而无动于衷，他们无论在平时或是乱世，
都不能忘情于怎样变无道为有道"[14]。

《草仓祠诗》是李纲在罢相之后南谪途中，
其"以观文殿学士□却潭州，今春改洪州，夏
又改福州，自洪抵吉赣，来福道宁化"，行程
万里，在羁旅行役中，诗人常常愤而有作，表
达他对投降派的深恶痛绝，对收复中原的信心
以及诗人渴望战斗，拼死沙场的决心。在诗作
《有感》中，诗人同样表达了沉郁的爱国之情，
"自怜许国心犹壮，却笑谋身术已疏。二圣未还
民未靖，尚思痛苦奏囊书"。在这一时期，李纲
留下了大量的同类诗篇，"关河自昔称天府，淮
海于今作战场"。随着汴京沦陷，金兵铁蹄也踏
入江南，诗人用讽刺的手法写下"胡尘暗中原，
河洛皆穹庐。衣冠竞南渡，故国靡复遗。襄陵
大岳裔，亦尔困征途。颠沛不忘道，呻吟曳长
裙"。运用沉痛悲愤的笔墨描绘出金兵南侵，贵
族们狼狈逃亡时的场景。不过，无论形势如何
危急，李纲始终满怀克敌制胜的信心，他始终
坚持认为，只要整顿军队，团结民众，必有收
复中原，中兴之日。在《次韵季弟善权阻雪古
风》一诗中作者写道："会当扫荡豺狼穴，国
耻乘时须一雪。酒酣拔剑斫地歌，心胆开张五
情热。中兴之运期我皇，江汉更洒累臣血。"此
诗意义深远，有极强的现实感，今昔对比，诗
人的忧愤之情更甚。虽已年近半百，华发萧然，
但诗人依然大声疾呼，并表达了自己立志上阵
杀敌的决心和恢复河山的必胜信心。

纵观李纲的爱国诗篇，在思想主题的表达
或艺术风格的表现上，有前后两个不同的时
期。前期的诗篇中浸淫着因诗人耿直上谏而去
国离家，遂成断梗飘萍的一己忧愤难平之气。
诗人面对外有金兵铁蹄入侵，内有农民起义蜂

起，北宋局势日趋紧张的局面，而随后又面对南宋小朝廷又风雨飘摇，当政者不思进取，日日歌舞升平，醉生梦死的无奈形势。而此时诗人历经十数年的宦海沉浮，连年奔走，对南渡朝廷的腐败无能有深刻的了解，对现实人生有了更新的认识，诗人的思想境界达到了一个新的高度。诗人不改爱国忧民的炽热情感，怀着对国家破亡的沉痛心情，对收复中原的满腔热忱，诗风亦逐渐趋向沉郁悲痛。

李纲是两宋之交政坛上有着重要影响的政治家，同时也是一位有影响力的诗人。他一生关心国事民生，个性耿直，在两宋之交的历史背景下，其文学思想和诗篇中表现出强烈的适用取向和忧患意识，对国家和民生给予了极大关注，诗词创作成就极高。同时，李纲诗歌处于苏黄之后、江西诗派崛起之前，有着显著的过渡意义，在文学史上有着重要的地位。

注　释

[1] 〔清〕佚名纂修：《无锡县志》卷二，《四库全书》第 492 册，上海古籍出版社，1987 年版，第 683 页。

[2] 〔宋〕李纲著，王瑞明点校：《李纲行状上》，《李纲全集》附录二，岳麓书社，2004 年版。

[3] 〔宋〕李纲著，王瑞明点校：《李纲行状上》，《李纲全集》附录二，岳麓书社，2004 年版。

[4] 〔清〕黄之隽等编：《江南通志》卷九十，《四库全书》第 509 册，上海古籍出版社，1987 年版，第 524 页。

[5] 〔明〕李贤等撰：《明一统志》卷九，《四库全书》第 472 册，上海古籍出版社，1987 年版，第 236 页。

[6] 〔宋〕李纲著，王瑞明点校：《李纲行状上》，《李纲全集》附录二，岳麓书社，2004 年版。

[7] 〔宋〕李纲著，王瑞明点校：《李侍郎跋》，《李纲全集》附录三，岳麓书社，2004 年版。

[8] 〔宋〕李纲著，王瑞明点校：《李纲行状中》，《李纲全集》附录二，岳麓书社，2004 年版。

[9] 〔清〕佚名纂修：《无锡县志》卷二，《四库全书》第 492 册，上海古籍出版社，1987 年版，第 717 页。

[10] 〔宋〕李纲著，王瑞明点校：《三教论》，《李纲全集》，岳麓书社，2004 年版，第 1360 页。

[11] 〔宋〕李纲著，王瑞明点校：《三教论》，《李纲全集》，岳麓书社，2004 年版，第 1360 页。

[12] 〔宋〕李纲著，王瑞明点校：《李纲年谱》，《李纲全集》附录一，岳麓书社，2004 年版。

[13] 王铁藩：《李纲的诗和李纲的墓》，《福建日报》1963 年 3 月 3 日。

[14] 余英时：《士与中国文化》，上海人民出版社，1987 年版，第 215 页。

龚勉考略

石 雨[*]

【摘要】明邑人龚勉自农村识字知书后向往诸葛亮的远大志向，以科举入仕，不论任京官还是长期任地方官，始终兢兢业业，为国为民，广受百姓爱戴，嘉兴、吴桥两地及家乡锡邑均为之建立生祠。明东林党领袖、邑人顾宪成称赞龚勉"素厚德长者，两为令，一为守，剔历藩臬，所在俱有惠泽，民讴思之不忘"；清《康熙无锡县志》称颂"邑多名宦，而尸祀于桑梓者，乃勉一人而已"；晚清嘉兴人则称赞龚勉"知嘉兴县，讼平政简，物阜民安，宅心仁恕，莅政宽平，以忧去，后为嘉兴守，尤著善政，历浙江布政"，斯言诚然。综观龚勉一生，龚勉确是锡邑史上杰出的清官。

【关键词】龚勉 科举 忠孝 清官

明锡邑名宦，名人辈出，如今为无锡文史界熟悉的，有顾宪成、高攀龙等众多东林党人，有碧山吟社创始人秦旭，有因寄畅园而常被提及的显宦秦金、秦耀等，有以"文谏死"为己任的"锡谷四谏"，有明锡邑唯一状元孙继皋，而高官兼名儒邵宝因民谚"若要石门开，要等邵宝来"更为"老无锡"们津津乐道，等等。然而于龚勉（1536—1607），似是若明若暗，除南门吊桥下（今称淘沙巷）龚勉"首藩方岳坊"残存两石柱为市文物保护单位外，连与龚勉关系非常密切的AAAA级南禅寺旅游区都不见龚勉介绍，更不见龚勉景点。但清《康熙无锡县志》称颂龚勉："邑多名宦，而尸祀于桑梓者，乃勉一人而已。"[1]有明一代276年，锡邑既然产出那么多名宦、名人，为什么在这两个多世纪的时间里，只有龚勉一人得到家乡锡邑为之建立生祠并四时祭祀的超

级待遇？现在这问题的提出恐怕是龚勉生祠建立400年来第一次，而要解答这个问题，我们得仔细、全面地看看龚勉其人其事。

一、知识改变命运励志楷模

龚勉虽说曾刊行自己的《尚友堂诗集》等数个专集，且《尚友堂诗集》还有当时文化名人茅坤等为之作序跋，但如今已成"稀书"，难得一见。目前我们只能在龚勉同时代邑人邹迪光、陈幼学、施策为之写的传、神道碑文、墓志铭及散见于其他古籍中的龚勉史料、龚勉诗文中，发现其个人、家族等信息，并认真阅读、研究。

龚勉家世基本清楚，也很清白："先世武进人，元末有华甫者避乱，徙湖州之弁山，国初复白弁山徙吾锡，代著族望。华甫数传及

* 石雨：华东旅游报社记者（已退休）

公大父戒庵公惩、父友轩公雾。友轩公惇重长厚，以公贵赠南京户部郎中，母徐氏，赠宜人。"[2] 我们据此可知，龚勉祖籍常州武进，元末农民起义风起云涌，政局动荡，其先祖华甫迁至湖州弁山避乱，至明初政治局势稳定后，又由弁山徙至锡邑定居。龚勉祖父惩、父雾、母徐氏。父雾"惇重长厚"，就是一个性情温和的老实人。而从上述关于其祖、父身世看，虽然清白，却连古代家世介绍文字中常见的"耕读为生"之类的话语都没有，足见龚勉之前，数代家中一个读书人都没有，龚氏就是种田为生的纯农户。

当时与龚勉为忘年交的邹迪光关于龚勉家世也有记载："父雾，母徐，有丈夫子四而公居季。"[3] 龚勉在家中是小儿子，上有 3 个成年哥哥。这记载非常重要，它揭示了龚勉为什么能从纯农户家庭脱颖而出的根本性原因。古代纯农户家庭有了父子 4 个强劳动力，温饱之余，小儿子才能有机会读点书。而龚勉非但有读书运气，还确实是读书种子，"公幼禀异质，十余岁文誉藉甚，未几补青衿"[4]。而邹迪光的记载更指明龚勉 17 岁就考中秀才——"十七补博士弟子员"[5]。一个 17 岁且出自一穷二白纯农户家庭的农村娃能考中秀才，确非易事。当时锡邑年近六旬的著名人士、为奉养老父而辞官的王问，多才多艺，善识人才，一直慎于夸奖后学，却独对龚勉十分看好[6]。然而，王问对龚勉的青睐，虽具鼓舞性影响，却并未产生实质性作用，龚勉科举命运并非一帆风顺，一连 10 余年，龚勉秋闱屡屡被摈。

龚勉从农村娃成长为青年士子后是怎样读书生活，又是怎样对待人生挫折的？虽缺乏直接记载，但其诗《始居南郭作》透露出若干信息："迁志厌尘俗，因家南河濆。去城仅里许，地僻堪栖云。居然山林趣，况复非离群。绕屋皆水竹，开门见耕耘。遥望傍郭山，空翠来氤氲。予适鱼鸟性，去来颜色欣。税地给家食，

借书广见闻。感彼南阳业，时吟梁甫言。"[7] 此诗朴素优美，龚勉仿佛化身为陶渊明，把明锡邑南门外跨塘桥一带田园牧歌式乡村风光描写得桃花源风景一般，这很能让现代无锡读者耳目一新。除去美丽乡村景色之外，从"况复非离群"诗句，我们还能从中深切感觉，之所以龚勉全家搬迁到环境幽静的南门外居住，是为了让龚勉既有安静读书环境，又方便就近到城中县学、缙绅处借书学习交流，这说明龚勉一家相处非常和谐，父母与 3 个哥哥都支持其走科举之路。而"税地给家食，借书广见闻"两句，龚勉以乐观的口吻坦陈，其家实际是佃户，以租田耕种为食，由此可以明白龚勉早先曾经经常下田劳作，虽然能够温饱，但书还是买不起的，读书靠借阅。诗末"感彼南阳业，时吟梁甫言"，龚勉在表明自己身为佃农的恬淡心情之余，更是直抒自己胸襟，虽在阡陌，心中却一直蕴藏着诸葛亮躬耕陇亩不忘将来为社稷尽忠的远大志向。此诗当作于龚勉中举之前，我们从此诗可以获知青年时期的龚勉虽生活清贫，却已经立足田野，放眼天下，冷静务实，即使久困场屋，心中浩然之气仍存，始终保持着乐观向上的良好心态。

嘉靖四十三年（1564），29 岁的龚勉登贤书，锡邑同榜中举的还有胡浚、施策、秦燿等 6 人。翌年春闱，龚勉、秦燿、施策等皆落第。至隆庆二年（1568），龚勉考中进士，开始仕途生涯。

二、爱民惠民仁心清官

龚勉首个官职是嘉兴知县。有关龚勉嘉兴赴任，邹迪光有一个有趣生动的记载："授嘉兴令，白皙书生翩翩跨欵段而来，见者少之，曰：'彼氏尚乳臭，奈何螳臂当车辙。'下马立刻太守徐试以十三事，事无不窾解。"[8] 很显然，龚勉是美男子，到嘉兴任知县时已 33

岁，但因肤白，又长得"修体广额，秀目丰颐"[9]，特显年轻，风度翩翩，在嘉兴人看来还是一个少不更事的"奶油小生"，主观地认为胜任不了知县一职。顶头上司嘉兴知府徐必进[10]也这样看，于是立即接连将13件公事交由龚勉处理，测试龚勉行政能力，结果每件公事都得到圆满处理。

龚勉任嘉兴知县后，又任吴桥知县，"皆有治绩，两县各为祠以祀焉"[11]。古代官员为国为民尽忠尽力，政绩出色，朝廷的奖赏是升官、晋级、加俸、褒扬、物质奖励等，而百姓对好官清官最大的报答就是立生祠，即好官清官还在世，百姓就为之建立祠堂，四时祭拜，表示感恩。比如唐著名清官重臣狄仁杰任地方官时，曾有两地百姓为之建生祠[12]。而龚勉在嘉兴、吴桥两地任知县，两地也为其建生祠，足见龚勉确是为两地百姓做了大量好事，深受百姓爱戴。

"公专意治邑，不工事要津。乙亥量移南刑部主事，明习爰书，为大司寇倚重。历南户部员外、郎中，处脂不染。"[13]这段记载也很清楚，龚勉一直专心做好知县本职工作，从不巴结握有考核升迁大权的官员。万历三年（1575），经朝廷考核，龚勉从七品知县调至南京刑部任六品主事。由于办事认真，撰写各类司法文书精当，刑部尚书对龚勉很器重。后又调至南京户部任官，户部相当于现在财政部、粮食部、国家税务局等政府多个重要经济部门的综合体。龚勉先任五品的员外郎，后为五品的郎中，相当于现在司长或局长，有审批、监管之类的实权，但龚勉"处脂不染"，意即龚勉虽在"油水"很多的户部任官，却从不利用职务之便为自己谋私利。

更让人感动的是，"公去嘉久，嘉人益思公，主爵者从舆望，陟嘉郡守。"[14]龚勉从任嘉兴知县至任南京户部郎中，已历10多年时间，但嘉兴百姓一直念念不忘龚勉德政，一直

希望龚勉再来任官，吏部官员顺从民意，将龚勉调到嘉兴府升任四品知府，而嘉兴官民欢迎龚勉莅任之真诚热烈，恐怕是创纪录的。当时年逾古稀的著名文学家、归安（今浙江湖州）人茅坤记下嘉兴官民热烈欢迎龚勉莅任的盛况："秀之吏与民，故习其政所，共歌且舞，走数百里以迎之者，如携慈母。"[15]非但百姓，连下属官员也加入欢迎队伍，载歌载舞，走数百里路像迎接慈母回家那样迎接龚勉前来就任嘉兴知府，未知千百年来锡邑史上那么多无锡籍大小官员，是否还有人受到过官民如此出自内心的热忱欢迎。

龚勉任官嘉兴知府，如同其任嘉兴知县一样，勤政廉政为民，不仅受到嘉兴百姓爱戴，就是士大夫们也十分敬重他，称之为"慈父"，整个嘉兴府呈现政通人和的和谐氛围："先生筮仕为令，历曹郎至牧守，先后逾十年所，而吾邑若郡幸两得之，士民习先生安之如慈父，而先生亦尽洗一切之政，宽然噢咻之，不啻亲子弟然，盖交相习且安也已。"[16]

"丙戌，当觐，遮道攀留不得发。两台以闻公廉能卓异冠海内，天子优诏……"[17]"丙戌"即万历十四年（1586），龚勉嘉兴知府任期期满，当赴北京朝觐述职，但嘉兴百姓拥上街道，不让龚勉启程，唯恐龚勉去后不再回来任官。于是，浙江布政使司、按察使司将龚勉为民德政汇报朝廷，万历帝下诏表彰龚勉。邹迪光的记载则直接指明龚勉获"廉能卓异第一"[18]的荣誉称号。

由于龚勉深受嘉兴百姓爱戴，他被朝廷继续留在浙江做官。万历十五年（1587），"十一月癸丑，以嘉兴知府龚勉为浙江右参政"[19]，"分守金、衢、严三郡，适署方伯篆，值歉岁，捐羡赈饥，所活无算"[20]。龚勉升任浙江布政司右参政，分管金、衢、严三府，并代理浙江布政使。刚上任不久，"十二月风潮将海盐石塘冲决"[21]，翌年"五月湖州饥"[22]，至万

历十七（1589）年又遇灾，"六月浙江飓风大发，海水沸涌，杭州、嘉兴、宁波、绍兴、台州等属县廨宇庐舍倾圮者，县以数百计……桑麻田禾皆滑于卤，父老为万历十五年后又一变也"[23]。面对种种灾情，龚勉沉着应对，带头捐献薪水，赈饥救灾，积极治理水患，并如实向朝廷汇报浙江灾情。

接下来，"庚寅，……晋本省按察使。时吴门相公在事台中侧目公者，以桑梓见猜，遽拂衣还"[24]。这是一段语焉不详的记载。"庚寅"，即万历十八年（1590），龚勉晋升浙江按察使，按察使与龚勉此前曾代理的布政使同为三品官，正式进入高官行列，这是好事，却"遽拂衣还"，其原因是"以桑梓见猜"。"桑梓"何指？陈幼学文中未明说，史亦无明载。我们综合相关史料，觉得此事应与湖广巡抚秦耀被弹劾、罢官有关。万历十七年（1589），"升提督南赣军务都察院右佥都御史秦耀为右副都御史，巡抚湖广"[25]，不久秦耀即数被弹劾，至万历十九年（1591），甚至直接被万历帝斥为"贪官"，以致一些京城高官也竭力撇清与秦耀的关系，"兵部右侍郎陈有年、左副都御史傅孟春，各以湖广衡州府同知沈鈇参论原任抚臣秦耀支银分送，各疏称辩，并乞罢斥。上曰：'指馈饰赃，贪官通弊。各着依旧供职'"[26]。而万历十八年（1590）正值审查秦耀，事情闹得沸沸扬扬的时候，所以"吴门相公在事台中侧目公者"，即朝廷中对龚勉羡慕忌妒恨的苏州籍科道官，趁机弹劾与秦耀同乡又有举人同年之谊的龚勉，以示高明。此时龚勉 55 岁，人生已届"知天命"阶段，对高官毫不恋栈，索性辞官还家，留下一个陶渊明式的洒脱背影。

至万历二十三年（1595），龚勉由于此前浙江任官时治理水患有方，获朝廷起用赴济宁治河患[27]，任山东按察使[28]。龚勉到任后，积极治河，"事成，上赐金帛焉"[29]，"丁酉，晋浙江右布政……然一二龋龀者，虑公将大

用，以蜚语中，戊辰大计，公辄罢，时论靡不惜之"[30]，"公之以飞语罢归也，坐考功某者修郄。人尽憾之"[31]。上述五记载是龚勉最后官场生涯写照。丁酉为万历二十五年（1597），五月龚勉以山东按察使因治河有功晋浙江右布政使，而是年二月刚任吏部尚书的蔡国珍[32]曾为浙江左布政使，是龚勉任浙江右参政时的老上级，深知龚勉清正能干，拟进一步委以重任[33]，然而翌年戊戌（原文"戊辰"，是笔误）即万历二十六年（1598），任吏部尚书未满一年的蔡国珍因朝中倾轧，称病辞官而去。是年也是地方官员考核之年，上述所言"一二龋龀者""考功某者""修郄"，指的是当时吏部考功司个别官员利用考核地方官机会，挟怨罗织罪名报复龚勉，上下其手，将龚勉逐出官场。严格说龚勉当时只是获得浙江右布政使官衔——"升广东按察使张一坤、山东按察使龚勉、四川按察使沈九畴，各右布政使，一坤江西、勉浙江、九畴陕西，皆以陪推用"[34]，所谓"陪推用"，就是候补，浙江右布政使龚勉到杭州还未正式上岗，就被罢官而归。早在龚勉被罢官 10 余年前，官至正二品右都御史海瑞这样德高望重的著名清官都被贪官弹劾"丑诋"[35]，足见明万历中后期混乱官场中清官之艰难。

对于龚勉的罢官，官场舆情普遍惋惜，但龚勉本人却认为："仕宦不止车生耳，九龙之旁、梁溪之上，何所不可放志舒足乎！"[36]为什么龚勉会对万历朝仕途如是想？史无明载。我们梳理史料获知，在龚勉被罢官之前，不提他老上级蔡国珍辞官，就是邑人脱离官场的也不在少数。早一年即万历二十五年（1597），比他小 15 岁的同乡、时任吏部左侍郎的状元孙继皋已辞官归里；与孙继皋同岁的顾宪成被革职为民已 4 年；高攀龙贬任广东揭阳小吏 3 个月，即于万历二十二年（1594）十二月假差归锡邑，一直滞留锡邑，旅游、会

友、论学，又遇本生父母卒，至万历二十六年（1598）筑水居、可楼读书静坐养生；而秦燿、邹迪光落职时间更早。孙、顾、高、秦、邹等邑人去官原因各有不同，但当时任官"不可放志舒足"的境遇却大体相似，时已63岁、洞察官场内幕的龚勉产生如许豁达想法是必然的。

三、忠孝是龚勉荣膺家乡生祠的根本原因

回到家乡锡邑，龚勉在南禅寺旁自己的生祠，也是他早年读书、讲学的城南书院，"拓地筑室，环植花木，疏池里许，长堤如带，堤上栽五色桃，开时若武陵源，令人目迷"[37]，取名"旷适园"，成为当时锡邑士人雅集场所。孙继皋时常参与雅集活动，撰写数诗记活动，写景致、抒情怀，其中有诗云："水槛秋逾净，晴郊暑未消。露荷仍的的，风叶自萧萧。对酒宜疏豁，参玄契沉寥。城头暮吹笛，疑有列仙招。"[38]此诗以朴素言语凸现龚勉旷适园夏末风情——清幽的氛围、舒适小气候、仙境般神秘，让人印象深刻。

龚勉造园造景独具匠心并非第一次。任嘉兴知府时，他在嘉兴南湖湖心岛重修的烟雨楼，并在楼前拓建亲水石台希望嘉兴早出状元的钓鳌矶（图一），至今还是嘉兴第一古迹名胜。堪称传奇的是龚勉拓建并亲自命名、亲笔题写"钓鳌矶"翌年，嘉兴府下属秀水县举人朱国祚就考中状元。朱国祚非但是明嘉兴第一位状元，甚至可称是嘉兴史上第一位状元，钓鳌矶因此被古人视为事关嘉兴文脉兴衰之重要地标。而作为明锡邑书法家龚勉所书"钓鳌矶"三字，雄健遒劲，气势磅礴，至今仍为嘉兴人所珍视，其刻石现在还镶嵌于烟雨楼下钓鳌矶墙垣。但是，龚勉造园造景还有其仁心天下的更深刻含义，他撰写的《重修烟雨楼记》不同凡响，其中云："独念君子之登临，非徒畅幽怀适旷情而已，贵在因感以发其遐思……盖兹地虽素称富饶，然迩来岁比不登，而民俗日侈，赋役日繁，其室如悬磬者十而九，邑屋之盛丽，亦徒其外耳。所以悯其穷而抚恤之者，岂容已哉？苟徒见其盛，不恤其穷，朘其膏脂以自丰殖，则民不堪命，而滋盗召乱，虽欲览胜而享其乐也，不可得矣。"[39]这精彩又务实的文字思想脉络与范仲淹《岳阳楼记》"先天下之忧而忧"一致。龚勉此前任过嘉兴、吴桥两地知县，又任过刑部、户部中层官员，接任嘉兴知府后，即深入民间调查研究嘉兴社会经济、民俗风情，清醒、敏锐地觉察到当时嘉兴权贵们高楼华屋、骄奢淫逸背后连年灾荒、赋税日繁、百姓日贫的真实状况——这也是当时整个社会的缩影。大明王朝大厦倾覆趋势万历朝中后期已显现，而这也正是后来清人发出"故论者谓明之亡，实亡于神宗，岂不谅欤"[40]感叹之原因，龚勉从而深明自己任官为民职责之所在。由此观之，龚勉《重修烟雨楼记》蕴含的非凡警策之力，是多么睿智与富于预见性，可谓振聋发聩。所以，他在任嘉兴知府一年后重修嘉兴烟雨楼，并非"面子工程"，除有保护嘉兴地方文化的意义之外，其更深层意义是提醒自己与其他官员，惠政不能停，更不能贪腐，只有这样才能纾解民困，社稷才能长治久安。

图一　龚勉手迹"钓鳌矶"

龚勉晚年之"旷适"，并非只是追求自己生活闲适，他所言的"放志舒足"仍包含着他内心深处始终如一的仁心天下思想，并落实于多项慈善公益救助行动之上。陈幼学说他"唯孜孜好善，迄老不衰。分俸以奉廉吏，割田以饱贫宗，委婉以济知交，提撕以广家塾"[41]，邹迪光则举出实例："公善奖借人，若沈公某、贺公某、徐公某、宁公某、吴公某，咸所推毂，为一时名士；善扶翼人，若胡侍御浑孙、鲍京兆治妇，为议婚授，廛衣且食之而孤寡得安；沈司马志孝羁戍，其子就试，白之学使者而青衿立授；汪少参汝达，老且贫，时时馈遗，殁而殡之。凡此类者，终不余力而为德矣。若乃奉二亲至孝，事二兄至友，恤二嫂于孀居至备，又自天性，不待勉力而为之也者"[42]。

上述两段引文表明，侍奉父母、兄长、嫂嫂，龚勉至孝、至友、至备。儒家所言"齐家"之道，龚勉行之，出自天性，温馨无比。龚勉还将自己孝心转化爱心，奉献族人友侪，满腔热忱，提携后学，帮助他人，有始有终。如提及的"汪少参汝达"，字志行，邑人，嘉靖三十二年（1553）进士，为浙江黄岩知县，到任即筑城，倭寇再犯，百姓无患，是与当时锡邑抗倭知县王其勤一样的好官，后官至参议[43]（参议，即布政司参议，亦称"少参"），但晚境凄凉，龚勉时时接济之，汪汝达卒后，又殡葬之。而"胡侍御浑"，就是龚勉举人同年胡浑，胡浑官至"侍御"（即监察御史），龚勉不忘故人，伸出援手为已沦为孤儿的胡浑孙子解决婚姻问题。

然而，龚勉最感人的爱心之举发生在他第一次离开官场期间。他辞官回家，并不是"无官一身轻"，而是继续致力于关注与解除百姓疾苦。"时吴中困粮长役，勉为八议，请于当事施行之，乡人德之，亦为祠以祀之。"[44]当时粮长役之劳民伤财、滋生腐败的现象，并非只有龚勉一人看到，明中后期许多官员，如王

锡爵等都提及并力图解决这个扰民严重的民生问题。龚勉同时代邑人侯先春曾著文，痛陈粮长役诸多弊病，并提出改良建议，明末清初的顾炎武还把侯先春相关言论载入《天下郡国利病书》[45]。但龚勉同议题的"八议"更为简洁明了，具有很强的可操作性，"当事施行之"，立即"省费过半"，粮长役之民困因此疏解。邑人感恩，于是在南禅寺旁城南书院为龚勉建立生祠祭祀，成为有明一代 276 年历史记录中无锡人为无锡人建立的唯一生祠。

明东林党领袖、邑人顾宪成《龚毅所先生城南书院生祠永思碑记》较详细地记录了此事：

> 予抱疴泾曲，日坐卧斗室中，酬应都罢……一日邑中父老赵仁等，群而谒予庐，予谢焉。固请，乃见之。进而询其故，则皆拜而言，曰："仁等窃愿有恳也。"予曰："何？"对曰："江南之役，最重且艰者，无如粮长……幸乡达毅所龚先生，目击而心恻之，究晰始末，剂量公私，列为八议：'一曰加白粮之耗米，一曰革千料之粮船，一曰分银米之征收，一曰并徭银之征收，一曰革无名之供费，一曰免粮船之盘验，一曰缓批单之勾获，一曰增金花之滴珠。'精审详密，凿凿中窍，当道闻而善之，亟允行焉。自是克役者，省费过半，人人德之，饮食必祝曰：'天苟有吾侪，尚无悔于先生。'业就城南书院建立生祠，以致报私。书院固先生未第时读书处也，邑侯柴公为闻之当道，两院而下，景瞻盛美，并为颜其祠表异之，风声奕奕，九龙增高，二泉增冽矣。仁等犹恐历时以往，耳目寥旷，即蒙德者或莫知所自，慕德者或莫知所考也。共图勒碑，贻诸永永，敢乞公记之。"予喟然叹曰："仁哉，先生乎！……微夫，仁心为质，与物同体，孰能臻此者乎！先生素厚德长者，两为令，一为守，别历藩臬，所在俱有惠泽，民讴思之不忘。

今嘉禾、吴桥咸建生祠尸祝之，余窃以此犹有为而为者之所得而及也，至其为德于乡如是，则非有为而为者之所得而及也。宜为著先生之心，以告乡之君子，庶几同是心者，因先生推而广之，遇利必兴，遇弊必革，吾邑其永有赖哉。"仁等起而再拜，曰："闻公言，不惟见先生之心，又见公之心矣。"遂受而镌石。先生名勉，字子勤，登隆庆戊辰进士，官至浙江布政使司右布政使致仕。[46]

顾宪成抱病撰写的此文可说完整勾勒龚勉光辉形象，非但总结龚勉生平，更指出邑人为龚勉建立生祠是"非有为而为者之所得而及也"。即顾宪成认为，为民做事是官员应尽责任，龚勉已离开官场，已无为民服务责任，但他能够继续践行厚德长者之仁心，以圆满做好份外事得此殊荣，所以锡邑龚勉生祠在道德情操方面衡量，比嘉兴、吴桥龚勉生祠份量更重、更珍贵。顾宪成在文章最后，顺理成章地提出锡邑所有仁心士人学习龚勉好榜样的希望。

顾宪成写龚勉城南书院生祠永思碑文未标明年份。如果考证此碑文的撰写时间，我们也许更能体会到当时锡邑父老乡亲与龚勉之间深切感人的鱼水情。从碑文"邑侯柴公为闻之当道"之语看，龚勉提议到官府践行"八议"造福百姓，锡邑百姓建立龚勉生祠的时间，当在万历十八年（1590）至万历二十二年（1594）之间，即龚勉第一次去官期间，此时锡邑知县为柴恪[47]，就是碑文中所说的"邑侯柴公"。但碑文中又有龚勉"剔历藩臬"语，即历官布政使、按察使。龚勉万历十五年（1587）任浙江右参政时，曾"署方伯篆"，即一度代理布政使。而龚勉正式获浙江右布政使官衔则是在万历二十五年（1597），翌年罢归。所以，从顾宪成"剔历藩臬"这句话看，我觉得此碑文写于万历二十六年（1598），即在龚勉罢官之后，也许更合理。字面上顾宪成引述"犹恐历

时以往，耳目寥旷，即蒙德者或莫知所自，慕德者或莫知所考也"之语，似乎是说锡邑父老乡亲生怕日久之后人们会淡忘龚勉恩情而立生祠永思碑。实际情况恐怕是当时锡邑父老乡亲看到龚勉被倾轧无辜罢官于心不忍，深深同情，于是锡邑父老乡亲特地组团到乡下请顾宪成撰写生祠纪念碑文，借此安慰龚勉，声明百姓还是站在被罢官龚勉这一边的。这一义举，是建龚勉生祠后的又一暖心行动，雪中送炭，体现出了锡邑百姓对龚勉的依恋与感恩。

龚勉不论任官还是去官，其仁心天下之情怀始终不变，一如既往处处为民爱民，广行慈善，原因是什么？龚勉在回顾自己一生时曾说："吾惧负赠公教也。"[48]即他害怕辜负父亲对他的教诲。而践行父母的谆谆教诲，是最大的孝，俗语云"百善孝为先"，将孝扩大到为民为国层面就是忠。龚勉人生历经坎坷，却能有如此成就，忠孝当是其矢志不渝的原动力。

四、"绿萝庵里看梅花"质疑

半个多世纪前锡邑流传的俗语"绿萝庵里看梅花"，如今的"老无锡"们对之尤其熟悉，说是明锡邑南门有个叫龚勉的读书人除夕跑到东门外绿萝庵避债，感叹自己贫困处境，在庵内壁上题诗云："柴米油盐酱醋茶，件件都在别人家。今朝大年三十夜，绿萝庵里看梅花。"庵中尼姑见龚勉有此才情却遇困境，十分同情，招待他吃了年夜饭。从此龚勉发奋读书，终于脱颖而出，成为高官。"绿萝庵里看梅花"，因此渐成嘲讽穷人除夕外出避债的锡邑俗语。

明锡邑东门外确有绿萝庵，主人是嘉靖隆庆间锡邑名人王问。他将绿萝庵作为自己读书参禅会客宴饮场所，当时他与翰林学士华察，即现在坊间所谓的"华太师"等锡邑名流经常诗酒往来。由于王问本人长期隐居五里湖畔宝界山，就"召僧守之"，即聘请和尚负责日常

管理。所以，绿萝庵实际是王问的私人会所，并无佛寺必建的大雄宝殿、藏经阁之类建筑，只建有明心堂、无念斋、灵宝轩、翻经台、乐饥亭、听蝉门、白牛谷、眠鸥馆等景致[49]。但后人大都不解此事，看到绿萝庵的"庵"字，就想当然以为它是烧香拜佛的尼庵，实是一个大误解。而王问是龚勉导师式的前辈，龚勉除夕到王问绿萝庵避债题诗之事可能发生吗？

另外，笔者阅遍龚勉本人及明清相关诗文等史料，也确实找不到关于龚勉到绿萝庵避债题诗的记载，但看到清邑人秦瀛于乾隆癸巳，即乾隆三十八年（1773）写的诗曰："城东风雪噪昏鸦，学士吟成月已斜。一片冷香应入梦，绿萝庵又放梅花"[50]。诗注："王学士达尝和中峰和尚梅花百咏于东林庵，一夕而成。又俗谚有'绿萝庵里看梅花'之语，庵在城东，距东林咫尺耳。"从诗与注看，清之绿萝庵早非私人会所，而王永积《锡山景物略》也载绿萝庵王问之后易主施策，施又转售顾氏。明绿萝庵数度转售，至清秦瀛撰写此诗时，已近200年，期间又经明清两朝更迭，人事、景物均堪称沧海桑田，绿萝庵至清变身礼佛之寺庵，并植有梅花，事属正常。而秦瀛诗注称"绿萝庵里看梅花"为"俗谚"，不过是在遥想明初锡邑东林庵"王达一夕咏梅百首"文坛逸事——这是秦瀛写此诗的主旨，同时顺便提及与东林庵邻近的绿萝庵曾是一个梅花景点，故有"绿萝庵里看梅花""俗谚"，与王问时的绿萝庵无涉，与龚勉更无关。

最早将绿萝庵与龚勉扯上关系的大约是清末秀才、民国锡邑名流秦铭光（1876—1957），曾任无锡县图书馆馆长。他于1918至1932年间作《锡山风土竹枝词》150首，内中一首云："债台何幸傍瞿昙，日暮天寒不可堪。我佛慈悲容小住，梅花除夜绿萝庵。"[51]注曰："东门外绿萝庵，相传有除夕避债于此者，题壁有'绿萝庵里看梅花'句，其人后富贵，每

岁除夕必演剧于庵，是日观剧者例得缓追其偿云。一说系明浙江布政使龚勉事。"秦铭光说龚勉绿萝庵除夕避债题诗事，只是说"一说"，还持不肯定语气。

至1934年邑人曹血侠推出《梁溪十二奇人传》，龚勉是书中"奇人"之一，记其绿萝庵除夕避债题诗事，既铺张又有悖事理：龚勉"孜孜为学，不治生产，家日式微。除夕，债主毕集，势张甚……于夜分由间道避匿东郭绿萝庵。庵，女冠之修真处也。时值腊尽春回之候，庵后废圃植红绿梅数百株，含蕾吐香。毅所顾念身世，倚树悲泣，因吟诗曰：'柴米油盐酱醋茶，般般出在别人家，今日大年三十夜，绿萝庵里看梅花。'诗声哀楚，为庵尼所觉，怜而留之，屈身书佣以自业。然志甚壮，颇思树立，隆庆戊辰成进士，授浙江嘉兴令"[52]此"奇人传"奇之又奇——竟然称"庵尼"，即绿萝庵尼姑，因同情成年男子龚勉，而将之留在庵中充当"书佣"。此事在社会伦理、佛教习俗等方面皆是不可思议之事，能真实发生吗？类似这样稍具文化性、常识性的问题半个多世纪来锡邑似乎甚少有人提出并考虑，但是，龚勉避债绿萝庵的"史事"却因"奇人"龚勉而坐实，并且在社会广泛流传开来。

1946年春，湘人周贻白在无锡等待无锡国专复校期间，作《无锡景物竹枝词》，内中一诗又说到绿萝庵与龚勉避债题诗事云："年终避债恨无台，且看梅花几树开。诗思宛然驴子背，绿萝庵里独徘徊。"诗有注曰："绿萝庵在东门外，相传明龚勉避债于此，题壁诗有'绿萝庵里看梅花'句。"[53]周贻白此诗与曹血侠文章说龚勉到绿萝庵避债题诗之事完全一致，但在细节上两人却是毫不留情地相悖。周诗中的龚勉与曹笔下在绿萝庵"倚树悲泣"的龚勉完全是两个不同的人，周贻白的龚勉在绿萝庵里全无避债之忧愁，更无凄凉之心情，不

是"倚树悲泣"，而是"徘徊"暗香丛中，推敲觅句，诗兴勃勃。由此可见，在某些文人眼中锡邑先贤龚勉不过是婢女式的弱势个体，无财富无权势，任人打扮任人说。而周诗将所谓的"龚勉绿萝庵避债题诗"旧事重提，更加深人们印象，至今"老无锡"们如数家珍。

值得指出的是苏州也曾流传类似的除夕避债诗，避债题诗者是苏州名人唐伯虎，说是唐伯虎有《除夕口占》诗云："柴米油盐酱醋茶，般般都在别人家。岁暮情闲无一事，竹堂寺里看梅花。"此诗与所谓的龚勉避债诗异曲同工，写除夕避债，不直言债字，淡定中带些许无奈，而明代苏州也确有竹堂寺。但是《唐伯虎先生集》《唐伯虎先生外编》《唐伯虎先生外编续刻》等诸书中均无此诗。恐怕它和锡邑龚勉绿萝庵避债诗一样，不过是民国文人捕风捉影、以讹传讹、利用名人效应的轶事创作，以影射、调侃当时民不聊生社会里常见的穷人除夕外出避债的窘态，吸引受众眼球而已。笔者将这问题提出来，供苏州、无锡文史专家研讨。

五、龚勉两处记载分析

清邑人黄印著《锡金识小录》有数处提及龚勉，其中两处记载，尤值得关注。

一是《褒贬互异》："谈信余修，所著作于周文恪子义屡加诋毁，而尤伯升镗，则极推尊文恪，以信余为好恶不端，是非不确。而伯升于龚方伯勉、许孝廉世卿讥贬不遗余力，亦未必可信也。至王仲山问有盛名，而谈、尤两家皆有贬词，所同声推许者，邑中不过数公而已。"[54]

上面文中论及的谈修、尤镗、周子义等，与龚勉、顾宪成顾允成兄弟等皆是同时代邑人，邑志或相关史籍有他们的记载。尤镗可称是"愤怒的文人"，父尤瑛为应天府乡试解元，

第进士后官至布政司参议[55]，而尤镗久困场屋，自己出钱捐了个太学生[56]，却又辞去朝廷委派的四川邛州判官职，之后经济困难，生活窘迫，后来连居室也是友人帮忙建造的[57]。周子义是嘉靖四十四年（1565）进士，官至吏部侍郎，卒后谥文恪，其在惠山的祠堂现已复建。对周子义，尤褒谈贬，尤还因此批评谈好坏、是非不分。由于尤镗评骘人物存在如此偏激状况，黄印对于尤镗著作中诸多针对龚勉"讥贬不遗余力"的过激文字，提出"亦未必可信也"的看法。应该说黄印这样的认识是清醒、客观的。

二是《梦弓矢》："顾叔时宪成偕高景逸攀龙修复东林，海内名士千里向风。龚方伯勉虑邑多君子，难行其私，与同类议毁之。叔时念此老智夺造化，财通鬼神，心忧之。夜梦谒其堂，寂无人，特挂一弓一矢，觉而念弓矢者，相敌之义，忧滋甚。季时允成拱手贺曰：'此老不食新矣，一矢贯弓，乃吊字。'众虽奇季时之敏悟，犹疑之。居半岁，此老二子相继夭亡，孙皆殇，身亦殒，钜万积聚，人瓜分之。按，此与泾阳先生作城南书院记正相反，疑不可信然。考《桑梓录》，无方伯传，则此事又未见，其必无。大约方伯不能持廉，故多聚谤，而粮长之议，人蒙其惠，亦未可没也。"[58]

此记载说龚勉"钜万积聚，人瓜分之"，颇不符合事实与事理。龚勉"积聚"是否"钜万"？未见相关记载，姑且放在本文最后《结语》再提。而"人瓜分之"，实为大谬。龚勉有子二女四，虽然二子任卿、仪卿先龚勉卒，也未有亲生子嗣，但龚勉安排"伯仲兄孙及邵氏外孙"维祖、绍祖"为任卿后"，继祖"为仪卿后"，龚勉非但有3位孙子，更有曾孙[59]。另外龚勉去世时，还有未亡人继室李氏[60]。龚勉既有法定继承人，而且传承有序，其财产岂能"人瓜分之"？

此记载主要内容述说龚勉与东林党人存在矛盾、冲突，龚勉与其同党为"行其私"，商议捣毁东林书院，更是荒诞无稽。顾宪成为此担心并梦入龚勉家中见弓矢，醒后觉得龚勉将与之为敌而更担心；其弟顾允成为之解梦，认为"一矢贯弓，乃吊字"，预示龚勉不久将死，不必担忧。黄印说此事，事件中的龚勉、顾宪成顾允成兄弟之行动、心思、言语等，均阴暗、胆怯、卑鄙得颇为不堪，说到后来连黄印自己都觉得荒谬，就又否定存在此事，但最后还是提出"大约方伯不能持廉"，还用"与同类议""智夺造化，财通鬼神"之类负面词藻，给龚勉涂上惯于暗箱操作的诡谲色彩。而所谓"不能持廉"，即是贪腐的意思，其理由是"考《桑梓录》，无方伯传"，即《桑梓录》无《龚勉传》。此结论于逻辑推理看似无懈可击，但与实际情况却是大相径庭。

《桑梓录》是何书？此书是万历三十年（1602）顾宪成 53 岁所作。顾宪成儿子顾与沐介绍此书："志锡邑人物，公意在阐幽，于声名烜赫者间有所遗，而清修卓行及民间节孝，则搜录几遍。"而顾宪成则在自序中道出撰写此书的宗旨："昔孔子品士以行为本。锡故人才之薮也，余按旧志，益以耳目之所逮，自一技而上，并不敢遗，亦既彬彬备矣。要之，必取衷于行，重本也。"[61]的确，《桑梓录》是一本表彰锡邑品行端正的各式模范人物传记书，以顾宪成东林党领袖之人格魅力影响看，不入《桑梓录》的锡邑人物，品行很可能是有问题的。黄印就因为这一点说"大约方伯不能持廉"，怀疑龚勉贪腐。

可是，黄印于《桑梓录》有两点情况未注意，或说未理解，这也许是他未阅顾宪成《桑梓录》自序及顾宪成年谱造成的。一不知此书成于万历三十年（1602），是年龚勉 67 岁，还在世；二不知此书人物皆有蓝本。"余按旧志，

益以耳目之所逮"，顾宪成所言"旧志"，是指成书于顾宪成之前的明初王仁辅、景泰、弘治、万历等 4 种邑志，所以，《桑梓录》书中的各式模范人物皆是锡邑历史人物，而顾宪成据自己阅读、听闻的材料进一步丰满之。另外，除司马迁《史记》曾为少数同时代在世人物立传外，自班固《汉书》以降皆"生不立传"，并成为我国史学传统。顾宪成当然知晓此道理，与此相一致，邹迪光撰写《龚方伯传》也是在龚勉去世之后。所以，顾宪成《桑梓录》无《龚勉传》是正常事，与龚勉的道德、操守无涉。而黄印未能综合考察龚勉其人其事与顾宪成撰《桑梓录》成书年份等情况，仅拘泥于《桑梓录》无《龚勉传》就怀疑龚勉"不能持廉"，实为百密一疏。

六、结　语

由于孔子"为尊者讳，为亲者讳，为贤者讳"理念，我国历来为死者写的文字往往有过分颂扬死者的"谀墓"习惯。而本文关于龚勉生平事迹大量采自邹迪光、陈幼学、施策为之写的传、神道碑文、墓志铭，其中会不会存在大量"水分"，是必须考虑的问题。尤其是邹迪光、施策都是龚勉生前友人，一为忘年交，一为举人同年，而陈幼学是与顾宪成一道捐款建道南祠的东林党积极分子，也是龚勉同时代人，邑志都有他们的记载。而从这些史料看，他们都为正直不阿士人，所以他们即使写出"谀墓"文字，当不会出现如尤镗所言的"好恶不端，是非不确"状况。

顾宪成应锡邑父老乡亲所请，撰写《龚毅所先生城南书院生祠永思碑记》时，龚勉还在世，顾宪成热情讴歌龚勉"厚德长者""仁心"，会不会是同乡之间的溢美之词？未见有龚勉参与东林党活动的记载，但即使龚勉是东林党同志，以顾宪成品格，也不会"好恶不

端、是非不确"地称赞龚勉。所以，顾宪成高度颂扬龚勉的记载立场当是客观的。

我们还注意到，即使是晚清时的嘉兴人对龚勉的评价也与顾宪成完全一致。"龚勉，号毅所，无锡人，隆庆进士，知嘉兴县，讼平政简，物阜民安，宅心仁恕，莅政宽平，以忧去，后为嘉兴守，尤著善政，历浙江布政。"[62]嘉兴人曾是龚勉治下的"子民"，但上述评价已是远离龚勉时代300年的清末光绪间记载，晚清嘉兴人仍能高度颂扬龚勉，足见其记载立场同样当是客观的。

至此，令人信服的证据链可以说已经形成。从龚勉同时代邑人撰写的传、神道碑文、墓志铭，到城南书院生祠永思碑文，再到清《康熙无锡县志》《龚勉传》，再到清《光绪嘉兴县志》《龚勉传》，再加上嘉兴、吴桥、锡邑曾经的3座龚勉生祠，无一不证明龚勉是一位官做得越大，惠民爱民越努力，为民好事做得越多，即使离开官场惠民仁心仍不变的清官。

然而，若是我们能够扩大研究视野，关注、重视无锡出土文物考古成果，就能为此证据链再添上新的引人深思的一环。今人钱宗奎曾在《无锡文博》发表《明龚勉墓出土的文物》文章，文虽短小，却能弥补文献资料之不足，为深入研究龚勉提供重要又宝贵的客观历史信息。其中提到龚勉，"墓圹四壁用长51、宽22、厚16厘米的砖砌成……墓底用小砖平铺，圹顶用4块金山石板掩盖"。龚勉墓室用砖砌成，只是墓室顶才用石板，还不是整块，而是用4块小石板拼凑而成，显然龚墓这种石顶砖墓室费用较为节省。据龚勉墓志铭载，龚墓在吴王墪龚氏祖茔，吴王墪就是以"吴王"命名的一个土阜，其地望在今南长街南段前703号、704号之间，即前无锡市铸造厂与前无锡市通用机械厂之间，与现今大运河东岸的大窑路——无锡明清时有名的盛产砖瓦的窑

场，仅一河之隔，非常便于就近购买墓砖使用，更为节省费用。与此形成鲜明对照的是明侯先春墓："外层为石椁，各面均用整块花岗岩石板砌筑，里层为木椁，木椁内的棺材系楠木所制。"[63]侯先春墓室由6块巨型花岗岩石板构成，且砌筑精致，文中因此称之"石椁"。除"石椁"外，还有木质一椁一棺，且此一棺还是名贵楠木所制。两墓室比较，足见龚勉墓普通，侯先春墓豪华。另外，无锡不出产花岗岩，多砾岩、砂岩，花岗岩巨型石板得到外地购置，此事愈见侯墓豪华。

侯先春与龚勉为同时代邑人，也是苦出身，万历八年（1580）进士，始任太常博士，任官15年，最高官至正七品都给事中，其生平事迹可见拙文《梁溪硕望侯先春》[64]。而龚勉从知县正七品开始，任官25年，最高官至正三品布政使。两相比较，龚与侯两人积年官俸，当然龚多得多，即龚财富比侯多得多。古人素来"事死如事生"，但龚墓普通，侯墓豪华，现代考古提供的这一客观事实，岂不印证龚勉生前一贯的清正品格。这也岂不从一个侧面证明，前述黄印《锡金识小录》书中《梦弓矢》所言龚勉"钜万积聚"之言论，实在距离真相太遥远。

此外还有记载，无锡南禅寺"侧龚毅所先生寺……自明迄今，三次易名，一始创时为城南书院，二改称生祠，三作为宗祠。向来免粮帑，春秋官祭。民国之后则不然。"[65]此信息表明，龚勉自生祠建立起，生前身后享香火明清两朝达300年之久。

综上所述，龚勉以往在坊间之所以被戏说、被讹传，皆为某些文人读书不认真、不研究之虚妄作品所致，而真实的龚勉应是崛起于农村底层、凭借知识改变命运的励志楷模，更是锡邑史上的杰出好官清官。

承蒙无锡博物院保管部展示龚勉墓志铭拓片，为本文增添信息，特致谢忱！

注　释

[1] 〔清〕《康熙无锡县志》卷十八《宦望》。

[2] 〔明〕陈幼学：《明故浙江布政司右布政龚公神道碑》,《无锡文库》第 71 册, 凤凰出版社, 2012 年版, 第 336-338 页。

[3] 〔明〕邹迪光：《龚方伯传》,《四库全书存目丛书》集 159, 齐鲁书社, 1997 年版, 第 322-324 页。

[4] 〔明〕陈幼学：《明故浙江布政司右布政龚公神道碑》,《无锡文库》第 71 册, 凤凰出版社, 2012 年版, 第 336-338 页。

[5] 〔明〕邹迪光：《龚方伯传》,《四库全书存目丛书》集 159, 齐鲁书社, 1997 年版, 第 322-324 页。

[6] 〔明〕陈幼学：《明故浙江布政司右布政龚公神道碑》,《无锡文库》第 71 册, 凤凰出版社, 2012 年版, 第 336-338 页。

[7] 〔清〕顾光旭：《始居南郭作》,《梁溪诗钞》卷九《龚方伯勉》。

[8] 〔明〕邹迪光：《龚方伯传》,《四库全书存目丛书》集 159, 齐鲁书社, 1997 年版, 第 322-324 页。

[9] 〔明〕陈幼学：《明故浙江布政司右布政龚公神道碑》,《无锡文库》第 71 册, 凤凰出版社, 2012 年版, 第 336-338 页。

[10] 〔清〕《同治六安州志》卷二十六《官绩》。

[11] 〔清〕《康熙无锡县志》卷十八《宦望》。

[12] 〔宋〕欧阳修、宋祁等：《新唐书·列传·狄仁杰》, 中华书局, 2000 年版, 第 3343-3347 页。

[13] 〔明〕陈幼学：《明故浙江布政司右布政龚公神道碑》,《无锡文库》第 71 册, 凤凰出版社, 2012 年版, 第 336-338 页。

[14] 〔明〕陈幼学：《明故浙江布政司右布政龚公神道碑》,《无锡文库》第 71 册, 凤凰出版社, 2012 年版, 第 336-338 页。

[15] 〔明〕茅坤：《龚秀州尚友堂诗序》,《续修四库全书》第 1344 册, 上海古籍出版社, 2002 年版, 第 683-684 页。

[16] 〔明〕冯梦祯：《跋尚友堂诗集》,《四库全书存目丛书》集 164, 齐鲁书社, 1997 年版, 第 447-448 页。

[17] 〔明〕陈幼学：《明故浙江布政司右布政龚公神道碑》,《无锡文库》第 71 册, 凤凰出版社, 2012 年版, 第 336-338 页。

[18] 〔明〕邹迪光：《龚方伯传》,《四库全书存目丛书》集 159, 齐鲁书社, 1997 年版, 第 322-324 页。

[19] 〔明〕《神宗实录》卷一九二。

[20] 〔明〕陈幼学：《明故浙江布政司右布政龚公神道碑》,《无锡文库》第 71 册, 凤凰出版社, 2012 年版, 第 336-338 页。

[21] 〔明〕《神宗实录》卷一九三。

[22] 〔明〕《神宗实录》卷一九八。

[23] 〔明〕《神宗实录》卷二一二。

[24] 〔明〕陈幼学：《明故浙江布政司右布政龚公神道碑》,《无锡文库》第 71 册, 凤凰出版社, 2012 年版, 第 336-338 页。

[25] 〔明〕《神宗实录》卷二一二。

[26] 〔明〕《神宗实录》卷二四二。

[27] 〔明〕陈幼学：《明故浙江布政司右布政龚公神道碑》,《无锡文库》第 71 册, 凤凰出版社, 2012 年版, 第 336-338 页。

[28] 〔明〕《神宗实录》卷二八四。

[29] 〔明〕邹迪光：《龚方伯传》,《四库全书存目丛书》集 159, 齐鲁书社, 1997 年版, 第 322-324 页。

[30] 〔明〕陈幼学：《明故浙江布政司右布政龚公神道碑》,《无锡文库》第 71 册, 凤凰出版社, 2012 年版, 第 336-338 页。

[31] 〔明〕邹迪光：《龚方伯传》,《四库全书存目丛书》集 159, 齐鲁书社, 1997 年版, 第 322-324 页。

[32] 〔清〕张廷玉等：《明史·列传·蔡国珍》, 中华书局, 2000 年版, 第 3939-3940 页。

[33] 〔明〕施策：《明故中奉大夫浙江布政使司右布政毅所龚公墓志铭》（拓片）, 无锡博物院藏。

[34] 〔明〕《神宗实录》卷三一〇。

[35] 〔清〕张廷玉等：《明史·列传·海瑞》, 中华书局, 2000 年版, 第 3955-3959 页。

[36] 〔明〕邹迪光：《龚方伯传》,《四库全书存目丛书》集 159, 齐鲁书社, 1997 年版, 第 322-324 页。

[37] 〔明〕陈幼学：《明故浙江布政司右布政龚公神道碑》,《无锡文库》第 71 册, 凤凰出版社, 2012 年版, 第 336-338 页。

[38] 〔明〕孙继皋：《又得萧字》,《孙宗伯集》卷十。

[39] 〔清〕《光绪嘉兴府志》卷十四《古迹一》《烟雨楼》。

[40] 〔清〕张廷玉等：《明史》,《本纪》第二十一

《光宗》，中华书局，2000 年版，第 195 页。

[41] 〔明〕陈幼学：《明故浙江布政司右布政龚公神道碑》，《无锡文库》第 71 册，凤凰出版社，2012 年版，第 336-338 页。

[42] 〔明〕邹迪光：《龚方伯传》，《四库全书存目丛书》集 159，齐鲁书社，1997 年版，第 322-324 页。

[43] 〔清〕顾光旭：《梁溪诗钞》卷八《汪参议汝达》。

[44] 〔清〕《康熙无锡县志》卷十八《宦望》。

[45] 〔清〕顾炎武：《天下郡国利病书》，上海科学技术文献出版社，2002 年版，第 509-510 页。

[46] 〔明〕顾宪成：《泾皋藏稿》卷十《龚毅所先生城南书院生祠永思碑记》。

[47] 〔清〕《康熙无锡县志》卷十一《令佐》。

[48] 〔明〕邹迪光：《龚方伯传》，《四库全书存目丛书》集 159，齐鲁书社，1997 年版，第 322-324 页。

[49] 〔明〕王永积：《锡山景物略》卷七《绿萝庵》。

[50] 〔清〕秦瀛：《咏梁溪杂事一百首》，《小岘山人诗集》卷三。

[51] 秦铭光：《锡山风土竹枝词》，《无锡文库》第 30 册，凤凰出版社，2012 年版，第 707 页。

[52] 《绿萝庵今夕何夕》，《江南晚报》2013 年 6 月 14 日。

[53] 周贻白：《无锡景物竹枝词》《无锡文库》第 30 册，凤凰出版社，2012 年版，第 738 页。

[54] 〔清〕黄印：《锡金识小录》卷九《存疑》《贬褒互异》。

[55] 〔明〕《万历无锡县志》卷十六《文学》。

[56] 〔明〕《万历无锡县志》卷十三《援例入监》。

[57] 〔清〕《乾隆无锡县志》卷三十《文苑》。

[58] 〔清〕黄印：《锡金识小录》卷九《存疑》《梦弓矢》。

[59] 〔明〕陈幼学：《明故浙江布政司右布政龚公神道碑》，《无锡文库》第 71 册，凤凰出版社，2012 年版，第 336-338 页。

[60] 侯狷：《无锡南禅寺志》卷三《龚子勤方伯勉》，《无锡文库》第 23 册，凤凰出版社，2012 年版，第 504 页。

[61] 〔明〕顾与沐：《顾端文公年谱》《谱下》，顾宪成：《顾端文公遗书》。

[62] 〔清〕《光绪嘉兴县志》卷十八《名宦》。

[63] 朱文熙主编：《无锡年鉴·1993 年》，上海社会科学院出版社，1994 年版，第 336 页。

[64] 《梁溪硕望侯先春》，《江南晚报》2014 年 10 月 19 日。

[65] 侯狷：《无锡南禅寺志》卷一《南禅寺沿革概略》，《无锡文库》第 23 册，凤凰出版社，2012 年版，第 483 页。

邹迪光愚公谷艺文朋友圈考证

刘 晴[*]

【摘要】我们今天来重新认识和发现一代名园愚公谷，不能仅从园林营造技艺角度来考察，而更应该探究园主邹迪光导引下的享誉吴中地区的艺文雅集活动所构成的独特文化景观。古往今来，园以人传，园因人盛，不管是园林营造还是园林文化传播，都有赖于人的精神创造，是园无人不立，园无人不兴。只有充分了解邹迪光及其往来愚公谷的艺文朋友们的精神世界、艺文道场，才能真正理解愚公谷"海内所传"的深层原因。本文以邹迪光成书于愚公谷初建时期的《调象庵稿》、全盛时期的《石语斋集》和邹迪光晚年的《始青阁稿》诗文集为主要资料来源，对愚公谷艺文朋友圈进行梳理，以期为揭示愚公谷的文化意义提供依据。

【关键词】邹迪光 愚公谷 雅集

晚明江南造园活动兴盛，就无锡而言，这时期出现了被屠隆评为"甲吴会"[1]的秦耀寄畅园；王永积所言"海内所传""画阁回廊，迷楼曲院，总计共六十景"[2]的邹迪光愚公谷；谈恺自言"遗荣归故里，逍遥娱心神"[3]的惠麓小圃；《锡金考乘》称"重楼邃阁，极一时觞咏之盛"[4]的俞宪读书、独行二园；顾可学建在庙巷、"举趾即可登山"[5]的慧岩小筑；贾应璧建于元朝溪山第一楼故址上的栖隐园；光绪《无锡金匮县志》曰"二百年来为东南名区"[6]的安氏胶山西林等。其中尤以邹迪光营建的"愚公谷"最为胜赏，王永积评为"海内所传邹园"，张宝臣《熙园记》言"娄水之王、锡山之邹、江都之俞、燕台之米，皆近代名区"[7]。本文认为，愚公谷成为一代名园，山园营造技艺固然重要，但园主及众多文士在其中诗酒唱和、书画遣兴、行庖宴饮、游园品鉴等群体性艺文活动才是使该园名扬海内的真正原因。钱谦益在《牧斋有学集·邵潜夫诗集序》中提到"彦吉山居好客，园林歌舞，清妍妙丽，宾丛皆一时胜流，觞咏杂还，由今思之，则已成为东都之燕喜，西园之宴游"[8]，可知钱谦益已经把明代邹迪光愚公谷雅集提到了历史上两个著名的雅集，即唐代白居易东都履道坊香山九老雅集和北宋驸马王诜府邸西园雅集一样的高度，可谓盛况空前。今天，愚公谷遗迹虽所剩无多，但邹迪光勤笔且文采飞扬，我们可以以他成书于愚公谷初建时期直到他晚年的三部诗文集《调象庵稿》《石语斋集》《始青阁稿》为主要依据，整理并分析邹迪光愚公谷的艺文朋友圈情况，以期为进一步考察愚公谷雅集活动、揭示一代名园愚公谷的文化意义作准备。

* 刘晴：无锡科技职业学院讲师

一、园主本人的艺文修养——"愚公亡，而江左风流尽矣"[9]

愚公谷能够在晚明吴中地区乃至海内享有盛誉，首先离不开园主邹迪光本人极高的艺文修养。他不仅工于诗文，且善画山水，书法、丹青皆为明代一绝，他还通晓音律，亲自教习家乐。

首先就文学而言，《明史》评价邹迪光"以文章擅名江左"[10]。他一生著作丰硕，"有集数种，合三百余卷，一时声气奔辏，几与娄水弇囿后先，狎主文坛"[11]。钱谦益《列朝诗集》丁集下《邹提学迪光》说的更为具体："隆、万间，王弇州主文章之盟，海内奔走翕服。弇州殁，云杜（李维桢）回翔羁宦，由拳（屠隆）潦倒薄游，临川（汤显祖）疏迹江外。于是彦吉与云间冯元成乘间而起，思狎主晋、楚之盟……愚公亡，而江左风流尽矣。"[12]"娄水弇囿"和"王弇州"均指后七子领袖，领导文坛20年的盟主，和邹迪光为亲戚关系，对邹迪光提携较多的王世贞。邹迪光作为后七子的余绪和被王世贞提名的四十子之一，其在王世贞死后几乎能"狎主文坛"，可见诗学修养之高。从他目前存世的《郁仪楼集》《调象庵稿》《石语斋集》《始青阁稿》等一百多卷诗文作品中，我们可以看出邹迪光在诗学主张上调和七子派与公安派，将师古和师心、主格调和主性灵合二为一，在诗歌创作中师法汉魏盛唐，才调兼备，雅奇并举，文采斐然，时时闪耀着诗人灵性之语。

其次邹迪光山水画、书法也为明代一绝。清代倪涛评价整个明代书法时曾把他推为书家，说："赵梦白书沉浑鸿博、秀色可餐；邹彦吉肥不剩肉；王百谷瘦不露骨；陈眉公雅而有致，俱是一时书家。"[13]《明画录》说邹迪光"画山水，力追宋元人法。一树一石，刻意求佳，故能秀逸出群，洸尽时格"[14]。邹迪光好友李日华《味水轩日记》中也有评价："今士大夫习山水画者，江南则梁溪邹彦吉，楚则郝黄门楚望，燕京则米友石，嘉兴则李君实，俱寄尚清远，登高能赋，不落画工蹊径，余并得受交，亦称知者"[15]。又说邹氏"树石意似仿米，而远近布置自成彼法"[16]。他亦和当时的很多书画家往来频繁，如宋懋晋、赵文度、董其昌、邢侗、米万钟等。

此外，邹迪光还精通音律，亲自参与家乐教习。朱轮是其聘请的戏曲教师，《调象庵稿》有云："余阅搬演《昙花》传奇而有悟，立散两部梨园，将于空门置力焉，示曲师朱轮六首"[17]。邹迪光还和当时的很多戏曲文学家保持着密切联系和往来，王永积《锡山景物略》说他"风流文采不与道学作缘，惟同汤若士、屠赤水辈往来赓和，另辟声气，以故宦亦不达"[18]。对于明朝曲坛大家汤显祖，邹迪光持非常尊重和欣赏的态度，在其《调象庵稿》和《石语斋集》中有4封写给汤显祖的书信和一篇为其所作的小传——《汤义仍先生传》，可引以为据。另外，汤显祖《玉茗堂全集》也有诗《答邹愚公毗陵秋约二首》《与邹愚公期秣陵晤冯元成李本宁未果》《谢邹愚公》等文，可作参考。邹迪光不仅赞同汤显祖的戏曲主张，甚至还把汤显祖的《紫钗记》和《牡丹亭》搬上了自己家乐舞台。此外屠隆创作的《昙花记》传奇，戏曲家梅鼎祚创作的《昆仑奴》杂剧和《长命缕》传奇也曾在其家乐舞台上上演过。邹迪光与万历年间著名戏曲理论家潘之恒亦多有交往，其《郁仪楼集》卷二有《新安潘景升顾我衡门，竟日乃别，赋此为赠，凡三首》离别诗，该诗集卷五十三也有《复潘景升》书信，邹迪光还曾为潘之恒《金昌诗草》作序[19]。潘之恒在多次欣赏了邹氏家乐之后，在《鸾啸小品》中通过五个专篇对梁溪邹迪光家乐进行了高度的美学肯定，这可另作专题研究。

以上种种足以证明邹迪光在诗文、书画、戏曲等方面有较高的艺文修养，这为以邹迪光为核心的愚公谷艺文朋友圈的形成，以及愚公谷艺文朋友圈精彩纷呈的雅集活动作了美学准备。

二、愚公谷艺文朋友圈的形成——"此夕东南群彦集，鼓旗谁不让高搴"[20]

从交往对象看，愚公谷初建至建成后，来此拜访交游和参与艺文活动的士人均是在诗歌、词曲、书法、绘画、篆刻等方面有所造诣的艺文家，具体可以分为四类：文坛名士、布衣山人、画家印人、政坛名公。

首先是到访愚公谷的文坛名士。如复古派阵营中的中兴五子——冯时可、李维桢、王穉登等，革新派阵营中的公安派雷思霈，竟陵派钟惺、谭元春等。

冯时可，字元成，松江华亭人。冯时可是复古阵营中与邹迪光最为投合相契的，因为两人在复古运动呈倾颓之势时曾欲"乘间而起，思狎主晋楚之盟"，两人的交游往来累见于诗文、书信。冯时可常至愚公谷把酒言欢，吟诗作赋，邹迪光也常至冯时可的清昼堂雅集，并曾和冯时可一起楼船观剧[21]。冯时可还曾为邹迪光《郁仪楼集》作序，并在序文中高度评价邹迪光"不袭人以自富，则清英据而氛垢捐。不攻人以自高，则胜心遗而巧利削"[22]。另外在愚公谷艺文朋友圈中，冯时可可谓是收到邹公书信最多之人，归田后直至邹迪光晚年，冯时可共收到邹迪光写书信多达 29 封。

李维桢，字本宁，湖北京山人，文坛后七子后期阵营中坚。曾为邹迪光《调象庵稿》写序，称邹氏"其学博矣""其识高矣""其才敏矣"[23]。李维桢 70 大寿时，邹迪光亦曾作《寿李本宁太史先生七十序》赠贺。除了邹迪光收录在自己四部诗文集中写给李本宁的 14 封书信，两人至少有过两次会面：一次是邹迪光学生钟惺所召集南京俞园雅集[24]，另一次就是李维桢曾在冬日访愚公谷[25]。而这两次见面，正如邹迪光所言"聚首两番，俞聚俞真；别去两月，俞久俞念"[26]。

王穉登，字百谷，先世江阴人，后移居长洲。《列朝诗集小传》丁集中《王较书穉登》谓其"通明开美，妙于书及篆隶，好交游善结纳，谭论娓娓，移日分业，听者靡靡忘倦。吴门自文待诏殁后，风雅之道，未有所归，伯谷振华启秀，嘘枯吹生，擅词翰之席者三十余年"[27]。王穉登和邹迪光之间的交游唱和也是颇为频繁，邹迪光曾写诗赞其才华，"词坛宿昔振雄名，邾莒何当狎主盟。赋就摘毫千古失，人逢推谷一时倾"[28]，也曾访王穉登于半偈斋。王穉登曾为邹迪光《文府滑稽》作序，也曾在深秋时分枉驾愚公谷山园[29]。两人亦多有书信往来，从邹迪光四部诗文集整理可知，邹迪光归田后共写给王穉登书信 22 封。

雷思霈，字何思，湖北夷陵人，公安派成员。在诗文理论上他和邹迪光"诗必汉魏盛唐"的主张相左，但这并不影响两人友谊。邹迪光曾致书夸赞他"彭君才藻翩翩，风度闲雅，真是湘中琅玕"[30]，晚岁还在《追忆十七子》的四言诗中称自己与雷思霈是"管鲍之交"[31]。雷思霈亦曾去愚公谷访邹迪光，但邹氏因居丧未能好好相陪，曾赋诗二首致歉[32]。

钟惺，字伯敬，湖北竟陵人，竟陵派创始人。他反对拟古文风，和邹迪光文学主张不同，但与邹迪光却有深厚师生之谊。钟惺曾来愚公谷拜望老师，有《访邹彦吉先生于惠山园》诗云："青矜称弟子，白首拜吾师。隔岁虽相见，登庭亦太迟……游栖非偶尔，缘愿或先之。福德衡门在，频来自有时"[33]。邹迪光亦常和钟惺在愚公谷内持觞搦管，淹留累日，并题诗："夫君湘中彦，质文类曾史。填胸皆锦绣，举体是兰芷。就我原上居，据我石上几。玩我池中鱼，泛我杯中蚁……形于长幼忘，迹以朋侪拟。各持文苑权，并骋词场轨。后堂有丝竹，亦复相料理。肯使彭宣辈，当时擅其美"[34]。对学生不吝赞美之词，也表达了两人亦师亦友的忘年交情。

谭元春，字友夏，湖北竟陵人，也是竟陵派成员，文坛上常"钟谭"并称。谭元春曾带新诗至愚公谷访邹迪光，邹迪光对其新作表示肯定，称其"新诗出怀袖，往往见孤诣。乃知秋苑中，此道未全坠"，并以"何意千秋人，获把一时臂。把臂虽一时，千载有深企"[35]，表达了两人的深厚情谊。谭元春亦在拜访后的第二年暮春再次访愚公谷，邹迪光再次以诗赋答[36]。

其次是到访愚公谷的布衣山人。这个群体在愚公谷艺文朋友圈中所占比重最大，有俞安期、陈继儒、林古度、崔自明、程嘉燧、俞君宝、林云凤、周承明、王德操、沈璧甫、许觉父等，且其中有多位均来自苏州，往来频繁。

俞安期，字羡长，吴江人，徙阳羡，老于金陵。诗人，亦工书。《列朝诗集小传》谓其"尝以长律一百五十韵投赠王元美，元美为之倾倒"[37]。邹迪光与俞安期是性情之交的多年挚友，早在邹迪光督学楚中时，两人就有交往，邹迪光《郁仪楼集》卷二十三有《性予视学楚中，俞羡长来游荆湘，把臂累月。逮予中谗，家居业十年所，而羡长始束蒯缑东归，访予梁鸿溪上。追惟陈迹，恍若梦寐，欷歔久之，乃形神愈王，鬓髪亡改。以余穷愁，幸同羡长，不有贝锦，那获考盘，信彼孔任，良云厚我，且怆且噱，酒间漫赋二首》，可见归田十年愚公谷还未建时俞安期就尝至梁溪，和邹迪光把酒追忆昔年游荆湘的光景。而迪光则对于挚友的到来，则激动万分，"踉蹡出庭除，

披衣屡错误。喜极发颜颡，情深写衷素"[38]。由于自己山园别墅未曾建成，邹迪光还曾邀俞安期等入秦氏寄畅园饮酒，观演屠隆家班的《昙花记》。在愚公谷建成后，俞安期更是愚公谷家乐的常客，[39]从邹迪光《和俞羡长入余愚公谷观儿童作剧二十四韵》诗作中记载的"珍树""琪花""绮席""吴歈""越调""鹅笙""渔鼓""鱼龙""罗帕""茜裙""月轮""云阵"，可知愚公谷家乐演出的盛况，而友人俞安期尽享其中。

陈继儒，字仲醇，号眉公，南直隶华亭人，诗人，书画家。其著有的《小窗幽记》糅合儒释道三家，对后世影响较大。邹迪光对陈继儒十分钦慕，这种钦慕一是对于陈氏诗文、书画的钦慕，二是对陈氏儒释道三位一体思想的共鸣。陈继儒来访愚公谷，邹迪光接连赋诗四首，记录了内心的激动和狂喜，他把两人此次的会面比作为俞伯牙、钟子期一样的知音之遇："肝胆两相向，巧抱吐不匿""君家薄雄飞，余亦甘雌伏。两情既以洽，有手何必握""自无山水调，那得谐钟期""感君绸缪意，进我筵中卮。"[40]知音相遇，更是酒不醉人人自醉，邹迪光还写下了"匪关酒力豪，意惬不自持"之句，邹迪光甚至对他推崇到以他的评价为自己意见的地步：《郁仪楼集》后更得诗文数百首，或以为砆砆，或以为荆玉，不佞悉置不问，而独问序于陈先生。先生目之为荆玉，则荆玉矣"[41]。《调象庵稿》中，还有邹迪光写给陈继儒的书信7封。

林古度，字茂之，福建福清人，随其父林章挈家侨寓金陵，诗文名重一时。对于林古度来访愚公谷，邹迪光赠诗二首，表示"新知难逢""拱璧难得"之意，其中亦不乏夸赞之词，如"之子闽中彦，才华迈凡格。意匠巧构缔，腹笥富储积。烟霞笔为扫，星斗气堪射""惟尔抱奇质，结发闯词坛"[42]，也对林古度充满期待，"愿君崇大业，努力以加餐"[43]。林古

度还和其他友人随邹迪光在愚公谷赏牡丹并观剧，领略"花王亦是傍柴楹，似绮如绡不辨名""鸾凤参差声百出，鱼龙杂沓酒双行"[44]的胜流兼胜赏的美景。他也曾和谭元春结伴同访愚公谷[45]。

崔自明，字号不详待考，江陵楚人。根据邹迪光为崔自明作的《荆楚崔自明像赞》《抚尘草序》、为崔自明之父崔衡作的《荆楚崔居士传》可知，崔自明曾做过武吏，但因受家风影响，他"弃而武，而喋血蒙矢、石蹶张批，杀之是习。又串而山人而弹铗歌鱼，曳裾侯王之门，乃能恂恂尔雅，不废其本初"[46]。邹迪光认为崔自明虽做过武士，又自称山人，但"于山人使酒骂坐，咕嗫澳涩之态无一也……然于武士叫号叱咤，恣睢荡灭之习亦无一也，心殊异之。既以诗见而能写物、写事、语景、语意，不刻脂镂冰，食馂吷余如山人，亦不谈兵说剑效一二易水语如武士，心更异之"[47]。对于他的诗作同样评价甚高："崔君之诗，近于自然矣。藉令铿金搏石裂丝竹与崔君声歌并奏，吾且以君诗为海潮乎，灵籁乎，鸟嘤鸣乎，即终日注耳何厌"[48]。愚公谷中，崔自明曾随其他友人和邹迪光一起饮酒、赋诗、赏梅，也曾随邹迪光一起泛舟西湖，"赏天空碧为迟留"[49]。

程嘉燧，字孟阳，休宁（今属安徽）人，应试无所得，折节读书。侨居嘉定，晚居虞山，归老于歙，与唐时升、娄坚、李流芳合称"嘉定四先生"。钱谦益对其人品和诗学评价甚高："孟阳之学诗也，以为学古人之诗，不当但学其诗，知古人之为人，而后其诗可得而学也。其志洁，其行芳，温柔而敦厚，色不淫而怨不乱，此古人之人，而古人之所以为诗也。知古人之所以为诗，然后取古人之清词丽句，涵泳吟讽，深思而自得之……盖孟阳之诗成，而其为人已遨然追古人于千载之上矣。其为诗主于陶冶性情，耗磨块垒，每遇知己，口

吟手挥，纚纚不少休"[50]。又说程嘉燧"谙晓音律，分刌合度，老师歌叟，一曲动人，灯残月落，必传其点拍而后已。善画山水，兼工写生，酒阑歌罢，兴酣落笔，尺蹄便面，笔墨飞动"[51]。可见程嘉燧不仅工诗善画，还通晓音律，和邹迪光雅好相同。在愚公谷山园内，程嘉燧曾和邹迪光一起赋诗度曲，邹迪光有"词人执笔当前席，弟子听歌到后堂"诗句[52]。

俞君宝，字号不详待考，松江人，邹迪光有《病后俞君宝自五茸见访酒间赋赠》诗，从诗题"自五茸见访""扁舟扬帆自三泖""瑶华每自云间掷"中的"五茸""三泖""云间"可知其为松江人。邹迪光与其"数载神交"，称好友"看君峻嶒有正骨，气吐虹霓藻挨日。彩笔挥成白雪飞，冰绡画的青山出。耻将长剑逐朱游，但把孤筇寄蓬华"[53]。而从邹迪光《俞君宝滥竽集序》又可知俞君宝"巨目曷鼻，面铁色，于戁如戟，腰带可十围，望之有旄仗下形，度其人不能诗"[54]，但实际上俞君宝却能为诗，且风格是"纤縰婉嬺，娟娟可人，所为滥竽集计百余首，语语秀润，若夷施、修明，椒华月出，半醉起舞，文君远山眉黛立于酒垆之下，又若飞燕唾碧染人衫袖，作石上花，即与玉台西昆、香奁握兰较胜，当亦不让"[55]。在愚公谷山园内，他曾和邹迪光一起候月并赋诗，并且还是邹迪光所组诗社"芙蓉社"成员之一[56]。

来访愚公谷的布衣山人群体中，与邹迪光往来最频繁，常至邹迪光处饮酒、赏花、度曲、赋诗、登高甚至结伴外出交游，被多处提及并写进诗作中的是一批居住在苏州的布衣山人。如居吴门枫桥江村之间的许觉父，吴门三秀中的林云凤、周承明，"居吴门彩云桥"[57]的王人鉴，"居虎丘之西"[58]的沈璜等。

许觉父，字号不详，依据邹迪光的《许觉父江枫集序》可知，其为苏州枫桥江村人。邹迪光认为许觉父访遍姑苏山川名胜，诗集却

仅以"江枫"这一小地方为名，实是出于许觉父的自谦，是"时泄发其奇而不以自名，此河伯海若之辨也"，是"自大者不广，自小者不细"，和"世人染指一山，尝恋一水，便沾然喜而为之诗，又沾沾然喜而名其所为之诗"[59]的狂妄自大不同。除此，邹公还为其写有《许觉父回文诗引》和《许觉父和六朝回文诗小引》。综观邹迪光诗文集，邹公与许觉父唱和之诗多达60余首，是愚公谷众多交游者中与邹公往来最频繁的一位，许觉父曾和邹迪光三次共度元宵，两次共同守岁。不仅许觉父多次到榆枋馆一指堂、鸿宝堂、鄙阁等清歌佐酒、度曲观剧，也常至愚公谷与邹迪光慧山登高、菩提场看梅、渌水涯待月、具茨楼纳凉、绳河馆避暑等。邹迪光也曾暂寓吴门，同许觉父一起入支硎山游历。两人的交往跨越了愚公谷从初建到全盛以及到迪光晚年的10多年时光。

林云凤，字若抚，苏州府长洲人[60]。朱彝尊《静志居诗话》在提到他时说到"当钟谭焰张之日，守正不回，诗篇繁富，惜知者寥寥"[61]，可知林云凤在诗学创作上是与钟谭所代表的竟陵派不同，"守正不回"应该是尊崇复古派的。邹迪光和林云凤的交往可谓非常频繁，根据整理，其诗文集中共有50余首诗是和林云凤交往唱和所作，诗作时间跨越了邹公归田后直到晚年的20余年的时光，所以林云凤也是愚公谷艺文朋友圈中与邹迪光交往时间最长的一位老朋友。在《林若抚像赞》中，邹迪光这样描写这位好友"眇尔躯而有正骨，短尔舌而玉屑时出，瓠尔腹而百氏填胸，弱尔腕而运如椽之笔……人或憎其蛾眉，而余独喜其文心与酒德"[62]，可见林云凤为人有正骨，运笔有文采，尤其让邹迪光倾心的是林云凤的"文心"与"酒德"，这也是他俩成为忘年交的原因。根据《调象庵稿》中邹迪光所写的《林若抚广初集序》中提到的"林君十三岁而能诗，十八岁而诗成，又十年而诗大成。今

仅春秋三十耳，其诗具在"[63]，可推测两人的年龄差在24岁到32岁之间，因为《调象庵稿》的创作时间为万历三十年（1602）至万历三十八年（1610），收录的是邹迪光54岁至62岁之间的诗文。邹迪光对林云凤"文心"的推崇，在于认为林氏之诗"非惟才人之诗，而文士之诗也"[64]。邹迪光又说"夫才人、文士名号虽同，而品位各别。才人如仙鬼夺胎，夙慧自在。文士如大比丘团焦菩提证道……才人以才，而文士以学，才人以天而文士以人，卒之，天不胜人而学可以兼才……盖百谷亦以才人积学而为文士，执牛耳于三吴之上者也"[65]，显然，邹迪光认为文士的诗品比之才人，道行更深，而林氏之诗正是文士之诗。邹迪光曾为林云凤《梅花百咏》作序，夸其诗"令崔郑诸君见之，必且咋舌缩颈，自残才尽矣"[66]。在愚公谷中，林云凤随邹迪光候月山园、吟诗作赋、征歌度曲、小奏丝竹、清言细酌、赏花啜茗，阅尽胜流与胜赏。林云凤还曾陪伴邹迪光有过一次较长时间的泛舟出游，游经地有吴江、语溪、嘉兴、西湖、太湖等，在此次相伴出游的众友人中，林云凤唱和诗最多[67]。

周承明，字号不详，根据邹迪光《周承明梁溪稿序》"屏居鹤市，不轻逐逐冠盖，而独以余故好"中"鹤市"可知他亦是姑苏人。邹迪光《周承明像赞》说他"短其骸，长其材，弱其质，强其骨，謇其口，妙其手，虚其屋，实其腹，名公元老见之倒履"[68]。周承明与其他来愚公谷"专杯征歌，放浪涟漪葱倩间"的友人不同，"好品题泉石，挟三寸不律游"[69]，他还是邹迪光朋友圈中写愚公谷诗歌最多的一位，邹迪光说他"游梁溪之诗，于吾园又最多，此稿计诗一百余首，而其于吾园则大半"[70]。愚公谷中，周承明常随邹迪光一起菩提场看梅，塔照亭晓望，山扉坐雨听泉，搦管持觞，征歌命舞等。尤其是周承明参与的邹

迪光家乐观剧活动十分频繁，如在愚公谷内的绳河馆、膏夏堂、蔚蓝堂、以及城中榆枋馆一指堂等都留下了周承明和邹迪光一起观剧宴集的身影。

围绕林云凤、周承明两位苏州布衣文人，俞孺子、王人鉴、沈璜等苏州布衣文人也常结伴自吴门至梁溪，到访愚公谷。从邹迪光诗文集来看，他们之间的互动很多，关系可谓十分密切。其中林云凤、周承明、俞孺子三位还都是邹迪光所组诗社"芙蓉社"成员。[71]

王人鉴，字德操，吴郡人，有《知希斋集》二卷，传详见钱谦益《列朝诗集小传》丁集下《王布衣人鉴》："少学诗于居士贞，居吴门彩云桥。堂供古佛，一灯荧然……数世不食荤血，面削而形癯，见者知为枯禅逸叟也。深为草衣道人所赏"[72]。另邹迪光给王人鉴写的像赞也云："嵯岈柴瘠幽人之骨，焚香横琴达士之襟。操瓠若帚墨卿之手，山涯水澳游客之足。乃其尽室楞伽，是庞居士家。生不食肉是如来氏腹。"在他为王人鉴《知希斋诗》写的赋里也有"绝腥茹葵藿，惠好坐班荆""称诗集诗法，作论拟论衡……兀兀抱书卧，自谓据百城"[73]之句，由上可知，王人鉴骨瘦如柴，不食荤腥，信奉佛教，好清谈，好读书，好做诗，也好出游。邹迪光曾邀请王人鉴、冯元成、林云凤等一起夜集山园愚公谷，邹迪光也曾到苏州，与王人鉴等同访晚明著名的隐士赵凡夫山居，游虞山。

沈璜，字璧甫，吴郡人。钱谦益《列朝诗集小传》丁一下《沈山人璜》，谓其"与王德操、林若抚先后称诗……重气任侠，好为人急难画策……卜居虎丘之西"。沈璜常随林云凤、周承明等一起在愚公谷内候月、赋诗、观剧、避暑、听法、宴饮，在邹迪光那次较长时间的游经吴江、语溪、嘉兴、西湖、太湖的舟行中，沈璜也随林云凤相伴邹迪光左右。

再次是到访愚公谷的画家印人。邹迪光因为雅好书画篆刻，因此他园林别墅愚公谷中还到访过画家宋懋晋、沈灏，篆刻家邵潜、朱简，制墨家程大约等。

宋懋晋，字明之，松江人，松江画派名家之一。邹迪光与宋懋晋是"莫逆之交"[74]，邹公有诗盛赞宋懋晋丹青技艺，"古来画手真无数，唯有虎头称绝奇。寥寥千载谁其继，君家落笔却似之"[75]。两人的友谊早在愚公谷营建之前就开始了，在邹迪光归田的10年间，有邹迪光写给宋懋晋的书信10封，宋懋晋亦常登门造访于邹迪光榆枋馆，且是榆枋馆玉屑斋的常客。《榆枋馆记》曰："此中客既不乏，又有云间友人宋明之者，善绘事，为海内绝技，时时盘礴窗下，令余与顾恺之、宗敬微、吴道玄诸人相对"[76]。在榆枋馆专门的画室响斋中，还有宋懋晋以及同为松江画派的赵左为邹迪光所作的壁间山水障子杰作，邹迪光令"四壁立木为骨，而护砖于外，用粉代墙，以胶揉之，丹青其上，宋君明之画中右二堵，赵君文度画左堵……山川云树，墨汁淋漓，令人置身岩壑间"[77]。山水障子画好后，邹迪光还写有《宋明之、赵文度为予画壁间山水障子妙绝，作短歌贻之》和《宋明之山水障歌》二诗，以咏其事，并说"置身丘壑从此始，世间万事都已矣"[78]，由该诗亦可知，两个画家绘制的室内山水障子也是邹迪光后来营造愚公谷、寄情园林别墅的最早心迹表露，而之后画家宋懋晋参与愚公谷的经营策划就毫不意外了。王永积《锡山景物略》说邹迪光"中年始营菟裘于山麓，人工天巧，既生而有之，更得丹青宋明之时加指点"[79]，邹迪光本人也在《明之为余营度小圃，入山数日有怀一首》中描述了宋懋晋为自己山园别墅谋划"垒石""编篱"和"洞壑"[80]，《明画录》也评价宋懋晋"深于画学，富有丘壑，若仙山楼阁之属，经营位置，莫能过也"[81]。愚公谷建成后，宋懋晋亦曾到访，随邹迪光菩提场赏梅。

沈灏，字朗倩，号石天，吴县人，工诗文、善书画，尤精绘事，深究画理，有名著《画尘》。邹迪光在《石语斋集》卷二十二《跋语十七首》中有《题沈朗倩禅悦二味卷二味卜与莱也》，沈灏曾随林云凤到访邹迪光榆枋馆画室响斋，交流画艺，也曾于愚公谷避暑，在百尺高梧下清言杂坐，持酒擘蟹，吟诗作赋，檀板轻拍。

邵潜，字潜夫，南通人，侨居如皋，尤善文选，工诗，精篆籀，善八分书，最工字学。邹迪光曾为明末很多著名印人的印谱作序作跋，这其中就包括邵潜、朱简、苏宣等人。他曾写信给钱谦益、李维桢、茅元仪等人，为邵潜作推荐之用，也曾为邵潜《十体诗》《眉如草》两书作序，盛赞邵潜"遇事慷慨有正骨"，"潜夫以眉如命草，亦自谓诗之不售，如眉无所用。夫眉非真无用者！孙寿之愁眉，文君之远山，能使人醉心惑志……潜夫之诗亦一远山愁眉，何所不倾艳，第恐《眉如草》出，而人且妒君如妒蛾眉耳"[82]。陈维崧《邵山人潜夫传》云："山人八十时，维崧适居东皋，为文以寿山人，多序其生平轶事""生见国家太平之盛，以一布衣为诸侯上客者垂六十年""居南中，为李本宁先生上客；之梁溪，则邹彦吉先生客之；来吴中，而与王百谷稗登谈诗一昼夜也"[83]。可知邵潜在江南文人圈是很受推崇的。从邹迪光诗集看，邵潜与邹迪光交往的时间持续有数年之久，邵潜曾在正月初五和邹迪光等相聚于愚公谷，写下《春王五日，集愚公谷，同朱修能陈晋卿》诗，邹迪光亦有《春王五日同朱修能诸兄入山，邵潜夫独携信儿直上最高顶，余与修能不能从，修能有作和韵》诗互证。

邵潜和邹迪光交往期间，印人朱简也经常加入其中。朱简，字修能，安徽休宁人，善诗文，而独恣情鱼虫籀迹之学，精研古代篆体，尤精古篆。从邹迪光的《镇溪庵同朱修能、邵潜夫诸兄听序上人讲法华经》《除夕与朱修能、邵潜夫诸兄泛椒盘》《和朱修能同邵潜夫人日观春饮沈渊渊宅兼访妓不值之韵二首》《春王五日同朱修能诸兄入山，邵潜夫独携信儿直上最高顶，余与修能不能从，修能有作和韵》等诗作中均可看出三人间互动很多。邹迪光曾在《朱修能印品叙》中称其"用能以刀为不律，得心应手，无之非是，俨然龙马龟鱼之遗。盖游戏于印，而非计口腹于印"[84]，也曾为朱简诗集《蕉雪林诗》作序[85]，褒扬其才情"文藻郁葳蕤，诗声奏韶濩"，更有对朋友的善意提醒"子其慎蛾眉，毋招时俗妒"，而朱简评价邹迪光"强项骨未削，僻性疾已痼。着絮触荆榛，往往与世忤"[86]之语也被邹迪光写进该诗中，可见两人是可以对对方直陈利弊的诤友。朱简曾在初秋时节随邹迪光等入山园，邹迪光用雅致清奇的笔触赋诗4首，在对秋风、秋石、秋水、秋粟、秋荷、秋薜、秋柚、秋木、秋荇、秋松、秋瓜、秋草、秋梧、秋蝉、秋蝶、秋叶的描摹中道尽愚公谷秋日之美。[87]

程大约，字幼博，南直隶休宁（今属安徽）人，制墨家，被誉为李廷珪后第一人，首创超漆烟墨制法，为明代制墨四大名家之一。雅好书画的邹迪光，自然离不开作为书写工具的墨，也就少不了和制墨家的交往。邹迪光在《墨赋为程幼博作》中称"新都程幼博氏，守玄知黑，以墨为技，名重词林，品越族贾。余用其墨而心快焉"[88]，程大约持墨来访邹迪光的情形也为邹迪光记录在诗文中。[89]在《调象庵稿》中邹迪光还写有《墨铭三首》[90]，可见题铭品墨也是有明一代文人雅事。

最后是到访愚公谷的政坛名公。如授都水司主事，掌管南旺司，兼督泉闸，驻济宁，主管山东全境河流水利事业，晚年官至江西布政司参政的胡瓒（字伯玉）；官至浙江布政使、明代的封疆大吏龚勉（字子勤）；担任过翰林院修撰、礼部右侍郎，吏部右侍郎兼东阁大学士、首辅、太子太师、中极殿大学士的申时行（号瑶泉）；官至兵部尚书的申时行长子申用懋（字敬中）等。

其中来愚公谷走动颇多的为申时行。申时行，晚号休休居士，南直隶长洲人。在邹迪光《调象庵稿》《石语斋集》中共有 5 封写给申时行的书信。申时行于万历十九年（1591）致仕归里，比邹迪光归田时间早了一年，由于邹迪光和申时行都喜好交游和园林之乐，无锡和苏州又在咫尺之间，故申时行常至无锡邹迪光愚公谷宴集游玩，邹迪光有《春日少师申公以犬马之齿枉驾衡门，兼贻篇什，荒圃茗碗竟日周旋，赋别六首》，从"我无山水调，偏得子期心""丽藻光岩穴，清风拂几筵""振屐穿萝捷，挥毫刻烛劳""仅容谈似屑，未许酒成河""解语花争笑，含颦柳竞舒，物情欢已极，人意更何如"[91] 等诗句，可知两人坐谈赋诗、茗碗周旋的欢洽之情。申父、申母大寿和申时行 80 大寿时，邹迪光都有诗赠贺，邹迪光也多次被申时行邀请至其苏州适适园内饮酒赋诗。

综上所述，一代名园愚公谷，实际上已成为以江左风流雅士邹迪光为核心、以明代晚期吴中乃至全国的文坛名士、布衣山人、画家印人、政坛名公为朋友圈集群的文艺大观园。与这一时期齐名的无锡名园秦园（寄畅园）相比，邹园"海内所传"的真正原因如钱谦益所言，是中国文化艺术史上"东都之燕喜，西园之宴游"的独特雅集景观的传续，这和秦园的"孝友传家"迥然不同。古往今来，园以人传，园因人盛，在江南园林发展史上，不管是园林营造还是园林文化的传播，都有赖于人的精神创造，是园无人不立。我们今天来重新发现和认识愚公谷，更应该知人论园，只有充分了解园主邹迪光及其往来愚公谷的艺文朋友们的精神世界、艺文道场，才能真正理解愚公谷的文化内涵。

注　释

[1]〔明〕屠隆：《秦大中丞寄畅园记》，《锡山秦氏寄畅园文献资料长编》，上海辞书出版社，2009 年版，第 37 页。

[2]〔明〕王永积：《锡山景物略》卷四《愚公谷》。

[3]〔清〕邵宝、邵涵初：《慧山记续编》卷二《园墅》，《无锡文库》第二辑，凤凰出版社，2011 年版，第 161 页。

[4]〔清〕周佩安：《锡金考乘》卷三《第宅园林》，《无锡文库》第二辑，凤凰出版社，2012 年版，第 155 页。

[5]〔清〕邵宝、邵涵初：《慧山记续编》卷二《园墅》，《无锡文库》第二辑，凤凰出版社，2011 年版，第 161 页。

[6]〔清〕裴大中、倪咸生、秦缃业：光绪《无锡金匮县志》卷十四《古迹》。

[7]〔清〕黄之隽：《江南通志》卷三十一《苏州府》，《钦定四库全书》508 册，上海古籍出版社，1987 年版，第 66 页。

[8]〔清〕钱谦益：《牧斋有学集·邵潜夫诗集序》，《牧斋有学集》卷十九，《四库禁毁书丛刊》集 116，北京出版社，1997 年版，第 16 页。

[9]〔清〕钱谦益：《邹提学迪光》，《列朝诗集小传》丁集下，上海古籍出版社，1959 年版，第 647 页。

[10]〔清〕万斯同：《明史》卷一百二十七《艺文五》，《续修四库全书》史部 326 册，上海古籍出版社，2002 年版，第 541 页。

[11]〔清〕裴大中、倪咸生、秦缃业：《邹迪光小传》，光绪《无锡金匮县志》卷二十二《文苑传》。

[12]〔清〕钱谦益：《邹提学迪光》，《列朝诗集小传》丁集下，上海古籍出版社，1959 年版，第 647 页。

[13]〔清〕倪涛：《明周之士书家评》，《六艺之一录》卷二百八十六，《钦定四库全书》子 836，第 230 页。

[14]〔清〕徐沁：《明画录》卷四，《续修四库全书》子部 1605 册，上海古籍出版社，2002 年版，第 541 页。

[15]〔明〕李日华：《味水轩日记》卷四，《北京图书馆古籍珍本丛刊》20 册，书目文献出版社，1998 年版，第 137 页。

［16］〔明〕李日华：《味水轩日记》卷八，《北京图书馆古籍珍本丛刊》20 册，书目文献出版社，1998 年版，第 360 页。

［17］〔明〕邹迪光：《余阅搬演昙花传奇而有悟，立散两部梨园，将于空门置力焉，示曲师朱轮六首》，《调象庵稿》卷二十一，《四库全书存目丛书》集 159，齐鲁书社，1997 年版，第 674 页。

［18］〔明〕王永积：《锡山景物略》卷四《愚公谷》。

［19］〔明〕邹迪光：《金昌诗序》，《郁仪楼集》卷三十二，《四库全书存目丛书》集 158，第 687 页。

［20］〔明〕邹迪光：《山园要冯元成观察同林若抚、王德操诸君夜集四首》，《调象庵稿》卷二十，《四库全书存目丛书》集 159，第 661 页。

［21］〔明〕邹迪光：《调象庵稿》卷二十《山园要冯元成观察同林若抚、王德操诸君夜集四首》，《石语斋集》卷十《伏日，要冯元成观察、泊高公先、崔自明、林若抚诸君集山园，时元成以斋表北上，若抚有诗奉和》，《始青阁稿》卷四《岁暮村居，辱元成丈携善歌者见过，留连两日夜，彼此意甚，适酒间得诗六首》，《始青阁稿》卷八《集元成先生清昼堂，坐多雅客，脱略形骸，赋谢二首》《元成丈载酒楼船，于阊阊城西濠沿泛衍剧二首》《再集元成先生清昼堂二首》等。

［22］〔明〕冯时可：《邹彦吉学宪郁仪楼集序》，《冯元成选集》卷十三，《四库禁毁书丛刊补编》第 61 册，第 422 页。

［23］〔明〕李维桢：《彦吉先生调象庵稿序》，《调象庵稿》序言，《四库全书存目丛书》集 159，第 415 页。

［24］〔明〕钟惺：《喜邹彦吉先生至白门，惺以八月十五夜要同李本宁先生及诸词人集命阆并序》，《隐秀轩集》卷八，上海古籍出版社，1992 年版，第 120 页。

［25］〔明〕邹迪光：《冬日喜李本宁太史偕陈山甫顾我田间，赋得二首》，《石语斋集》卷十一，《四库全书存目丛书》集 159，齐鲁书社，1997 年版，第 170 页。

［26］〔明〕邹迪光：《与李本宁》，《石语斋集》卷二十六，《四库全书存目丛书》集 159，齐鲁书社，1997 年版，第 406 页。

［27］〔明〕钱谦益：《列朝诗集》丁集中《王校书稚登》，上海古籍出版社，1959 年版，第 482 页。

［28］〔明〕邹迪光：《冬夜，王白谷至自吴门，与楚杨孝廉、君宝诸友同集》，《石语斋集》卷六，《四库全书存目丛书》集 159，齐鲁书社，1997 年版，第 105 页。

［29］〔明〕邹迪光：《百谷枉驾山园，属予行园甫毕返棹入城，失于倒履，百谷有诗见贻，赋此代柬》，《调象庵稿》卷二十，《四库全书存目丛书》集 159，齐鲁书社，1997 年版，第 664 页。

［30］〔明〕邹迪光：《与雷何思》，《石语斋集》卷二十三，《四库全书存目丛书》集 159，齐鲁书社，1997 年版，第 360 页。

［31］〔明〕邹迪光：《追忆十七子》，《石语斋集》卷一，《四库全书存目丛书》集 159，齐鲁书社，1997 年版，第 41 页。

［32］〔明〕邹迪光：《雷何思太史雨后枉驾山园，时余苴经方严不得陪侍，赋此代柬二首》，《调象庵稿》卷二十，《四库全书存目丛书》集 159，齐鲁书社，1997 年版，第 653 页。

［33］〔明〕钟惺：《访邹彦吉先生于惠山园》，《隐秀轩集》隐秀轩诗宙集五言排律一，《四库禁毁书丛刊》集 48 册，北京出版社，1997 年版，第 255 页。

［34］〔明〕邹迪光：《伯敬使君访余园居，持觞搦管淹留累日，不生厌倦，为感其谊敬赠》，《始青阁稿》卷二，《无锡文库》第四辑，凤凰出版社，2012 年版，第 278 页。

［35］〔明〕邹迪光：（《冬日庄居，辱谭友夏见过，示我新诗，赋此为谢》，《始青阁稿》卷二，《无锡文库》第四辑，凤凰出版社，2012 年版，第 278 页。

［36］〔明〕邹迪光：《闽林茂之、楚谭友夏以前冬见顾，今春复来，所贻诗具悉此意，如韵赋答》，《始青阁稿》卷六，《无锡文库》第四辑，凤凰出版社，2012 年版，第 323 页。

［37］〔明〕钱谦益：《列朝诗集小传》丁集下《俞山人安期》，上海古籍出版社，1959 年版，第 630 页。

［38］〔明〕邹迪光：《七夕前二日辱俞羡长词丈枉顾赋赠一首》，《石语斋集》卷二，《四库全书存目丛书》集 159，齐鲁书社，1997 年版，第 44 页。

［39］〔明〕邹迪光：《和俞羡长入余愚公谷观儿僮作剧二十四韵》，《石语斋集》卷八，《四库全书存目丛书》集 159，齐鲁书社，1997 年版，第 132 页。

[40] 〔明〕邹迪光：《予慕陈眉公久矣，秋日枉驾山园，喜而赋此四首》，《调象庵稿》卷四，《四库全书存目丛书》集 159，齐鲁书社，1997 年版，第 491 页。

[41] 〔明〕邹迪光：《与陈眉公》，《调象庵稿》卷四十，《四库全书存目丛书》集 159 第，齐鲁书社，1997 年版，112 页。

[42] 〔明〕邹迪光：《予方园居林茂之见访有赠》，《调象庵稿》卷四，《四库全书存目丛书》集 159，齐鲁书社，1997 年版，第 490 页。

[43] 〔明〕邹迪光：《予方园居林茂之见访有赠》，《调象庵稿》卷四，《四库全书存目丛书》集 159，齐鲁书社，1997 年版，第 490 页。

[44] 〔明〕邹迪光：《同茂之词兄暨冒伯麟诸君过山园赏牡丹观剧入夜乃返，茂之有作倚韵》，《石语斋集》卷十一，《四库全书存目丛书》集 159，齐鲁书社，1997 年版，第 174 页。

[45] 〔明〕邹迪光：《闽林茂之、楚谭友夏以前冬见顾，今春复来，所贻诗具悉此意，如韵赋答》，《始青阁稿》卷九，《无锡文库》第四辑，凤凰出版社，2012 年版，第 323 页。

[46] 〔明〕邹迪光：《崔自明抚尘草序》，《石语斋集》卷十四，《四库全书存目丛书》集 159，齐鲁书社，1997 年版，第 210 页。

[47] 〔明〕邹迪光：《崔自明抚尘草序》，《石语斋集》卷十四，《四库全书存目丛书》集 159，齐鲁书社，1997 年版，第 210 页。

[48] 〔明〕邹迪光：《崔自明抚尘草序》，《石语斋集》卷十四，《四库全书存目丛书》集 159，齐鲁书社，1997 年版，第 210 页。

[49] 〔明〕邹迪光：《月下同崔自明、顾仲默、许伯忘、卞润甫诸君倚断桥一首》，《石语斋集》卷十，《四库全书存目丛书》集 159，齐鲁书社，1997 年版，第 149 页。

[50] 〔明〕钱谦益：《松圆诗老程嘉燧》，《列朝诗集小传》丁集下，上海古籍出版社，1959 年版，第 576 页。

[51] 〔明〕钱谦益：《松圆诗老程嘉燧》，《列朝诗集小传》丁集下，上海古籍出版社，1959 年版，第 576 页。

[52] 〔明〕邹迪光：《伏日程孟阳顾我山园有作次韵》，《石语斋集》卷十，《四库全书存目丛书》集 159，齐鲁书社，1997 年版，第 162 页。

[53] 〔明〕邹迪光：《病后俞君宝自五茸见访酒间赋赠》，《调象庵稿》卷六，《四库全书存目丛书》集 159，齐鲁书社，1997 年版，第 505 页。

[54] 〔明〕邹迪光：《俞君宝滥竽集序》，《调象庵稿》卷二十七，《四库全书存目丛书》集 159，齐鲁书社，1997 年版，第 739 页。

[55] 〔明〕邹迪光：《俞君宝滥竽集序》，《调象庵稿》卷二十七，《四库全书存目丛书》集 159，齐鲁书社，1997 年版，第 739 页。

[56] 〔明〕邹迪光：《芙蓉社纂小引》，《调象庵稿》卷三十三，《四库全书存目丛书》集 160，齐鲁书社，1997 年版，第 21 页。

[57] 〔清〕钱谦益：《列朝诗集小传》丁集下《王布衣人鉴》，上海古籍出版社，1959 年版，第 593 页。

[58] 〔清〕钱谦益：《沈山人璜》，《列朝诗集小传》丁集下，上海古籍出版社，1959 年版，第 593 页。

[59] 〔明〕邹迪光：《许觉父江枫集序》，《石语斋集》卷十四，《四库全书存目丛书》集 159，齐鲁书社，1997 年版，第 213 页。

[60] 董光和、张国乔：《孤本明代人物小传》（三），全国图书馆文献缩微中心，2003 年版，第 197 页。

[61] 〔清〕朱彝尊：《静志居诗话》（下）卷二十，人民文学出版社，1990 年版，第 603-604 页。

[62] 〔明〕邹迪光：《林若抚像赞》，《始青阁稿》卷二十，《无锡文库》第四辑，凤凰出版社，2012 年版，第 500 页。

[63] 〔明〕邹迪光：《林若抚广初集序》，《调象庵稿》卷二十四，《四库全书存目丛书》集 159，齐鲁书社，1997 年版，第 710 页。

[64] 〔明〕邹迪光：《林若抚广初集序》，《调象庵稿》卷二十四，《四库全书存目丛书》集 159，齐鲁书社，1997 年版，第 711 页。

[65] 〔明〕邹迪光：《林若抚广初集序》，《调象庵稿》卷二十四，《四库全书存目丛书》集 159，齐鲁书社，1997 年版，第 711 页。

[66] 〔明〕邹迪光：《林若抚梅花百咏序》，《石语斋集》卷十六，《四库全书存目丛书》集 159，齐鲁书社，1997 年版，第 253 页。

[67] 〔明〕邹迪光：《吴江道中夜汎把酒，得光字、生字，呈明之、若抚诸兄》《语溪道中，喜若抚诸君严设酒政，放怀剧饮二首》《嘉兴不佞旧游地也，大浸萧条，若抚兄以诗伤之，中见寓意，

不佞依韵赋答》,《调象庵稿》卷十二;《舟过北关,令家童捻管度曲,两崖间皆出视,次若抚兄韵》《秋日尚热,西湖舟中命侍儿作剧,人来聚观至夜分乃散,依若抚兄韵纪事》《同宋明之、若抚诸君从断桥步至宝叔塔,坐星落石上,望罗刹江间道而返,次林韵》《语溪舟次夜按笙歌,若抚诸君不问酒劣饮辄至醉,若抚诗成,余为和之》,《调象庵稿》卷十八。

[68]　〔明〕邹迪光:《周承明像赞》,《石语斋集》卷二十二,《四库全书存目丛书》集159,齐鲁书社,1997年版,第353页。

[69]　〔明〕邹迪光:《周承明梁溪稿序》,《石语斋集》卷十三,《四库全书存目丛书》集159,齐鲁书社,1997年版,齐鲁书社,1997年版,第207页。

[70]　〔明〕邹迪光:《周承明梁溪稿序》,《石语斋集》卷十三,《四库全书存目丛书》集159,齐鲁书社,1997年版,第207页。

[71]　〔明〕邹迪光:《芙蓉社纂小引》,《调象庵稿》卷三十三,《四库全书存目丛书》集160,第21页。

[72]　〔清〕钱谦益:《列朝诗集小传》丁集下《王布衣人鉴》,上海古籍出版社,1959年版,第593页。

[73]　〔明〕邹迪光:《知希斋诗为王德操赋》,《调象庵稿》卷五,《四库全书存目丛书》集159,齐鲁书社,1997年版,第499页。

[74]　〔明〕邹迪光:《宋明之、赵文度为子画壁间山水障子妙绝,作短歌贻之》,《郁仪楼集》卷十,《四库全书存目丛书》集158,齐鲁书社,1997年版,第539页。

[75]　〔明〕邹迪光:《宋明之山水障歌》,《郁仪楼集》卷十三,《四库全书存目丛书》集158,齐鲁书社,1997年版,第557页。

[76]　〔明〕邹迪光:《榆枋馆记》,《调象庵稿》卷二十九,《四库全书存目丛书》集159,齐鲁书社,1997年版,第756页。

[77]　〔明〕邹迪光:《榆枋馆记》,《调象庵稿》卷二十九,《四库全书存目丛书》集159,齐鲁书社,1997年版,第760页。

[78]　〔明〕邹迪光:《宋明之、赵文度为余画壁间山水障子妙绝,作短歌贻之》,《郁仪楼集》卷十,

《四库全书存目丛书》集158,齐鲁书社,1997年版,第539页。

[79]　〔明〕王永积:《锡山景物略》卷四《愚公谷》。

[80]　〔明〕邹迪光:《明之为余营度小圃,入山数日有怀一首》,《调象庵稿》卷十五,《四库全书存目丛书》集159,齐鲁书社,1997年版,第609页。

[81]　〔清〕徐沁:《明画录》卷四,《续修四库全书》1605子部,上海古籍出版社,2002年版,第667页。

[82]　〔明〕邹迪光:《眉如草序》,《石语斋集》卷十六,《四库全书存目丛书》集159,齐鲁书社,1997年版,第251-252页。

[83]　〔清〕陈维崧:《邵山人潜夫传》,《陈迦陵文集》,《四部丛刊初编本》卷五。

[84]　〔明〕邹迪光:《朱修能印品叙》,《石语斋集》卷十四,《四库全书存目丛书》集159,齐鲁书社,1997年版,第215页。

[85]　〔明〕邹迪光:《蕉雪林诗序》,《石语斋集》卷十四,《四库全书存目丛书》集159,齐鲁书社,1997年版,第214页。

[86]　〔明〕邹迪光:《立秋日承朱修能枉顾有赠》,《石语斋集》卷二,《四库全书存目丛书》集159,齐鲁书社,1997年版,第47页。

[87]　〔明〕邹迪光:《初秋与朱修能诸兄入山园四首》,《石语斋集》卷五,《四库全书存目丛书》集159,齐鲁书社,1997年版,第100页。

[88]　〔明〕邹迪光:《墨赋为程幼博作》,《调象庵稿》卷一,《四库全书存目丛书》集159,齐鲁书社,1997年版,第463页。

[89]　〔明〕邹迪光:《程幼博持所制墨数品访余田间,酒半赋赠二首》,《调象庵稿》卷八,《四库全书存目丛书》集159,齐鲁书社,1997年版,第532页。

[90]　〔明〕邹迪光:《墨铭三首》,《调象庵稿》卷三十三,《四库全书存目丛书》集160,齐鲁书社,1997年版,第27页。

[91]　〔明〕邹迪光:《春日少师申公以犬马之齿枉驾衡门兼贻篇什,荒圃茗椀竟日周旋,赋别六首》,《调象庵稿》卷十一,《四库全书存目丛书》集159,齐鲁书社,1997年版,第566页。

读天地之大书　乘精神以壮游

——论《徐霞客游记》与"霞客精神"

肖向东[*]

【摘要】 一个人，一部书，构成中国地理学、地质学、生态学、文化学的奇观；一生志，一路行，尽显霞客精神与文化情怀。作为天下奇书，《徐霞客游记》不仅综合了中国古代自然科学多学科的知识，成为开一代学风的中国地理名著，而且其独特的文本亦包含了极为丰富的文化精神与思想潜藏。本文以《徐霞客游记》文本解读为支撑，以文化阐释为导引，对《徐霞客游记》的思想灵魂和精神特质进行新的诠释阐发，以之参悟千古奇行的"霞客精神"与其创造的"生命奇观"。

【关键词】《徐霞客游记》　天地大书　霞客精神　精神壮游　生命奇观

中国文化史上，各类典籍著述卷帙浩繁、汗牛充栋，文化名人灿若星河、竞相生辉，然徐霞客在这漫长的历史之中，在星云斑斓的文化天空之下，却是一位闪射着独特光芒的人物。论身份，他没有显赫的功名地位；论经历，其一生徜徉山水且以游山玩水为乐事；论著述，身后所留下的只是一部记述游历生活的游记文字；论学问，他未能像孔子或老子那样建构其深厚的思想体系并成为高山仰止的一代宗师。然而，徐霞客就是徐霞客，他特立独行，行走天下，以身许山水，踪迹遍天涯，用生命在天地之间画出了一个行者伟大的轨迹，用精神在历史的年轮上镌刻了一个探索者不倦的灵魂，他以高蹈之志，在这个世界为后人立下了一个伟大的人生标杆，他用一部内容丰赡的游记，建构起了集地理、水文、地质、植物、生态以及旅游、探险、文学、文化、风俗等多学科综合的人文大学科。一部《徐霞客游记》，其丰富的内容和多角度的思想光芒，既有别于现代语境之下的学科分类方式，又从不同的侧面向我们传达了一个古代达人与智者对于自然、人文、社会等广袤世界的科学认知，着实是一部带有中华"国学"意义的旷世奇书。

一、人生奇行：探天下之奇路，读天地之大书

作为一个旅行家，徐霞客一生，以丰富的游历生活为主体，自其 22 岁开始游历生活，开启其一生漫长的旅行事业，直到 1640 年因病由云南地方官用车船送归家乡江阴并

* 肖向东：江南大学人文学院教授，中国新文学学会副会长

于1641年正月病逝家中。前后30余年，霞客的足迹遍及江苏、安徽、浙江、山东、河北、河南、山西、陕西、福建、江西、湖北、湖南、广东、广西、贵州、云南等21个省。地理空间上，东抵浙江东海的普陀山，西到西南边陲的云南腾冲，南及广西的桂林与南宁，北至山西的五台山和天津蓟县（今蓟州区）的盘山，行旅涉足大半个中国；地质地貌上，无论是其游踪所到的名山，浙江的天台山、雁荡山、安徽的黄山、江西的庐山、湖南的衡山、湖北的太和山、山西的五台山和恒山、河南的嵩山、陕西的华山、福建武夷山、云南的高黎贡山、石房山、鸡足山，还是其笔下的江河湖海，钱塘江、富春江、金沙江、黄河、闽江、潇水、湘水、郁江、黔江、漓江、左右江、汉水、白水河、盘江、太湖、九鲤湖、茈碧湖、滇池、洱海……山水形胜，江河源流，矿产资源、地方风物、寺庙碑刻、佛道遗迹、书院兴衰、文化遗存、民俗演变、墟场市贸、乡风市声、边民纷争、土司战事、历史逸闻，其记述应有尽有。一部《徐霞客游记》，囊括了霞客30多年旅行考察的大量生活与旅途见闻，阅览其文字，读者可感受到，内中几乎包容了霞客所到之处关于"自然"与"人文"各方面的知识内容，地理的、历史的、文化的、风俗的、生态的、地质的、水文的、植物的、人事的、少数民族的……简直可称作明代的中国百科全书。许多经徐霞客实地踏勘、探访进而重新描述与记叙的山川走势、江河源流，不仅驳正了包括儒家经典《禹贡》在内的古代舆地图志所存在的错误记载，而且在其深入探险与系统考察中，对于地表之下广泛散布于湘、桂、黔、滇西南地区的岩溶地貌、石灰岩洞及温泉现象，霞客也首次进行了具有很高地理、地质科学文献价值的描绘，揭开了大自然的隐秘世界。

由此可鉴，徐霞客可谓是中国古代第一个将阅读山川、研究自然、描绘世界从书本引向户外，由小小书房延展到广阔天地的一代学人。徐霞客之前，中国不乏励志探索的使者。汉代的张骞曾经出使西域36国，自长安经河西走廊，西行至大宛，抵大月氏，再至大夏，开辟了举世闻名的丝绸之路。然张骞是奉命出行，带有明显的政治与军事目的，且出行人马众多，沿途多次为匈奴所掳，所留下的文献资料无几。唐代的玄奘，也曾奉旨前往西方取经，由长安历经千险，抵达印度，但此行目的单一而明确，即以取经、求法为目的，惟徐霞客不带有任何预期政治目的，也不奉任何人的旨意使命，以一人的独行，纵横天下，饱览山川，在身心自由的状态之下，将天地作为一部大书来读。其笔下既有雄奇壮丽的自然山水，又有旖旎多姿的风景名胜；既有带有异乡异闻的人文风俗，又有散落民间隐蔽村野的历史遗迹；既有边地炫丽浪漫的民族风情，又有东西南北形态各异的文化事象……凡徐霞客足迹所到之处，天地万物，人间万象，俱被收入笔端，纳入记述范围。我们无法估测原作260万字的宏博内容，即便从今存的60万字的遗著而言，亦能感受到其所具有的皇皇巨著的特征，内容厚重博雅，笔势雄阔宏大，气韵涵盖天地，气象贯通古今，不仅表现了霞客腹有书诗气自馥的情韵，而且透显了霞客吞纳天地山川的雄阔襟怀。对此现象，徐霞客晚年因病卧床总结自己的一生时曾说："张骞凿空，未睹昆仑，唐玄奘、元耶律楚材，衔人主之命，乃得西游。吾以老布衣，孤筇双屦，穷河沙，上昆仑，历西域，题名绝国，与三人而为四，死不恨矣"[1]。此言既是对张骞、玄奘等人历史功绩的中肯评点，也在客观的比较中，凸显了霞客只身壮游天下、读解天地的旷古之行。

当代著名学者同为无锡籍的冯其庸先生在谈做学问所讲究的"三到"之道时认为，真正的学问应做到：历史文献典籍到、地下考古发掘文物到、地理实地考察到。冯先生特别强调："实地调查和读书一样重要"。并称这是在"读天地间最大的一部大书"[2]。冯先生是这样说，也是这样做的，其平生一有机会就到全国各地游历，尤其是晚年以古稀之年陆续完成十进新疆、三登帕米尔高原、两次穿越塔克拉玛干大沙漠等壮举，实地踏看了玄奘取经在中国境内西行和东归的全部路线，拍了近万幅照片。当年的徐霞客不可能持有当代学者所拥有的现代化考察器材与记录工具，但霞客自幼生长在一个世代仕宦、诗书传家的书香人家，饱学经史，奠定了他坚实的饱读历史文献典籍的国学底蕴，立志独步天下的愿景，成为其万里遐征的心灵力量。因此，其一个人、一支笔，独步壮游，描山画水，把一个自然造化的诗意山河描绘得淋漓尽致。以后世学术的眼光考量霞客的行为，徐霞客行游中国的意义在于：一是以亲身实践实现了明代思想家王阳明提出的"知行合一"的治学之道，开创了知轻行重、知行互发的一代学风；二是以旅行为事业，30 余年执着坚定，终身不渝，开辟了具有未来意义的中国旅游事业的先河；三是单身徒步，不畏艰险，纵横万里，游历范围遍及大半个中国与各地名山大川，为后人树立了征服自然、矢志不移的精神楷模；四是边游边记，认真考证，查漏补遗，以绝世独立的《徐霞客游记》成就了一部中国地理大书；五是不唯书本，坚持探索，以实地查勘和考据为准则，追求真谛，成为不迷信古人而讲求"实学"的千古奇人。一言以蔽之，徐霞客以自己独特的行为方式和观察研究、描述记录世界的方法，对古往今来的治学之道作出了最富有实践意义的诠释，那就是：读天地之大书，探世界之未知。

人类文明史和世界发展史告诉我们，人类创造的所有知识，实际上经历了一个从无到有、从未知到有知，以及由少积多、由简单而复杂、由单一到多维，且呈开放型的无限空间的走向。天地之间，尤其是浩茫的宇宙，尚有许多未知的奥秘待人类去探索与发现，这是现代人愈来愈强烈的科学意识与认知观念。然而，当我们以这样的思维方式去观察 400 多年前的徐霞客和他独特的人生形式，触摸这个古代学人的精神脉搏时，你会发现，这种似乎只有现代人才有的理性的科学精神，其实早就内蕴在徐霞客的血液之中。霞客一生不仅奉行实践原则，求知不囿于书本经验，而且特具一种求真务实的治学态度，一种追求真知的探索精神，也正是这种求真求知的态度与精神，驱使他走出书斋，步入广阔世界，去读、写天地这本大书。这一不凡行为，既使之实地验证了前人著写的书本知识的正误，实际增广和丰富了徐霞客的人生阅历与知识体系，又建构起了其超越前人的新的学科规范和思想意识，使其成为书本与实践相结合、"知"与"行"高度统一的一个先觉者。故作为地理学家、旅行家和探险家的徐霞客，以《徐霞客游记》为标志。而作为学问家与思想家的徐霞客，人们的认知，则是通过其独特人生以及以天地为研究对象、视天地为人生大书的奇行而衍生出来的。

二、精神演绎：藉生命之奇观，显精神之壮游

史载徐霞客出身世代仕宦、书香门第，且幼年好学，博览史籍及图经地志。青年阶段，受父亲影响，应试不第后，遂断功名之念，思考新的人生。自 22 岁始，30 余年间，以"问奇于名山大川"为志，东涉闽海，西登华山，北及燕晋，南抵云贵，直下两广，游历了包括

中部地区的河南、安徽、江西、湖南、湖北等中国大部分地域，足迹遍及全国 21 个省与自治区，在其 10 余次长途跋涉和出游的过程中，不仅困难重重、备尝艰险，而且多次遇盗被劫，粮绝乞食，陷于险境。但胸怀大志、品行坚毅的霞客，始终未挫其志，不改初心，收拾行李上征途，度罢艰险又出发。尤其是在一次次艰难的游历过后，于途中休息间隙将亲自踏勘、观察、考据、分析、研究所得，以日记体方式——详细记录、描述、归纳、总结，形成了皇皇 260 万字的大型游记体地理名著。尽管因复杂的历史原因，这部中国古代地理学奇作佚散了宝贵的 200 万字，然从现存的 60 万字的遗稿规模考量，仍可以感受到其地域覆盖之广大，体系架构之严谨，山川描述之瑰丽，社会生活之丰富，文字语言之精美等一系列难能可贵的特点。仅从地理学角度衡量，这部价值巨大的游记，既是系统考察中国原始地质地貌的地理学创举，又是描述美丽中国壮丽风景资源的旅游巨绘，那一帧帧蕴含了自然原力的生动山河图景，在徐霞客的笔下既绽放出绚丽的色彩，更释放出一种精神的力量。如果说《徐霞客游记》是霞客用生命编织的自然奇观、一部地理和旅游学大书，那么蕴含了霞客精神而由徐霞客描绘的壮丽山河行则构成了一部气韵恢宏、气魄宏大的精神交响曲！

论及"霞客精神"，既往的研究，对其卓尔不群的奇特经历，坚韧不拔的意志品行，倾情山水的爱国热情，踏遍青山的孜孜追求，知难而进的进取精神，一往无前的执着性格，敢于探险的勇敢气质，探真求实的科学精神等，都曾进行过深入的探讨与挖掘，揭示了具有原生精神现象的"霞客精神"丰富的思想蕴含与精神张力。真正的精神财富则犹如蕴藏丰厚的富矿，只要向深度掘进，在不同的历史时期和发展阶段，总会有新的发现与收获，由此而

论，重新研究"霞客精神"，我们仍可看到一些曾被历史遮蔽但在今天愈来愈清晰的新的思想元素和内源性精神之光。简而言之，有其下三点：

一是"不改初心、献身科学"的事业追求。霞客幼年好学，少年立志，青年出游，终生献身于中国地理学的考察与研究，这种不忘初心、方得始终的事业之心，在人格上铸就了霞客纯真的思想品格，成为霞客一生献身科学真实人生的精神写照。"不忘初心"源自佛门之道，宗教意义上本指"初发心"，喻指踏入佛门之始佛家弟子心中秉持的那份真诚质朴的求法向道之愿。霞客在精神上所秉持的"初心"并非佛道之说，而是与其立志追求的伟大的旅行事业息息相关，与其求真求知的探索精神缕缕相通，更与其献身地理科学的伟大目标相交融。故其不改初心、献身山水的万里遐征，实与其少年壮志和对事业执着的追求相链接，而其自幼读古籍从前人身上所获取的"天行健，君子以自强不息"[3]的强大毅力，亦成就了其千秋伟业与万里壮行！

二是"知行合一""实践出真知"的认知精神。霞客生活于明代末期，明代著名思想家王阳明曾就如何治学提出过"知行合一"的治学之论，开创了知轻行重、知行互发的一代学风。然王阳明的治学之道在王阳明那里仅停留于思想层面，同为明代学人的徐霞客则将之运用于具体的社会实践，以知为先导，以行成其道，以知为前提，以行证其果，进而知行互动，知行互发，达到"知行合一"的目标，徐霞客这种坚持知行互用、知行互为的认知精神。一方面在其 30 多年的旅行生涯和地理考察中，成为其重要的思想指南和行为准则，另一方面也以实践精神开启了中国学术探索的认知方法，对于丰富中国哲学"实践出真知"的思想起到了重要的引领和促进作用。

三是锐意进取、追求卓越、敢为天下先的创新精神。克难而进，锐意进取，追求卓越，敢为天下先，是徐霞客行游祖国山河最为鲜亮多彩的一笔。古代交通一般陆行乘车，水路登船，但徐霞客所选择的行游路线，多是那些人迹罕至的偏僻之地，甚而是带有原始形态的未开发地区，如天台山"路绝旅人"[4]的弥陀庵，黄山"中悬鸟道"[5]的慈光寺，"刀削层悬"[6]如石片的华山，"水陆俱莫能溯"[7]的金沙江……然而，这一切艰难险阻，对于徐霞客而言，恰好是他探险问路，追求卓越，敢为天下先的机遇！这里，霞客勇敢的探索精神和积极的创新精神，不仅彰显了自身生命之奇观，演绎出千古一人之精神性壮游，而且藉此壮举为后世来者开辟出了一条条攀登高峰、通往生命之巅的旅游路线。

不忘初心，献身科学，知行合一，锐意进取，追求卓越，敢为人先，这一系列优秀的品质统一地体现在一个人身上，这就构成了徐霞客这一特殊的精神主体不凡的精神品格，形成了一个千古奇人的生命奇观。山高人为峰，水长用足量。生命也许有万种诠释方式，但能以一种精神把生命演绎到极致，扩展到天地之间，且摒弃荣华富贵，踏碎日暮沧桑，在披荆斩棘之中开垦出一条人间正道，这在这世界之上寥寥无几，这就是徐霞客精神所绽放出的卓越光芒，也是徐霞客以生命的精神壮游所显示的人类的伟大力量。

三、不朽建树：撰千古之奇文，立万世之丰碑

古往今来，凡建功立业之人，莫不以"立德立功立言"的人生建树为目标。古人所谓"三立"，实际上反映了中国古代学人所追求的道德观、价值观和人生观，亦是藉此获得社会认可的人生准则与理想追求。然而，此"三立"不是一般学人都能达到的境界，《左传》曰："太上有立德，其次有立功，其次有立言。虽久不废，此之谓三不朽。"[8]"三立"之说，首在"立德"，意创制垂法，博施济众；立功，谓拯厄除难，功济于时，或在当世具有功德无量的口碑，对后世有功业千秋的记载；立言，谓言得其要，理足可传，即著书立说，文章传之千古。以此"三立"之论，观徐霞客一生及其传世的《徐霞客游记》，徐霞客一生作为及其人生范式即为这样的具有中国传统意义的德才兼备、有德有功且立言不废的典型的中国式学人。

"德"是中国古代仕族追求的最高境界，德之本意，为顺应自然，社会和人类客观规律去做事，德承载着道的一切，道则包含了世间万物的一切规律与自然法则。不违背自然规律去发展社会，提升自己，视为"大德"和"大道"，故有学问、有作为的人最高境界为立德。徐霞客作为深受中国文化思想浸润和熏染的学者，虽不刻意追求仕途，但却寄情山水，厚德载物，以毕生所学研究祖国的人文地理，在亲近自然的生命实践中，揭示自然的奥秘与规律，发现自然的潜藏与美质，此在其遗留后世的游记中可找到大量例证。如《游雁宕山日记后》，乃徐霞客第三次游雁宕山的描述，霞客首次游览雁宕是万历四十一年（1613）四月；20 年（1632）后曾二游雁宕，但文字遗失不存；此后一个月，霞客又三游雁宕山。一个地方，前后三次游历踏勘，显然不是为了欣赏风景。从第三次《游雁宕山日记后》与第一次《游雁宕山日记浙江温州府》两个文本比较中，我们可以看到，霞客首次游雁宕，时间仅 4 天，主要是观赏与描述雁宕山美丽的风景，而第二次用时近一个月，第三次紧承前次之行，又以 10 天之长，再度考察。从前后两个文本内容上审理，第一次偏于美学角度的风景

描述，文学性的修辞——比喻较多，而第三次显然重在客观具体的说明，尤其是对雁宕山的各种景观进行了层层梳理，山水形势，来龙去脉，相互关系，无不清晰，历历在目。特别是首游雁宕时，为证实《大明一统志》中"龙湫之水，即自宕来"的记载，霞客曾拼力寻湖，终无功而返。此番则另辟蹊径，改道重探，终于找到实地，科学地得出雁湖之水"皆与大龙湫风马牛无及云"的结论，推翻了旧说之误。至于霞客晚年不畏高龄深入云贵高原，以《溯江纪源》修正《尚书·禹贡》中关于长江之源传统说法的求实之论，更是被后世地理学界传为美谈。作为一个追求真知灼见、献身科学的学人，霞客这种顽强坚韧的探索意志和求真求实的实践精神，不仅科学地纠正了历史典籍存在的相关失误，更在哲学意义上证明了其崇德立身、顺应客观规律、尊重事物本在、探求事物本质的学术修为，而其伟大的科学精神和求真的人生追求，亦为后世学人树立了光辉的楷模。

"功"是古今有志之士皆尽全力追求的事业标志，但功的内涵，常常因人而异。居上在朝者，其对功的追求，大多希望建功立业，达济天下。但处江湖之远的平民百姓，在功业上的表现则既各各不同又生气勃勃。当立功不再为朝廷或某个概念所左右，也不因某种外力与欲望所驱使的时候，每个人对功的理解，其实就是自己所从事的事业与追求。也就是说，立功并非只是英雄或大人物才能做的事，平民百姓同样可以从自身实际出发对社会作出令人侧目的贡献。霞客当年放弃功名，以布衣之身，孤筇双屦，穷河沙，上昆仑，历西域，行游天下，也许并未有所谓"立功"之求，但霞客立志做成一件事，不求名利，而胜于名利；不求有功，则功在千秋。这又使霞客这个"布衣英雄"华丽转身，成为后世高山仰止并视为功德无量的大功之

人。细数霞客的功德建树，人们清晰看到，其一生行游的行为创举，不仅成就了他作为千古一人的旅行家、探险家、地理学家的美誉，更重要的是一部《徐霞客游记》为后世丰富了一系列新的科学领域与学科建设思想，如：地理学、旅游学、生态学、地质学、历史学、文学、美学、文化学等，清代诗人龚自珍在涉及人才问题时曾呼吁"我劝天公重抖擞，不拘一格降人才"，以此观徐霞客一生的游历事业，我们无疑为这首诗找到了最为形象的诠释。

"立言"在中国历史上是最具风险的事，战国时代军事家孙膑因立言《孙子兵法》而遭膑刑，商鞅则因变法而被残忍分尸，宋代的王安石以及近代的康有为也皆因变法而失败，这些使人们觉得"立德"易、"立功"易、而"立言"最难。但历代有识之士和博学之士仍然希望在事业上有所建树，实现自身价值。故"立言"又是他们孜孜以求的人生目标，也是他们追求功名以求不朽的心理诉求。"立言"与"立身"紧密相关，古今以来，文以人传、人因文传的例证可谓多矣，孔子的言论由《论语》而集成，成就了孔子儒学宗师的崇高地位；老子以五千言《道德经》建构了道家思想，使其成为道家文化的开先河者；屈原被放逐而创作《离骚》，由之成为千古流传的"孤愤诗人"；司马迁受宫刑却坚持写《史记》，成就了一代大家的丰功伟绩。故古人修身有言，齐家有言，治国有言，平天下有言，怨愤至极有言，发奋发声有言，唯独没有周游天下、游山玩水而立言的。然徐霞客偏偏独行其是，只身畅游山水，几乎走遍中国，且边游边记，边走边写，积30余年功，成260万字（今存60万）的地理大书，以一部千古奇文——《徐霞客游记》跻身中国立言者的队伍，而且"千古奇行"与"千古奇文"交相辉映，又共同成就了霞客"千古奇人"的美名，构成了中

国文化史上的奇观奇谈和人类文明史上的奇闻奇迹。自古而今，有多少英雄豪杰企求青史留名，但多数如夜空天际划过的一颗流星，其留下的历史光弧往往极为短暂，惟霞客以60 万言的《徐霞客游记》"虽久不废"，成其"不朽"，在中国地理文化史上树立起一座万世丰碑，这不能不说是古来"立言"为成功的范例。

读天地之大书，秉精神以壮游，徐霞客一生看似平淡，其实充满波澜；看似不求功名，实际却建构了天地间最大的功名；看似无所作为，但却做出了常人难以达到的奇异的作为。在其一生数十次的出行和万里遐征中，他历尽千难万苦，度过一次次的险关，然而却表现出坚毅的品行，他将来自天地的精神力量注入自己的生命，把从自然万物中提取的精髓演绎为巨大的能量，锻造成一种独有的遗世独立的精神品格与伟大人性，这种人性力量幻化为千古传颂的"霞客精神"，诠释着一个平凡而伟大生命的圣洁和高贵。

注　释

[1] 〔清〕钱谦益：《徐霞客传》，转引自〔明〕徐霞客：《徐霞客游记·附录》，《徐霞客游记》，吉林出版集团有限责任公司，2011 年版，第 286 页。

[2] 李扬：《冯其庸：不灭求学求真之心》，《文汇报》2012 年 12 月 5 日。

[3] 周振甫：《周易译注》，中华书局，1991 年版，第 3 页。

[4] 〔明〕徐霞客：《游天台山日记浙江台州府》，《徐霞客游记》，吉林出版集团有限责任公司，2011 年版，第 2 页。

[5] 〔明〕徐霞客：《游黄山日记徽州府》，《徐霞客游记》，吉林出版集团有限责任公司，2011 年版，第 22 页。

[6] 〔明〕徐霞客：《游太华山日记陕西西安府华阴县》，《徐霞客游记》，吉林出版集团有限责任公司，2011 年版，第 87 页。

[7] 〔明〕徐霞客：《溯江纪源》，《徐霞客游记》，吉林出版集团有限责任公司，2011 年版，第 255 页。

[8] 杨伯峻：《春秋左传注》，中华书局，1981 年版，第 1088 页。

东林非本于争"夺情"辨

——兼议东林党的发端

赵承中[*]

【摘要】明末吴应箕论东林党云:"予追溯东林所自始,而本之于争夺情,以其为气节之倡也。"把东林党的形成推本于邹元标反对张居正"夺情"和遭廷杖所表现出的气节。两者虽然同在万历一朝,但实际上东林党发端于明神宗亲政以后的"国本"等问题,以及被这些表象所掩盖的内阁和部曹之间的矛盾和双方政见的分歧,同邹元标的争"夺情"及气节并无内在的逻辑联系和直接的因果关系。吴应箕身处明亡前夕,此说不过是一种借题发挥。

【关键词】东林党 本原 邹元标 气节 辨正

一

明末吴应箕论东林党云:

> 予追溯东林所自始,而本之于争夺情,以其为气节之倡也。夫江陵(张居正)之锋,触之立碎,诸君子岂甘以其身为刘安成之续哉?扶国纪而明人伦,虽身死何惜!则吉水(邹元标)即微后日之讲学,当其发愤抗疏,虽圣人所谓朝闻夕死者,有以加乎?吴(中行)、赵(用贤)、沈(思孝)、艾(穆)后有用不用,要之为忠臣义士也。江陵败,而后之秉国者如吴(申时行),如娄(王锡爵),又一异矣。无江陵之横而有其擅,非江陵之材而多其嫉,起而角之者非黜则锢、于是林岩之间,贤哲相望。夫诸君子进不得用,退

而有明道聚徒之乐。此谁使之而又谁党之?噫,甚矣!天启间耆老仅存者尚秉用,未几党祸兴,而实发难于吉水。则夫以此始亦以此终者,其是之谓与。[1]

按:吴氏认为,东林党虽然形成于申时行、王锡爵当国时内阁的专擅和嫉才,诸君子不得进用,而相率退居林野,重建东林书院聚众讲学以后,但究其本原则应追溯到邹元标之争"夺情",原因是邹元标在争"夺情"中,践行了所倡导的"气节"。此说颇为后起之研究东林党者所采信。然而若细加推敲即可发觉,此说似有违史实,不能成立。

(一)争"夺情"者甚众,邹元标仅其中之一

"夺情"者,万历五年(1577)九月,张

* 赵承中:无锡历史文献馆顾问

居正父殁，奉旨不回籍服丧之谓也。对于此次“夺情”，反对者甚众，只是吴、赵、艾、沈、邹五人因年资较浅，且公然上疏，被责以廷杖而已。持相同态度者，前此有华亭贡士宋尧愈、蓟镇总兵戚继光、吏部尚书张瀚、礼部尚书马自强；继起者为翰林院修撰沈懋学、习孔教，掌院学士王锡爵，庶子充日讲官许国，侍讲赵志皋、张位、于慎行、张一桂、田一儁、李长春，吏部侍郎何维柏，南京刑部尚书赵锦，南京御史朱鸿谟，及余姚布衣韩万言，才登贤书的顾宪成、刘廷兰、魏允中三人组成之“三元会”等。他们或陈说利害，或投书规劝，或当面营解，或陈情论救，訾议评骘，虽所取表达方式不一，但其致一也。其中，宋尧愈为张居正邸中馆师，戚继光为张居正识拔于行伍中，张瀚为张居正越次点用，吴中行、赵用贤为张居正门生，艾穆为张居正湖广同乡，余者亦大多是出于对张居正贪恋相位、蔑视亲情行为的不满。同样被吴应箕称为“忠臣义士”的吴、赵、沈、艾四人，在争“夺情”中率先发难，并领刑受罚，邹元标只是后继者，但取舍之间却何以厚此薄彼？至万历八年（1580），顾宪成成进士，授户部主事。时“大学士张居正病，朝士群为之祷，宪成不可。同官代之署名，宪成手削去之”[2]。顾宪成、邹元标、沈思孝同列名《东林党人榜》，同有节义之举，又何以独言邹元标，而不及其余？此其一也。

（二）历代朋党，无一始于“气节”者

“夺情”之争的焦点，在于是否遵守祖宗制度和伦常道德。诚如明人沈德符所言：“今上六（当作五）年，编修吴中行、检讨赵用贤之纠首揆张江陵，则以为夺情大事，有关纲常，且就事论事。未尝旁及云。”[3]当时，明神宗年少，张居正当国，“威权震主”[4]，敢于撄其锋芒，确实体现了一种士人的气节，即孟子所说的“天下有道，以道殉身；天下无道，以身殉道。未闻以道殉乎人者也”[5]。但这种士人的气节，古已有之，比干剖腹、屈原流放，为历代士人所颂扬。明代严刑峻法特别是廷杖的施行和滥用，尽管在一定程度上催折了士人的气节，使得盈朝“正气日消，清议日微，士习日巧，宦机日猾。卒乃知有身不知有国家；知有私交不知有君父”[6]。然而，冒死切谏之士仍前赴后继，不绝如缕。单就晚近而言，嘉靖三十年（1551）正月，有锦衣卫经历沈炼直斥“辅臣严嵩贪婪之性，病于膏肓；愚鄙之心，顽如铁石。当此之时，不闻其苦心劳思，延访贤豪，咨諏方略以为治国安边计；而与其子世蕃日夜图维为自全之谋”，并请“详议诛黜”[7]。嘉靖三十二年（1553）正月，兵部武选司员外郎杨继盛继而疏曝严嵩十大罪五大奸。嘉靖四十五年（1566）二月，又有户部云南司主事海瑞抱必死之心，备棺历数世宗皇帝之非。早于争“夺情”者，则有万历三年（1575）二月南京户科给事中余懋学《陈五议以襄化理疏》，其“存惇大”批评张居正的考成法过于严苛操切，有失“培元气而存浑厚之体”；“亲謇谔”指责张居正堵塞言路，“戆直之臣间遭降斥，敢言之士动致外迁”[8]，使阿谀之风渐盛。同年十二月河南道监察御史傅应祯上《披血诚陈肤议以光圣治疏》，历陈“重君德”“苏民困”“开言路”三事，内云：“‘三不足’之说，王安石所以误神宗，陛下肯自误耶？”[9]锋芒直指张居正，“三不足”者，王安石所谓之“天变不足畏，祖宗不足法，人言不足恤”也；末了要求仍旧叙用余懋学，以弘扬正直之气。万历四年（1576）正月，巡按辽东御史刘台弹劾张居正“擅作威福”“催折言官，雠视正人”“辅政未几，即富甲全楚”“宫室舆马姬妾，奉御同于王者”[10]诸项。其结果是：沈炼遭锦衣卫逮治，杖发口外，被杀于宣府；杨继盛先受杖一百，复骈首西市；余懋学被斥为民，永不叙用；傅应祯被下于诏狱，

究治党与，后谪戍定海卫；刘台则罪及父兄，自己暴卒于浔州戍所。惟海瑞最是侥幸，本系狱拟大辟，适遇世宗卒，得以生还。以上所列举者仅有明中后期因言事罹祸者，其言不可谓不壮，获祸不可谓不烈。可知此类士人的气节既非明代所独有，更非邹元标所首倡，而只能是士人传统的回归。如仅截取争"夺情"一节，盛赞"气节之倡"，谓为东林党局之本原，难免有断章取义之嫌。且仅仅由于提倡"气节"，便能演化成一个朋党，未尝闻也。汉唐两宋乃至晚明东林党，无不在国事的争论中因政见相左不可调和而兴起。

（三）争"夺情"与东林党分属于两起背景、对象、内容各不相同的历史事件

众所周知，东林党名本非东林党人自称，而是攻之者所强加。此名于万历三十九年（1611）辛亥京察之初由给事中王某最先提出，掌京畿道浙江道御史徐兆魁、礼科给事中亓诗教辈应和于后。至天启五年（1625），经江西道御史卢承钦疏请，魏忠贤又以熹宗皇帝的名义将《东林党人榜》刊集成书，颁示天下，遂使这一称谓最终定型，而被广泛使用。徐兆魁所上《部臣借事发端意专党护》[11]疏内，提到其所认定的东林党人有顾宪成、丁元荐、吴亮、于玉立、吴正志、黄正宾、汤兆京、史记事诸人，依从者为王图、南师仲、胡忻和孙丕扬。卢承钦《请立"东林党人碑"疏》，称已故顾宪成、李三才，及赵南星为"巨魁"，王图、孙慎行、高攀龙为"副帅"，曹于汴、汤兆京、魏大中、袁化中为"前矛"，李朴、贺烺、沈正宗、丁元荐为"敢死军人"，孙丕扬、邹元标为"土木魔神"，此外尚有曹珍、董应举、李遇知、史孟麟、孙居相、马孟祯、李若星、刘一燝等。徐、卢二疏议及的人员，除吴正志、李朴列名《东林同志录》《盗柄东林伙》外，余皆见于《东林党人榜》。徐疏所涉事由

主要为东林书院讲学，推荐淮抚李三才入阁和辛亥京察，皆万历三十二年（1604）至三十九年（1611）间事；卢疏增入之京师首善书院讲学与"请封、议谥、进药、移宫"[12]等项，则已届泰昌和天启之初了。值得注意的是，卢疏上于大批朝臣与魏忠贤合流，私撰东林党人名录大肆泛滥之际，其虽曾三处点到邹元标之大名，一是"主长安讲席"[13]，一是李遇知荐举，一是"土木魔神"，要之，皆未言及他早年争"夺情"一事，更没有把东林党与之相联系。

另就魏忠贤擅政后陆续出台的东林党人诸名录而言，《东林党人榜》《东林点将录》皆以李三才为魁，惟《盗柄东林伙》置邹元标于"东林初"之首，下注："鼻祖，以刑部郎中历左都御史，为民。谥文介。"[14]然同书"东林盛""东林晚"又分别以杨时乔和刘一燝为"鼻祖"[15]，更以叶向高为"东林初、盛、晚教主"[16]。这表明，阉党之众并不认为邹元标于东林党具有开创性之地位。

不应忽略的还有与《东林党人榜》相配套，且为之诠释的另一部官书——《三朝要典》，它汇辑"诸臣奏疏议揭，约略繁辞，正邪备录，俱出原文"[17]，用所谓的"公论"作映衬，以彰显东林党人"浊乱朝纲"[18]的言论，初稿进呈于天启六年（1626）三月。前虽有明熹宗的御制序，但尽出总裁顾秉谦、黄立极、冯铨，副总裁施凤来、杨景辰、孟绍虞、曾楚卿，纂修官徐绍吉、谢启光、余煌、朱继祚、张翀、华琪芳、吴孔嘉、吴士元、杨世芳这些名罹《钦定逆案》者之手。单就这一点，视其为阉党所勾勒的贯穿东林党议的一条主线，毫不为过。这条主线就是"梃击""红丸""移宫"三案。而"三王并封""妖书案""福王之国"等，为其衍生的分枝；"京察""外察""矿监税使""楚宗案""科场案""淮抚之争""封疆案"等，为其横逸的株

蔓，错综复杂。全书凡二十四卷，《梃击》《红丸》《移宫》各八卷，因为"三案"起于"国本"，故以之为《原始》，"国本"，即确定皇位继承人。《原始》云：

> 先是，辅臣申时行等于万历十四年二月内疏请建储。上谕以元子婴弱，少俟二三年举行。逾日，又请。温答如前。未几，姜应麟、沈璟等各有疏争。上怒其烦渎，降谪有差。[19]

由此揭开了"国本"之争的序幕。较之徐兆魁、卢承钦疏，《三朝要典》将年代前移至"万历十四年二月"，但仅此而已。此与邹元标之争"夺情"尚有整整九年的时间差距，而在这九年中正好完成了从张居正当国到明神宗亲政的过渡。此时，明神宗对张居正的清算大体结束，虽然历史不可能切割成一个齐整的横断面，但政治氛围已有所刷新。例如：政令出于明神宗亲裁；申时行、王锡爵、沈一贯等继任的内阁首辅又比不得张居正的智略和张扬，因言获罪获谴之人纷纷复出；"万历中张居正揽权久，操下如束湿，异己者辄斥之去，科道皆望风而靡"[20]的状况得到了很大改观，言官群体日趋活跃，等等。绵延多年的东林党之争既然出现于这样的环境之中，则其起因自当存在于明神宗亲政期内，而不必舍近求远，越界寻找。明人丁元荐对东林党兴起的背景有一段记述，云：

> 善乎哉！潘之祥之说曰：门户者，党之别名也。今之攻东林者，自处何地？倡议有根，总在门户中耳。臣请历数数十年门户之变，可乎？张居正败，而攻江陵（张居正）者人且目张四维为门户；四维去，而党江陵者人又以申时行、王锡爵为门户；赵志皋衍申、王衣钵以开沈一贯；朱赓守四明（沈一贯）衣钵以启李廷机。其间徒党，各有门户。此其大较也。[21]

丁元荐作为顾宪成的门生、东林党盛衰起

伏的亲历者和见证人，也只是把东林党的起始追溯到查张居正去世以后，与《三朝要典》大致相当。诚然，清代黄宗羲在列举被阉党指目为东林党的诸事时确曾提到"言夺情"一项，云：

> 东林讲学者，不过数人耳，其为书院，亦不过一郡之内。昔绪山、二溪，鼓动流俗，江、浙、南畿，所在设教，可谓之标榜矣。东林无是也。京师首善之会，主之为南皋（邹元标）、少墟（冯从吾），于东林无与。乃言国本者谓之东林，争科场者谓之东林，攻逆奄者谓之东林，以至言夺情奸相讨贼，凡一言之正，一人之不随流俗者，无不谓之东林。若似乎东林标榜，遍于域中，延于数世，东林何不幸而有是也？东林何幸而有是也？然则东林岂真有名目哉？亦小人者加之名目而已矣。[22]

但黄氏此言的主旨在于否认东林为党，如果把这种语带嘲讽的反诘理解成正面的肯定，那无疑是一种误读。由此可见，东林党与邹元标的争"夺情"及气节之间并不存在内在的逻辑联系和直接的因果关系。

二

那么，东林党究竟发端于哪些政治纷争呢？对此，述及者甚多，兹迻录于下。明夏允彝云：

> 国朝自万历以前未有党名，及四明沈一贯为相，以才自负，不为人下，而一时贤者，如顾宪成、孙丕扬、邹元标、赵南星之流，寒谔自负，与政府每相持。附一贯者，言路亦有人。而宪成讲学于东林，名流咸乐趋之。此东林、浙党所自始也。国本论起，一时贤良俱以伦序有定，早建为请。此亦一定之理，言者无可举以为功，听者亦无可指以为罪……时政府诸

人惟山阴王家屏、归德沈鲤与言者合力请,不允,即忤旨放归。余自一贯以及申时行、王锡爵辈,皆以调护为名,未尝不婉转言于上,而心亦以言者为多事……时行性宽平,所黜必旋潜加拔用。而一贯颇持权求胜,受黜者身去而名益高,东林君子之名满天下,尊其言为"清论",虽朝中亦每以其是非为低昂。交口愈众而求进者愈众;始而领袖者皆君子也,继而好名者、躁进者或附之。于是,"淮抚"之论起矣。[23]

清谷应泰云:

先是,国本论起,言者皆以"早建元良"为请。政府惟王家屏与言者合,力请不行,放归。申时行、王锡爵皆婉转调护,而心亦以言者为多事。锡爵尝语(顾)宪成曰:"当今所最怪者,庙堂之是非,天下必欲反之。"宪成曰:"吾见天下之是非,庙堂必欲反之耳!"遂不合。然时行性宽平,所斥必旋加拔擢。(沈)一贯既入相,以才自许,不为人下。宪成既谪归,讲学于东林,故杨时书院也。孙丕扬、邹元标、赵南星之流,蹇谔自负,与政府每相持。附政府者,科、道亦有人。而宪成讲学,天下趋之。一贯持权求胜,受黜者身去而名益高。此东林、浙党所自始也。[24]

清蒋平阶《东林始末》同此[25]。沈一贯在万历二十二年(1594)五月进入内阁,至三十四年(1606)七月致仕。二十六年(1598)援朝鲜之役,他唆使御史于永清、给事中姚文蔚、杨应文等劾罢疏论沈一贯贿倭卖国的赞画丁应泰、勘科徐观澜;三十一年(1603),"楚宗""妖书"事发,又指使给事中钱梦皋、御史康丕扬构陷次辅沈鲤,欲置礼部侍郎郭正域于死地。此皆发生在万历二十九年(1601)秋他继赵志皋任首辅前后,遂有

"浙党"之目。东林党则得名于万历三十二年(1604)无锡之东林书院重建以后。这与明文秉的"自东林与四明(沈一贯)并峙,门户之水火所繇来矣"[26]相合。于东林党的发端,二人皆上溯至"国本论起"。而清夏燮云:

初,并封命下,(顾)宪成以与王锡爵辩论,议遂寝。孙鑨、赵南星主考察,宪成实左右之;既,自员外迁郎中,所推举率与执政抵牾。至是王锡爵将谢政,会推阁臣,宪成举王家屏,而家屏以争国本去,上意雅不欲用。又推及孙鑨,左都御史孙丕扬,皆非故事,严旨谯让,遂削籍。宪成既废,家居,里故有东林书院,为宋杨时讲道处,宪成与弟允成倡修之,偕同志高攀龙、钱一本、薛敷教、史孟麟、于孔兼诸人,讲学其中,海内闻风景附……朝士慕之,亦遥相应和,由是东林名大著,其后,孙丕扬、邹元标、赵南星等相继讲学,自负气节,与政府相抗。是为东林党议之始。[27]

如果说,夏允彝、谷应泰是立足于万历"党局"的角度来看东林党的,那么,夏燮专就东林党之言显得较为直接。他同夏允彝、谷应泰一样,也认为东林党议始于东林书院建成以后,但其发端则系于"并封命下"。"并封"即"三王并封",是指同时册封三个皇子为王。此办法是万历二十一年(1593)正月,内阁首辅王锡爵归省假满返回京师时以密揭进呈,意在淡化皇长子的特殊地位,庶冀平息举朝对册立太子之事的议论。明神宗称善,下诏施行。终因群臣的反对,命遂寝。其实,"三王并封"仅仅是"国本论起"中的节目之一。

在《先拨志始·小序》中,文秉有一段比较精当的概括,云:

忆童时侍先君子,言及世务,未尝不致叹于门户也。盖门户之局,胎兆于娄东(王锡爵),派歧于四明(沈一贯),衅

开于淮抚（李三才），而究以国本为归宿。其为东林者，则羽翼国本者也，其为四明者，则操戈东林者也，外此则秦、晋、齐、楚、西江称强。然声应气求，要不出此二者。[28]

大意是，东林党孕育于王锡爵为内阁首辅二年中，与沈一贯的浙党形成对峙，自万历三十八年（1610）的"淮抚"之争起，受到昆、宣、齐、楚、浙等群党的围攻，但归根结底，其关键仍然是"国本"问题。夏燮提到的"考察"即"癸巳京察"，与"三王并封"在同一年。《明史》云：

（万历）二十一年大计京官，（赵南星）与尚书孙鑨秉公澄汰。首黜所亲都给事中王三余及鑨甥文选员外郎吕胤昌，他附丽政府及大学士赵志皋弟皆不免。政府大不堪。[29]

事后，吏部尚书孙鑨贬三秩调外，协助考察的吏部考功司郎中赵南星调外，吏部文选司郎中顾宪成则在次年的"会推阁臣"中，所举不当明神宗之意，遭削籍。后来三人皆入《东林党人榜》，"海内拟之'三君'"[30]。"癸巳京察"和"三王并封"，就其实质而言，都反映出内阁与部曹之间的不同立场和双方政见的分歧，因为这不属于本文讨论范围，故不作展开。

文秉的上述概括性文字，只是其父文震孟之言的转述。文震孟，生于万历二年（1574），卒于崇祯九年（1636），字文起，号湛持，南直隶苏州府吴县人。天启二年（1622）状元，官至礼部左侍郎兼东阁大学士，如阁预政。谥文肃。《东林党人榜》及其他东林名录均有其名。无论是亲历党局的文震孟，不直东林的夏允彝，还是编纂《三朝要典》的阉党，三者立场不同，甚至相对立，但是都把东林党的本原追溯到"国本"之争，其结论却是惊人的一致。

而《明史》所持的观点又有异于上述各家。其称"党论"的兴起是在"张居正死之明年"，云：

（张）居正死之明年，（赵）用贤复故官，进右赞善。江东之、李植辈争向之，物望皆属焉。而用贤性刚，负气傲物，数訾议大臣得失。申时行、许国等忌之。会植、东之攻时行，国遂力诋植、东之，而阴斥用贤，（吴）中行，谓："昔之专恣在权贵，今乃在下僚；昔颠倒是非在小人，今乃在君子。意气感激，偶成一二事，遂自负不世之节，号召浮薄喜事之人，党同伐异，罔上行私，其风不可长。"于是用贤抗辨求去，极言朋党之说，小人以之去君子、空人国，词甚激愤。帝不听其去。"党论"之兴遂自此始。[31]

至万历二十一年（1593）王锡爵复入阁，"党论益炽"，而东林党则是这十年"党论"的接续。云：

（万历）二十一年，王锡爵复入阁。初，用贤忤南，（吴）中行、（沈）思孝、（李）植、（江）东之已前贬，或罢去，故执政安之。及是，用贤复以争"三王并封"语侵锡爵，为所衔。会改吏部左侍郎，与文选郎顾宪成辨论人才，群情益附，锡爵不便也……用贤遂免归。户部郎中杨应宿、郑材复力诋用贤，请据律行法。都御史李世达、侍郎李祯疏直用贤，斥两人谗谄，遂为所攻。高攀龙、吴弘济、谭一召、孙继有、安希范辈皆坐论救褫职。自是朋党论益炽。中行、用贤、植、东之创于前，元标、南星、宪成、攀龙继之。[32]

按：张居正卒于万历十年（1582）六月。自其于隆庆六年（1572）六月任内阁首辅以来，与司礼秉笔太监冯保深相结纳，政府一直处于强势地位。他人稍有异议，非罢即斥，一时庙堂寂然。万历十一年（1583）正月，工科给事中唐尧卿疏言：

> 往者逆保（冯保）招权，内外为奸，荐绅望风趋附。今内党已去，外党犹未尽去。第情罪有轻重，人人攻击，将人人疑惧，职业日隳。及今诚发明诏，令平日往来群奸之门者，速自省改，勉修职业，以图将来之效。[33]

很明显，"内党"是指冯保、徐爵之流，"外党"是指张居正及占据部院、卿寺要津地位之亲信，和科道之仰奉者。"外党"本身便是执政者，"内党"为其奥援，两党相互依恃，共同把持朝政。除此之外，绝无他党可与之同列朝班。即使有一、二敢于与之相抗者，亦只是不满其所为，或意见相左，一旦有所表露，立即受到排挤、打击。他们之间根本无法结成朋党。赵用贤复职后，"数訾议大臣得失"，引起了阁臣申时行、许国的反感，许国指其"党同伐异，罔上行私"；赵用贤忿激之下，亦以"朋党之说"予以回敬。这不过是口战中的"朋党"，而不是行为上的"朋党"。随之而来的对张居正的清算，则是多年受其压制者积怨的总爆发，且得到了明神宗的支持，更与"朋党"无关。前者既非"朋党"，后者又何"继"之有？《明史》因赵用贤的参与，于是把发生在同一年中，性质却完全不同两件事情乃至东林党的发端串联起来，这显然有违常识。

至于赵用贤的"语侵锡爵"，虽在争"三王并封"一疏，但其"免归"却由"绝婚"而起。其本传云：

> 用贤故所绝婚吴之彦者，锡爵里人，时以佥事论罢，使其子（吴）镇讦用贤论财逐婿，蔑法弃伦。用贤疏辨，乞休。诏礼官平议。尚书罗万化以之彦其门生，引嫌力辞。锡爵乃上议曰："用贤轻绝，之彦缓发，均失也。今赵女已嫁，难同初盟；吴男未婚，无容反坐。欲折其中，宜听用贤引疾。"而曲贷之彦。诏从之。用

贤遂免归。[34]

此最多只能算作是争"国本"中一个小小的插曲，自不可与顾宪成的庙堂、天下"是非"之辨，"会推阁臣"，及孙鑨、赵南星的"癸巳京察"等而视之。同书卷二六五《李邦华传》又云：

> 明年，（李）邦华成进士，授泾县知县，有异政。行取，拟授御史。值党论初起，朝士多诋顾宪成。邦华与相拄，遂指目邦华东林。[35]

李邦华为万历三十二年（1604）进士。此正是东林党与"浙党"并峙之期。距前之所谓"党论之兴"已历二十余载，何以又谓"值党论初起"耶？盖《明史》始纂于顺治，进呈于乾隆，既非成于一时之间，又非出于一人之手，此类自相抵牾之处亦在所难免。但如果剔除对张居正的清算和赵用贤"绝婚"之因素，则其言及的这两个与东林党相关的时间节点：万历二十一年（1593）和三十二年（1604），仍与他书所见略同。

三

综上所述，东林党的兴起是本于"国本"之争，而非吴应箕所说的邹元标争"夺情"。然则，吴应箕何以要一味强调"气节"呢？这与他所处的时代有关。

吴应箕生于万历二十二年（1594），卒于弘光元年（1645），初字风之，更字次尾，号楼山，南直隶池州府贵池县人，崇祯十五年（1642）乡试副榜。复社发起人，所交皆一时才俊志节之士。"楼山之为人，卓荦淹通，豪俊负大志。一贫诸生，挥金帛，娱声色，好面折人过，与公卿大夫辩论是非得失，赴人患难缓急如不及。至于经史证据、国家关系、时势安危、方舆形胜、兵贼战守攻击之成败，无不抵掌而谈，掀髯长啸，唾骂痛哭而后

已。"[36] 他的《国朝纪事本末论》撰成于崇祯十二年（1639）。这时，明社将屋。他虽曾草就《拟进策》十篇，对政治、经济、军事等方面的现状及制度利弊进行反思，并提出具体对策，终因明王朝积重难返，已无力回天。在这种情势下，作为一个领袖群伦的爱国学者，他所能做的除了弘扬"气节"而外，唯有以死报国。南明弘光元年他在家乡举兵响应金声，奉唐王正朔，授池州推官，监纪军事，未几兵败被执，从容就义，最终成就了自己的心愿。在论及晚明时政时，当年东林党人前赴后继，血染庙堂的悲壮场面犹在眼前，如今却归于凋零沉寂，不由得感慨系之。而最使他难以忘怀的恰恰是他们的那种"气节"。所以说，刻意突出"气节"两字，完全是吴应箕在国危时艰十分无助的处境中所作的一种借题发挥。

注　释

[1] 〔明〕吴应箕：《楼山堂集》卷七《国朝纪事本末论·江陵夺情》，清刻本，《四库禁毁书丛刊》集部第 11 册，北京出版社，1997 年版，第 374 页。

[2] 〔清〕张廷玉等：《顾宪成传》，《明史》卷二三一，第 20 册，中华书局，1974 年版，第 6029 页。

[3] 〔明〕沈德符：《万历野获编》卷七《内阁·词臣论劾首揆》，中华书局，1980 年版，第 191-192 页。

[4] 〔清〕谷应泰：《明史纪事本末》卷六一《江陵柄政》，中华书局，1977 年版，第 958 页。

[5] 〔清〕焦循：《孟子正义》卷二六《尽心上》，中华书局，1987 年版，第 946 页。

[6] 〔明〕顾宪成：《泾皋藏稿》卷三《寤言》，《景印文渊阁四库全书》第 1292 册，台湾商务印书馆，1986 年版，第 27 页。

[7] 《明世宗实录》卷三六九《嘉靖三十年正月》，台湾"中央历史研究院"历史语言研究所影印，1962 年版，第 6601-6603 页。

[8] 〔明〕余懋学：《陈五议以襄化理疏》，〔明〕吴亮辑：《万历疏钞》卷一《圣治类》，明万历三十七年刻本，《续修四库全书》第 468 册，上海古籍出版社，2002 年版，第 17 页。

[9] 〔明〕傅应祯：《披血诚陈肤议以光圣治疏》，〔明〕吴亮辑《万历疏钞》卷一《圣治类》，明万历三十七年刻本，《续修四库全书》第 468 册，上海古籍出版社，2002 年版，第 21 页。

[10] 〔清〕张廷玉等：《明史》卷二二九《刘台传》，第 20 册，中华书局，1974 年版，第 5989-5992 页。

[11] 〔明〕徐兆魁：《部臣借事发端意专党护》，〔明〕周念祖辑：《万历辛亥京察记事始末》卷三，明刻本，《续修四库全书》第 435 册，上海古籍出版社，2002 年版，第 317-321 页。

[12] 〔明〕卢承钦奏疏，沈国元：《两朝从信录》卷二八《丙寅十二月》，明崇祯间刻本，《续修四库全书》第 356 册，上海古籍出版社，2002 年版，第 678 页。

[13] 〔明〕卢承钦奏疏，沈国元：《两朝从信录》卷二八《丙寅十二月》，明崇祯间刻本，《续修四库全书》第 356 册，上海古籍出版社，2002 年版，第 678 页。

[14] 〔明〕佚名《盗柄东林伙》，〔清〕李文田钞注本，《四库全书存目丛书》史部第 108 册，齐鲁书社，1997 年版，第 6 页。

[15] 〔明〕佚名《盗柄东林伙》，〔清〕李文田钞注本，《四库全书存目丛书》史部第 108 册，齐鲁书社，1997 年版，第 7 页、第 11 页。

[16] 〔明〕佚名《盗柄东林伙》，〔清〕李文田钞注本，《四库全书存目丛书》史部第 108 册，齐鲁书社，1997 年版，第 12 页。

[17] 〔明〕顾秉谦等：《三朝要典》卷前《凡例》，明天启六年礼部刻本，《四库禁毁书丛刊》史部第 56 册，北京出版社，1997 年版，第 14 页。

[18] 〔明〕顾秉谦等：《三朝要典·后序》，明天启六年礼部刻本，《四库禁毁书丛刊》史部第 56 册，北京出版社，1997 年版，第 367 页。

[19] 〔明〕顾秉谦等：《三朝要典·原始》，明天启六年（1626）礼部刻本，《四库禁毁书丛刊》史部第 56 册，北京出版社，1997 年版，第 15 页。

[20] 〔清〕赵翼：《廿二史札记》卷三五《明言路习气先后不同》，中国书店，1987 年版，第 507 页。

[21] 〔明〕丁元荐：《尊拙堂文集》卷一《封事·拟辨门户疏》，《四库全书存目丛书》集部第 170 册，齐鲁书社，1997 年版，第 673 页。

[22]〔清〕黄宗羲:《明儒学案》卷五八《东林学案一》,下册,中华书局,1986 年版,第 1375 页。

[23]〔明〕夏允彝:《幸存录》卷中《门户大略》,清抄本,《续修四库全书》第 440 册,上海古籍出版社,2002 年版,第 531 页。

[24]〔清〕谷应泰:《东林党议》,《明史纪事本末》卷六六,第 1027-1028 页。

[25]〔清〕蒋平阶:《东林始末》,《丛书集成新编》第 26 册,台湾新文丰出版公司,1985 年版,第 445-446 页。

[26]〔明〕文秉:《定陵注略》卷十《门户分争》,第 6 册,抄本,北京大学出版社,1986 年版,第 1 页。

[27]〔清〕夏燮:《明通鉴》卷七十《神宗万历二十二年》,中华书局,1980 年版,第 2749 页。

[28]〔明〕文秉:《先拨志始·小序》,清初抄本,《四库全书存目丛书》第 55 册,齐鲁书社,1997 年版,第 498 页。

[29]〔清〕张廷玉等:《赵南星传》,《明史》卷二四三,中华书局,1974 年版,第 6298 页。

[30]〔清〕张廷玉等:《赵南星传》,《明史》卷二四三,中华书局,1974 年版,第 6298 页。

[31]〔清〕张廷玉等:《赵用贤传》,《明史》卷二二九,中华书局,1974 年版,第 6001 页。

[32]〔清〕张廷玉等:《赵用贤传》,《明史》卷二二九,中华书局,1974 年版,第 6001-6002 页。

[33]《明神宗实录》卷一三二《万历十一年正月》,"中研院"历史语言研究所影印,1962 年版,第 2458 页。

[34]〔清〕张廷玉等:《赵用贤传》,《明史》卷二二九,中华书局,1974 年版,第 6001 页。

[35]〔清〕张廷玉等:《李邦华传》,《明史》卷二六五,中华书局,1974 年版,第 6842 页。

[36]〔清〕汪有典:《吴副榜(应箕)传》,《史外》卷二十,清乾隆十四年淡艳亭刻本,《四库禁毁书丛刊》史部第 20 册,北京出版社,1997 年版,第 550 页。

吴兴祚主政时期的梁溪文坛

任　翌*

【摘要】吴兴祚主政无锡的时间是从康熙二年（1663）至康熙十五年（1676），这是江南在“奏销案”等一系列大案发生后最为萧条的时期。吴兴祚利用其政治影响，大兴文酒之会，扬扢风雅，儒风斯振，致天下文士云集“莲花幕”。雅集这种综合了诗词、书画、戏曲、音乐的艺文活动，客观上促进了本地及整个吴地文学圈的交融和文学艺术创作的繁兴，特别是阳羡词人群与梁溪词人群之间有许多交流，促进了梁溪文人群体的凝聚，梁溪一地的文学也进入了发展的黄金时期。

【关键词】吴兴祚　梁溪词人　雅集　融合

吴兴祚，字伯成，号留村。生于崇祯五年（1632），卒于康熙三十七年（1698），其一生正好处于明清易代的历史大动荡最激烈的时期。祖籍山阴（今绍兴）州山，祖父吴大圭明末负贩辽东，入某军幕，以千夫长领军作战。辽东失陷后，降于满人，隶籍汉军正红旗，这个情形与曹雪芹祖上很相似。父亲吴执忠，入礼亲王代善幕为幕客，并担任头等侍卫，佐理庶务，因为能干，颇受重用，府邸满人称他为“蛮宰”。随满清入关，入关后任湖广布政使参政等职，官声颇好。

顺治十八年（1661），吴兴祚出任山东沂州知州。这时的北方正闹“白莲教”，江南则正是“奏销案”爆发之时。同年，清廷清理上年没有完纳钱粮的江南绅户，将苏松常镇四府并溧阳一县的官绅士子，计13000多人全部黜革，史称“奏销案”或“逋粮”案。两年后，即康熙二年（1663），吴兴祚因为遣散白莲教不力而被降贬到无锡知县任上，并被闲置了13年；而江南的读书人，因“奏销案”被牵连的人数更高达13000多人，那些刚刚在新朝做了官的读书人和前明的绅户，被废黜里居，“相逢何必曾相识”，吴兴祚与凄惶中的江南士人相遇。在任无锡县令期间，吴兴祚对无锡地方士人和百姓的安抚做了很多工作，使无锡成为当时江南中下层读书人集聚的区域，这个集聚效应，对无锡艺文特别是梁溪文坛的繁兴有很大贡献。

一、“莲花幕”中庇护江南寒士

“奏销案”之后，大批江南文士被黜落，恰如叶梦珠所记的：“江南英俊，销铄殆尽。”[1]以康熙十八年（1679）朝廷正式开“博学鸿词”科，特选在野遗逸为准，则这些人被新朝有意弃用、遗忘达一二十年

* 任翌：江南大学人文学院讲师

之久。"奏销案"全面爆发是在顺治十八年（1661），但无锡地区的发生要更早些。如秦松龄（1637—1714，字汉石，号留仙、对岩等），在吴伟业所写的《秦母于太夫人七十序》中提到"梁溪秦留仙馆丈，以侍从积劳之三年，上恩许赐洗沐，而王母于太夫人以明年正月为揽揆之辰"云云[2]，"馆丈"是明清时期对"馆职"的称呼，秦松龄顺治十二年（1655）乙未科进士，选内翰林国史院庶吉士，顺治十四年（1657）授内翰林国史院检讨。所谓"上恩许赐洗沐"云云，实指秦松龄罢官事。秦松龄在顺治十六年（1659）三月至太仓，去见自己的好朋友周肇，据王抃自撰《王巢松年谱》记载，顺治己亥即十六年，（1659），"对岩告假在家，知子俶已归，扁舟访之，借榻梅花庵中，追陪经月"[3]。"子俶"即周肇，太仓人，"娄东十子"之一。秦松龄与周肇相善，此次正因周肇而禀请吴伟业写寿序。故秦松龄被罢之事，时间当在顺治十五年（1658）。秦松龄顺治十二年（1655）进士及第时年方18，因"逋粮案"削藉时也才二十出头，一直到康熙十八年（1679）方荐"博学鸿词科"，官复原职。这20余年的时间，真是浪掷了青春年光。"奏销案"后，少数人"幸成蜗角名，十年无品级"[4]，而绝大部分人则再无出头之日，一生为衣食而仓皇奔走，默默贫病而死。

吴兴祚无锡知县任上，便安抚了一大批中下层失意文士，如替孝顺好客的陈大成（字集生）赎回宅子[5]；康熙五年（1666）助顾祖禹刊刻《读史方舆纪要》的《州域形势》五卷，吴兴祚作序言[6]，这是《方舆纪要》最早的刻本，也是顾祖禹生前唯一的刻本。这两件事代表了吴兴祚安抚文士的两大内容：一是周济他们的生活，二是帮助他们刊刻著作，一面物质一面精神。这两个方面到吴兴祚开府闽粤时仍然一以贯之，不遗余力地资助读书人。秦松龄后来在给吴兴祚所写的《留村吴公行状》中

提到："（吴）待士最有恩，而课之甚严"[7]。这是说吴兴祚在无锡知县任上对读书人的态度——严而有恩，"待缙绅有礼""多举拔名士"，都是善待读书人的态度。至如《锡金识小录》所记："吴公伯成为令时，凡科岁试及季试取士十名以内，有未得青其衿者，后总督两广，皆寄银为之援例入监。高谊古今所无。"[8]想方设法替读书人谋取出路。

吴兴祚降贬到无锡，使他很容易与当时失意的江南文士形成心意上的共鸣和沟通，恰如其在《念奴娇·春申涧怀古》中所表达的情绪："云起楼前，天均堂外，兴废谁堪别。春申古涧，云烟樵客能说。"[9]故余怀赞吴兴祚："两袖清风，一溪霖雨，香绕莲花幕。"[10]"莲花幕"本指南朝齐王俭的府第，王俭在南齐高帝时为卫将军，领朝政多用高名才士为幕僚，所以后世以"莲花幕"来美称幕府。在江南寒士心里，吴兴祚的衙幕不啻是庇护所，引天下寒士纷纷来投。松陵徐釚，拿着王士禄、王士禛兄弟的信来谒见吴兴祚，其《满江红·至锡山赠吴伯成明府，再用荔裳、顾菴诸先生原韵》词，句下有数注："明府筑云起楼""余以西樵、阮亭两先生书至""时招同国符方伯、对岩太史、梁汾舍人、暨修远先生同游锡山"[11]。康熙八年（1669），陈维崧顺路拜谒吴兴祚，并与之结交，康熙十一年（1672）接送自己的朋友兰溪祝石至无锡访吴兴祚。祝石笃信天主教，后或因祝石而介引比利时传教士鲁日满给吴氏，彼此有酬答。昆山叶方蔼也曾经两次写信给吴兴祚，向吴氏推荐慈溪名士姜宸英，并盛称其"杜陵广厦千万间，但愿使君永作寒士主"[12]。

吴幕中，如宜兴万树，在无锡侯果府上认识吴兴祚，彼此引为知己，后从福建到两广，万树就一直是吴幕的重要幕宾。无锡文士中，顾贞观曾经在福建幕府待了约一年的时间；华长发在两广总督府待了3年时间，与岭南著名

诗人屈大均、陈恭尹交游甚深；严绳孙在去职后也到过总督幕，与岭南诸君有唱和。他们都是梁溪词人群体的代表作者，是吴兴祚无锡主政时期各种雅集活动的参与者。概言之，吴兴祚为"作寒士主"者，主要有两类，一类是落拓的不遇文士，一类是幸存的义士。对第一类，安抚者多；对第二类，则安抚之外还有一层庇护。"侧闻邻县有神君，治行吴公今第一"[13]，这种一传十、十传百的"江湖效应"，使得吴兴祚幕府集聚了许多中下层文士，也招引各色人士的到来。

二、促进梁溪文人群的凝聚

晚明时期的江南，文人士大夫"结社"成风，就无锡地区而言，政治性的学术社团有"东林党"，文社有"听社"，清初有诗社"云门社"等，不一而足。文人结社，谤议朝政和游心逸乐，这是最容易落下口实的两端，也会起到潜在的消解威权、破坏秩序的作用，深为统治者所忌惮，故在顺治九年（1652）和十七年（1660），朝廷即两次下令禁止文人结社订盟。然"奏销案"后，大批江南文士被黜落民间，于是借以"文酒之会"的形式聚集在一起，聊以排遣和娱情。吴地文人一方面兴高采烈参与吴兴祚的雅集，一方面又一再谀美吴公明府儒风斯振和鼓吹文园的功业。地方官固然有课督缙绅的职责，但雅集的效应，这种合了诗词、书画、戏曲、音乐的艺文活动，客观上促进了本地及整个吴地文学圈的交融和文学艺术创作的繁兴。当然，吴兴祚还有一层意图，就是替朝廷安抚笼络江南文士。艺文活动作用的具体表现有两个方面，第一是诗词唱和，促进了梁溪词（诗）人群体的凝聚；第二是造成无锡昆曲演出的第二次繁荣。

仅以前者言，吴兴祚康熙二年（1663）到任至康熙十五年（1676）离开，这个时期是梁溪诗（词）人群体创作的重要时期，以严绳孙、顾贞观、秦松龄为代表，都是当时各种雅集的核心人物，与吴兴祚过从甚密。顾贞观在康熙七年（1668）戊申丁外艰归，康熙十年（1671）春服阙赴补，吴兴祚相送至镇江江边，有《踏莎美人·送顾梁汾之江右》词记之，旋因魏裔介事即归里。康熙十七年（1678）作客福建吴幕将近一年，有很多时间与吴兴祚游处，他是群体中词学成就最高的一位。秦松龄与严绳孙则少年订交，是挚友，罢官后，两人一起在惠山唱和，有《严秦唱和诗集》，无锡散文名家黄家舒为序，两人都与吴兴祚有深交。

吴兴祚到任以后，即葺理旧构，先后筑二泉亭［康熙四年（1665）]、云起楼（康熙六年〈1667)，后来又相继修复衙署的谯楼来悦楼，并建听梧轩、尺木堂等。而秦松龄家的寄畅园、侯杲的亦园也已筑成。这些园池楼阁多出自名家张南垣、张鈇之手，特别是云起楼和寄畅园，闻名遐迩，引来江南文人的纷纷游观，并成为举行文酒之会的最佳去处。

（一）云起楼、寄畅园雅集

吴兴祚在康熙四年（1665）筑惠山二泉亭，吴伟业有诗《惠山二泉亭为无锡吴邑侯赋》；同一年，吴伟业还为秦松龄亡母撰墓志铭，但没有资料可证吴伟业来无锡。康熙六年（1667），吴兴祚建云起楼成，致书吴伟业，期待他以宗人的身份来访；故康熙七年（1668）九月，吴伟业受邀来谒，并为作《云起楼记》，"偕都人士之萃止者登焉"[14]。与吴伟业同来的，还有太仓顾湄、慈溪姜宸英[15]等。相陪的无锡文士有严绳孙，秦松龄，刘雷恒、霖恒兄弟，顾宸、顾天石父子等。由于吴伟业的到来，使得这次文会成为自"奏销案"之后的一次空前的盛会。吴兴祚和秦松龄分别作为地主，邀集众人，游云起楼，游寄畅园，诗词唱和，宾主尽欢。吴伟业在《云起楼记》中颂明府吴君之治政清明，大兴艺文，引四方来集，使得天下憔悴之徒"乐其水泉之甘，云物之美"，乐不思归。姜宸英也写有《云起楼记》。

吴伟业的无锡弟子不少，邹漪、顾宸、邹黎眉都是吴伟业的及门弟子；华章庆、顾贞观则少从吴伟业游。特别是无锡邹氏，吴伟业说："盖余之交于邹氏者三世矣。"于邹黎眉，吴伟业更为称赏："天才隽逸，深肆力于诗，古文词间出其余技，笔墨渲染，无不造诸至极"[16]。顾宸则一直追随吴伟业，参订《江左三大家诗钞》。这次吴伟业来游，秦松龄想请他为寄畅园写记，但吴伟业以年老推辞了，推荐了姜宸英。姜宸英写了《惠山秦园记》，吴伟业则写了《秦留仙寄畅园三咏同姜西溟严荪友顾伊人作》，众人也各有吟"云起楼""寄畅园"的诗（词）。吴伟业的"三咏"分别赋咏了山池塔影、惠井支泉、宛转桥，故吴兴祚《寄畅园偶集分咏曲桥得遥字》，严绳孙《支泉同吴梅村顾伊人作》等都是当时的唱和之作。

60 岁的吴伟业还在惠山的荆棘丛莽中，寻访红颜卞玉京的墓。卞玉京早已于他寻访的 3 年前逝于无锡惠山的庵寺中，"墓在惠山祇陀庵锦数林之原"。吴伟业墓前凭吊，归而为写长诗《过锦树林玉京道人墓并序》。若干年后，秦松龄的后人秦瀛记述吴伟业的这次到访："暮雨清尊故国春，白头祭酒话前尘。座中犹有何戡在，旧是征南幕下人。"[17]

吴伟业在江南文士中影响很大，顺治十年（1653）虎丘"十郡大会"后，成为当然的"宗主"。顺治十八年（1661）"奏销案"起，吴伟业亦被褫，又为他事所累，几至破家。吴兴祚的邀集，使吴伟业兴致很高，与梁溪文士的交流唱酬也更加密切。康熙九年（1670）六月，吴伟业因吴兴祚之请，给龚鼎孳的诗集撰写序言，吴伟业赞赏吴兴祚在为政余闲"扬扢风雅，谋诸顾子修远、陈子椒峰，相与诠次而刻之吴中"。同年八月，又至无锡，与余怀、秦松龄、毛奇龄、杜濬等宴游，座中还有苏昆生。这个成员复杂的群体，基本上可以代表当时无锡地区所集聚的不同身份的文士群体，这些人在寄畅园"互诉前朝，好言隐事。醉者振巾，醒者促弹"[18]。余怀有著名的《寄畅园闻歌记》[19]。第二年，吴伟业便去世了。

（二）听梧轩、尺木堂雅集

吴兴祚主持招引的雅集主要在两个地方：一是惠山云起楼，一是城中衙署的听梧轩、尺木堂。康熙八年（1669）十月，吴兴祚张宴云起楼，"坐客十人，皆四方之豪英与邑中之名彦也"。（《云起楼公燕诗序》）叶方蔼之外，还有徐乾学、刘雷恒兄弟、秦松龄等，这次雅集之后，诸人唱和诗结集为《云起楼公燕诗》。

康熙十年（1671），正是吴兴祚 40 寿诞，于是"岁辛亥秋，梁溪吴大令伯成，集四方名士之至其地者，十有六人，燕署中尺木堂。予忝末坐。酒半，各分韵赋诗，成若干首，汇书卷中，而命予为序"[20]，集会盛况空前。陈玉璂是武进人，素有捷才，当日宴集罢，应吴兴祚之请还写有《夜饮尺木堂》12 首，唱和吴当日在亦园雅集的诗作，也借以记此日宴集之盛。云起楼和寄畅园，在空间距离上很近，此间彼处，不分轩轾。故在众人的赋咏中，必定有云起楼，也有寄畅园；有颂吴伯成明府，也有赠秦太史留仙。正如陈玉璂所描绘的"为文酒之会，五邑同人大集惠山，极一时歌舞嬉游之乐"[21]。

康熙十二年（1673），余怀再次来锡，与殳丹生、陈玉璂、嵇永仁等相聚。这次聚会是因嵇永仁（字留山，号抱犊山农）为范承谟所聘，至福建幕府，"天南节度不肯放，聘书早到薜萝边"（《憔悴吟》）。吴兴祚招引众人为他践行，嵇永仁后来在《憔悴吟》序中记述此次集会：

癸丑秋，邑侯吴公饯余于听梧轩，招

集秦太史对岩，陈进士椒峰，暨词客殳山夫、余澹心，诸子同拈《踏莎行》调，末以"憔悴"二字限韵。词中有"孤城残角梦家山，乱帆影里人憔悴"之句，余心怦怦动。[22]

"招携宾客置钱觞，吐词制调魂飞扬。"（《憔悴吟》）可见，当时雅集以词唱酬时，同拈一个词牌，并限韵；后来者还有叠韵，这是通例。又如《梁溪词选》中侯文燿《鹤闲词》后附《中秋倡和词》，侯文燿作《贺新凉》中秋词，众人纷纷作同调词唱和，总有 30 人之多。清初禁止社集，但以家族成员为核心的诗文社及唱和活动从未停止，甚至如邹黎眉家族中还成立"画社"，家族成员每月在固定的时间相聚，切磋交流画艺，挥毫泼墨，并诗词唱和。

吴绮在康熙八年（1669）罢官后，流寓吴中，与吴兴祚关系甚密。吴兴祚兴文酒大会，与吴绮等人在梁溪结"诗社"，良辰共赋，便有《梁溪倡和诗集》。吴绮后在康熙二十三年（1684）时，又到吴氏粤幕，与海内词人结"越台诗社"。概言之，仅以吴兴祚招引的文会雅集，诗词酬唱并结集的有：《云起楼公燕诗》[康熙八年（1669）]、《尺木堂公宴诗》[康熙十年（1671）]、《梁溪倡和诗集》[23][康熙八年（1669）之后]。

徐乾学后来在给纳兰容若所撰《墓志铭》中提到："君所交游，皆一时俊异，于世所称落落难合者。若无锡严绳孙、顾贞观、秦松龄，宜兴陈维崧，慈溪姜宸英，尤所契厚。"[24]这些人正是当日集聚在吴兴祚"莲花幕"中的名士，随着吴兴祚于康熙十五年（1676）离任赴闽，这些人便陆续北上京华，在明珠府纳兰周围，重又形成一个聚合圈。

（三）亦园雅集

康熙间，文会雅集另一个重要地点就是侯氏的亦园。这个文人圈主要以侯氏兄弟父子为核心，有侯杲、侯晰、侯文灿、侯文燿、侯文灯、侯承垕等人，旁及侯氏兄弟的舅舅华侗，还有友好万树、宏伦、华长发、陈大成等。大部分人在侯晰所辑的《梁溪词选》中有词集存世，如华侗有《春水词》，侯文燿有《鹤闲词》，华长发有《语花词》，宏伦有《泥絮词》。陈大成词集未入选，也有《影树楼词》[25]。侯氏文人群除了各有诗文词的创作外，还有文献名家，刊刻了许多典籍。以词的选刻而言，侯文灿选刻有唐宋《十名家词集》（10 卷），清名贤词选《亦园词选》（8 卷），另外刊刻有王次回《疑雨集》、万树《璇玑碎锦》等。侯文灿族叔侯晰，刻有《梁溪词选》，保存康熙时期 20 余家词人词集（选集）。故侯氏的掇拾文献之功，粲然可征。

吴兴祚与亦园主人侯杲私谊极好，侯杲之子侯文灿称："吴公与先大夫平日意气相许，爱逾骨肉。"[26]吴兴祚常常是侯家的座上宾，听曲观剧，与侯氏父子诗词唱和，并在侯府认识宜兴万树。万树是阳羡词派的重要词人，一生漂泊寄食，其幕客生涯，前期主要与侯杲侯文灿父子相善，后期主要在吴兴祚幕府生活。万树《词律》的编纂前期在侯氏亦园与侯文灿共同研讨写作，后期则在吴兴祚总督府完稿并刊刻。

综上，这些文酒之会，以"云门十子"为基本成员，集五邑同人，诗词唱和，扬扢风雅，故如《乾隆镇江府志》卷三十四所云："时王祭酒士祯为扬州推官，吴总制兴祚知无锡县，倡导风雅，俱能大致天下之客。"[27]这是康熙前期梁溪文人群文学活动的特点。

（四）吴门填词社在无锡的活动

康熙十三年（1674）十一月，陈维崧与余怀、吴绮、尤侗等在苏州成立吴门填词社，首集在余怀寓所的秋雪斋举行。随后，填词社的第二集，就在吴兴祚衙署的听梧轩举行，陈维崧与吴绮等一同到无锡，陈维崧写有《眼儿媚·冬夜听梧轩举填词第二集》等作，题下自注中记："同集为澹心、园次、修龄、山夫、梁汾、云翎、灵本。"[28] 澹心即余怀，园次即吴绮，梁汾即顾贞观。从他们的词作可知，这天晚上，众人在鉴赏唐代王维的《初冬欲雪图》后，因画题词。接着，众人又移步秦松龄的寄畅园，有填词社的第三集，秦松龄赋《醉乡春》，陈维崧也有《醉乡春·秦对岩携具寄畅园举填词第三集》词。

陈维崧与吴兴祚相识是在康熙八年（1669）的冬天，陈维崧从河南归家途中顺道谒见吴兴祚，由此相交，陈写有《梁溪赠吴伯成明府》："归鞭巩雒西风冽，暂葺茆檐曝冬日。侧闻邻县有神君，治行吴公今第一。"并与旧友秦松龄相聚，有诗相赠。秦松龄与陈维崧都是"慎交社"社员。康熙十三年（1674），陈维崧受吴兴祚之邀，有较长时间在无锡逗留，后来他说的"客梁溪"就在这年。约这年春天，陈维崧到无锡拜访无锡教授郝毓蓁，有《满江红》词纪事。随后，又在郝氏生日时，与杜濬、苏昆生、陈集生等聚集在其教谕署中观剧，写有《满江红》词[29]。

康熙十三年（1674）的九月底，陈维崧又到无锡，与鲍让侯、杜濬、华长发、龚云起等人相聚，游城南诸寺。又为薛信国招引至园中留宿，前后待了10多天，下榻于龚佩纫宅中。陈在《沁园春·赠别龚佩纫》词中写道："十日联床，一尊下榻，白饭青刍累素交。"[30] 这期间吴兴祚又招饮陈维崧等，陈有《贺新郎》[31]词记之。陈维崧与无锡友人交游的这类诗词作品，有数十首之多，大多有题注或句下注，记述作词时间、地点、缘起，一如他写诗一般，故梳理这个时期的词作，可以较为清楚地了解他与梁溪词人的交游唱酬活动。

同年的十一月二十日，陈维崧到苏州，与余怀、吴绮、尤侗诸人成立填词社。十二月

初，陈维崧与吴绮一起从苏州到无锡。这次，陈维崧在无锡待了足足一个月方离开，与余怀、吴绮、周肇、顾贞观、秦松龄，还有吴兴祚、钱肃润等唱酬，故有诸子填词社的二集、三集。其下榻处在陈集生（字大成）家中，陈集生的家也是众人共饮酬唱的地方。陈维崧《双头莲·留别集生》词写："孺子长贫，记少日江东，随余游射。重来客舍，但细数此地，旧游都谢。总被卷地西风，把烛花吹地，成独夜。只有君家榻悬，为余仍下。"[32] 详词中情形，则陈集生早年即随陈维崧游射，故情谊非比。实际上两人是同宗，陈集生乃陈维崧同宗沂州公四世孙，"游射"云云是指陈集生早年追随陈维崧门下。当陈维崧离开梁溪临别前，吴兴祚又在听梧轩设宴钱行，并以酒、米、碳等物相馈[33]。余怀则相送至惠山松下，有《水调歌头·冬暮惠山松下送其年返荆溪》。

三、余　论

清初词坛，江南地区是清代词学中兴的核心区域，因吴兴祚大兴文园的缘故，使得广陵、阳羡、吴中和梁溪的词人群体，以及周边地区的许多词人往还不断，词人之间有许多交流活动，这也促进了词人群体在郡邑词风的基础上，彼此在审美趣味、词学观念上的相互交流、借鉴和融合。邹祗谟在《远志斋词衷》中论诸家：

> 梁溪云门诸子，才华斐然。近对岩以苏友、乐天、景行、华峰、青莲及家黎眉词见示，合之山来、沛玄诸子旧作，笔古蕴藉，清艳兼长，惜全集欲成，采撷绝少，不无蛤帐将旦之恨。乃对岩以古文作手自命，诸子亦诗歌竞爽，而词意当家。故知揽芳撷蕙，正不以倚声为卑格耳。[34]

邹祗谟在顺治十七年（1660）与王士祯一起编选大型词选《倚声初集》，选入明万历至

清顺治年约五十年间的词人词作二千余首。入选的梁溪词人有 19 家，主要是顺治朝活跃的"云门"诗社成员。可见，这些人在顺治末渐已形成"笔古蕴藉，清艳兼长"的特点。"奏销案"后，他们大部分被迫回乡，成为康熙初期词坛最为活跃的诗（词）人。这些因地缘、亲缘和人缘（师友）的关系形成的文人群体，通过各种雅集的形式，追摹先贤风雅。作词工于言情，善于写怨，恋恋情怀，缠绵婉恻，形成较为共性的风格特征。恰如侯晰自己所写《梁溪十八家词选序》所云："孤村流水，竞传淮海之辞；一壑松风争和云林之调，名流霞蔚，英彦云兴。"[35] 所谓"清艳兼长"情致深婉，便是梁溪词人的主导风格。

概言之，吴兴祚在无锡知县任上，对无锡艺文的贡献有两个。一是在无锡本地艺文资源基础上，利用其政治影响，建立起一个吴地文人集聚文会的高地；同时使得无锡本邑文人的文学创造活动进入繁兴的黄金时期。吴兴祚在康熙十五年（1676）离开无锡后，一部分文士如严绳孙、顾贞观、秦松龄、姜西溟等先后北上，进入京华文人圈，继续谋图生存和发展；一部分文士则随吴兴祚南下，把江南文人的词曲活动带入岭南，使得江南和岭南文人在文学创作和昆曲创作、演出活动诸方面产生交融，故严迪昌先生有云："吴兴祚梁溪任上，以至后来为闽抚、为粤督，幕下多词人，是沟通吴越及岭南词风的一个媒介人物。"[36]

注　释

[1] 〔清〕叶梦珠撰，来新夏点校：《阅世编》卷二《学校一》，上海古籍出版社，1981 年版，第 27 页。

[2] 〔清〕吴伟业：《梅村家藏稿》第三十八卷，《四部丛刊初编》集部第 66 册，上海商务印书馆影印，1929 年版。

[3] 〔清〕王抃：《王巢松年谱》，江苏省立苏州图书馆吴中文献小丛书之四，江苏省立苏州图书馆出版，1939 年版，第 27 页。

[4] 〔清〕陈玉璂：《述怀》（甲辰春出都作），《学文堂集》，《四库全书存目丛书补编》47 册，齐鲁书社，2001 年版，第 595 页。

[5] 〔清〕吴绮：《林蕙堂集》卷二《家伯成先生为陈集生赎居启》，《文渊阁四库全书》第 1314 册，上海古籍出版社，2002 年版，第 1314-232 页。同书卷三《陈集生影树楼诗序》，第 1314-261 页。

[6] 〔清〕顾祖禹：《读史方舆纪要》原序二，《万有文库》，商务印书馆，1937 年版，第 3-4 页。顾祖禹：《读史方舆纪要》前五卷《州域形势》，由华长发刊刻于康熙五年（1666）吴兴祚作序并相助。华长发是顾祖禹门生，助顾祖禹纂修《纪要》。

[7] 〔清〕秦松龄：《留村吴公行状》，《清耆献类征选编》卷六，《台湾文献史料丛刊》第九辑 184 册，台湾大通书局，1987 年版，第 524-530 页。

[8] 〔清〕黄印：《锡金识小录》卷三，台湾成文出版社，1983 年版，第 201 页。

[9] 〔清〕吴兴祚：《留村诗钞》（康熙刻本，国家图书馆藏）。《留村词》一卷，由民国吴隐汇刻吴氏先人词作四种之一集，民国西泠印社巾箱本。以上原本均未得见，本文所引吴兴祚诗作，均据朱丽霞：《江南闽南岭南——吴兴祚幕府文学年表长编》附录三《未编年留村诗》，第 339-358 页。

[10] 〔清〕余怀：《玉琴斋词》，《余怀全集》，上海古籍出版社，2011 年版，第 295 页。

[11] 〔清〕徐釚：《菊庄词》，《清家名词》，上海书店，1982 年版。〔清〕徐釚：《南州草堂集》卷八《奉寄闽中吴留村抚军二首》，第 291 页；卷十《呈制府留村吴公》，第 306 页。这是吴兴祚离开无锡县令后徐釚与其诗词往还。徐釚在康熙二十三年（1684）入广州蒋莘田幕府，与吴兴祚及吴幕文人有很多雅集唱和之作。

[12] 〔清〕叶方蔼：《吴使君席上遇宣城沈生长歌》，《叶文敏公集》卷十一，《续修四库全书》集部别集类 1410 册，第 646 页；《云起楼公燕诗序》，第 468 页；《赠吴明府序》，第 450-451 页等题赠，并有许多与无锡同人的唱和之作。

[13] 〔清〕陈维崧：《湖海楼诗集》卷三《梁溪赠吴伯成明府》，《陈迦陵文集》，《四部丛刊初编》第 281 册，上海书店出版社，1989 年版。

[14]〔清〕吴伟业：《惠山二泉亭为无锡吴邑侯赋》，《梅村家藏稿》卷十七；同书卷四十八《秦母侯孺人墓志铭》、卷四十《云起楼记》，《四部丛刊初编》集部第66册，上海商务印书馆影印，1929年重印本。

[15]〔清〕姜宸英：《苇间诗集》卷二《初秋雨后同严苏友、秦对岩》《惠山中秋同苏友乐天对岩》；〔清〕严绳孙：《秋夕山园同西溟留仙》，《四库禁毁书丛刊》集部第133册《秋水集》，第553页；〔清〕秦松龄：《中秋同西溟苏友从叔乐天先生赋》，《四库未收书辑刊》伍辑，秦松龄《苍岘山人集》第28册《碧山集》，第70页。

[16]〔清〕吴伟业：《邹黎眉诗序》，《梅村家藏稿》卷三十。同书《龚芝麟诗序》卷二十八，《秦留仙寄畅园三咏同姜西溟严苏友顾伊人作》卷十四，《四部丛刊初编》集部第66册，上海商务印书馆影印，1929年重印本。

[17]〔清〕秦瀛：《小岘山人诗集》卷三，《无锡文库》第四辑，凤凰出版社，2011年版，第28页。

[18]〔清〕毛奇龄：《与秦留仙翰林书》，王云五主编：《西河文集》书一，《万有文库》第二集，商务印书馆，1937年版，第152页。

[19]〔清〕余怀：《寄畅园闻歌记》，《余怀全集》，上海古籍出版社，2011年版，第342-343页。

[20]〔清〕陈玉璂：《学文堂集》序十，《四库全书存目丛书补编》第47册，齐鲁书社，2001年版，第138页。

[21]〔清〕陈玉璂：《夜饮尺木堂伯成明府出亦园原倡属和兼示于皇澹心和章漏断归寓即于残灯下成之亦园原倡为侯比部歌童作也》诗末原注。《学文堂集》七言绝，《四库全书存目丛书补编》第48册，齐鲁书社，2001年版，第23-24页。

[22]〔清〕嵇永仁：《憔悴吟及序》，《抱犊山房集》卷一，《无锡文库》第四辑，凤凰出版社，2011年版，第22页。

[23]〔清〕吴绮：《林蕙堂全集》卷三序《梁溪倡和诗集序》，《文渊阁四库全书》第1314册，上海古籍出版社，2002年版，第1314-260页。同书卷二"启"有《梁溪诗社谢伯成送墨启》可参证。

[24]〔清〕徐乾学：《纳兰成德墓志铭》，《通志堂集·附录》，上海古籍出版社，1979年版。

[25]〔清〕丁绍仪：《听秋声馆词话》卷二十，记

陈集生"著有《树影楼词》"，见唐圭璋：《词话丛编》第三册，中华书局，1986年版，第2833页。

[26]侯学愈等纂：《锡山东里侯氏宗谱》卷四，《无锡文库》第三辑，凤凰出版社，2011年版，第133页。

[27]《乾隆镇江府志》卷三十四，江苏古籍出版社，1991年版，第44页。

[28]〔清〕陈维崧：《迦陵词全集》卷三，《续修四库全书》集部词类1724册，上海古籍出版社，2002年版，第198页。《念奴娇·冬夜听梧轩题王右丞初冬欲雪图填词社第三题》，《迦陵词全集》卷十八，第297页；《醉乡春·秦对岩携具寄畅园举填词第三集》，同书卷三，第200页；《沁园春·听梧轩夜集，仍叠前韵》《沁园春·留别伯成先生，和澹心韵》，同书卷二十五，第348页，均写于此番填词社雅集时。

[29]〔清〕陈维崧：《满江红·郝元公署中食饼，忽有茂陵之忆，赋词志感》，《迦陵词全集》卷十二，《续修四库全书》集部词类1724册，上海古籍出版社，2002年版，第256页。〔清〕陈维崧：《满江红·郝元公先生生日，同杜于皇苏昆生黄稚会家集署中观剧，词以纪事》，《迦陵词全集》卷二十五，第349页。

[30]〔清〕陈维崧：《江城子·鲍让侯载酒泛舟，同于皇仲震商原佩纫家弟鲁望，小泊城南诸寺，纪所见》，《迦陵词全集》卷八，《续修四库全书》集部词类1724册，上海古籍出版社，2002年版，第227页。《沁园春·赠别龚佩纫》《沁园春·薛国符方伯招饮，留宿园亭》《沁园春·秋夜听梁溪陈四丈弹琵琶》，均写于同一时间，见《迦陵词全集》卷二十五，第351页。

[31]〔清〕陈维崧：《贺新郎·伯成先生席上赠韩修龄》，《迦陵词全集》卷二十六，《续修四库全书》集部词类1724册，上海古籍出版社，2002年版，第362页。

[32]〔清〕陈维崧：《双头莲·留别集生》，《迦陵词全集》卷十九，《续修四库全书》集部词类1724册，上海古籍出版社，2002年版，第308页。《满江红·余澹心吴园次周子俶顾梁汾秦对岩诸公共饮集生家，适余在山中，未与此雅游也；园次作词见示，余亦次韵》，《迦陵词全集》卷十二，第256页。另据《沁园春·梁溪西郭外有芹野草堂》，《迦陵词全集》卷二十五，第353

页，可知陈集生乃陈维崧同宗沂州公四世孙。

[33] 〔清〕陈维崧：《沁园春·听梧轩夜集仍叠前韵》，《迦陵词全集》卷二十五，《续修四库全书》集部词类 1724 册，上海古籍出版社，2002 年版，第 348 页。同页《沁园春·秦对岩太史饷酒馔至，词以谢之》《沁园春·留别伯成先生和澹心韵》等词，均作于同一时间。

[34] 〔清〕邹祗谟：《远志斋词衷》，《词话丛编》第一册，中华书局，1986 年版，第 659 页。

[35] 侯晰辑：《梁溪词选》，《无锡文库》第四辑，凤凰出版社影印，2012 年版，第 501 页。

[36] 严迪昌：《清词史》，江苏古籍出版社，1990 年版，第 324 页。

清代东林书院经费来源及用途研究

沈　恬 *

【摘要】东林书院在清乾隆以前，只是民间出资民间管理，官府仅给予认可和支持。伴随书院性质的转变，作为书院生存和发展的基础——经费，其来源及用途也呈现出新的变化和特点。清代东林书院的经费来源包括官府拨给、民间捐赠和存典生息，其中官府拨给成为书院日常经费的固定来源，民间捐赠作为重要补充也起到举足轻重的关键作用，存典生息作为一种保值增值的方式，成为清朝后期较为稳定的收入来源。而在经费支出方面，生童膏火和建筑修缮是最主要的开支项目，这体现了东林书院"读书育人"的宗旨。

【关键词】东林书院　清代　经费来源　经费用途

清代是书院的大发展时期，也是书院性质的大转变阶段。历史上的无锡东林书院本由私人创办、私人出资、私人管理，但进入清朝，随着统治阶级对书院管控的加强，传统的讲会逐渐废止。乾隆元年（1736）上谕称："书院之制，所以导进人材，广学校所不及。"[1] 由此书院被纳入官方教育体系，成为地方官学的附庸和补充。伴随书院性质的转变，作为书院生存和发展的基础——经费，其来源及用途也呈现出新的变化和特点。目前关于东林书院的论著大多集中于学术渊源与明末党争，而对书院本身制度的研究相对较少。因此，本文期望通过对清代东林书院经费收支的梳理，以进一步理清书院在清朝的生存与发展状况。

一、经费来源

（一）官府拨给

东林书院在清乾隆以前，其资金来源主要是民间捐赠，官府的资助和拨付则很少在史料中提及，这种情况在乾隆年间有所改变。雍正十二年（1734），定州深泽人王允谦题署金匮知县，在他任职期间，新建了"时雨斋"和"寻乐处"两所书斋用以课习举业[2]，即着重于科举生童的培养和选拔，从而也标志着东林书院从私人集会式书院转变成官方考课式书院。伴随书院性质的转变，其经费来源也出现了新的渠道。据县志记载，乾隆五十年（1785），常州知府金云槐查抄黄拱宸案入官钱二千千文，作为东林书院广额生童膏火项下生

---

*　沈恬：无锡市东林书院管理中心馆员

息本钱[3]。这笔金额巨大的罚没资金不仅可以为书院招纳更多的生童，培养更多的人才，更可以让书院的生存进入一个相对良性的运作模式。

乾隆初年，金匮知县王允谦拨捐田二十六亩，作为道南祠岁修及祭祀费用[4]，这也是清朝第一次有官员专门拨付田产用于道南祠的维修与祭祀典礼，对于维护道南学脉传承的严肃性和持久性起到重要作用。进入清朝中期，史籍中出现了官府资助书院的具体说明："义租，金匮经管六百四十六亩三分五厘六毫，又附入东林书院田一十六亩六分九厘五毫。岁给书院膏火、修金共银七百八十两零。"[5] 这笔固定的田产收入，使书院的经费来源更趋稳定和充裕。

道光年间，东林书院还收到过一笔重要的经费，就是当时锡金两邑裁撤尼庵的变卖资金，这与当时的主政者裕谦有直接关系。裕谦，从道光十四年（1834）七月至道光二十年（1840）六月，历任江苏按察使、江苏布政使、江苏巡抚、两江总督。由于裕谦幼年失怙，特殊的经历使他格外注意孤苦幼孩的收养与照顾，并在道光十六年（1836）颁示了在江苏全省设立恤孤局的檄文[6]。无锡、金匮两县裁废尼庵的变卖资金主要目的就是为资助恤孤局，"作为冬间收养无依幼孩之用"。经查，到道光二十五年（1845）二月，金匮县已裁撤尼庵 21 所，变价三千五百千文；无锡县有尼庵 22 所，已裁撤 16 所，变价二千七百四十千文，统归恤孤局充费，惟有关殿、映山等 6 座尼庵尚未变价。当时有三种不同意见，一是以高鏻等生员为代表，提议将尼庵改建锡山书院；二是以无锡县官吴时行为代表，提出将六庵一并变卖，改充东林书院经费；三是以江苏布政使文柱为代表，认为仍将六庵变卖资金拨交恤孤局。这笔资金因属"挪作他用"，因此拨付东林书院的过程颇费了一番周折。当时文柱还曾

就吴时行的上呈作出如下回复："据请将映山等六庵同尼清慈捐屋一并召变，改充东林书院经费。虽养士、恤孤同系地方善举，惟该六庵估值若干，详内未据分晰声叙"，"况东林书院多一分分拨，即恤孤局少一分经费。"[7] 后经吴时行的详细说明，如"书院典息现因讲堂课舍年久失修，坍塌修筑，搭盖支领，动用金邑所存息款，已属不敷。一应桌凳俱已朽坏，概应另置，其肄业生童前因添设课额，将课饭存款改作膏火，以致课饭无着"等原因，文柱才打消疑虑，同意将惠山关殿、青莲庵、西门关殿三座寺庙的变卖资金，加上县拨捐钱，共计二千五百余千文拨归东林书院[8]，以充济经费、增添课额、益其膏火、置办桌凳器用，其余映山、宝珠、静室等庵仍归恤孤局经董。这份资金的拨入实是源于地方政府对文教事业的重视才会有如此转机和变通。

咸丰十年（1860）至同治二年（1863），无锡金匮两县被太平军所占领，东林书院在此期间，存典膏火荡然无存，严重影响书院教学。当时负责总办锡金两县厘捐税收的倪姓官员专门将此事上报，居然得到两江总督李鸿章的批示，同意每月从厘捐税金中拨付二成给东林书院，作为膏火经费[9]。据光绪《无锡金匮县志》中提到："同治五年，公请于本邑布捐项下提拨二成，计拨存制钱一万二千九十三千文，生息为书院膏火。"[10] 厘金收入主要用于军事费用，在当时军费吃紧的情况下，李鸿章同意拿出其中的二成专门资助东林书院，实属不易。之后这笔拨付款因为军需紧急而奉批停止。

（二）民间捐赠

民间捐赠是指我国古代士绅民众自愿、无偿地为学校、书院等教育机构捐赠银两、田地和房屋、店铺等货币或实物的行为[11]。根据

捐赠人身份的不同，主要分为官员捐赠和绅民捐赠。官员捐赠，是指官员以个人的名义进行捐赠，所捐钱款均是其个人所得，并非政府公产，因此其捐赠行为纯属个人意愿，与民间捐赠并无不同。清朝历届官员，上自总督、巡抚、布政使，下至知县、教谕、训导都对东林书院有过捐俸兴修。如康熙二十年（1681）夏，盐院成其范捐俸银三十两，修缮道南祠。雍正九年（1731），无锡知县江日容捐俸修复书院。嘉庆三年（1798），江苏巡抚费淳首捐俸银二百两、江苏布政使陈奉兹捐银一百两，官员捐赠总数达八百四十二余千文[12]。道光二十六年（1846），护理江苏巡抚文柱捐银三百两，江苏布政使郭雄飞捐银五十两，无锡知县吴时行捐钱三百千文，金匮知县朱子庚捐钱三百千文，官员捐赠折成钱文总计一千三百多千文[13]。

绅民捐赠与官员捐赠类似，所区别的仅仅是捐赠人的身份是当地乡绅耆宿或普通民众，其捐赠的形式除了钱款外还包括田产、房产等实物。钱款是最直接的收入来源，如嘉庆三年（1798），邑绅秦震钧等共计捐钱一千五百多千文。道光三年（1823），故节妇钟祝氏捐钱二百八十二余千文。道光二十六年（1846），邑绅顾灏、杨恕捐钱二千千文，邹鸣鹤捐钱五百千文，邑绅捐赠共筹得一万三千二百多千文；另有两邑粮户每年捐串钱三百千文，由漕房收齐交县发给新赠膏火；留余堂捐钱五百千文，存典生息，用于在院极为贫寒的肄业生童丁忧、身故之用。同治五年（1866），金匮邑侯吴春舫、无锡邑侯马公、以及杨氏族裔等共捐洋叁百伍拾贰圆。

学田则是书院赖以生存和发展的基础，由于书院本身并无经济来源，因此经营学田来维持日常开销就显得尤为重要。东林书院的学田除了官府拨给，民间家族或个人也屡屡捐私田以供四方学者。据资料记载，乾隆五年（1740），秦实然，秦国英、钱孙绳等邑绅共捐田二十七亩二厘四毫，租米二十八石一斗七升六合，由秦氏义庄收租，作为书院春秋仲丁释菜及道南祠岁修经费。乾隆二十六年（1761），钟祝氏捐匮当子字号田。朱天长、秦珩等共捐田十六亩六分九厘五毫，租米十七石一斗四升，麦三石三斗六升八合，附入金匮义租项下收租，为正额生童膏火项下经费。道光二十六年（1846），顾亲仁捐道南祠祭产冬字号田十五亩一分四厘六毫，租十六石零六升。杨怀德捐道南祠祭产廉仪费字号田十六亩三分三厘八毫。到了清朝晚期，房产也作为捐赠物出现。如道光年间，朱、陶、蔡三姓捐北门外三里桥施茶庵右旁门面一间，每年租钱三十千文；左旁屋五间，每年租钱三十六千文。招租采息为书院杂项公费。

（三）存典生息

存典生息是清代民间公项经费保值增值的一种较为普遍的方式，通过乡绅与典当商协商后确定利率，且以资金的安全作为首要考量[14]。嘉庆初年，东林书院便从当时官绅捐款中专门提出一千千文存典，一分生息，作为书院岁修费用。道光十六年（1836），将故节妇钟祝氏捐钱加上历年积存息钱，以及广额膏火项下历年余钱合成一千千文并详司立案，生息为书院岁修之费。道光二十六年（1846），乡绅邹鸣鹤将官绅倡捐剩余的一万二千六百千文存典生息，道光二十九年（1849）十二月初六日呈两县立案，用于添广课额及扃门、课试、饭食之费。同治年间，政府拨给东林书院的厘捐税收由于军需紧急而奉批停止，书院收到的拨款随之减少，于是就将厘捐税收以每月二分五厘生息抵借，从同治五年（1866）八月起至同治九年（1870）十二月止，利上生利，共收到一万二千余文[15]。

二、经费用途

（一）膏火与花红支出

膏火，是书院发给肄业学生的津贴费用。由于生童大多家境贫寒，因此膏火成为生童完成学业的基本保障，也是稳定书院生童的主要途径之一[16]。据光绪七年（1881）《无锡金匮县志》记载："书院膏火，原定正额内课生童共十八名，每名岁给银十二两。外课生童三十八名，每岁给银三两。"[17] 随着经费的增长，书院分别在乾隆五十年（1785）、嘉庆二年（1797）、道光二十六年（1846）有过三次扩招，招收生童从最初的 56 人升至 220 人，每年生童膏火支出也从最初的银三百三十两增至钱一千二百余千文、银三百六十两。

膏火是每名生童均有的津贴，而花红是对考课优秀的课生、课童进行的奖励。道光二十六年（1846）的《增定规条》对花红有专门规定："新增师课花红，生超等第一名，钱八百文。第二至第五名六百文，第六至第十名四百文，第十一至三十名二百文。上取童生第一名六百文，第二至第五名四百文，第六至第十名三百文，十一至三十名一百五十文"；"每月师课后增小课一次，生第一名花红四百文，第二至第五名二百文。童第一名三百文，第二至第五名一百五十文。"[18] 按照上述规定，花红支出总计约为十九千文。

（二）饭食与助贫支出

嘉庆初年，经过费淳、秦震钧等官绅的倡捐，书院得以提供生童月课饭食，每期支钱五千文，这笔钱主要在存款项下支息动用。但到道光初期，因书院扩大了招生名额，故将课饭存款改作生童膏火，以致课饭费无从支出而中止。江苏布政使郭雄飞也曾提到，书院"所患经费不充，诸生之额取者既隘，而每课膳常不足，因循以至于废"[19]。也就是说当时

因经费不足，不提供课饭。直到道光二十六年（1846），情况才有所好转，"官师课期，生童聚课，饭食定六人一桌，每桌钱三百文"[20]。以规条的形式明确保障了学生的吃饭问题。

另外，书院对贫困生童还有额外的资助，"身故者，助钱七千文，丁艰者，助钱三千五百文"[21]。即遇到贫困学生身故或其父母身故，书院均会补贴，且这笔经费是由当时的慈善机构留余堂捐款内专项开支，可谓专款专用，管理规范。

（三）祭祀支出

祭祀与讲学、藏书、学田形成了书院的四大规制，具有"正道脉而定所宗""尊前贤励后学"的重要作用[22]。东林书院对于祭祀向来十分重视，自明万历三十二年（1604）书院重修之日起，祀典就由地方官员所主持，是为"官祭"。明末魏珰毁书院，官祭一度中止，直到清朝顺治十六年（1659），经提督江南学政张能麟同意，官祭才又恢复，从而东林书院的祭祀活动历整个清朝而无缺[23]。

东林书院祭祀活动在燕居庙和道南祠同时举行，不仅祭祀至圣先师孔子，同时还对书院创始人及其学脉传承者进行祭拜。祀典分为释菜礼和释奠礼，"释菜行于孟春，而礼简。释奠四时可行，而礼烦"[24]。据康熙《东林书院志》记载："每年春孟，释菜计费银若干。春秋二仲，释奠每次计费银若干，俱于租银内动支，轮该值会者先期领办。"[25] 可见在清朝初期，至少在顺治朝官祭恢复后，东林书院祭祀事宜就有专人轮值操办，并提前做好预算，领取祭祀所需各项经费，以保证祭祀的顺利进行。

（四）修缮支出

东林书院自北宋政和元年（1111）创建，历经宋、元、明、清四代，特别是在经历明末被全部拆毁的厄运后，如今依然能够留存，很

重要的原因是在清朝近 300 年的时间里，历朝官员、乡绅均能对书院进行不遗余力的修缮和扩建。顺治十二年（1655），东林书院主体厅室丽泽堂、道南祠、燕居庙等均得以修复；康熙三十二年（1693），"南国杏坛"依庸堂修复；雍正九年（1731），墙体墙面油漆粉刷；乾隆三年（1738），增建时雨斋和寻乐处。嘉庆四年（1799），修缮内庙祠堂、增建学舍、筑以围墙等，总共花费一千四百多千文。道光二十四年（1844），修葺原屋、重建围墙、改建课舍等共支出一千九十三余千文。道光二十五年（1845）至道光二十八年（1848），东林书院添置各项器具什物，并新建东林报功祠，共花费一千二百多千文。以上仅仅罗列了最主要的修缮项目，其余零星修缮自是数不胜数。

三、结　语

综上所述，清代东林书院的经费来源包括官府拨给、民间捐赠和存典生息。首先，官府对书院的资助成为书院日常经费的固定来源，对于培养教育人才起到重要保障作用。其次，民间捐赠作为重要补充，为书院的稳定发展、条件改善、规模扩大起到举足轻重的关键作用。再者，清代书院在经费管理上已越发规范，除了仰靠官府拨款和民间捐助的外来经费充盈方式，存典生息这种保值增值的方式亦成为重要经费来源，并且在清朝后期渐渐成为最稳定的收入来源。而在经费支出方面，生童膏火和建筑修缮是最主要的开支项目，对讲堂课室的修缮最主要的目的还是为生童提供良好的教育环境，这也从根本上体现了东林书院"读书育人"的宗旨。

注　释

[1] 邓洪波：《中国书院史》，武汉大学出版社，2012年版，第 482 页。

[2] 〔清乾隆〕《金匮县志》卷八《书院》，《无锡文库》第一辑，凤凰出版社，2011 年版，第 678 页。

[3] 〔清光绪〕《无锡金匮县志（一）》卷六《学校》，《无锡文库》第一辑，凤凰出版社，2011 年版，第 280 页。

[4] 《东林书院志》整理委员会整理：《东林书院志》附录二《重修道南祠记》，中华书局，2004 年版，第 931 页。

[5] 〔清道光〕《无锡金匮续志》卷一《学校》，《无锡文库》第一辑，凤凰出版社，2011 年版，第 15 页。

[6] 〔清〕裕谦：《勉益斋续存稿》卷十《通饬各属收养遗孩檄》，清道光二十年（1840）刻本。

[7] 〔清〕吴时行：《无锡县为据情详请等事》，〔清〕邹鸣鹤辑：《东林书院重整规条录》，《无锡文库》第二辑，凤凰出版社，2011 年版，第 6 页。

[8] 〔清〕邹鸣鹤辑：《东林书院重整规条录》《册开收款》，《无锡文库》第二辑，凤凰出版社，2011 年版，第 7 页。

[9] 侯学愈：《重整东林书院膏火记》，《锡山东里侯氏宗谱》卷十，《无锡文库》第三辑，凤凰出版社，2011 年版，第 423 页。

[10] 〔清光绪〕《无锡金匮县志（一）》卷六《学校》，《无锡文库》第一辑，凤凰出版社，2011 年版，第 280 页。

[11] 李兵、唐亚阳：《民间捐输对清代书院发展的影响及其现代意义》，《交通高教研究》2002 年第 4 期，第 14 页。

[12] （嘉庆初年）《东林书院捐数收付记》，朱文杰：《东林书院丛谈》，方志出版社，2013 年版，第 318 页。

[13] 〔清〕邹鸣鹤辑：《东林书院重整规条录》《捐数》，《无锡文库》第二辑，凤凰出版社，2011 年版，第 2-3 页。

[14] 梁仁志：《商业与公益之间：清代民间公项经费存典生息研究》，《中国社会经济史研究》2016 年第 2 期，第 45-50 页。

[15] 侯学愈：《重整东林书院膏火记》，《锡山东里侯氏宗谱》卷十，《无锡文库》第三辑，凤凰出版社，2011 年版，第 423 页。

[16] 贾俊侠：《陕西书院的经费来源与用途述论》，《长安大学学报》（社会科学版）2012 年第 3 期，第 24-28 页。

[17] 〔清光绪〕《无锡金匮县志（一）》卷六《学校》，

《无锡文库》第一辑，凤凰出版社，2011 年版，第 280 页。

[18] 〔清〕邹鸣鹤辑：《东林书院重整规条录》《增定规条》，《无锡文库》第二辑，凤凰出版社，2011 年版，第 4-5 页。

[19] 〔清〕郭熊飞：《重兴东林书院记》，《东林书院丛谈》，方志出版社，2013 年版，第 322 页。

[20] 〔清〕《道光年间详定东林书院规条》，《东林书院丛谈》，方志出版社，2013 年版，第 328 页。

[21] 〔清〕邹鸣鹤辑：《东林书院重整规条录》《增定规条》，《无锡文库》第二辑，凤凰出版社，2011 年版，第 4-5 页。

[22] 邓洪波：《中国书院史》，武汉大学出版社，2012 年版，第 168 页。

[23] 《东林书院志》整理委员会整理：《东林书院志》卷十三《官祭缘起》，中华书局，2004 年版，第 530 页。

[24] 《东林书院志》整理委员会整理：《东林书院志》卷十三《祀典》，中华书局，2004 年版，第 523 页。

[25] 〔清〕严珏编纂：《（康熙）东林书院志》上卷《祀典》，《无锡文库》第二辑，凤凰出版社，2011 年版，第 197 页。

裴大中、裴景福父子无锡渊源考

阎智海*

【摘要】裴大中、裴景福父子皆为晚清能吏，同光年间，裴大中曾在荣汝辑门下治学，主政无锡后将家眷迁锡，此后两世寓锡数十年。裴大中治锡有功，广施惠政，其治锡举措甚至在民国年间仍有影响。裴景福工诗善文，富收藏，精鉴别，曾摹刻《壮陶阁帖》四十八卷，其壮陶阁收藏不仅惠及当时，亦泽被后世。裴氏父子崇尚文化，与无锡艺林不乏诗画交游，不仅留下了一段艺术佳话，也促进了近代无锡文苑的繁荣和兴盛。

【关键词】裴大中　裴景福　无锡　《壮陶阁帖》　交游

裴大中（？—1910），字浩亭，安徽霍邱人。光绪年间两度出任无锡知县，自光绪二年（1876）首次主政无锡始，裴大中即举家迁锡。裴素有"循吏"之名，主政无锡十余年间亦多善政。其子裴景福（1854—1926），字伯谦，号睫闇。光绪十二年（1886）进士，近代收藏大家，在无锡摹刻举世闻名的《壮陶阁帖》。裴氏父子寓锡四十余年，与无锡地方文士多有交往，裴氏收藏亦多与无锡相关者。关于裴氏父子与无锡的渊源虽偶有文论涉及，然未作深入探究。笔者谨结合相关史料略作梳理，以就教于方家。

一、荣汝辑与裴大中的师生之谊

裴大中出仕之前和无锡就有交集，裴氏曾在荣汝辑门下治学。关于裴大中在无锡的就学经历，因史料分散，尚难以梳理出完整的脉

络，但是通过前人一鳞半爪的记载，还是可以窥见荣、裴交集的大概情形。霍邱裴氏系当地巨族，世业诗书。裴大中父裴正心、叔裴锡之均系监生，太平天国运动期间，因招募团练乡勇抗击太平军，裴氏一族死难者颇多[1]。战乱结束后，皖省文士多客居金陵，裴大中亦于是时寄寓于此，在金陵小仓山下颜鲁公祠就读，裴景福则侍父左右。同治六年（1867）正月，清政府对筹办团练和善后出力官绅核绩奖励，裴大中亦因参与过善后事宜而获嘉奖。太平军战败后，裴大中一度寓居江南，直至光绪二年（1876）主政无锡，而裴氏师从荣汝辑治学的时间应该就在这一时期。

荣汝辑是无锡名儒，"课徒三十年，门弟子以百数计，登乡榜掇甲科者不一人，余亦鲜有不青其衿者"[2]，而裴大中就是众多弟子中的一员。据荣汝辑弟子赵械所述，光绪元年（1875），裴门弟子游庠者就有七人，"时江

* 阎智海：无锡博物院馆员

左以制艺鸣者君一人而已"[3]。为进一步厘清荣、裴交集的确切时间，有必要就荣汝辑的授徒生涯进行梳理。荣汝楫（1833—1889）（图一），字作舟，一字拙庵，无锡人。同治三年（1864）选拔贡生，光绪十一年（1885）官宿迁教谕。荣汝辑"诗书开族，望重经师，号称名宿"[4]，是无锡荣氏家族亦商亦儒的代表人物。荣氏曾从同邑名宿王伯淳学"制艺"，从而奠定其一生学业文章的根基。咸丰五年（1855）入郡庠，居家事亲教弟，肆力于经史文艺。咸丰十年（1860），太平军攻克苏常，荣汝辑父荣雅山适卧病里居，因在苏产业被劫掠一空，荣家被迫赴沪躲避战乱。为维持家计，荣汝辑不得已暂弃儒业，在烽火兵刃中从商，以济家乏。战乱结束后，荣雅山赴苏整理家业，荣汝辑挈家眷归里，终于又"重返书生面目"。

图一　荣汝辑像

关于荣汝辑设帐授徒的经历，其弟荣汝棻记述较详："丁卯秋，先兄赴秋试，并应三院会考，先父竟以八月二十日见背。先兄越宿抵家，抚棺号恸，私念为己微名，乃至抱终天憾。嗣闻报罢，更悔恨无地。丧葬毕，撝挡家计，里中恒产固无多，意惟苏业可恃。苏业者，先父乱后赴苏偕季父同行，遂与季父协力经营者也。先父自初度后里居养疴，罕之苏，所业委季父经理。先兄婉询之季父，又岂知年来支绌已甚，竟无余利可给，闻之愕然。"[5]丁卯系同治六年（1867）秋，荣汝辑参加秋试不售，其父亦于同年弃养，荣家在苏产业开始败落。在这种情况下，荣汝辑决意以笔耕谋求生计。"遂假宗祠设帐授徒，一时近者及门，远者膳宿，数恒出入于一二十，间送文者称是，手操一管，昕夕闻阗。戊辰（同治七年）以后常依砚田作生活，幸多乐岁，俯仰裕如，而精力由此耗矣。"[6]荣汝辑从同治六年开始笔耕谋生，从同治七年开始，书塾讲学已经成为其生活的常态，这样的课徒生涯持续了九年，一直到光绪二年（1876）。是年秋，荣汝辑原拟参加省试，但是由于目疾和喘嗽，最终没有成行。直至是年冬，因自己目疾尚未痊愈，荣汝辑商议来年由弟汝棻代为授课，而汝棻适因痀疾未痊，不得已只能将书塾于次年停办。荣汝辑"由是杜门养疾，奉老母，课诸子，优游家居，然诸生徒三四辈及送窗会课文者犹常有之，皆辞而不获者"[7]。这样的课徒生涯又历经九年，一直持续到其官宿迁教谕之时。冯煦于光绪十三年（1887）春开始主政宿迁，与荣汝辑"甄文谭艺，相得欢甚"[8]，而荣氏门下弟子亦常有邮寄诗文者。据上可知，裴大中在荣氏门下治学的时间应该在同治六年至光绪二年之间，或许正是受这段经历的影响，裴氏在主政无锡后才将家眷迁锡。

荣汝辑立身不苟，对于地方公共事务也有

一定影响，历任无锡知县均尊重荣氏意见，如吴春舫、廖伦、裴大中等主政无锡期间，常命驾过访，"乡间利弊，讼事曲直，辄凭一言取决"。但是，荣作舟从未因私利请托，所谓"空谷足音，非公不至琴堂也"[9]。

光绪七年（1881）秋，裴大中调任昭文县（苏州府属县），无锡士绅在惠麓溪山第一楼设宴为其饯行，"薄暮小雨，剪烛倾谈，更深始别"。荣汝辑于是年秋天饯别裴大中后，写有《和裴浩亭邑侯移任昭文留别原韵》，摘录如下："寄到新诗其驿梅，高情令我剧徘徊。非公漫守澹台拙，何暮争歌叔度来。民不忍欺缘学道，士皆思报为怜才。谁知遽话山楼别，风雨潇潇祖帐开。""无计攀辕可若何，仁风煦物比春和。税惟投柜鞭笞少，讼不费钱案牍多。请命无私持大体，自新有路起沉疴。只惭莫补廉勤治，车辙频劳委巷过。""偶营小筑便为家，回首鸿泥感岁华。退老预栽三径菊，励清爱酌二泉茶。门多桃李荣于□，野有桑麻胜是花。应叹蠡湖充隐者，年年只自恋烟霞。""清声莫怪遍苏杭，载客轻于去客装。且喜必琴弦甫拨，欲从言室路偏长。花因及第春先发，竹为重来报信忙。别有棠阴遗爱在，阜民台畔百株桑。"[10]荣汝辑对裴大中颇多赞誉，在裴氏移任昭文之际，山楼话别，风雨潇潇，回首师生之缘，更是不忍道别。裴大中治锡有年，对无锡亦不无留恋，赴任昭文后，与荣汝辑仍时有书信往来。

二、裴大中在无锡的政绩

裴大中两宰无锡，凡十年。第一次主政无锡是光绪二年（1876）四月，至光绪七年（1881）秋，近六年，"极湖山朋友之乐"[11]。光绪五年（1879）春，裴大中在无锡旧廨东北葺屋十余楹，命名曰"且园"，园内又构筑企复轩，种植梅花百本，屋宇四周遍植斑竹、梧桐、杨柳、松杉，园西北隅则植桑三百株。裴景福兄弟就读于且园，裴大中还聘请潘慰祖教授裴氏兄弟字学。潘慰祖，字汉泉，号心缄子，山阳人。工书法，善治印。学书期间，裴景福开始广蓄汉、唐碑拓及宋、元以后汇帖，为后来摹刻《壮陶阁帖》奠定了坚实根基。光绪十三年（1887）秋，裴景福母病逝，遂卜葬于无锡孙家湾。此后，裴大中又出仕多地，退职后隐居惠山之麓，宣统二年（1910）卒于无锡。

裴大中视无锡为第二故乡，曾对裴景福道："此我之桐乡也。"并谓："官不可欺民，我莅锡最久而无惠政，故但流连光景，自道歉忱耳。"[12]实际上，主政无锡期间，裴大中颇多善政。裴氏曾告诫裴景福："天下有好民，无好官。民无不爱好官者，理固然也。"[13]裴大中关注民生，体察民情，其治锡举措虽然局限于传统官吏在进行地方社会治理时的常规内容，如重视农桑、兴修水利、革新赋税、革除陋习、保护古建、支持文化等，但是，这在一定程度上推动了无锡地方社会经济文化事业的发展。

裴大中出身于诗书世家，重视传统文化，其治锡第一年就实施了两件文化工程。东林书院是传统士子向往的教育殿堂，光绪二年（1876），东林书院丽泽堂圮坏后，由裴大中和金匮知县倪咸生捐资进行了重建。同年，因清政府欲修省志，要求各郡县修志进呈，无锡亦于是年启动了《无锡金匮县志》的编纂工作。县志的纂修历时五年，光绪七年（1881）书成后付梓（图二），所需经费则"皆出于两县大夫所蠲赋徐"[14]。从参与纂修者名录来看，均系地方能文之士，作为主其政者，裴大中无疑也发挥了积极的作用。

裴大中勤政爱民，重视农桑，每于"春秋巡野，见桑麻蔚然，则喜动于色"。光绪五年（1879），为杜绝无锡水患，裴大中还捐资兴修

图二　光绪《无锡金匮县志》书影

水利，地方士绅纷纷响应，如冯其庸曾祖冯锡瓒因出资出力，裴大中特写赠"谊笃桑梓"匾额。[15]裴大中还写赠冯锡瓒对联，"家藏瑶草香延客，人与梅花淡接邻"，匾额虽然在"文革"中毁坏了，但是，裴的赠联却一直保存在冯其庸手中。裴大中还革新田赋催征制度，创立"义图制"，"其法每图由民众推甲主十人，负催完田赋之责。粮户如有延欠，使甲主赔垫"[16]。裴氏所创"义图制"主要在无锡县境实行，一直到民国时期仍在沿用。此外，裴大中还革除社会陋习，檄禁鸦片烟馆，凡有违犯禁令者，一律勒令入自新所强制戒烟。

裴大中与周馥友善。周馥，字玉山，安徽建德人，曾入李鸿章幕司文牍。周馥在《负暄闲语》中记载了裴大中的一则故事，颇能反映裴氏对于民众的态度，录之如下[17]：

霍邱裴浩亭大中为无锡令，有甲订乙

女，以贫，久不娶。乙故催之，意欲使甲悔婚。甲不决，讼之官。乙曰："我女即往，必饿死。"浩亭问甲曰："尔力尚能谋生，需资几何？"曰："有洋银一百元可矣。"浩亭如数与之，订期娶焉。余三十年前过无锡，访浩亭，见署外有老妇提红鸡蛋一篮，问何事。曰："新妇生孙，来叩谢大老爷。"余闻之，甚赞浩亭爱民。

关于裴大中主政无锡期间的事迹，民国年间尚在民间流传，如无锡报人张瑞初编著的《西神遗事》和盖绍周编著的《无锡轶事》中均收录《裴大中轶事》一文，亦可窥见裴氏在无锡民间影响之一斑。

光绪七年（1881），裴大中移任昭文之际，无锡士绅多作诗送别，唐锡晋诗云："百里遥传驿使梅，春风如坐一徘徊。正期雪向程门立，何意书从马帐来。觞咏不忘名士习，拊循共仰使君才。去思堕尽编氓泪，博得都亭画本开。""忍持刑法学萧何，常恃丹诚感太和。力翦荆榛当路少，爱栽桃李列门多。已听衢巷歌来暮，敢借湖山养宿疴。无奈移官太恩促，幪幪回首六年过。""别构园亭寄室家，诛茅编槿亦清华。问奇每载扬雄酒，谈艺时烹陆羽茶。彭泽已栽三径菊，河阳待种一城花。临歧试作东郊钱，拼使朱颜映暮霞。"[18]（图三）

此后，裴大中还在上海、通州等多地主政，裴氏曾出任通州直隶州知州一年之久。在外任职期间，只要事关无锡，裴大中仍异常关注。据《点石斋画报》记载，无锡人陈笃卿在沪行医，"而沪上之论医者必以君为巨擘"，陈氏因善歧黄之术，"以医鸣于时已数十年，起死回生者亦不下百余人"[19]。当时，裴大中刚刚从上海移任通州，为此专门写了"仁术"匾额，送给陈笃卿（图四）。

然而，裴氏父子在通州的名声颇恶。据张謇记述："南通近四十年官吏之贤者最，桐城孙云锦；否者最，霍邱裴大中……裴牧通亦年余，二子预其事，声名甚恶。讼案收押之人，至内外班房、捕厅、学署不能容；白昼荷校系缧之人，由大堂连属至大门外；而搜括库藏一空，至清道咸间，罚锾存库之铁钱，亦论斤以货；四乡之人侧目。城中则与其子有年谊或他有关者，昵往还而关说焉。"[20] 裴氏所藏金石书画甚富，但其中不免强取豪夺者，据张謇所述，裴大中主政通州期间，因欲得陈氏一古物遭拒，竟然以讼案吓唬陈氏而得手。民国年间，张謇主修《南通县图志》时，聘请范铠任主撰，在涉及对裴大中的评价时，范铠甚感困惑为难："裴知无锡，锡人皆称颂之。何也？"[21] 张謇则主张对历任通州主政者美恶并书，并谓："其在无锡诚贤耶，无锡人自贤之；其在通城否也，通之人自否之，何必同。"[22]

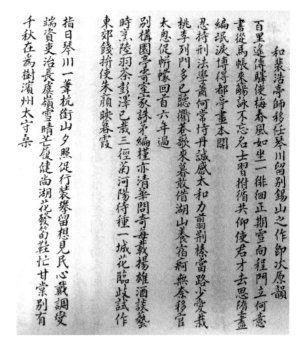

图三　唐锡晋送别裴大中和诗

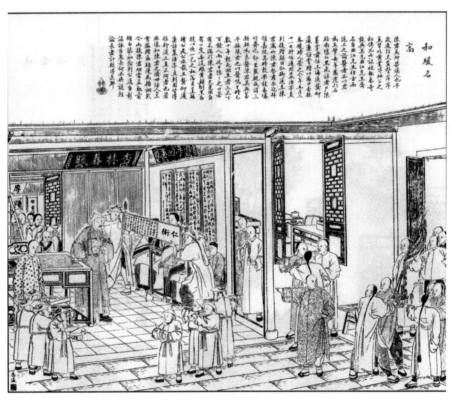

图四　《点石斋画报》记载裴大中赠匾陈笃卿

张的记载揭示了裴大中的另一面，或许正因如此，历史人物也才变得更加真实和饱满。显然，裴大中在无锡的善政并不能掩盖其在通州的恶名，但是，裴氏在通州的恶名也不能抹杀其治锡善政。周馥曾作诗赞叹："廉吏棱棱不可为，遭逢几见有终时。坦怀不惯看人面，俗眼从来相马皮。天遗余年受清福，民怀旧德竞生祠。海南近说多仁政，治谱传家幸有儿。"[23]裴大中退职后隐居惠麓，锡邑民众因感念其惠政，甚至为其设生祠纪念。

三、裴景福与无锡艺苑的交集

裴景福历官陆丰、番禺、潮阳、南海，后又谪戍新疆，民国年间还担任过安徽省政务厅厅长。虽然其宦迹遍及全国各地，因眷属在锡，裴景福亦年必返锡。光绪十八年（1892）秋，裴景福由户部主事改任知县，其时，裴大中适任北洋武备学堂监督，赴任途中，裴景福路过天津，勾留数日后，仍至无锡度岁。直至光绪十九年（1893）二月，裴才由上海启程赴广州报到。光绪三十一年（1905），裴景福因忤逆岑春煊被谪戍新疆，自是年三月二十七日从广州启程，至次年四月八日抵达戍所，起讫一年，行程万里。谪戍途中，裴景福仍时有家书自无锡往返。据其记述："余三十年来南北奔驰，而眷属未尝一日离锡，每过吴门，望九龙山色，如到故乡，锡之人亦未尝以寓公视我。"[24]无锡是裴景福涉足收藏的重要起点，作为近代收藏大家，早在其父主政无锡之初，裴景福就开始收藏书画，因寓锡时间较久，裴氏父子与地方文士亦颇多交往。

裴氏诗书传家，裴大中亦喜收藏。裴主政昭文期间，曾于琴川购得一方宋琢紫端砚，"作覆瓦形……色如胭脂，细腻宜墨，背刻查跋，称为渔洋先生著作砚"[25]。裴异常喜爱，置于案牍，每阅公文必用之。据裴景福记载，"当咸同之际，东南陆沉，清淮间故家秘笈多散出，先通州府君收购颇勤，亦时获名迹"[26]。家风影响所及，裴景福很早就开始涉猎收藏。裴有一方收藏章曰"霍邱裴景福弱冠后寓吴客燕所得书画碑版"（图五），不难窥见其年轻时在吴地的活动痕迹，如裴景福藏品中有一幅吴渔山的《湖山秋晓卷》，就是其于光

绪五年（1879）春得之于锡山且园的。当然，吴地收藏只是裴氏壮陶阁众多藏品中的一部分而已。

图五 裴景福书画鉴藏印鉴

裴景福酷嗜书画，有《壮陶阁书画录》《壮陶阁帖》传世。其收藏宏富，甲于海内，而其藏品亦有部分与无锡相关者。经裴景福鉴藏的无锡籍书画家作品颇多，据《壮陶阁书画录》所记，仅倪瓒的绘画就有多种，如《元王思善、倪云林合作杨竹溪小像松石卷》《元倪云林嵩山草堂大轴》《元倪云林山水小立轴》《元倪云林树石远岫立轴》《元倪云林竹树秋风小立轴》《元倪云林写杜诗山水小帧》《元倪云林山郭幽居立轴》《元倪云林竹树小山立轴》《元倪云林溪山春霁立轴》《元倪云林秋林老屋立轴》《元倪云林自写芙蓉山居小像立轴》《元倪云林碧山茅茨立轴》《元倪云林山水立轴》《元倪云林陈氏斋壁图卷》《元倪云林山水立轴》《元倪云林六君子图小立轴》《元倪云林秋林立轴》《元倪云林山水小帧》等[27]，另有王绂书画多种，如《明王孟端枯木竹石立轴》《明王孟端墨竹卷》《明王孟端寿朴堂卷》《明王孟端绝壁凝岚立轴》等[28]。

裴景福曾以所藏珍品捐赠地方。无锡惠山寺旧藏王绂《竹炉山房图》，因于乾隆年间毁于火，乾隆遂将内府所藏王绂《溪山渔隐图卷》赐与惠山寺。此后乾隆每次南巡驻跸惠

山，皆有题咏。咸丰年间，太平军攻克苏常，是卷亦在战乱中散失，后为裴景福以五百金购得。王绂，字孟端，号友石生、九龙山人，无锡人。博学工诗，兼善山水。裴大中认为该卷有乾隆翰墨，"名山宝墨，岂可私诸，宜敬还之惠泉"，裴氏遂与地方乡绅具公牍立案，将是卷"就竹炉山房旧址为屋以庋之"[29]。裴氏父子均喜作惠山游，品二泉茶，裴景福亦有多首"惠山诗"，而王绂墨宝失而复得，物归其所，亦名山胜事。不无遗憾的是，《溪山渔隐图卷》后来又因故流落异地，这或许是裴景福当初不曾想到的。裴景福尚有《题王孟端惠麓煮茶轴》一诗："我年二十泛吴船，步上三茅踏晓烟。抉杖重来输脚力，听松坐吃惠山泉。溪山渔隐落吾庐，更见九龙山色图。东海扬尘人化鹤，坚牢那及竹为炉。"[30]

裴景福还以所藏精心摹刻《壮陶阁帖》四十八卷（图六），该帖是在裴大中的授意下开始启动的，系裴氏父子积四十余年心力始成者。据裴景福记载："先君官无锡六年，将满任，始命小子兄弟鉴刻是帖，广求宋以后汇帖参观之。其时值中兴之初，风俗俭啬，物力丰裕，牧命廉俸所入，皆足以充公私之用而有余，先君谓州县所入皆造孽钱，誓不置一椽一畦以遗子孙。愚兄弟少小席膏腴，家法严，文字外无声色狗马之好，尽以所余购金石书画，延访文人艺士与之切磋辨难。予年将强仕，由京曹改官岭表，计两世领大邑垂三十年，时日暇豫，抉择精审，耗金钱十余万，历四十余寒暑始获观全帖之成。"[31]是帖刻成于民国元年，由裴景福鉴定，张松亭、唐仁斋、陶听泉摹勒，共计三十六卷。规模宏大，所收法帖上溯魏晋，下迄明清，举凡钟、王、颜、杨、苏、米、赵、董等大家，均收罗其中。裴景福对于丛帖的摹刻异常重视，材料则用枣梨，所聘皆镌刻能手，如张松亭年少灵活，识书家意，摹刻惟妙惟肖；而陶听泉系裴景福在沪相识

者，从光绪十五年（1889）即开始为裴氏摹刻此帖，直至二十余年后才以目昏的缘由辞去这一差事。在刻帖过程中，裴景福严格把关，每次刻好一块，必亲自细校，"字之神骨悉在起落转折露锋处，务肖而后已"[32]。至光绪十七年（1891），已经刻成帖二十卷。民国元年，全帖三十六卷终于告成。此后，裴景福又摹刻续帖十二卷。《壮陶阁帖》卷帙浩繁，堪称皇皇巨制，然不免有粗疏失考之处。近人张伯英就曾严词指责裴景福目光短浅，内中不乏伪帖，并谓裴氏于"每卷标题之下，钤以霍邱裴氏鉴定摹勒八字大印，各占一叶，未免俗状"[33]。

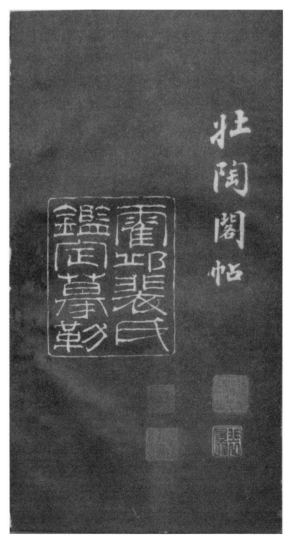

图六　《壮陶阁帖》（无锡博物院藏，周道振先生捐赠）

但是，《壮陶阁帖》仍不无存世价值，就该帖整体而言，因选刻较精，为世所重，见者均谓之可与乾隆三希堂法帖媲美。裴景福摹刻该帖"意在存古，故刻时不惜重资，刻后复不愿滥拓"，裴景福谢世后，刻板均存其家，裴氏后人为保护帖板，甚至"规定只能再拓二三十套，即将永付封藏"[34]。由此，《壮陶阁帖》在当时就流传极少，知者寥寥。抗战期间，周道振先生曾避难无锡胡埭镇。周醉心翰墨，法帖收藏颇富，也是在与难友闲谈中才始知此帖[35]。后来，周道振迁居沪上，积数十年搜集始成完璧，并装订成 50 册，于 20 世纪 80 年代捐赠给原无锡市博物馆（现无锡博物院）。

裴景福与无锡书画家多有往来，其壮陶阁所藏金石书画对无锡画苑影响较大，如吴观岱、胡汀鹭、诸健秋等均是壮陶阁庋藏的受益者。吴观岱与胡汀鹭有画苑"二妙"之誉，廉南湖喻之为"抗手延陵叟，千秋两巨然"。裴景福与二人过从甚密，甚至一度让其孙从吴、胡二人学画。

裴景福对吴观岱的绘画颇为推崇，并谓："吾友衣云子，三十年前画人画水画石称国工，翁早与之纵横角逐为云龙。……龙峰惠麓孕神秀，翁能唤起倪迂王绂异代成朋从。"[36]衣云子指潘锦，吴观岱曾从其学画；倪迂指倪瓒，倪瓒与王绂均为无锡书画名家。裴景福认为吴观岱的绘画艺术青胜于蓝，不仅可以与潘锦一较高下，甚至可以直追倪瓒、王绂等书画大家。裴景福自宣统元年（1909）卜居无锡后，以金石书画自娱。民国初年，吴观岱亦由京返锡，裴、吴二人常有诗画交流，吴观岱遂成为裴氏壮陶阁的常客。裴景福曾赋诗记述二人交游往事，并生动描述了吴观岱创作时的神态。吴观岱作画时往往将宣纸张挂粉壁，运笔成风，气吐长虹；而其书法，无论是擘窠大字，还是蝇头小字，均能悬肘而书，挥洒如手弯强弓。吴观岱在博览壮陶阁秘藏时，往往能参悟前人神奥，如有所得，则兴奋不已，抚床绕屋大叫。裴景福曾在题跋中称赞吴观岱"分明荆董入纤毫"，而吴氏亦常有书画回应。吴观岱曾根据裴景福诗意绘图，裴景福则赋诗唱和："碧云掩月未团圞，修竹佳人耐暮寒。天未予怀君识取，为添红袖倚阑干。"[37]

裴景福与胡汀鹭亦多交往，裴在《题胡汀鹭山水集幅》中写道："梁鸿溪畔晓莺声，六桂居中倒屣迎。剪取吴纨长一丈，蓉湖烟雨惠山晴。"[38]从中可见二人关系之一斑。胡汀鹭不仅精花鸟，且擅指画，裴氏诗谓："文澜万事尽翻新，油画铅毫欲夺真。双管荣枯归一指，云林乡县要传人。"[39]胡汀鹭亦得益于壮陶阁收藏，钱基博对此也有所记载："吾友胡汀鹭先生……初学花鸟于朱逊甫，而不尽用师法，山水远宗唐子畏，花鸟则师法华新罗，有其秀逸而豪放过之，尤重写生，后交霍邱裴睫庵景福，纵观其壮陶阁所藏宋元真迹，画法又为之一变。"[40]可见胡汀鹭绘画亦受裴氏壮陶阁的影响。

裴景福博学精深，工诗善文，无锡文士亦多向其索题者，如秦文锦曾以其子秦清曾所绘《古鉴阁校碑图》请裴氏题尚。裴氏壮陶阁收藏宏富，亦引起国际汉学界的关注，不仅日本的汉学家常常踵门求教，而且欧洲的汉学家也以造访壮陶阁为荣。法国人伯希和以劫掠敦煌藏经洞宝藏而闻名于世，裴景福谪戍新疆期间与其相识于迪化。民国三年（1914），伯希和专程至无锡裴氏寓所造访，并将其所藏精品影印百余种，"携归夸耀于彼邦"[41]。

晚年裴景福不免故土之思，裴氏在《久客锡山不得归故里》诗中写道："故园松菊就荒时，三径何年编竹篱。忧患都因闻道早，飘零翻恨去官迟。梁溪幸有梁鸿庑，杜曲空吟杜牧诗。行遍天涯居未卜，淮南云树寄相思。"[42]裴氏父子半生居锡，裴大中甚至终老埋骨于锡，如今且园松菊已荒，双亲不在，饱经宦海浮沉的裴景福决意返归故里。民国九年（1920），裴景福弟裴景绥病逝，附葬于其父裴大中茔侧。次年，裴景福归隐于霍邱新店，民国十五年（1926）病逝于故里。

裴景福作古距今已近百年，裴氏且园遗迹亦不复存在，但是，裴氏在文苑引起的回响却不绝如缕，文化的遗泽绵长而久远。

注　释

[1] 顾廷龙、戴逸主编：《为裴正心等请恤片》，《李鸿章全集》第 2 册《奏议》（二），安徽教育出版社，2008 年版，第 448 页。

[2] 荣汝棻：《先兄作舟公行述》，《荣氏宗谱》卷二十八，《无锡文库》第三辑，凤凰出版社，2011 年版，第 196 页。

[3] 冯煦：《荣作舟传》，《荣氏宗谱》卷二十八，《无锡文库》第三辑，凤凰出版社，2011 年版，第 195 页。

[4] 《像赞》，《荣氏宗谱》卷一，《无锡文库》第 3 辑，凤凰出版社，2011 年版，第 112 页。

[5] 荣汝棻：《先兄作舟公行述》，《荣氏宗谱》卷二十八，《无锡文库》第三辑，凤凰出版社，2011 年版，第 197 页。

[6] 荣汝棻：《先兄作舟公行述》，《荣氏宗谱》卷二十八，《无锡文库》第三辑，凤凰出版社，2011 年版，第 197 页。

[7] 荣汝棻：《先兄作舟公行述》，《荣氏宗谱》卷二十八，《无锡文库》第三辑，凤凰出版社，2011 年版，第 197 页。

[8] 冯煦：《荣作舟传》，《荣氏宗谱》卷二十八，《无锡文库》第三辑，凤凰出版社，2011 年版，第 195 页。

[9] 荣汝棻：《先兄作舟公行述》，《荣氏宗谱》卷二十八，《无锡文库》第三辑，凤凰出版社，2011 年版，第 198 页。

[10] 荣作舟：《和裴浩亭邑侯移任昭文留别原韵》，《荣氏宗谱》卷三十，《无锡文库》第三辑，凤凰出版社，2011 年版，第 317 页。

[11] 裴景福：《河海昆仑录》，中国国际广播出版社，2016 年版，第 37 页。

[12] 裴景福：《河海昆仑录》，中国国际广播出版社，2016 年版，第 38 页。

[13] 裴景福：《河海昆仑录》，中国国际广播出版社，2016 年版，第 38 页。

[14] 〔清〕裴大中、〔清〕倪咸生等监修，〔清〕秦缃业总纂：《无锡金匮县志序》，《无锡金匮县志》，光绪七年（1881）刻本。

[15] 冯其庸：《秋风集》，《冯其庸文集》卷一，青岛出版社，2012 年版，第 26 页。

[16] 陈登原：《中国田赋史》，商务印书馆，1936 年版，第 219 页。

[17] 〔清〕周馥：《负暄闲语》，中国书店，2013 年版，第 114 页。

[18] 《和裴浩亭师移任琴川留别锡山之作即次原韵》，〔清〕唐锡晋：《听雨草堂诗草》，《无锡文库》第四辑，凤凰出版社，2011 年版，第 551 页。

[19] 《点石斋画报》（大可堂版）第 7 册，上海画报出版社，2001 年版，第 202 页。

[20] 张謇研究中心、南通市图书馆编：《〈南通县图志〉杂纪》，《张謇全集》第五卷《艺文》（上），江苏古籍出版社，1994 年版，第 185 页。

[21] 张謇研究中心、南通市图书馆编：《〈南通县图志〉杂纪》，《张謇全集》第五卷《艺文》（上），江苏古籍出版社，1994 年版，第 186 页。

[22] 张謇研究中心、南通市图书馆编：《〈南通县图志〉杂纪》，《张謇全集》第五卷《艺文》（上），江苏古籍出版社，1994 年版，第 186 页。

[23] 〔清〕周馥：《裴浩亭刺史》，《安徽东至周氏近代诗选（东至周氏家乘之一）》第 1 分册，印行年月不详，第 106 页。

[24] 裴景福：《河海昆仑录》，中国国际广播出版社，2016 年版，第 38 页。

[25] 裴景福：《河海昆仑录》，中国国际广播出版社，2016 年版，第 224 页。

[26] 裴景福：《壮陶阁书画录·自序》，中华书局，1937 年版。

[27] 裴景福：《壮陶阁书画录》卷七“目次”，中华书局，1937 年版。

[28] 裴景福：《壮陶阁书画录》卷八“目次”，中华书局，1937 年版。

[29] 裴景福：《河海昆仑录》，中国国际广播出版社，2016 年版，第 38 页。

[30] 裴景福著，汪茂荣点校，刘梦芙审订：《题王孟端惠麓煮茶轴》，《睫闇诗钞》，黄山书社，2009 年版，第 298 页。

[31]　容庚编：《从帖目》（二），中华书局香港分局，1981 年版，第 881 页。

[32]　容庚编：《从帖目》（二），中华书局香港分局，1981 年版，第 880 页。

[33]　容庚编：《从帖目》（二），中华书局香港分局，1981 年版，第 881-882 页。

[34]　《本馆新藏之霍邱裴氏帖》，《学风（安庆）》1932 年第 2 卷第 10 期，第 75 页。

[35]　周道振：《漫谈裴氏〈壮陶阁帖〉》，《无锡文博》2004 年第 1 期，第 47 页。

[36]　裴景福著，汪茂荣点校，刘梦芙审订：《舣庐翁歌简吴君观岱》，《睫闇诗钞》，黄山书社，2009 年版，第 356 页。

[37]　裴景福著，汪茂荣点校，刘梦芙审订：《观音洞山行绝句吴君观岱写之成图赋此作答》，《睫闇诗钞》，黄山书社，2009 年版，第 387 页。

[38]　裴景福著，汪茂荣点校，刘梦芙审订：《题胡汀鹭山水集幅》，《睫闇诗钞》，黄山书社，2009 年版，第 347 页。

[39]　裴景福著，汪茂荣点校，刘梦芙审订：《题胡汀鹭山水集幅》，《睫闇诗钞》，黄山书社，2009 年版，第 347 页。

[40]　傅红星主编，傅红星校订：《读胡汀鹭画题记》，《钱基博集·文物散论》，华中师范大学出版社，第 8-9 页。

[41]　裴景福：《壮陶阁书画录·金序》，中华书局，1937 年版。

[42]　裴景福著，汪茂荣点校，刘梦芙审订：《久客锡山不得归故里》，《睫闇诗钞》，黄山书社，2009 年版，第 289-290 页。

《朱公信鱼先生纪念碑》考释

陆为中* 连小刚*

【摘要】2010 年，镇江市文管办在市区镇屏山原镇江商团旧址发现了原镇江商团体育会会长朱中孚先生的纪念碑。该碑主要记载了朱中孚三方面的事迹：排解地方纠纷，消弭镇江两次兵哄；致力于公益慈善；热心商团体育会事务。该碑是朱中孚广行善举、造福镇江的重要历史见证。

【关键词】朱中孚 纪念碑 民国十二年

2010 年 3 月，镇江市文管办接到市民反映，位于市区大西路小营盘社区的镇屏山（原镇江商团旧址所在地）在拆迁过程中发现一方石碑。经实地调查后发现，该石碑被居民砌在一段围墙中。碑上方及左右饰有卷叶纹，下部左右两角处均有缺损。通过辨识碑上文字，得知此碑系原镇江商团体育会会长朱中孚先生的纪念碑（图一），刻于民国十二年（1923）元旦，内容为赞颂朱中孚先生广施恩泽、造福镇江的善举。

关于朱中孚先生的事迹，经查阅史料得知，《镇江文史资料》第 13 辑中有陈约三先生撰写的《毕生热心公益的朱中孚》[1]一文，该文集中介绍了朱中孚先生躬行慈善的事迹，并提及此方碑石。《镇江文史资料》第 1 辑中镇江市工商联所撰《镇江国药业——从鸦片战争到全国解放》[2]一文，附有"本业资产阶级代表人物朱中孚的活动情况"。另外，在朱中孚

先生七十寿辰时，其子朱孝恩、朱孝思、朱孝慈将亲朋好友祝贺的诗文、词联辑录成《朱信鱼先生七秩寿言汇编》[3]一书，从而保存了朱中孚先生的诸多资料。《镇江市志》亦载有朱中孚先生的人物简介[4]，并载此碑"高 1.7米，宽 0.8 米，厚 0.16 米，青石质地，碑额篆书，碑文隶书"[5]，但没有逐录碑文。现对此碑录文并结合相关文献加以考释。不当之处，敬请方家指正。

一、录 文

镇江商团体育会会长朱信鱼先生纪念碑记/

朱先生信鱼，蛟川之生佛、瓮城之福星也。性刚直，见义勇为。侨寓京江历有年所，凡地方遇有纠纷，/先生辄出而排解。镇地两次兵閧，先生协同陆小波、李皋宇、魏小辅诸君竭力

* 陆为中：镇江博物馆名人故居管理部副主任，文博馆员

* 连小刚：镇江博物馆文博馆员

图一　朱公信鱼先生纪念碑拓片

筹饷，调停其间，/ 不遗余力，而祸竟以消弭。地方人士以鲁仲连目之。至对于公益慈善，如桥梁、道路及灾赈、粥厂等，/ 经先生提倡捐助而得以修补，举办者不知凡几。若于商团，则出力尤多。同人等岂能已于言乎？/ 溯由民国初年，地方创设商团体育会，尔时刘公润泉为会长。经费支绌，缔造艰难。先生深明大 / 义，知商团之设立，所以补助军警之不逮，慨捐巨款以维持之。未几，刘公辞职。地方公请先生继 / 任会长，经营擘画，成绩蔚然。

商团得以持久，商场赖以治安，功诚伟矣。先生近以年老事繁加以 / 全浙旅镇同乡会会长重任仔肩，势难兼顾，坚辞商团会长一席。同人金以先生之于商团关系 / 至重，虽攀留未遂，然亦不忍与先生完全脱离，仍公推为本团董事，藉资指导，幸蒙慨允。是先 / 生对于商团之热心固仍孳孳不倦也。同人等感何如之用？缀数言以资纪念，爰濡笔而为之记。/ 中华民国十二年元旦，镇江绅商学界暨商团全体公立。丹徒李汉强书丹。（注：标点为笔者所加，/ 表示一行结束。）

二、碑文所反映的朱中孚先生事迹

碑文载"朱先生信鱼，蛟川之生佛、瓮城之福星"，开篇即高度赞扬了朱中孚先生的崇高善举。"蛟川"为镇海的别称，"镇海，古称浃口，别名蛟川"[6]。"瓮城"应指铁瓮城，代指镇江。由此可见朱中孚对镇海、镇江两地均有贡献，口碑载道。

朱中孚（1849—1924），字信鱼，浙江镇海人。"童年家贫务农，十岁丧父"[7]，"年十二习洋铁艺二年"[8]，14 岁学徒中药，31 岁到上海。由于勤奋诚朴，受到同乡商业巨子叶澄衷的赏识和器重。36 岁时受叶澄衷委托到镇江"主持南顺记五金煤铁号"，"依靠总号后台，每年营业在数百万之巨"[9]。1908 年，因镇江的宁波帮药行王义昌难以支持，他又入股投资"改组为义昌润药行"[10]，虽然从不插手经营事务，但义昌润药行凭借他"在市场上的交往信誉与流转资金的接济"，"不数年间即跃居镇江国药业首位，甚且凌驾苏皖各地同行之上"[11]。朱中孚在镇江商界纵横驰骋，名重一时，史载："先生贸易重信义，任人唯贤能，挟南顺记雄厚之资力，又得人和之宜，使两店业务蒸蒸日上，为当时商界中之佼佼者。"[12]

朱中孚"慷慨好施，支用虽多而所入亦富。由其薄于自奉，敏于有为，故人皆爱之重之"[13]。关于朱中孚对家乡镇海的善举，主要有这样几件。一是为同乡募造义庄。朱中孚赴通州川港收账时，"念旅川同乡病故，柩无停所，募造房屋六间，俾甬人停柩有所安置"。二是修缮镇江全浙会馆。"镇埠宁商极多，浙馆久圮，乃任建筑之责，先后募集四万余元。既落成，遂为各省冠。"旅镇同乡亦得以安居。三是创办学校。1917年曾"筹募、创办镇海浃北学校，兼收男女，免费入学。学校经费及教师薪金，均由先生负责"。1935年该校停办。四是敦族睦亲。朱中孚60岁后生两子，但他"不谋私蓄，而以诸侄孙辈殷殷教养，至老不衰"。堂叔"贫不自给"，则"助衣食"；堂弟"出塾"则"为觅习业"；堂妹出嫁则"为具妆奁"；"族中穷苦柩厝未葬凡数十具悉迁高埠，以妥其灵。"对于族中寡妇孤儿，"生恤其饥寒，死助其殡殓"，"并造公堂照厅，备族公用"。此外，"在甬置良田五十余亩，数十年来所得田租以分赠同族诸亲，未尝自售一粒谷"。

碑文载朱中孚"性刚直，见义勇为"，说明他性格刚强正直、急公好义。杨鸿发称其"无近世圆熟诡薄之习"，"生平制行一以孝弟忠信为本"，且"救难济急，视人事如己事"[14]。寓居镇江时，凡是地方上有所纠纷，他都敢于出头排解。可贵的是，朱中孚不仅敢于管事，而且善于管事，在处理问题时有自己一套行之有效的方法，史载："他处理问题，每教人'以宽让窄'而'事后补偿'，即先晓以大义，使一方让步，以缓解矛盾，然后再予让步一方以适当优惠。工商矛盾与纠纷，往往能迎刃而解。"[15]赵绍曾所作《寿颂》中赞曰："解纷排难，不惮词锋；无偏无党，其乐融融；不私一利，道义尤隆。"[16]

更重要的是，朱中孚胆识过人，两次消弭镇江兵哄，功德无量，被地方人士比作战国

时期以"一言退万兵"闻名的齐国辩士"鲁仲连"。丁传靖所撰《寿言汇编序》中载"辛亥、癸丑，江表多事。镇江当其冲，军旅云集，居民迁徙一空。先生以寓公力任维持，筹集巨饷，军乃毋哗"，"先生以甬人而为吾镇谋地方之福，至冒艰险而不辞，其有造于吾邑者不其伟欤？"[17]范承衔在序言中亦称："辛亥、癸丑间，长江多事。吾邑罹其害。诸职守皆畏缩不前，先生独挺身而出，筹集巨饷，舌敝唇焦，辅知事之力不逮。各军畏其持正，感其至诚，悉如约乃定。先生恐财力不出于己，复乞外商向当轴归之。先生真大有造于吾邑者多矣。"[18]

据上述材料可知，第一次兵哄发生于1911年辛亥革命期间，应与江浙联军集结镇江光复南京有关。11月上旬，新军第九镇统制徐绍桢在南京发动起义受挫，率残存官兵撤到镇江。同盟会会员陈其美等人决定组织江浙联军进攻南京。11月中旬，江浙联军总司令部在镇江洋务局组建，集结镇江的苏、浙、沪等地民军达万余人。11月24日联军开始发动攻击。12月2日，南京光复。江南提督张勋败退徐州。在此期间，如此多的兵士陡然聚集于镇江，食物供给需依赖当地，如果处理不好则可能酿成兵哄。朱中孚通过犒军示好等措施，力保一方平安。朱孝恩《家严七十寿乞言事略》载："辛亥之岁，大军毕集。家严以为军民和洽，地方乃安，恒昼夜制面包、牛肉、乌草、料豆以供军中食用，全埠因之宁谧。"[19]1911年11月28日的《民立报》则载："（馈送军食联合会成立）镇江商团组织镇江国民输送军食联合会。镇江商团公会会长刘君润泉与朱君中孚首倡义捐，得商会全体助洋伍佰元，商团会友洋二百元，零星各户银洋食物，总计不下千数百元。镇江弹丸之地，不崇朝而集腋成裘，足见诸同志之热心。"[20]

第二次应指1913年二次革命期间镇江、扬州两地驻军冲突一事。此事发生于孙中山领导的讨袁战争的大背景之下。江苏讨袁军在徐

州失利后，袁世凯命冯国璋与张勋夹击南京。张勋遂率部由运河水路南下扬州，会合扬州的徐宝珍师进攻镇江。当时驻守镇江的部队主要有江苏陆军第 16 师张振发任旅长的第 31 旅和赵念伯任旅长的第 32 旅。7 月 22 日，赵念伯探知徐宝珍部有觊觎镇江之意，遂准备拔队奋战。镇江城中弥漫着战争阴云。镇江绅商意在保全桑梓，遂积极在镇、扬两军之间调和。8 月 2 日，商会与徐军约定，来镇后驻高资一带，不得进城。但徐军不依约定。8 月 3 日清晨，徐部申正邦营突袭宝盖山，引起镇江驻军的愤慨。镇军反击，象山炮台亦加入，"炮声隆隆，弹火如织"。城中气氛大为紧张，"居民奔避，十室九空"。商界出现群龙无首的状态，"商会中人大为恐慌，总理吴泽民、坐办王近如及执事人等均躲避他处"，"商会无人负责，处于混乱之中，过了好几天才由商民公举美孚洋行经理朱中孚为商会临时总理"[21]。朱中孚临危受命，积极组织力量展开斡旋，"于枪林弹雨之中画罢战息争之策"[22]。魏小辅《硕德记》亦载："癸丑之役，客军与地方军交哄。有挟持县知事汹汹向商团索饷者。时居民骇汗逃窜。公独力任筹款，仓卒应付十余万之巨。战衅遂弭。"[23] 在筹款过程中，朱中孚"舌敝唇焦，昼夜无寐"，共筹款 13 万 8 千元，再次为镇江消弭战祸。虽然这是商会同仁共同出力的结果，但朱中孚作为一个外乡人，甘冒枪林弹雨，不惜牺牲性命，最终使大局转危为安，全埠商民秋毫无损，亦难能可贵。

碑文提到的陆小波、李皋宇、魏小辅等人，均为当时镇江的知名人士。陆小波（1882—1973），名锡庚，字小波。1925 年后，任镇江商会会长、钱业公会理事长。建国后曾任江苏省政协副主席等职。关于他的事迹，地方文史资料记载颇多，在此不再赘述。朱中孚先生的三子朱孝慈称陆小波与其父为挚友，"同在镇江经商，彼此秉性爽直，热心公益，遂成莫逆

交"[24]。李皋宇（1874—1962），又名高裕，浙江镇海人。1897 年来镇江协助其父李贞元经营李源记米行、木行。经朱中孚介绍做过镇江美孚洋行经理。他曾接办和投资多个企业，如恒顺酱醋厂等，是镇江少有的大企业家。魏小辅，名谦，小辅为其字，浙江余姚人。刘润泉为镇江商团体育会会长时，陆小波、魏小辅等人任副会长。[25] 朱中孚七十寿辰时，陆小波作《寿颂》曰："泽绵鹿洞，秀毓蛟川。善人之誉，口碑载传。见义勇为，当仁不让。造福地方，子孙分王。春回梅岭，七秩称觞。祝公之寿山高水长。"李皋宇赠"海东耆宿"匾额，并称朱中孚"侨寓京口三十余载，有古君子三不朽之风"。魏小辅作《硕德记》称朱中孚为"老友"，并将其辛亥、癸丑两次免除兵祸的义举比作《战国策》里的鲁仲连与《左传》里"具十二牛犒秦师"的郑国商人弦高[26]。

碑文载朱中孚在镇江开展多项公益慈善活动，文献中亦有详细记载，称其"对于镇江公益，亦无不踊跃输将，筑路、建桥尤居多数。督工履勘，乐此不疲。行人至今称便""举凡义冢、义塾、完节、育婴诸义举，靡不视其力以佽其成"。陈约三先生称其"不以敛财为务，热心公益，动辄千金一掷而无吝色，为商界所罕见"。他出资、并募集三千元修复了"句容县北乡桥头镇便民河上'坎桥'"，"当地人即以先生'信鱼'之号名桥为'崇信'桥，以示'崇'敬'信'仰之忱"。又出资重修中华路原河道上的洋浮桥。此外，他还曾独立造"三茅宫、荷花塘两木桥，皇华亭、小营盘、小码头、牌湾等石路，行者赖焉"。关于灾赈、粥厂，史载："历年水旱偏灾，如徐、海、直隶等处捐资提倡，不遗余力；历办镇城粥厂，岁以为常，赖以生存者为数以十万计。"更值得称道的是，朱中孚曾数次"移寿资"捐赠。"己酉，先生六十寿辰，寿资千余元，全部捐助粥厂；此后并历年对粥厂都有资助。己未，先生

七十寿辰，将筵资移捐孤儿院等慈善单位。"

碑文还载朱中孚热心商团事务，"出力尤多"，贡献颇大。商团的创办亦是由朱中孚倡议发起，"先生稔吾镇处长江下游，襟山带江，为战事必争地，且五方杂处，易藏宵小，于是捐千七百元倡办商团"[27]。作为一种民间武装组织，商团的功能是维持地方治安，弥补政府军警力量的不足，其成员为商界青年和职工。商团创立之初经费紧张，朱中孚深明大义，慷慨出资，"既认费千元，又以制办军装款不敷给，岁杪又捐助七百余元"。在继任商团体育会会长之后，"经营擘画，成绩蔚然"。他"愿尽义务，不领公费，酬应以私财供给。日驻事务所部署一切，惕厉忧勤，以保全商场、人民生命财产为己任"[28]。在时局变动、社会动荡之际，他率领商团竭力维护地方和平。俞湘《七古》赞其曰："戎衣苦戍辛勤久，犒士劳军唯恐后。"[29]应该说，在辛亥以后军阀割据混战的十几年间，常有大军过往镇江要求承办军差，而在承应迭次军差中，镇江商团是起过一定作用的，朱中孚也倾注过很大的力量。

碑文最后记载了立此纪念碑的缘由。民国十二年（1923）时，朱中孚已74岁，他以年老及担任的全浙旅镇同乡会会长任重为由坚决辞去商团体育会会长一职，商团同人都认为先生之于商团关系至重，然再三攀留未果，又公推他为本商团董事，慨然应允。商团同人为了表达对先生孜孜不倦热心商团事务、造福一方民众的感激之情，以"镇江绅商学界暨商团全体"的名义立了此碑。碑文作者不详，应为商团中人。书丹者为丹徒李汉强，《朱信鱼先生七十寿徵诗文启》一文有其与杨邦彦、柳诒徵、陈庆年等人的署名。

三、结　语

此碑是朱中孚先生广行善举、造福镇江的

重要历史见证，具有重要的保存价值。碑文内容可与存世文献相互印证、相互补充。通过考释此碑，我们对朱中孚先生对镇江所做的贡献有了较为全面的认识，也为有兴趣了解朱中孚生平事迹的人士提供了新的资料。

注　释

[1] 陈约三：《毕生热心公益的朱中孚》，镇江市政协文史资料研究委员会编：《镇江文史资料》（第13辑），1987年版，第101-104页。

[2] 镇江市工商联：《镇江国药业——从鸦片战争到全国解放》，镇江市政协文史资料研究委员会编：《镇江文史资料》（第1辑），1980年版，第8-14页。

[3] 朱孝恩：《朱信鱼先生七秩寿言汇编》，国家图书馆编：《中华历史人物别传集》（第71册），北京线装书局，2003年版，第307-360页。

[4] 镇江市地方志编纂委员会编：《镇江市志》，上海社会科学院出版社，1993年版，第1635页。

[5] 镇江市地方志编纂委员会编：《镇江市志》，上海社会科学院出版社，1993年版，第1420页。

[6] 王永杰：《宁波市政协志》，浙江人民出版社，1998年版，第479页。

[7] 陈约三：《毕生热心公益的朱中孚》，镇江市政协文史资料研究委员会编：《镇江文史资料（第13辑）》，1987年版，第101页。

[8] 朱孝恩：《朱信鱼先生七秩寿言汇编》，国家图书馆编：《中华历史人物别传集》（第71册），北京线装书局，2003年版，第314页。

[9] 镇江市工商联：《镇江国药业——从鸦片战争到全国解放》，镇江市政协文史资料研究委员会编：《镇江文史资料》（第1辑），1980年版，第14页。

[10] 镇江市工商联：《镇江国药业——从鸦片战争到全国解放》，镇江市政协文史资料研究委员会编：《镇江文史资料》（第1辑），1980年版，第11页。

[11] 镇江市工商联：《镇江国药业——从鸦片战争到全国解放》，镇江市政协文史资料研究委员会编：《镇江文史资料》（第1辑），1980年版，第14页。

[12] 陈约三：《毕生热心公益的朱中孚》，镇江市政

协文史资料研究委员会编：《镇江文史资料》（第 13 辑），1987 年版，第 101 页。

[13]　朱孝恩：《朱信鱼先生七秩寿言汇编》，国家图书馆编：《中华历史人物别传集》（第 71 册），北京线装书局，2003 年版，第 359 页。

[14]　朱孝恩：《朱信鱼先生七秩寿言汇编》，国家图书馆编：《中华历史人物别传集》（第 71 册），北京线装书局，2003 年版，第 309 页。

[15]　陈约三：《毕生热心公益的朱中孚》，镇江市政协文史资料研究委员会编：《镇江文史资料》（第 13 辑），1987 年版，第 103 页。

[16]　朱孝恩：《朱信鱼先生七秩寿言汇编》，国家图书馆编：《中华历史人物别传集》（第 71 册），北京线装书局，2003 年版，第 317 页。

[17]　朱孝恩：《朱信鱼先生七秩寿言汇编》，国家图书馆编：《中华历史人物别传集》（第 71 册），北京线装书局，2003 年版，第 308 页。

[18]　朱孝恩：《朱信鱼先生七秩寿言汇编》，国家图书馆编：《中华历史人物别传集》（第 71 册），北京线装书局，2003 年版，第 310 页。

[19]　朱孝恩：《朱信鱼先生七秩寿言汇编》，国家图书馆编：《中华历史人物别传集》（第 71 册），北京线装书局，2003 年版，第 360 页。

[20]　上海社会科学院历史研究所编：《辛亥革命在上海史料选辑》，上海人民出版社，2011 年版，第 551 页。

[21]　孙金振：《"二次革命"在镇江》，镇江市政协文史资料研究委员会编：《镇江文史资料》（第 21 辑），1991 年版，第 69-70 页。

[22]　朱孝恩：《朱信鱼先生七秩寿言汇编》，国家图书馆编：《中华历史人物别传集》（第 71 册），北京线装书局，2003 年版，第 313 页。

[23]　朱孝恩：《朱信鱼先生七秩寿言汇编》，国家图书馆编：《中华历史人物别传集》（第 71 册），北京线装书局，2003 年版，第 322 页。

[24]　朱孝慈：《三次难忘的会见》，江苏省政协文史资料委员会，镇江市政协文史资料研究委员会编：《镇江文史资料》（第 22 辑），江苏人民出版社，1991 年版，第 147 页。

[25]　镇江市历史文化名城研究会编：《民国江苏省会镇江研究》，江苏大学出版社，2010 年版，第 103 页。

[26]　朱孝恩：《朱信鱼先生七秩寿言汇编》，国家图书馆编：《中华历史人物别传集》（第 71 册），北京线装书局，2003 年版，第 322 页。

[27]　朱孝恩：《朱信鱼先生七秩寿言汇编》，国家图书馆编：《中华历史人物别传集》（第 71 册），北京线装书局，2003 年版，第 314 页。

[28]　朱孝恩：《朱信鱼先生七秩寿言汇编》，国家图书馆编：《中华历史人物别传集》（第 71 册），北京线装书局，2003 年版，第 360 页。

[29]　朱孝恩：《朱信鱼先生七秩寿言汇编》，国家图书馆编：《中华历史人物别传集》（第 71 册），北京线装书局，2003 年版，第 341 页。

杨仁山其人其事

蔡爱国 *

【摘要】2017 年 9 月，无锡杨氏家族后裔向无锡博物院捐赠了一批家族资料，主要为晚清民初杨仁山先生的遗著、手稿、信件、照片等。从张大千所绘《三贤图》可知，杨仁山与晚清民初著名文化人、书画家曾熙和李瑞清颇有交情，但今人对其生平却所知甚少。本文从无锡杨氏家族谈起，对杨仁山生平事迹作一简单梳理，以期让更多人知晓这位名不彰显的近代无锡商业奇才。

【关键词】杨仁山　无锡杨氏　商业奇才

2017 年 9 月，无锡杨氏家族后裔向无锡博物院捐赠了一批家族资料，主要为晚清民初杨仁山先生的遗著、手稿、信件、老照片等。其中，由张大千所绘《三贤图》（图一）尤其引人注目。画中三贤，除无锡杨仁山外，另两位分别是晚清民初著名文化人、书画家曾熙和李瑞清。关于《三贤图》的创作背景及艺术特点，包括杨仁山与曾熙、李瑞清的交游情况，无锡博物院盛诗澜已有《张大千〈三贤图〉考》专文阐述，此处不赘。本文主要拟对杨仁山生平事作一简单梳理，以期让更多人知晓这位名不彰显的近代无锡商业奇才。

一、无锡杨氏的家族特点

杨仁山（1856—1932），原名楷，字端书；后改名道霖，字仁山。江苏无锡人。杨氏家族是无锡历史悠久的一大望族。在杨仁山长子杨曾勗（1908—？，初名平苗，字亚

子，一字敬安）[1] 所辑《清杨仁山先生道霖年谱》（又名《柳州府君年谱》台湾商务印书馆，1981 年版）行世弁言中，对家族渊源作了简单的介绍："杨本姬周叔虞之后，自晋叔向食邑于杨，是为受姓之始……二十一传至唐宰相於陵，字达夫，居长安之新昌里，即家乘所称新昌始祖也。又十四传至宋曰邦乂者，字晞稷，吉水人，以通判殉金，虏难于建康，赐谥忠襄，遗塚金陵雨花台之麓。其长子璿，字伯璿，寓临安，置屋无锡鸿山为展墓中途休息之所。子孙遂占籍焉。于是尊忠襄公为鸿山第一世祖。自后支派蕃衍，而吾新二派之寺头支为最盛。又十八传至清初文叔公讳英，意欲使儿辈便于赴学应试，爰卜宅县城夫子庙西侧，是为迁城始祖，曾勗之十世祖也。"[2] 据此可知，杨氏迁居无锡自宋嘉定年间始，至清初第十九世杨英，移居城中。子孙繁衍，人才辈出，成为当地一大望族。

* 蔡爱国：江南大学人文学院副院长，教授

图一　张大千绘《三贤图》

在无锡本地的望族中，杨氏家族的独特性，主要体现在其对近代民族工商业发展所作出的贡献。有研究者指出，杨氏之所以具有较高的知名度，"不仅因为这个家族有着久远的书香传统和显赫的官宦背景，是一个地地道道的'士族'，还因为杨家在无锡开创了中国近代纺织工业的先河，杨宗濂、杨宗瀚兄弟创建的业勤纱厂是当时无锡最早的民族产业，为无锡成为近代民族工商业发祥地起到了重要的奠基作用"[3]。这里提到的杨宗濂（1832—1906，号艺芳）兄弟，为迁城始祖杨英后第九世，其后第十世又有杨味云（字寿柟，1868—1948，北方华新纺织集团创办人）、杨翰西（1877—1954，字寿楣，无锡县商会主席）等工商界名流，故这一支也成为近代无锡杨氏中最为人称道的一个分支。而杨仁山所处的新二派寺头分支，与杨宗濂兄弟同源，自二十世祖杨绍雍以下开始分支，七传至杨春池，为杨仁山的父亲。故杨仁山系杨氏迁城后第十世，与杨味云同辈。杨仁山原名楷，排行第八，其六哥杨栻（1853—1904）、七哥杨楫（1854—1935）以及堂兄杨模（1852—1915），皆是当

时名流。从表面上来看，研究者所提出的杨氏家族"由学而仕、由仕而商、又由商而学"的鲜明特点[4]，在杨春池一支中表现得并不是特别典型。但在全面了解杨仁山一生经历之后就会发现，即使在不同的分支中，杨氏家族文化的积淀和传承其实还是一脉相通的。

二、杨仁山的前半生：科举入仕，精通商务

杨仁山（1856—1932）的一生以 1909 年为界，可大致分为两个阶段：第一阶段，他走传统文人科举入仕之路，入仕后经世致用、发展实务；第二阶段，他解官归里，由仕而商、实业救国。这既是杨仁山本人的人生轨迹，也与无锡杨氏家族的总体发展历程相吻合。

1909 年以前，杨仁山接受家族良好的读书传统，打下良好的仕学功底，并顺利通过科举进入仕途。他四岁入塾，十七游庠，以第一名入泮。十九岁从刘熙载、廖纶习性理之学，在同侪中脱颖而出，受知同邑薛福保（1840—1881），与杨模、华世芳等并称"梁溪七子"。

自 1883 年起，先后幕于天津道刘树堂、宁绍台道薛福成（1838—1894，无锡人）。1888 年佐盛宣怀幕于烟台。1891 年中举，1892 年中进士，应张之洞聘为自强书院商务教习。1894 年服阕到户部，得翁同龢倚重，未几调管北档房。中日甲午战争中，因积极主战，派往津门参赞戎幕。同幕有武陵欧阳君重，由此得多交湘友，与曾熙、李瑞清相识即在此时。1898 年任京师大学堂史学掌故教习。1899 京津山海关内外铁路修建，他与邵作舟一起力劝侍郎不用洋工程师，专任詹天佑，中国有铁路人盖自此开始。

杨仁山对经济十分重视，并表现出极高的商务天赋。他幕于宁波时，正逢中法战争，因看到官府筹卒饷十分艰难，慨然愤曰：“中国地大物渊，富强之资，奈何穷困若此。”于是深究近十年通商盈亏利病之道，开始留意丝茶事业。杨曾勗说他“幼治诗古文辞，比长，奋志于经济之学，遂不屑屑以文章名世”[5]，可见杨仁山和一般的传统文人还是有较大区别的。1890 年秋他撰《光绪十五年海关贸易册》，痛陈总税务司英人赫德伎俩，赫德尝私语人曰：“杨某如得大用，不出三年，吾曹无立足地矣。”说明其于商业方面确有天赋。他在户部时，因见国家度支出入，散漫不可稽考，爰立簿册，分门别类，搜剔排比，首创户部会计之法。1903 年诏开经济特科，杨仁山考取一等第七名，任商部保惠司员外郎。1904 年奉部命赴长江一带考察商情。1905 年秋随使出洋留日半载，著有《日本统计类表要论》十二卷二十余万言，考察彼邦政治、军事、财政、实业至为详赡。

1907 年正月，杨仁山奏调农工商部农务司掌印员外郎，但很快因得罪权者而外谪，五月补授广西桂林遗缺知府，11 月抵桂，补柳州府知府缺。任柳州知府期间，他行政刚严，平乱剿匪，关心民生，颇得百姓爱戴。1909 年冬，因忤上辞官，自称：“平生不畏强御，尽力国事，身命不顾，何有一官？”[6] 曾熙致老师丁立钧手札（图二），谈及自己对杨仁山的看法：“仁山痴拙，其过处乃其仁处。”其为人之正直刚烈，于此可见一斑。

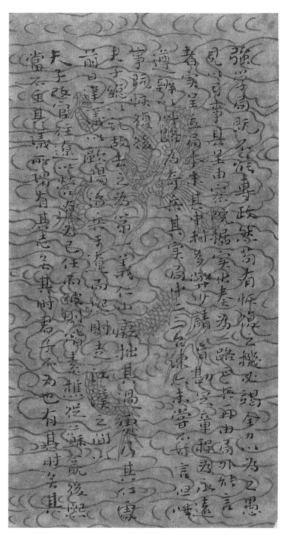

图二　曾熙致老师丁立钧手札

三、杨仁山的后半生：忘身忘家，实业救国

辞官之后，杨仁山正式开始他艰难而坎坷的从商之路。

他首先集资在上海创立了华兴木植总公司。之所以做木植生意，是因为他在柳州任知府时，见“苗山大木本质坚韧，远胜洋木，所苦无人启伐，多年委积，一任腐朽，深为惋惜”，于是决定“专采苗木，以抵制洋木为宗旨"[7]。这期间他晋京协调公司事宜，并呈准税务处实行加税免厘政策。1911 年夏在京城与曾熙、李瑞清合影成《三贤图》，就是发生在这一时期的事（图三，杨仁山、曾熙、李瑞清及曾熙长子曾宪玙同聚京城时合影，摄于辛亥夏日）。当年农历八月辛亥革命爆发，木植公司受时局影响而停顿。在杨仁山 1916 年写给曾霁生的信中，他回忆当时的情景云："弟自发起公司已五六年，曾运木三次。适逢辛亥，八月方集股友共谋合赀大办，期于二十五日在沪会议，而十九日武昌革命，遂以延缓，多处开办延请伙友分别辞散，致多亏折。"[8]1913 年杨仁山出任热河实业厅长，仅四个月后裁缺南归，继续为木植公司事奔波。1916 年公司换了一个接办人，但第二年就破产倒闭，杨仁山只好再次接手，往返于京津沪等地之间。1919 年农历三月，再次晋京，为木植公司承包交通部枕木一百万根，订有合同，前往领取三成价款，以便着手采运。岂意至京后即遇学生乱事，政局猝变，所事竟尔作罢云。十一月木植公司因受时局影响，无力支持，复告倒闭。[9]

图三　杨仁山、曾熙、李瑞清及曾熙长子曾宪玙合影

自 1923 年起，杨仁山开始整顿丝茶计划，这也是他入仕前就比较关注的实业。于是呈请当道设立全国丝茶实业银行，改良丝茶产销直接运洋之议。经人介绍，他被当时农商总长李根源聘为顾问，随即分赴江浙等省考察丝茶情况。1924 年 8 月，杨仁山扶病列席农商部实业大会，其整顿丝茶计划经公决多数通过。然而在实际推进的过程中，因北洋政局与各地商会彼此敷衍，互相推诿，公私交困，丝茶计划始终未有成绩。这期间，杨仁山以七十余岁高龄，在江宁、上海、杭州、南通等地奔走呼吁，"冀为中国一吐积贫积弱之气，惜时正龙战元黄，天下骚然，举国竟无一人能知稍存国家权利之心，于是府君（杨仁山）之道穷矣"[10]。1928 年，杨仁山 73 岁，体力日衰，老病困顿，撰元配刘夫人事略中云："而余穷老且极困矣。历年在官，常处龉龊；既退，复奔走实业，经办苗山木植公司，有考察丝茶筹备全国丝茶改良产销直接运洋之议，皆主张抵制洋货，收回权利，公私两竭，迄无办法……"[11] 读来令人不胜唏嘘。

四、结　语

回顾杨仁山的一生经历，其入仕时就表现出极高的商业才能，"奋志于经济之学"；辞官后则大力发展实业，致力于木植、丝茶两大产业。他从事经济的主要目的，并不在个人的得失，而"冀为国家一吐积贫积弱之气"，"以抵制洋货，挽回权利"[12]。但最终他并没有像杨氏家族的其他族人那样，实现自己的创业理想。这其中，有时局动荡的原因，也有他个人性格的原因。其为人耿介刚烈，毫无商人的圆滑，故"一生处境多走逆风"[13]。杨曾勗反复提到自己的父亲"非不知其时之不可为，而必强为之者"[14]，"知其不可为而为者，尽其在我"[15]（图四）。尽管屡屡受挫，杨仁山仍坚持不懈、努力争取，知其不可为而为之，这与其是一种迂腐，倒不如说体现了一种积极的浪漫主义精神，无论在当时特定的社会环境下，还是在当下，都显得十分珍贵和难得。

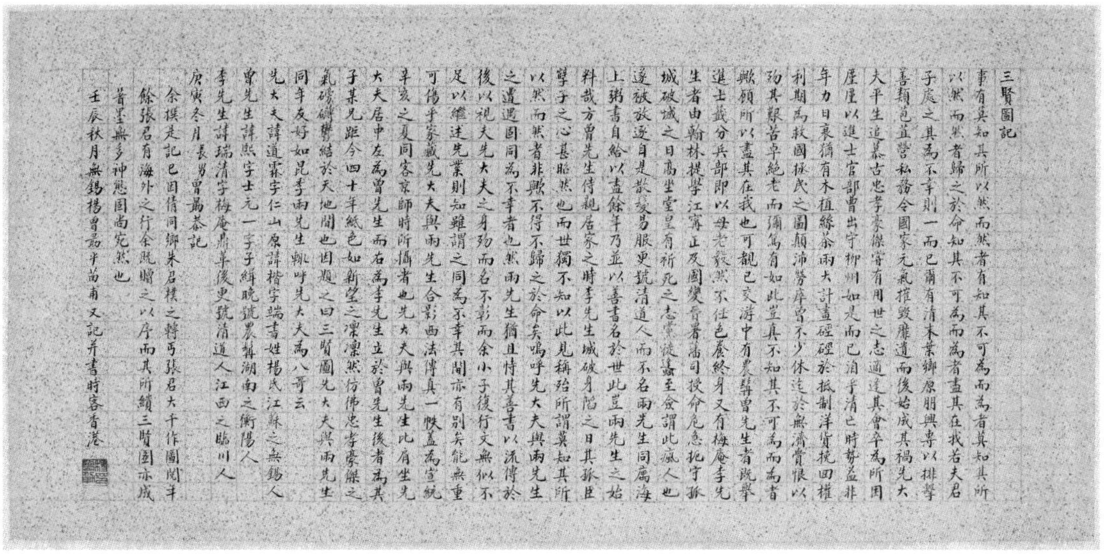

图四　杨曾勗《三贤图记》

注　释

[1] 庚午年（1930）杨曾勗娶妻时，长沙任寿黎为撰《平苗歌》并序，云："无锡杨仁山先生余老友也。其长公子平苗生于广西柳州府官署，时府属怀远县苗民激苦政府油榨苛捐，承办员司又恃威调弄苗妇，于是聚众十万于县之古宜墟，围主簿署与统税局，遂捣毁学校，将下攻县城驻防保商营。营长熟视不敢动，大府命予统兵剿之，予临境廉得实情，遂一面解散苗民，一面驰书告先生，合力请于大府。释之兵不入境，而苗民归命。未几，长君诞生，故名平苗。"见杨曾勗辑：《柳州府君年谱》下卷，无锡博物院藏杨曾勗手抄本，第174页。杨曾勗字号，见杨恺龄编：《无锡杨氏三叶传记碑志集》，《无锡文库》（第三辑），凤凰出版社，2012年版，第416页。

[2] 王云五主编、杨曾勗编：《新编中国名人年谱集成第十四辑清杨仁山先生道霖年谱》，台湾商务印书馆，1981年版，弁言第1页。

[3] 庄若江：《无锡望族》，江苏人民出版社，2006年版，第128页。

[4] 庄若江：《无锡望族》，江苏人民出版社，2006年版，第142页。

[5] 杨曾勗辑：《无锡杨仁山先生遗著》序，第1页，无锡博物院藏杨曾勗手抄本。

[6] 以上关于杨仁山生平梳理，详见杨曾勗撰：《先府君行状》，《无锡杨氏三叶传记碑志集》，《无锡文库》（第三辑），凤凰出版社，2012年版，第381-382页。

[7] 杨曾勗：《先府君行状》，《无锡杨氏三叶传记碑志集》，《无锡文库》（第三辑），凤凰出版社，2012年版，第382页。

[8] 王云五主编，杨曾勗编：《新编中国名人年谱集成第十四辑清杨仁山先生道霖年谱》上卷，台湾商务印书馆，1981年版，第115页。

[9] 杨曾勗辑：《柳州府君年谱》下卷，第141页，杨曾勗手抄本，无锡博物院藏。

[10] 王云五主编，杨曾勗编：《新编中国名人年谱集成第十四辑清杨仁山先生道霖年谱》下卷，台湾商务印书馆，1981年版，第35页。

[11] 王云五主编，杨曾勗编：《新编中国名人年谱集成第十四辑清杨仁山先生道霖年谱》下卷，台湾商务印书馆，1981年版，第40-41页。

[12] 杨曾勗辑：《无锡杨仁山先生遗著》序，第1页，无锡博物院藏杨曾勗手抄本。

[13] 杨曾勗辑：《无锡杨仁山先生遗著》序，第1页，无锡博物院藏杨曾勗手抄本。

[14] 杨曾勗辑：《无锡杨仁山先生遗著》序，第1页，无锡博物院藏杨曾勗手抄本。

[15] 杨曾勗：小楷《三贤图记》，无锡博物院藏。

晚清民国苏州碑刻从业者原籍多无锡现象初探

邹绵绵 *

【摘要】多年来笔者从相关资料中发现，自晚清至民国时期，苏州已成为江南一带刻碑工艺的重镇。在此期间，苏州刻碑店众多，而其业主和刻碑作手的原籍，竟然大都是江苏无锡。有些刻碑店的业主，及其二、三代刻碑作手的原籍也大都是江苏无锡。对于这一现象，笔者认为颇有可能是受到他们原籍先辈对于这门工艺深有传统的影响。通过考据后认为上述现象应该是受到明代无锡荡口华氏辑刻《真赏斋帖》，和今江苏无锡人、清代学者、金石学家钱泳影响的结果。

【关键词】近现代 苏州碑刻艺人 原籍无锡 《真赏斋帖》 钱泳

2016 年，因苏州碑刻博物馆编刊《苏州碑刻博物馆三十周年纪念文集》[1]征稿，笔者将 20 余年前的旧稿《刻碑、传拓名手黄慰萱》[2]作了增订，由于黄慰萱殁于 1977 年，遂在增订稿的标题前冠以"现代"一词。就在这次对旧稿的增订中，笔者产生了一个颇值得思考、并可加以探索的问题。就所见相关史料反映：自晚清以来，苏州已成为江南一带刻碑工艺的重镇，当年刻碑店肆众多，刻碑名手聚集在苏州。还从相关资料发现，这些刻碑店的业主和刻碑名手的原籍，竟然大都是江苏无锡。而且自晚清至民国时期，有些刻碑店的业主及其二、三代刻碑作手的原籍，也大都是江苏无锡。对于这一现象，就难以用"偶然、巧合"作出合理的解释。而笔者经探索后认为，除了旧时习见的由于亲族、乡谊，而师承传授之外应该另有因，如受到他们原籍先辈对于这门工艺深有传统的影响，只有这样才能对前述的现象作出合理的解释，这些便是笔者撰写本文的缘起。下面先把晚清、民国时期苏州刻碑店肆、刻碑名手、以及传艺师承等概况作些简要的叙述。

一、晚清、民国时期苏州的碑刻业

晚清、民国时期，在苏州闹市护龙街（今人民路察院场至乐桥）、郡庙前至珠明寺前（今景德路）一带开设的碑帖店铺甚多，当时的刻碑店铺，除了代客镌刻碑石、墓志业务外，还兼事拓碑、碑帖装裱，有些还兼事碑帖、古器物鉴赏、刻印、经营碑帖等。对于这一现象的形成，可以归结为苏州的文化昌盛，古迹名胜遍布，加上向为官僚、地主、文人墨客聚集之区，故对于竖碑立传（镌刻碑石、墓

---

* 邹绵绵：文史研究者

志）的需求量相对要大。所见相关史料记载，殁于民国初年的一些晚清官员、学者、画人，例如清同治状元陆润庠（1841—1915）、晚清金石学及文献学学者叶昌炽（1849—1917）、晚清词人况周仪（1859—1926）、晚清画家陆恢（1851—1920）、顾麟士（1865—1930）等，墓志铭的镌刻均出于当时苏州碑刻艺人之手[3]。加上晚清时此地又是经营书画、古董、旧书的集散地[4]。因此自会吸引文人学者纷纷到此访求书画碑帖、古董旧书。

故而，自晚清至民国时期，苏州这一带开设的碑帖店铺就有黄征的"征赏斋"，黄凤仪（黄征之兄）的"征古斋"，唐文杰及子唐伯谦、唐仲芳的"汉贞阁"，陈伯玉的"尊汉阁"，孙伯渊、孙仲渊兄弟的"集宝斋"，周梅谷的"寿石斋"，杨文卿的"师竹斋"，邹念生的"文宝斋"，杨中孚的"金石斋"，黄慰萱的"金石山房"，钱荣初的"贞石斋"等[5]。

从以上列举的自晚清至民国的 11 家刻碑店铺中，据笔者所见相关资料，可以明确肆主原籍为今江苏无锡的，有"征赏斋"的黄征，"征古斋"的黄凤仪，"汉贞阁"的唐文杰及子唐伯谦、唐仲芳，"寿石斋"的周梅谷，"师竹斋"的杨文卿，"金石山房"的黄慰萱，和"贞石斋"的钱荣初，共 7 家。而且以上 7 家刻碑店铺，除了代客镌刻碑石、墓志业务外，大都兼事拓碑、装裱碑帖，以及出售碑帖。其中最著名的为黄征的"征赏斋"，唐文杰父子经营的"汉贞阁"。时至民国后，以唐文杰之子唐伯谦、唐仲芳兄弟的"汉贞阁"，周梅谷的"寿石斋"，黄慰萱的"金石山房"影响最大。历经晚清、民国，直至新中国成立后，刻碑名手"征赏斋"黄征的传人、"金石山房"业主黄慰萱长期从事刻碑、传拓、装裱碑帖。这些具有代表性的刻碑店业主的原籍大都是今天的江苏无锡，而且他们所传授的艺徒中也大都是无锡籍，例如：黄氏"征赏斋"的艺徒黄

慰萱、黄怀觉；唐氏"汉贞阁"艺徒钱瘦铁、陶寿伯、王开霖；周氏"寿石斋"的艺徒钱荣初，都是无锡籍。这便是笔者之所以会在上述指出："对于这一现象，是无法用'偶然、巧合'所能作出合理的解释，而应该是除了旧时习见的由于亲族乡谊而师承传授之外，颇有可能如因受到原籍先辈对于这门工艺深有传统的影响，只有这样才能对前述的现象作出合理的解释"。下面把几位具有代表性人物的相关事略分别作些介绍。

二、晚清、民国时期苏州碑刻业中两代名手

"汉贞阁"业主唐文杰（？—1915），别号仁斋，原籍江苏无锡人，流寓苏州，家居苏州"城隍庙前"，旧称郡庙前（现郡庙尚存，今人民路察院场西景德路口），就在离唐家郡庙前不远的察院场斜对面的大井巷（该巷名至今未改）设"汉贞阁"刻碑肆。如唐文杰曾刻《戴文节公墓表》，其所镌《莫祥之墓志铭》末署"光绪辛卯无锡唐仁斋镌"，又如所刻《吴宝恕墓志铭》末署"吴郡唐仁斋"[6]。清末民初在苏州唐氏父子与当时知名文人墨客多有交接，如笔者所见日本昭和十二年（1937）七月一日版《书菀》，其中有一篇由日本著名书法家、汉学家、书法理论家西川宁（1902—1989）撰《吴仓硕给唐仁斋的尺牍》，文中并附有书画家吴昌硕写给唐仁斋、伯谦父子五件手札的书影（图一），和一件由清书法家、金石学家、诗人杨岘（1819—1896，字庸斋、见山，号季仇，晚号藐翁）"光绪壬辰春三月藐翁题记"并书丹的《汉贞阁主人唐仁斋镌字润例》墨拓书影（图二），而该期《书菀》的编辑人员中正好有唐氏汉贞阁艺徒钱瘦铁，所以文中所述内容应该是可靠可信的，从《吴昌硕给唐仁斋的尺

牍》一文可见唐氏"汉贞阁"晚清时在苏州刻碑行业中的地位。唐文杰碑刻作品有光绪三十三年（1907）"刻俞樾书唐张继《枫桥夜泊》诗碑"，宣统二年（1910）"镌清罗聘绘《寒山拾得像》碑"，"镌郑文焯绘《寒山子像》"等，这些作品现均存苏州寒山寺。

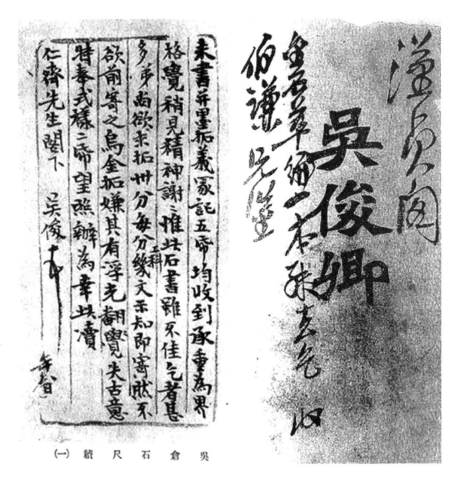

图一　吴昌硕与汉贞阁唐仁斋父子手札书影

唐伯谦（1880—1934[7]），系唐文杰长子，江苏无锡人。名翔雄，以字伯谦行，号吉盦、吉厂、吉闇，别署吉盦居士、唐大、汉贞阁主人等。继承其父"汉贞阁"产业，现代书画篆刻家钱瘦铁、陶寿伯、王开霖均出自其门下。能书画、篆刻，擅刻碑，精碑帖鉴别，亦擅裱碑帖，有《伯谦印存》（1925 年刊行）。张荣培（1872—1951）为唐伯谦的《伯谦印存》（图三）题序中起首记谓："唐子伯谦梁溪仁斋（唐文杰）先生之哲嗣也。"据此也可以证明苏州"汉贞阁"碑刻肆第一代业主唐文杰原籍江苏无锡无疑。

唐仲芳（生卒年无考），系唐文杰次子，据相关史料反映，唐仲芳本人不善刻碑[8]，只是与其兄伯谦共同继承其父"汉贞阁"产业，至其兄去世，"汉贞阁"业务即由其掌管。对此，尽管笔者在今苏州碑刻博物馆见到由冯玉祥书，碑左下署名"吴县唐仲芳刻石"的《国民政府令》碑刻实物，（图四）但其本人不善刻碑之说应该可信。笔者认为所见之碑刻实物，其实乃假他人（学徒、伙计）之手而署其名耳。此种情形情同与如今经营画廊者，不一定自己擅长于书画。也正如所谓"耳听为虚，眼见为实，眼睛看见，还有三分假"。

图二　杨岘为汉贞阁题镌字润例墨拓书影

"征赏斋"业主黄征（生卒年无考），主要活动在清光绪至民国初期。江苏无锡硕放乡人，字吉园，精于刻碑、鉴赏书画和古铜器物，技艺高超，在江南一带颇负盛誉。如常州天宁寺五百罗汉画像刻石清咸丰十年（1860）遭兵燹后，毁损过半，光绪十六年（1890），寺僧采太湖上石重行补刻即出其手。晚清时自设"征赏斋"碑刻肆于苏州朱明寺前（今景德路）。1920 年"孙德谦撰文、吴荫培书丹《祖师丘真人碑记》镌碑"即出其手。又曾见其于民国九年（1920）署名黄吉园以"征赏斋"笺纸辑刊《秦汉古铜印存》[9]一函五册，其中收集古铜印蜕五百余钮。"征赏斋"艺徒有如黄慰萱、黄怀觉。

"寿石斋"业主周梅谷（1881—1951），名容，后以字梅谷行，别号百陶室主，原籍江苏无锡，流寓苏州[10]。工书能画，博览金石篆刻书画。初与陈伯玉合营"尊汉阁"，后在苏州护龙街（今人民路近乐桥西）嘉余坊口自设

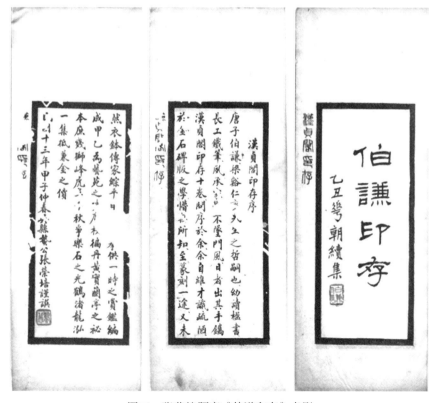

图三　张荣培题序《伯谦印存》书影

图四　署"吴县唐仲芳刻石"碑

"寿石斋"，以刻碑、刻印、仿制古铜器为业。其刻印师从吴昌硕，有《寿石斋印存》，今陈列于苏州蔡谨士蔡廷辉金石篆刻艺术馆。其碑刻代表作品有：宣统三年（1911）刻《重修寒山寺碑》和《重修寒山寺记》书条石二方，现均存苏州寒山寺。1919年刻《重修天平山范参议公祠堂记》，现存苏州天平山范氏祠堂。1921年刻《永华颜料公所创立记》碑，（图五）现存苏州碑刻博物馆。1926年为"杏秀桥"碑亭镌刻毛杏秀女士像，该拓片现存苏州碑刻博物馆。1928年在苏州灵岩山麓手拓宋巨碑《韩蕲王神道碑》，该碑纵8.26米，横2.12米，该拓本为国家三级文物，现存苏州碑刻博物馆。1934年刻《重修甫里先生祠堂》碑，现存苏州甪直镇保圣寺内，等等。其有艺徒众多，其中最能传其碑刻技艺者即钱荣初。

"金石山房"业主黄慰萱（1891—1977），号真斋，江苏无锡县硕放乡老坝村人。9岁入私塾，13岁到苏州"征赏斋"碑帖店为学徒，拜"征赏斋"业主同族人黄征为师学习刻碑、传拓、碑拓装裱技艺。经过6年勤学苦练，集刻碑、传拓、装裱、鉴别诸技艺于一身。满师后黄征将其留在征赏斋里帮做近10年。1917年，近代学者叶德辉（1864—1927）、朱锡梁（1873—1932）在苏州发现了宋代《平

图五　周容（梅谷）镌《永华颜料公所创立记》碑

江图碑》（图六）（该碑现保存在苏州碑刻博物馆，为国家一级文物），该碑对研究宋时城市规划设计是一个珍贵的资料。因发现时碑石中部已模糊不清，亟需抢救，于是聘黄慰萱担此重任。经他勒石钩摹逼肖，口角清晰，字体不失原迹法度，受到了同行的一致好评。在该碑右侧中下部镌刻有"丁巳秋八月，郡人叶德辉、朱锡梁督工深刻"的款识。不过在该款识中未能留下他的姓名，这是因受时代的局限，当时视刻碑艺人为工匠所致[11]。

图六　黄慰萱深镌宋《平江图》碑

1919年，黄慰萱自设"金石山房"碑帖

铺于苏州护龙街（今人民路）。一时经他传拓、装裱的碑帖中较著名的有：晚清金石家吴大澂的藏器（全角拓）；著名书画家、收藏家吴湖帆、潘静淑夫妇珍藏的《四欧堂帖》，以及所藏隋《董美人墓志》《七姬权厝志》等名贵碑志。古钱币收藏界张叔驯所藏的古钱币都经他传拓，并付诸装池。从相关史料和所见碑石、拓片反映，民国时期为记述发生在苏州的具有较大影响的记事碑的镌刻有不少出自其手。例如，今碑石保存在苏州碑刻博物馆的镌刻于民国七年（1918）《同治九年重建万年桥记》碑即由"古吴黄慰萱勒石"。1918年，历史学家顾颉刚到吴县角直镇发现保圣寺唐塑罗汉已断臂缺足，岌岌可危。顾氏遂呼吁当时文化界人士组织抢救保护，于是由蔡元培、叶楚伧、张继、陈去病、顾颉刚、张一麐、朱锡梁等19人组成"保存角直唐塑委员会"，组织抢救。1932年冬竣工，《保圣寺古物馆纪念碑》即由其镌刻。1926年，苏州为纪念溺水遇难的青年女教师毛杏秀而重建"杏秀桥"，并在该桥堍立有《杏秀桥碑》，还筑有碑亭，桥碑、碑亭于解放后的五十年代拆除，桥碑石原存苏州博物馆，文化大革命中遭毁，桥碑拓片现保存在苏州碑刻博物馆。该桥碑由著名学者、诗人金松岑（1873—1947）撰文，太仓毕人麟书丹，黄慰萱刻。（图七）1932年淞沪抗战后，日本侵略军出动飞机对苏州无辜民众及葑门机场掷弹轰炸。美国飞行员劳勃脱·肖特（Robert Short）驾驶"波音P—12E"型飞机迎战日机，被日机击落，肖特牺牲时年仅27岁。吴县各界民众为肖特聚资立碑，以垂纪念。并在苏州大公园内营建"肖特义士纪念碑亭"，碑曰"赠上尉美国肖特义士传"，由"吴县人民公立，张一麐书，黄慰萱刻"。[12]1936年刻《苏州平江弈社记》碑，该碑由张一麐撰文，吴铭常书，黄慰萱刻。

图七　黄慰萱镌《杏秀桥碑》

苏州解放后，当时苏南区文物管理委员会在苏州发现了不少过去不为重视的记载明、清工商经济的碑刻，如立于苏州玄妙观的《永禁机匠叫歇碑》（现在苏州碑刻博物馆），即由黄慰萱、钱荣初进行传拓抢救。1964 年，他在苏州孔庙（今苏州碑刻博物馆）传拓了四大宋碑，和四大清初巨碑。在苏州博物馆工作期间，馆内所藏的碑帖，大都经其过目鉴别，并分等论级分类保管。如唐李北海（邕）书《麓山寺碑》即由他鉴定为难得的宋拓本，后经相关专家鉴定认可，已公开出版。馆内所藏的碑帖、名人书迹拓片也都由他装池。馆内所藏的

甲骨龟片也经他传拓，并加以装裱。还为从虎丘塔内发现的石函、经箱、铜镜，吴王张士诚母曹氏墓中出土的银奁等文物施拓，以供文物考古研究。

"师竹斋"业主杨文卿（生卒年无考），原籍无锡[13]。设店名"师竹斋"，在苏州护龙街（今人民路）。1928 年刻陈去病书《履勘天平山采石记》碑，现存苏州天平山。

"贞石斋"业主钱荣初（1901—1986），原籍无锡。1919 年到苏州"寿石斋"拜周梅谷为师，学习刻碑、拓碑、装裱，1926 年刻《张石铭墓志》。1933 年自设"贞石斋"于现人民路乐桥段，以刻碑为业。1934 年国民政府在南京兴建灵谷寺阵亡将士纪念塔、纪念碑、阵亡将士英名碑，工程浩大，由"汉贞阁"唐仲芳、"寿石斋"周梅谷承揽，而该工程的实施由钱荣初主持，历时二年余[14]。建国后，曾与黄慰萱一起传拓、抢救苏州明清碑刻。1959 年加入刻字合作社。1961 年转入"艺石斋"，主要以摹刻碑帖，其摹刻《怀素自叙帖》拓本，曾被选为毛泽东主席赠送日本外相大平正芳的礼品。

周秉钲（生卒年不详），刻碑名手，原籍金匮（今无锡）。据曾毅公《石刻考工录》记载："周秉钲原籍金匮，寓居苏州。同治十一年八月刻何绍基书《苏州织造署记》（刻石现存苏州市第十中学）。同治十二年补刻沧浪亭《五百名贤像》（刻石现存苏州沧浪亭内）。"[15]周氏应系清末同治、光绪时期苏州刻碑艺人。另据笔者近期在苏州又寻访到周秉钲现存碑刻作品，如嵌于今苏州市控保建筑"轩辕宫"（轩辕宫，又名仙机道院，曾为纱缎业公所，始建于北宋元丰初，清同治元年〈1862〉重修，现为苏州市控保建筑）大殿东壁间的《重建轩辕宫记》碑（图八），今存苏州市人民路祥符寺巷 36、38 号，该碑高 1.4 米、宽 0.7 米。由"陆润庠撰文，夏庆霖书丹，梁溪周秉钲刻"。另有苏州洞庭东山莫山禅寺以纪念明

末清初抗清人士路文贞公（路振飞，1590—1647）所建祠内有两碑，其中由路氏裔孙于清光绪七年（1881）所立的纪念碑，由"同知衔江苏补用知县仁和刘葆宸书，金匮周秉锠刻"[16]（图九）。由此可见，刻碑艺人周秉锠也是一位在苏州刻碑行业中原籍无锡的刻碑名手。

图九　《路文贞公纪念碑》

以上为自晚清至民国时期两代碑刻名手的简介，从中可以见得他们的原籍都是江苏无锡，下面再把第三代碑刻传人也简要地作些介绍。

三、第三代碑刻代表性传人简介

唐氏"汉贞阁"艺徒钱瘦铁（1897—1967），名崖，字叔崖，号瘦铁，以号瘦铁行，江苏金匮县鸿声里乡（今无锡市锡山区鸿声镇）人。因家境清寒，14岁到苏州"汉贞阁"碑帖店当学徒，即拜唐文杰为师学刻碑[17]。其师唐仁斋精摹刻碑帖，为当时苏州刻碑名手。钱瘦铁在师事唐氏学刻碑技艺的同时，又于鉴别金石、古文字学方面都得益非浅。他还苦习书法，兼习绘画、刻印。在此期间，他有幸得

图八　《重建轩辕宫记》碑

识了常来"汉贞阁"的词学家兼金石书画名家郑文焯（1856—1918），常向郑氏求教。郑氏见他诚朴好学，就在书画、文字学上悉心加以指导。当时金石书画名家吴昌硕亦侨居在苏州，郑文焯与吴昌硕为故交，由于郑氏的推介，钱瘦铁得以向吴昌硕求教篆刻。钱瘦铁在"汉贞阁"学徒满师之后，仍留在店中。直到 1914 年，他 18 岁才脱离"汉贞阁"，独自在苏州设一刻字摊谋生。郑文焯见他于金石书画艺术上颇有天赋，又能刻苦自励，是个可造之才，就为他题署"瘦铁宧"室名加以勉励，从此他就以"瘦铁"为自号，同时也就成为郑氏于金石书画诸艺的嫡传弟子。其间吴昌硕对他在治印上多有指点，还为他手写印稿"瘦铁""环古"两印供他摹刻。最终钱瘦铁由于郑氏的推介到上海，并为代订鬻艺润例，而从此以书画篆刻著名于世。

陶寿伯（1902—1997），名知奋，以字寿伯行，号万石，江苏无锡杨墅园匡村人，本姓王，过继给陶姓。自幼诚笃好学，15 岁即投苏州"汉贞阁"业主唐伯谦为师，学镌碑技艺。

25 岁时转师海上艺林宗师赵叔孺，直入赵氏堂奥。其于绘画、书法、篆刻无不精能，画梅被称圣手。1950 年经香港转赴台湾。其一生勤于艺事，治印作画均逾万数。[18]

王开霖（1907—1986），江苏无锡杨墅园匡村人。13 岁由胞兄陶寿伯（一说是随其母姓陶）带至苏州"汉贞阁"，拜唐伯谦、唐仲芳二先生为师学习刻碑技艺。1928 年，应国民政府之聘，其随业师唐仲芳赴南京中山陵，镌刻孙中山先生书写的建国大纲等。1930 年冬，其与胞兄陶寿伯在上海蓬莱市场开设冷香阁印社，以刻印为主，兼刻碑、裱帖。1937 年，日寇轰炸南市蓬莱市场，引发大火，冷香阁烧毁。一年后，于汉口路复业。1947 年《王开霖刻碑》（图一〇）由冷香阁印社制版行世，该册由易大庵（名孺）题写书名，内并附有由丁福保、于右任、王福盦、王个簃等 12 人代为重订的"王开霖镌碑润例"等。1956 年公私合营后入朵云轩工作。1966 年，应朵云轩书画社之请，将毛泽东主席诗词手迹 15 首镌刻于碑石[19]。

图一〇　《王开霖刻碑》书影

四、从《陶寿伯印谱》相关记载而引发探索

两年前，笔者在《昆仑堂》2016年第一期（总44期），读到申闻《刻碑名手唐仁斋的姓名与籍贯》短文一则[20]，文中主要引证了《陶寿伯印谱》所记，使困扰笔者已久的疑问有了答案，即"仁斋"为唐伯谦之父唐文杰的别号。在此把申文节录如下：

> 据《陶寿伯印谱》有记，民国五年（1916）十月，他随父一行到苏拜师，"由阊门入城，当天先到城隍庙前唐家，拜见太师母，及大师母、二师母和三师母。然后再到汉贞阁店内拜见大先生唐伯谦，二先生唐仲芳。三先生多年前逝世，太先生唐公仁斋去年谢世。当时店中尚有一位职员钱翼如，他是常熟名士钱泳（号梅溪）之孙。

以上这段引述中还提到了"当时店中尚有一位职员钱翼如，他是常熟名士钱泳（号梅溪）之孙"，引起了笔者的格外关注，应该可以理解钱翼如（钱翼如生平事迹尚未考得）是当时唐氏"汉贞阁"中一位已经满师的伙计。而称"他是常熟名士钱泳（号梅溪）之孙"，以笔者之见，此说不甚准确，因为"钱泳"，应该是指原籍江苏金匮（今属无锡）人，即清代著名学者、金石学家、书法家钱泳。就此倒是使困扰笔者多年的疑虑，终于初见端倪。下面把钱泳其人其事与本文题旨相关者简述如下：

> 钱泳（1759—1844），初名鹤，字立群，号台仙，又号梅溪（一作字），别号梅溪居士、梅花溪居士，别署梅华溪、梅华溪上人家等。江苏金匮（今无锡）人。他于清嘉庆七年（1802，时年44岁）由金匮迁居常熟张桥乡钓渡渚，12年后于清嘉十八年（1813）再移居常熟练塘翁家庄，直至终老去世

> （85岁）去世，葬于练塘乡接近金匮县界的羊尖乡宛山。他平生精研金石碑版之学，工八法，尤长隶古，兼及书画。一生未显，曾游历毕沅、秦震钧、张井等人幕府。余以访碑、刻帖、著述事。著述有《履园丛话》《梅华溪诗钞》《琳琅集腋》《兰林集》《登楼杂记》《说文识小录》《守望新书》《履园金石目》《述德编》《铁卷考》等30余种，皆刊行[21]。

通过以上对钱泳生平事迹的考察和了解，使得笔者又萌生了新的想法，即由于钱泳于清嘉庆七年（1802，时年44岁）由金匮迁居常熟张桥乡钓渡渚，12年后在清嘉十八年（1813）再移居常熟练塘翁家庄，直至终老去世，可以说他大半生的艺事活动主要是在常熟，才使得他的第二故乡今常熟市便会也有在国内并不多见的以专门收藏、陈列碑刻、拓片资料的专题性博物馆，即常熟市碑刻博物馆，这与在上述提到的"自晚清以来，苏州已成为江南一带刻碑工艺的重镇"，而今在苏州就有苏州碑刻博物馆的情况相同，倘若探究常熟市碑刻博物馆之渊源，庶几与钱泳不无关系。而对于这一现象，应该说也不是巧合，而它是由于受到了某种与之相关的人、事或文化的影响而形成的一种风气使然。因此，笔者认为开创这一风气的人，应该便是原籍无锡的清代学者、金石学家钱泳。至于他之所以会对金石碑版之学产生浓厚的兴趣，这也许是受到明嘉靖元年（1522）无锡荡口华氏著名收藏家华夏，将其家族所藏剧迹三种编次后摹勒上石，辑刻成明代中期第一部私人刻帖，即《真赏斋帖》的影响[22]等等。这些也堪为笔者在上文中曾述及"因受到他们原籍先辈对于这门工艺深有传统的影响"的内容之一。对于这些，因限于篇幅，在此就不作具体的探究和叙述了。

再说以上已知的这些原籍无锡的刻碑艺人，他们大都出于今无锡市的东乡，即旧时的

金匮县，如鸿声里（今鸿山镇）、硕放、荡口一带，这同样不可能是种巧合，应该是因受到某种传统的影响，或者说是由此而形成的一种风气所致。当然，对于以上有关这方面的探索，笔者至今仅只能说是"初见端倪"而作的初步探索，旨在通过本文，寄希望有志于这方面探索的同好能多予批评和指教。最后把钱泳晚年与苏州相关的一段艺苑故事也作些简述，这可作为增进对上述中提到的"深有传统""风气"的理解。

明代吴门画家文征明曾绘有一册《拙政园诗书画册》，即合绘画、题诗、书法为一体，

这件名作传至清代道光年间，钱泳因途经苏州而得观这件名作，并为之撰写了一篇识跋（图一一），起首云：

> 道光十有三年中秋后七日，余自临安回，道出海昌，从风雨中奉访仲青中翰于长安里（苏州城内旧地名），遂出其所藏文待诏《拙政园图》见示，计二十一幅，待诏既为作记，复有诗歌，作精楷，或小隶书，各系诸幅之后，此衡翁生平杰作也……展玩循环而不厌，摩挲历久而弥新……挑灯得记。梅花溪居士钱泳时年七十有五。

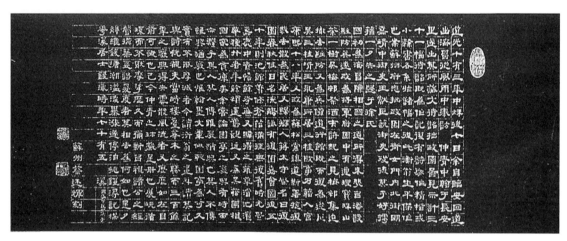

图一一　蔡廷辉镌钱泳跋文徵明《拙政园诗书画册》

再说钱泳不仅为《拙政园诗书画册》撰写了跋文，还以隶书书跋。并且再为该图册题签为"衡山先生'三绝'册"（图一二）。因此该册才被世称为"拙政园'三绝'册"。钱泳之所以对文氏这件作品如此见重，不禁让人联想起文征明晚年曾为友人无锡华夏作《真赏斋图》（现藏上海博物馆）事。再从所见《拙政园诗书画'三绝'册》（民国影印本），即自从有了钱泳的这篇题识，一年后才有清代大书法家何绍基等三人的书跋，至晚清并由学者俞樾（曲园）为该图册题写扉页。直至 20 世纪 80 年代末，苏州市园林管理局、拙政园管理处会同相关专家学者，经反

复研讨、论证后决定将这件明代吴门画家文征明《拙政园诗书画册》连同清代学者、书法家钱泳的书跋、题签，以及清代大书法家何绍基、学者俞樾等四人的题跋镌刻于贞石，以传久远。为此邀聘时任苏州国画院副院长、国家一级美术师，著名金石篆刻家蔡廷辉来担此重任，即把明代吴门画家文征明《拙政园诗书画册》中的 21 幅图、诗书，以及清代学者、金石学家钱泳的题跋、清代大书法家何绍基、晚清学者俞樾等的题跋分别镌刻于35 块书条石。图一三中的这件会集了历明、清至当代艺术家的艺术精品陈列在苏州名园拙政园中部的碑廊中，不仅供海内外游客观

赏，也为该园增添了园林文化。其拓片现陈列于苏州蔡谨士蔡廷辉金石篆刻艺术馆。尤有必要说明的是这件碑刻作品的作者蔡廷辉，便是原籍无锡的苏州"寿石斋"业主周梅谷的再传弟子，蔡廷辉的父亲蔡谨士（1916—1981）早年师从周梅谷学镌碑刻印。而蔡廷辉自幼随父习艺，后又与其父同工作在苏州工艺美术研究所，1976 年后调入苏州国画院[23]。因上述这些与本文题旨相关，遂一并附述如上。

图一二　蔡廷辉镌右起钱泳题签、俞樾写扉页书条石刻

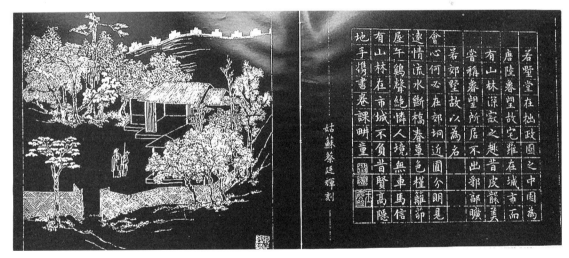

图一三　蔡廷辉镌文徵明《拙政园诗书画册》书条石刻之一

注　释

[1] 苏州碑刻博物馆编：《苏州碑刻博物馆三十周年纪念文集》，西泠印社出版社，2016 年版，第178 页。

[2] 无锡市政协文史资料委员会：《无锡文史资料》第 27 辑，1993 年版，第 110-113 页。

[3] 苏州市地方志编纂委员会、苏州市档案局、政协苏州市委文史编辑室编刊：《苏州史志》，1991年第二辑，《金石萃编》各家墓志全文。

[4] 笔者撰：《清人顾廷煕〈待访录〉手稿故事》，《苏州日报》2014 年 10 月 24 日。

[5] 主要参考由苏州市地方志编纂委员会、苏州市档案局、政协苏州市委文史编辑室编《苏州史志》

1992 年第一、二合辑中所载黄云鹏辑录《苏州历代碑刻名师录》。笔者在参考、引征中以所见碑刻原石、拓片，对其中明显讹误处作了订正。

[6] 今苏州市昆山昆仑堂美术馆编刊的《昆仑堂》2016 年第一期，所载申闻《刻碑名手唐仁斋的姓名与籍贯》一文。有关刻碑作手署名"无锡"或署"古吴"，此种情况笔者所见在黄凤仪、黄慰萱两代人中都有出现。即一指原籍，一指其设肆之地。

[7] 有关唐伯谦的卒年，根据 1934 年国民政府在南京兴建灵谷寺阵亡将士纪念塔、纪念碑、阵亡将士英名碑，工程浩大，由汉贞阁唐仲芳、寿石斋周梅谷共同承揽一事，加上自 1934 年后未见唐伯谦艺迹来推知。

[8] 见黄云鹏辑录《苏州历代碑刻名师录》，由于唐仲芳本人不善碑刻，所以 1934 年由汉贞阁唐仲芳，寿石斋周梅谷共同承揽国民政府在南京兴建灵谷寺阵亡将士纪念塔、纪念碑、阵亡将士英名碑，而该工程的实施由钱荣初主持。

[9] 黄征《秦汉古铜印存》，见于上海工美拍卖公司"2003 年春季艺术品拍卖会"。

[10] 有关周梅谷原籍无锡的依据：一、笔者在撰写《现代金石篆刻家蔡谨士先生传略》采访传主长子蔡廷国时，据告有关其父师从周梅谷习艺的原缘，是由于周梅谷是其母吴志新的干爹。还据其母生前讲起干爹周梅谷原本是无锡人。另见 2016 年第 4 期《苏州杂志》所载作者黄恽《周梅谷虎丘建幢风波》一文，作者在记述这则吴中掌故中均是以当时（1926 年）《苏州明报》、《社会日报》副刊《吴语》等相关报道，内容主要是 1926 年秋周梅谷为是年八十的父母庆寿，特制了一座石质经幢，竖于吴中第一名胜虎丘千人石而引起舆论大哗。其中反对者最大的理由即周是无锡人，竟然私自在苏州名胜古迹立幢。该经幢最终被拆毁。据此周梅谷原籍无锡，应该无疑。

[11] 详可见笔者撰《一百年前抢救〈平江图碑〉的功臣》，《姑苏晚报》2017 年 3 月 13 日。

[12] 黄慰萱镌、张一麐书"赠上尉美国肖特义士传"碑，该碑已毁，而事迹见于政协苏州市文史委员会编 1985 年 9 月刊《苏州文史资料选辑》第十四辑，第 50 页，由吴县政协文史办公室供稿《美国飞行员肖特在吴县殉难前后》一文，并附刊有《肖特义士殉难纪念碑》的照片。

[13] 苏州市地方志编纂委员会、苏州市档案局、政协苏州市委文史编辑室编：《苏州史志》，1992 年第一、二合辑，黄云鹏辑录《苏州历代碑刻名师录》。

[14] 苏州市地方志编纂委员会、苏州市档案局、政协苏州市委文史编辑室编：《苏州史志》，1992 年第一、二合辑，黄云鹏辑录《苏州历代碑刻名师录》。

[15] 曾毅公：《石刻考工录》，书目文献出版社，1987 年版。

[16] 笔者文中所附"图八"周秉钤刻《重建轩辕宫记》碑，系笔者特去苏州市人民路祥符寺巷 36、38 号轩辕宫，亲见嵌于壁间的《重建轩辕宫记》碑，并拍摄。另"图九"由路氏裔孙于清光绪七年（1881）所立的纪念碑，由"同知衔江苏补用知县仁和刘葆宸书，金匮周秉钤刻"碑石图片由笔者友人帮助提供。

[17] 钱瘦铁 1910 年进唐氏汉贞阁当学徒，其时唐文杰尚健在，况且按"学三年帮三年"的旧例，故有可能他兼师于唐氏父子两代。

[18] 陆昱华、沈江编：《陶寿伯印谱》，上海书画出版社，2015 年版。

[19] 王开霖生平事迹，主要参考了《陶寿伯印谱》相关内容，以及 1947 年由冷香阁印社制版行世的《王开霖刻碑》册中相关内容。

[20] 申闻：《刻碑名手唐仁斋的姓名与籍贯》，昆山市昆仑堂美术馆主办：《昆仑堂》，2016 年第一期。在该文中作者还提到"关于汉贞阁的两代主人事迹，素存疑问。陶氏所述，为最直接而准确的记录。唐氏一家寓居城隍庙前（今景德路城隍庙附近），第一代主人唐仁斋卒于民国四年（1915）。据王巨安整理《叶为铭佚稿〈五朝镌刻墓志碑志姓名录〉》载'唐仁斋，名文杰，苏州人，刻戴文节公墓表'。而张晓旭《苏州碑刻》、程章灿《石刻刻工研究》等皆以唐文杰、唐仁斋为两人，分开著录所刻之碑。据《翁同龢日记》光绪二十七年（1901）六月十八日载'苏州开碑帖店之唐文杰（仁斋）寄《七姬权厝志》复本，还之'，则仁斋为唐文杰别号无疑。不过唐文杰并非叶为铭所说的苏州人，他祖籍无锡，设肆后举家定居苏州，故刻碑时附记籍贯，有署无锡者，如《莫祥之墓志铭》末署"光绪辛卯无锡唐仁斋镌"；有署苏州者，如《吴宝恕墓志铭》末署"吴郡唐仁斋"，其

实为同一人。由于在现所能见到的碑刻以及拓片反映，镌刻者有时署原籍，有时署流寓地名的情形颇多。因此，笔者才在上文中有"可以明确肆主原籍为江苏无锡的"之语，即其中难免还有尚未发现署原籍者，只能有待于今后的再发现。

[21]　陈玉堂：《中国近现代人物名号大辞典》，浙江古籍出版社，1993 年版，第 35 页；《常熟日报》社编著：《江南记忆——常熟的那些人和事》，古吴轩出版社，2011 年版。

[22]　盛诗澜：《〈真赏斋帖〉的艺术价值和学术价值》，《大观书画家》2017 年第 2 期。

[23]　有关蔡谨士、蔡廷辉父子从艺师承，一见笔者撰《现代金石篆刻家蔡谨士先生传略》，《苏州史志》2015 年刊，总第四十一辑；二见蔡谨士、蔡廷辉：《拙政园室名印谱·文征明石刻图册——蔡谨士蔡廷辉父子作品合集》，江苏文艺出版社，2001 年版。

1917年无锡开化乡的教育

钱 江[*]

【摘要】历史的编写，就时空而言有代史、年史、日史，有世界史、国家史、区域史，各有所得。本文以"微观史学"为视角，选取一个普通的乡镇——无锡开化乡，定格一个平凡的年份——1917年，通过文献留存的断章残片，希望勾勒起一群教育人对乡村改造的累积，以此表明，凡人琐事的历史价值，还原丰富多彩的昨天教育。

【关键词】1917年 无锡开化乡 教育

20世纪70年代兴起的新史学，深刻影响了半个世纪以来的历史研究，"在本质上以缩小观察规模、进行微观分析和细致研究文献资料为基础"的研究方法——"微观史学"，被众多史家所采用。本文选取一个普通的乡镇——无锡开化乡，定格一个平凡的年份——1917年，通过报章里留存的断章残片，希望勾勒起一群教育人对乡村改造的累积，以此表明，小人物的历史贡献。

一、开化乡及弦歌里的人物

1916年冬，乡绅萧焕梁续修的《无锡开化乡志》付印，它成为该乡有史以来第一部乡史。"开化乡在县西南三十里，东新安，南太湖，西太湖，北扬名""通邑之山，兹乡分半；各区之水，此地占多。夫天地之气，融而为川，结而为岳，萃于片壤，岂偶然哉"[1]。表达了作者对这块土地的挚爱。开化乡为民国

无锡17市乡之一，无锡人习惯把它和新安、扬名三乡合称为"南三乡"。

1917年，是一个普通的年份，对于僻居湖畔的开化乡来说，没有惊天动地的大事发生，乡村一群普通学人的身影闪烁在这普通的时光里。乡董朱鉴涵、乡学务员王干城——他们是乡村教育的组织者；乡绅张子才、浦景堂、董似秋、王伯吹等——他们是新学的有力支持者；校长陆勉时、汤时斋、孙世畴、朱简文等——他们是学堂的领袖；教员周景文、周凤梁、顾轶千等——他们是教学的组织者；学生蒋鼎铭、薛克昌、董德孚、王祥元等——他们是成长中未来的希望。

学堂里飘出学生齐唱的弦歌"漆湖北横溪南流，吾校设立费绸缪。昔名振业今第一，化私为公永存留。济济青年来一堂，业精于勤惜分阴。雪耻强国惟教育，老大伤悲牢记心。诚俭勇勤可为训，斯乃真实之精神。勖哉学生策吾校，力图奋兴方泉镇"。这是乡立第一国民

* 钱江：无锡市滨湖区教育局原党委书记、局长

小学校长陆勉时所作的《校训歌》，书于黑板，悬挂校中，每天晨会他训话结束，学生会引吭高歌，开启新一天的学习[2]。它是配给这段时光的背景音乐。

二、学堂的增添

开化乡虽地处湖畔辟地，但新式教育早已孕育诞生，1900 年，王星陛在南方泉开化文社的基础上创办的养正学堂，为无锡乡区创办新式学堂的起始。到 1916 年，开化乡有公私立学校 15 处，其中公办乡立 11 所，私立 4 所。新学越来越成为更多人的向往，于是学生在增多，学校规模需努力扩充。

养正学堂此时已转由乡办，为乡立第一国民学校。校长陆勉时办学有道，招收学生约百名，原有教室 2 间，难以容纳，于是，陆校长会同乡学务员王干城，向地方商借校西庄公祠，但似乎有困难。位于许舍的第二国民学校，原是租借穆莘田私宅为教室，时被房东因故收回，于是王干城再物色到顾姓住房，"尚合校舍之用，拟向其商借，不过以房金太昂"，不知能否成功。另外第七、八等国民学校也均在寻屋，以便扩充教室。而第十国民学校校长汤时斋，为省立第三师范学校毕业生，编制单极独教，全校课程由其一人承担，"亦不觉其苦"[3]。但乡立的学校因缺乏财政经济的支持，均陷于发展无望的境地。

作为地方教育的具体运作人、乡学务员王干城，身处其中，自有难言之隐。于是，他"以办事种种棘手"，打起了退堂鼓，呈文县署请辞。县知事杨畦九认为：其任职以来，办事"颇著勤能"，故极力挽留[4]。2 月 4 日，县署批文到："据呈已悉。无米之炊，故属为难；筹措无方，亦是实情。该委员与学董同舟共济，理须酌剂盈虚，各抒所见，以资维持；且服务梓乡，尤非服官他方可比，一

经去职，即可无事。应着勉为其难，毋庸固辞……"[5] 这样的指令使王干城也只能硬着头皮坚持下去。

2 月，县署召开全县学务会议，留任的王干城出席并提出了多个议案，如"市乡立学校开学、放学宜归一律案"，"教员已订合同，他市乡不得再行延聘以维教育案"，"规定教员领款日期案"等[6]。回乡后，3 月 11 日，他召集各校长开会，商议地方教育的发展规划[7]。

由于乡教育经费一时无法增加，各校添置教室的计划均受阻。王干城好言劝说各校"只可从不添教室方面商一妥善办法"，暂时维持。第一校原想借庄公祠，但因该祠堂此时正有人聚集修谱，未能借得，只能向附近的善宿庵临时商借。该庵房屋在清末时，就曾一度被划拨充作校址，但此时里面依然设有佛像[8]。迁移佛像遭人反对，这是民国教育人借庙庵办学所经常遇到的事。为此，学校联合地方乡董等联名呈函县署，禀请给谕。县知事当即发布指令，并给予告示，以广而告知。王干城接到此公文后，就偕校长将该庵内的佛像迁移一室，拟于蚕假后作第二教室。但当地还是有无知乡妪，不问事由，又将佛像迁回原处，希望阻止学校迁入。为此，乡董及学务员只得再次备文呈报县府，请求派警执行[9]。

在中国近代新学发展的历程中，传统的读书识字变为国家意志、国家负担的国民教育，因此，私立学校一开始就是以政府办学不足的补充身份出现的。地处董家弄的董氏公祠，祠产殷实，约有二三万金，邻近还有 2 座庵，拥有公产公款数千金。家族里实力人士董似秋、董伯和等了解地方学务日渐发达，求学儿童增多，但苦于缺乏校舍情形后，就拨出公款，在祠庵开办国民学校 1 所，于 3 月 5 日开学授课[10]，吸纳了不少儿童上学。

开化乡学务逐渐发达，但只有男校，"女学则绝无也"。石塘有浦化人，是在上海梵王渡传道科毕业生，为人"乐善好义"，见过世面。他"开风气之先"，回乡创办女子国民学校一所，聘定上海某女士为主任，其妹秀英女士为助教，于 8 月 10 日正式开学，招收女学生有 20 余名[11]，地点就在石塘镇自己宅内。而原租借在他家开办的第六国民学校只能迁移到该镇南首的曹公祠内，那里"屋宇高敞，堪称适宜"，经"鸠集工匠，从事改筑"，于 27 日开学[12]。这不失为两全其美之事。

南方泉镇有王氏公祠一所，内有粮田 200 余亩，房子 10 余间，每年收入约有 1000 元左右。到该年底，族中王正卿、王稷卿、王赞廷、王建谟、王文炳等 10 余人，在三槐堂举行茶话会，畅议地方学务，议决再发起建立学校一所，定名槐荫国民学校，新年正月开学，凡族内王姓子弟入学，一律不收学费[13]。这样，开化乡又将多一所私立学校。从这些新学堂的增添中，我们可以领略一个市乡，一个县域的悄然进化。

三、教育场域里的日常教学活动

1917 年到了，乡立第一国民学校迎来了她的第 18 个春天，这所当地开办最早，办学声誉最好的初级小学，吸引了地方商家子弟入学，毕业生大多出外经商，升入高等小学的不及十分之三。故校长陆勉时就和教员周景文、陆经纬等商议，在晚上添设夜课，由他们义务教授珠算、尺牍，每日自七时到九时[14]，给予学生毕业后更多的谋生技能。

初夏来了，草木繁荣。私立及时国民学校为周仲江创办，聘请热心教育的薛、周两教员任教，故学校发达。他们在课余，提出"建设学校园"的倡议，即现在所讲的校园文化建设，组织学生，在校园内隙地栽种各种花木，以备学生课余游览、观赏[15]。

临近学期结束，乡立第一国民学校召开第一次恳亲会。上午 9 时，振铃开会，所演节目有 50 余节之多。这天来宾达四五百人之多，团体代表有开原乡第二竞化女子小学等，无锡市立第四国民学校的童子军亦到会协助担任守卫，使得会场秩序"颇形整饬"。"学生表演各节亦均纯熟可观，而以蒋鼎铭所讲之'中国史略'为尤佳，观者莫不击节称赏"。学董蒋仲怀君亦登台演讲，表示对学生表演极为满意，又谈了他对学生家族与学校间之间感情联络重要性的看法。洋洋数千言，闻者莫不眉飞色舞。其余学务员吴君及来宾金君的演说"亦颇动听"，散会时已五时半矣[16]。这是学校成绩的展示，也是学校联络社会的契机。不几日，任职两年的乡立第八国民学校校长孙世畴，也在学校组织举行第二次恳亲会。他"办事素称热心，于教授、管理、训练等项，尤为注意"，故把学校办得很有起色，春天曾拟添办第二教室，但"因经费不敷，又以校舍溢窄，不能扩充"，于是他决定利用这次活动，要把这个困难向来宾说说，争取到中秋新学年有好的开端[17]。

盛夏近临，第十一国民学校校长朱简文、教员顾轶千等，利用天气尚未酷热，长日如年，每天于课后，对学生开展演讲，题目有"人之品性及道德"等，希望养成学生完全人格；有时，他们也辅导学生各自练习演说，把这大好时光充分地利用了起来，"故地方父老均皆信仰云"[18]。

秋日和煦的阳光，照耀在开化乡的湖畔山麓。曾办有振蒙初等小学校的校长王伯吹[19]，热心地方公益，10 月，以开化文社名义，发起举行乡公私各校学生字汇课，即联考，聘请本乡书法大家杜锡桢为评阅员[20]。不几日，厚达 72 本的字汇课卷由他全部批阅完成，成绩分甲、乙，由王君分别奖赏，其中获奖学生的名单还刊登上了邑报，甲等 7 人是薛克昌、董德孚、徐洪元、陶志侃、朱光旭、叶如山、杭含耕，乙等 13 人是薛天禄、胡自明、董宗奇、江安澜、张有瑞、顾叔茂、孙浩根、顾廷臣、叶永清、石怀玉、董达孚、谢鸿儒、胡自醒。

四、山外见识的拓宽

对于地处僻壤的湖畔乡村，走出去大开眼界是当务之急。江苏省教育会在上海举行职业教育演讲，开化乡旅外高小教员乐安平、叶志青得此信息，传递回乡。第九国民小学校长朱毓骐、教员杜锡桢等，于 7 月 22 日赴上海听讲，到 30 日下午乘 3 点半快车返锡，顺道在县城无锡县立通俗教育馆参观。这次演讲会，参加者有 200 余人，到会听讲的无锡人占了 15%[21]，这令他们感到自豪。回乡后，他俩相互切磋，商议如何把从大都市听到的变成乡村的实践。8 月 20 日学校开学后，他们就调查学生将来择业志趣。当了解到学生毕业后从业均以营商为多，故就增聘教员陆凤池，有针对性地讲授商业知识[22]；不久，还在操场空隙处开辟学校园一处，让高年级学生实习播种；并设贩卖部，让学生练习商业；还每周添设乡土课，使学生了解本乡地形、物产，培养乡土情怀。此举得到学生家长及学界的广泛好评[23]。

开化乡学董朱鉴涵、学务员王干城"任职以来，整顿学务，不遗余力"。9 月 28 日下午 2 时，两人在第一国民学校邀请各校校长、教员，商议外出参观事宜，到会者有 30 余人，议决于 10 月 1 日出发进城参观省立第三师范附属小学，并公推朱学技、杜锡桢、陆勉时、鲍少牧 4 人为干事员，负责具体安排[24]。参观团进城后，寄寓镇乡公所，"逐日前往参观，颇有心得"。不料预备回来的那天，天公阴雨，教员均未带雨具，启程不便，故在城多待了一

天，至 5 日才"各自乘舟下乡"[25]。雨天增加了他们路途的艰难，但仍难阻他们学习的热情。

10 月，秋高气爽，私立及时国民学校教员为适应日新月异的教育变化，力图革新，联合私立悟生国民学校教员，利用双十节国庆前，往无锡县城参观省立第三师范附属小学，然后于 10 日乘火车赴上海参观。在上海，该团团长周仲江与无锡富商周舜卿商量，得允借住锡金公所，省却了一笔不少的经费。他们 11 日参观万竹小学校，12 日参观商务印书馆及该馆编译所，13 日参观市立西成小学，14 日参观中华书局，15 日参观梅溪小学、爱群女学校，16 日参观浦东六里桥等学校。17 日上午坐 7 点 50 分特别快车返锡[26]，收获满满。新的改革又将开始。

五、教育问题的研究

新学推广到乡村，落地的过程中，必须化解其中的种种困惑。对此，王干城"素抱积极进行主义"，为使教员的教学有一集体的依托，他出面组织当地教员，成立了开化乡小学教员研究会，推举朱鉴涵为正会长，自己屈居副会长，定期召集教员对教学中出现的问题开展研究，并把讨论议决的答案，油印后分发给各校，供教员参考施行。[27]

6 月 24 日，小学教员研究会召开第五次例会。会长朱鉴涵因事未到，由副会长王干城主持。会议先通报相关事宜：一、宣告乡教育经费支出情形，请各校"竭力撙节"，期望大家艰苦共渡；二、通报教育部指令《规定假期修学办法》，国家的制度跨越了省厅、县署，传到了最基层。之后对会员递交的议题，逐项进行热烈的讨论。①提议学生奖励品改用奖状的标准是什么？决议以考试名次而定，每级以前 3 名为限；②学生在课余喜欢"狂呼暴动"，而研究生理的人以为"喧呼跳荡，为身心发育猛

进之表征，然于社会心理极为反抗"，该用什么办法加以纠正？决议学校内设立监护员，课余一切管理，由他们引导注意有规律的运动；③提议手工教材宜用彩色纸，但其价格较普通纸贵，当如何处理？决议选用价廉的色纸等；④女生上体操课，社会有非议，如何解决？决议教员要引导社会，也可暂让男女学生分别做操；⑤学校举行恳亲会，学生父兄到者寥寥，应如何办法？议决开会前应由教员与家庭预作沟通，说明情况争取参加。会议一直开到 5 点多。[28] 所议之事并不大，却均是困惑乡村教育的头痛事。

9 月 28 日下午 2 时，学务员王干城召集各公私立学校校长、教员在第一小学又开研究会，先由王委员通报县公署"办理检定小学教员各项训令"及"转知各教员保持固有学风毋染不良嗜好之训令"。然后开展讨论：一、参观省立师范附属小学案，议决全体赞同，定 10 月 1 日出发至 4 日回乡。二、节省教育经费，以免亏累案，议决原案全体赞成。三、筹办该乡联合运动会经费的安排，决议各校杂费由各校职员捐助；会场经费由学董、学务员捐助；但购置体操器械"尚无的款"，商定等学董、学务员筹到经费后再商办法。[29] 于县署启动了"检定小学教员"，即合格教员资格认定，根据颁发的《检定小学教员规程》的规定，乡里教员陆觉时、朱学技、杜锡桢、陆勉时、王干城等合格免试，不合格的教员压力颇大，"纷向上海商务印书馆定购新体师范讲义，努力用功，以备届时一试"[30]。

六、学生秋游

秋游是学生的年节。方桥镇私立悟生国民学校于 11 月 21 日组织全体学生外出旅行，顺道参观私立及时国民学校及公立第四、第十一校。"一路履声橐橐，国旗飘飘，观者莫不称

赞不置。"[31] 第六校于 12 月 3 日下午也举行旅行，目的地为申明亭，"此地虽无崇山峻岭、茂林修竹、清流激湍，映带左右之美"。但那里办有私立及时国民学校及私立悟生国民学校，可供顺道参观，故行程就这样安排了。兄弟学校的一切对学生来讲也是充满想象的，故"归已日薄西山矣"。[32]

过不几日，南方泉第一、鲍家庄第五、吴塘第八、黄泥田第十等学校，"为活泼学生身体，舒畅学生心志，增进学生见闻"，举行联合冬季旅行，以军嶂山为目的地。这天，各校学生自各校出发，至山麓会师，然后登山到灵观殿内休息片刻；后即拾级而上，到一天门山势稍峻，学生均攀援而再上二天门，直至军嶂山巅。"纵目瞭望，四周皆太湖，汪洋无阻。教员率学生对山上植物一一观察，历半时许。再入寺内访寻古迹，游览良久，到四时十分，学生在寺前集会，齐唱《旅行歌》，然后寻原路返回，"分道回校，则万家灯火时矣"[33]。

这样的安排，既利用了乡土资源，花费不多，又融合了历史、地理、体育、植物等多学科，相信学生一定受益匪浅。后来，从开化乡走出去的学生殷良弼，成为中国著名林学家，当是这样教育浸润的成果。

七、乡村学校运动会

教育家蒋维乔早就指出："夫学校教育，不专尚多识事物，而以造就人物为主。心意也，身体也，务使均齐发达，庶足以造就健全之国民，否则，国民智识虽进，而身体衰弱不足以任艰巨，国力必为之消耗。"[34] 民国初年，作为推广、展示体育成绩举办运动会，在县城的学校已很普遍；而对乡村来说，囿于条件所限，尝试的还是不多。开化乡教育人早有动议，欲汇集地方公私立全部学校，举行声势浩大的联合运动会，显示新学的蓬勃朝气，只

因教育公款寅吃卯粮，无款可拨，久未如愿。

一些学校试图作突围的努力。乡立第十国民小学，校址在黄泥田，与学务员王干城住址相邻，所以，该校打算率先单独举行。至于经费，他们认为："其费虽可极力节省，而即或不敷，该员决不致坐视其难也。"[35] 初定 11 月 4 日举行，地点也借王干城家的稻田。正是万事开头难，不巧的是秋雨连绵，田泥皆湿，于是运动会被迫推迟 [36]。经过耐心的等待，天终于放晴，虽晒了几个太阳，但田里仍是湿滑不堪。于是，场地改设于竹山之巅，那里风景殊佳。11 日下午，秋高气爽、风和日暖。运动场地布置节俭又热烈，四周插上竹竿，围以学生手工课所制的草绳，绳上悬挂了地图旗、万国旗，百余面国旗迎风招展。门首上挂"运动会"三字，两旁有县视学赠联一副："会场开绿栈村边，水净山明，正锻炼国民体格；校址在黄泥田畔，秋高气爽，试表扬童子精神。"入门过跑道为凯旋门。这天到来宾有 3000 余人，可谓空前，运动会由王干城担任会长，陆小槎为总司令 [37]。县视学孙仲襄从城里赶来祝贺，除了赠联外，还专门撰写颂辞一篇："体育一科，关系重要，教育家言之屡矣。而乡村各校之家属则绝端反对之，不以为学当兵，即以为伤身体。自各校提倡运动会，参观者相率偕来，而反对之声稍减。上月，开化各校到城参观，王君干城本拟提倡体育，组织全乡运动会，各教员一致赞同。旋以费绌中止，甚可惜也，独黄泥田第十国民学校定期十一月十一日开会运动……"[38] 对乡村的开篇之举给予了热情的鼓励。

在此带动下，乡立第一国民学校校长陆勉时，教员陆经纬、武霁堂等也不示弱，他们认为："鉴于欧亚通商非尚武不足以立国，欲尚武之目的，非于小学植其基不可。"故联合该乡鲍家庄第五国民学校举行联合运动会，地点在南方泉。邑报预先报道称："届时，定有一

翻之尚武气象也！"[39] 他们把开第一次运动会的时间定在 11 月 18 日，由于会场所用器械是向城里省立三师附小借用，而该校却早已确定于 17 日开运动会，来不及运送。于是他们就把日期提前到 11 月 12 日下午，这成为该乡第一次学校联合运动会。[40] 是日，天朗气清，惠风和畅。午后，男女来宾到者有 4000 余人，虽然场地也是借用农家稻田，十分宽敞，但还是显着拥挤壮观。会场布置节俭，不事繁华，四周也是缆以由两校学生自行搓制的草绳，以示范围。会场飘动的色彩，来于向锡师附小借来插满四周的各种旗帜，它们与近山霜叶两相映耀。会场有门额谓"运动会"，两边有联："昨日黄泥田，今日南方泉，这般小小学生，都是湖山灵秀；发起第一校，联合第五校，□即区区运动，足觇教练精神。"县视学孙仲襄也有赠联："同是庠序，多惭私校无俊彩；均此梓里，毕竟公学有灵光。"入门，来宾席男子在东面，妇人在西面，各校学生在北面，东面设有凯旋门，挂有旧教员的赠联："三年奇教临，讲坛愧我潜化无术；九月间会开，运动感君盛德胜人。"在西门有第八学校的赠联："演体育一科，试观学生尚武；开运动盛会，定卜吾乡增光。"司令台也设西面，出席的县知事杨畦韭及乡董、学务员向运动员赠旗，众皆鼓掌，欢呼震动山谷。运动会结束已傍晚 5 点。县视学孙仲襄对学生发表谈话时总结该运动会："今日有三大特色：一、会场布置，节俭无华；二、学生均著便服，不事形式；三、男女合操，实行尚武精神，会场秩序自始至终，一无稍紊。惟总司令陆小槎先生因师范校务纷烦，未能到会，以殷君乘之暂行代理，稍欠妥贴云。"[41] 运动会节目达 46 个之多，如调律体操、徒手操、球竿竞争、百米赛跑、中国式第一部徒手、恢复路权、短棒第一部、跃踢球、跳高、国技、从军、掩耳盗铃、障碍竞争、算术竞争、横队竞走、孟母三迁等 [42]，

其中有体育运动项目，也有游戏、文艺等，完全是学生们的狂欢节，"为乡校中之破题儿第一遭"。比赛结果，百米赛跑：第一名王祥元，第二名王国瑞，第三名周知；障碍竞走：第一名王祥元，第二名王志青，第三名陈子春。他们的奖品是由学务员各给"开化乡地图一纸"，以资鼓励[43]。无锡的地图是辛亥光复后开始实地测量，历经 5 年，到 1917 年 8 月始告竣，由上海中华书局承印，全套计全县 17 市乡分图 17 张，加总图 1 张，共 18 张，"因成本过钜，所印无多"，所以在当时是十分珍稀之物[44]。

其他一些学校对此十分羡慕，虽无力举办运动会，但也各显神通，开展各种体育活动，以促使学生身心的锻炼。私立及时国民学校是当地规模较大的私立学校，由周仲江于 1913 年（四年前）创办。为提倡尚武精神，学校特成立学生足球会，每至课暇，即率学生到操场分队竞踢，相互比赛"而一般青年学子均精神振足，勇气百倍"[45]。

八、扶贫与赈灾

黄草布是开化乡远近闻名的土产、特产，历来沿山居民采当地黄草梗归，用石灰腌制，令其腐化，然后"剔实刮皮，分皮绩缕，织为希布"[46]，成为当地村民重要的经济来源。但此时，时过境迁，由于草价昂贵，成本颇重，出货又多粗俗，不敌舶来品，故产品销路滞塞，售价日低，操业女子"徒呼奈何"。开化乡旅外求学者，自高等小学至出洋留学的，共有 80 余人。家乡的发展也牵挂他们的心。早在 1916 年 8 月 15 日，他们中的 30 多位利用暑假回家乡，在南泉乡立第一小学内召开大会，公推陈道章为临时主席，杨惺华、殷良弼为临时书记，会议结果选举由杨惺华担任第一任会长，宗旨是坚强联络，服务家乡，成立

"开化乡旅学会"[47]。1917 年暑假，他们再次回乡相聚，在开化文社召开第二次大会，到会的有 38 人，讨论各自的见识，还计划出版杂志，希望能为家乡的发展献计出力[48]。其中杨惺华，回乡见"乡间生计之困难"情形[49]，就大声呼吁，并撰文提议"妇女须有自立之能力"，传统草制品"均拘泥旧法，不能变通，故销路甚滞，妇女仰屋而嗟，生计日绌。若不切实改良，恐无畅销之望"[50]。

周潭桥一带的妇女，"向操织席"，也遭遇此窘态。有张伯藩、张子才等"关心世道，留意社会"，遂纠合同志，在薛巷上某公祠，创设花边传习所，聘请女技师，教授制造花边以及手工手艺，帮助妇女掌握"独立自营之能力"[51]。张伯藩即张怀西之父亲，在地方上是很有威望的教育名人，这也是教育人对地方乡民生计的小小贡献。

1917 年夏秋之际，北方直隶连降大雨，永定河、南运河、潮白河等河堤相继冲溃，洪水泛滥。因这次水灾的受灾区域主要集中于京兆和直隶地区，约有灾民 80 余万人，所以被称为"京直大水灾"[52]。远方灾情的苦难，也漫延到开化乡，地处湖畔的乡人对此有更切身的体会，故纷纷伸出援助之手。第九国民学校教员杜锡桢、陆凤池等，鉴于顺直水灾，哀鸿遍野，故志愿从 10 月份薪水中提出二成，赈济灾民。并在学校里设立义赈箱，将灾区情形演讲于学生，动员学生"撙节果饵之资，捐助义赈"，并刊印白话广告，分贴街衢以及茶坊、酒肆，劝化乡民。地方均称两君"可谓好善为怀，当仁不让"[53]。该校学生"凑集铜元三百余枚，交与校长，并作大洋两元四角，由校长转致乡董，汇津赈济"[54]。

第六、第九国民学校原拟举办运动会，并已筹措到部分经费。当得知顺直水灾后，就决定将所筹之费捐出，"虽救车薪之火，然亦集腋成裘，以尽国民天职"，并把运动会会期推

迟到明年举行[55]。校内还设立赈箱，学生纷纷投钱[56]。第一校学生把"省平日饼饵之费"助赈，两星期募得 2440 文，计合 2 洋元[57]，均交学务员或学董转呈县署。

地方学董殷乘之，11 月 17 日上午在周谭桥镇某茶肆，演讲顺直水灾情况，听者"几至泣下"。在座张履高、皮耀奎两君慨然起立，表示愿承担该镇募捐事宜；不少经商者也纷纷捐资。王干城也从自己 11 月份薪水中"捐出若干"汇津。在他们带动下，第九校教员多人均慷慨解囊。该乡第 2097 图图董浦景堂，虽已老态龙钟，但听了演讲，即装订捐簿一本，向粮户劝募赈款；而 2092 图图董张子才，"品性温和，家产亦丰，素来伏案攻书，不预外务"，听了演讲，也积极参与捐款[58]。以教员为主体的义举，把赈灾活动推向了高潮。

九、平凡中的伟大

平凡的点滴，汇集成伟大。暑假传来消息，开化乡学董殷乘之的胞弟殷良弼（字梦实）自北京高等农业专门学校毕业，成绩名列第一，受教育部嘉奖，被派往日本林场实习，并给官资大洋 480 元，旅费大洋 40 元。殷良弼回乡与家人告别后，即东渡留学[59]。开化乡人感到很是自豪，这是他们培养的后生。

政府对开化乡教育的肯定和表彰也不时传来。县视学孙仲襄到乡立第三国民学校视察，见学生陈三保"天分尚优、颇能勤学"，"而平时绝不旷课"，就奖励水笔 1 支、习字本 1 册[60]。到第十国民学校视察，见二年级学生郑桂生缀法成绩优良，慷慨奖给物品，并将其作文油印，广为传阅。这样还不够，他又专门为该学生撰写了 3 首诗："我爱郑桂生，天分甚聪明。绝不假思索，妙手似天成。""顷刻十二行，行行均分清。乡校得此子，奇才莫与京。""我戒郑氏子，意气勿自盈。我愿郑氏

子，精益求其精。并愿十校诸同学，各自猛力各竞争。"[61]给予热情的鼓励。

秋天，收获的季节，县视学孙仲襄在视察全乡教育结束后，将所写的《视学报告》呈报县署。12 月 6 日，县知事杨畦九阅后的训令下发乡学务员王干城，报告中统计：1917 年，开化全乡公私立国民学校增加到 17 处（其中乡立 11 处，私立 6 处，包括当年新办女校 2 处），共计男生 774 人，女生 90 人，合计学生达 864 人。报告并对多所学校及教员、学生给予嘉奖。所以地方报纸称："吾邑学校约有三百余所，于前清时奉旨嘉奖者，只有竢实一校；入民国后，传令嘉奖者有泾皋小学某教员，余不数数。觏此次开化乡立学校共十一处，而得奖者竟有六校之多。该乡教育之优良，于此可见前途之进步，正未可量云。"[62]

这一年，无锡开化乡立第十国民学校曾编有《无锡开化乡立第十国民学校二周概略》一书，内分小史、教管概要、校外联络概要、本校规程、本校表薄、本校经费六章[63]，也算是这段教育历史记录的一个文本，只惜该书已佚失，不然，我们可更多地来叙说这一年的旧事。

开化乡的 1917 年过去了，这是一个收获的时光，这是一个值得怀念的年岁！

注　　释

[1] 王抱承编纂，萧焕梁续修：《无锡开化乡志》上卷，1916 年冬刻本，第 1、28 页。

[2] 《开化乡学务一束》，《无锡商务日报》1917 年 3 月 10 日。

[3] 《开化乡学务详志》，《无锡商务日报》1917 年 1 月 7 日。

[4] 《学务委员辞职之挽留》，《无锡商务日报》1917 年 1 月 10 日。

[5] 陆阳主编：《指令开化乡学务委员王肱（即王干城——笔者注）呈再请免职由》，《钱孙卿集·孙庵政论》，团结出版社，2017 年版，第 31 页。

[6] 《锡山之最近整理学务谈》六，《无锡商务日报》

1917 年 2 月 12 日。

[7] 《开化乡学务一束》，《无锡商务日报》1917 年 3 月 10 日。

[8] 《开化乡学务琐志》，《无锡商务日报》1917 年 2 月 13 日。

[9] 《乡妪阻扰教育》，《锡报》1917 年 6 月 11 日。

[10] 《开化乡学务一束》，《无锡商务日报》1917 年 3 月 10 日。

[11] 《开化乡创办女学》，《锡报》1917 年 8 月 29 日。

[12] 《校舍迁移》，《锡报》1917 年 8 月 31 日。

[13] 《创办义学之先声》，《新无锡》1917 年 12 月 18 日。

[14] 《开化乡学务近讯》，《新无锡》1917 年 3 月 16 日。

[15] 《提倡校园》，《锡报》1917 年 6 月 7 日。

[16] 《小学恳亲会详记》，《锡报》1917 年 6 月 16 日。

[17] 《小学校开恳亲会》，《锡报》1917 年 6 月 25 日。

[18] 《热心教育》，《锡报》1917 年 6 月 20 日。

[19] 陆阳主编：《批开化乡公民王垻呈振蒙小学应兴应废请照会学董议覆誊核由》，《钱孙卿集·孙庵政论》，团结出版社，2017 年版，第 35 页。

[20] 《开化乡创办字会课》，《锡报》1917 年 9 月 21 日。

[21] 《职业教育听讲员回锡》，《锡报》1917 年 7 月 31 日。

[22] 《实施职业教育》，《锡报》1917 年 8 月 26 日。

[23] 《热心教育》，《锡报》1917 年 9 月 15 日。

[24] 《开化乡组织参观团》，《锡报》1917 年 9 月 30 日。

[25] 《开化乡参观团之近闻》，《锡报》1917 年 10 月 6 日。

[26] 《开化参观团之行踪》，《锡报》1917 年 10 月 16 日。

[27] 《开化乡学务琐记》，《锡报》1917 年 5 月 28 日。

[28] 《小学教员研究会开会》，《锡报》1917 年 6 月 27 日。

[29] 《开化小学教员研究会记事》，《锡报》1917 年 10 月 2 日。

[30] 《开化乡学务琐闻》，《锡报》1917 年 10 月 11 日。

[31] 《小学旅行》，《锡报》1917 年 11 月 28 日。

[32] 《学校旅行》，《锡报》1917 年 12 月 5 日。

[33] 《乡校联合旅行》，《锡报》1917 年 11 月 29 日。

[34] 蒋维乔：《论学堂轻视体育之非》，《教育杂志》1909 年第 1 卷第 6 期。

[35] 《开化乡运动会之先声》，《锡报》1917 年 10 月 24 日。

[36] 《开化乡运动会改期》，《锡报》1917 年 11 月 7 日。

[37] 《开化小学运动会汇志》，《锡报》1917 年 11 月 15 日。

[38] 《开化乡第十小学运动会续志》，《锡报》1917 年 11 月 16 日。

[39] 《运动会先声》，《锡报》1917 年 11 月 1 日。

[40] 《开化乡运动会改期》，《锡报》1917 年 11 月 7 日。

[41] 《开化小学运动会汇志》，《锡报》1917 年 11 月 15 日。

[42] 《开化乡联合运动会记事》，《新无锡》1917 年 11 月 15 日。

[43] 《开化乡运动会续志》，《锡报》1917 年 11 月 19 日。

[44] 《全县地图出现》，《新无锡》1917 年 9 月 16 日。

[45] 《学务琐闻》，《锡报》1917 年 11 月 7 日。

[46] 王抱承编纂，萧焕梁续修：《无锡开化乡志》下卷，1916 年冬刻本，第 39 页。

[47] 开化乡旅学会编：《本会成立大会兼第一次常会纪事》，《开化乡旅学会成绩录》，1918 年油印稿。

[48] 《开化乡旅学会开会》，《新无锡》1917 年 8 月 24 日。

[49] 陆士铭：《振兴本乡实业刍议》，开化乡旅学会编：《开化乡旅学会成绩录》，1918 年油印稿。

[50] 杨惺华：《振兴开化乡实业谈》，《锡秀（无锡）》1918 年第 2 卷第 2 期，第 7 页。

[51] 《开化乡之女子生活》，《锡报》1917 年 9 月 15 日。

[52] 郝红暖：《百年前的民间水灾救济》，《公益时报》2016 年 7 月 26 日。

[53] 《热心筹赈》，《锡报》1917 年 11 月 7 日。

[54] 《小学生慨助义赈》，《锡报》1917 年 11 月 9 日。

[55] 《运动会费改助津赈》，《锡报》1917 年 11 月 18 日。

[56] 《学生助赈之踊跃》，《锡报》1917 年 11 月 12 日。

[57] 《开化乡筹赈近讯》，《锡报》1917 年 12 月 8 日。

[58] 《开化乡筹赈近讯》，《锡报》1917 年 11 月 19 日。

[59] 《教育部资送留学生》，《锡报》1917 年 9 月 21 日。

[60] 《县视学奖励学生》，《锡报》1917 年 10 月 20 日。

[61] 《小学生得奖荣誉之续志》，《锡报》1917 年 11 月 16 日。

[62] 《开化小学传令嘉奖》，《锡报》1917 年 12 月 8 日。

[63] 钱基厚：《无锡开化乡立第十国民学校二周概略序》，《无锡县教育会年刊》，无锡锡成印刷公司1918 年 1 月，第 11 页。

钱基博辞去清华学校教职的因由考析

刘桂秋[*]

【摘要】1925 年 9 月，钱基博至清华学校大学普通部任国文系教授；到 1926 年暑假之前，钱基博就辞去了清华大学的教职。为什么在清华任教不到一年就主动离开了？很久以来，人们都不太明白其中的缘由。本文通过对新发现的史料的考辨分析，以求勾勒出此事的比较清晰完整的面貌。

【关键词】钱基博　清华学校　辞职因由

钱基博先生是我国近代著名的国学大家，也是一位教育大家。1913 年，26 岁的钱基博"委身教育"，开始了他长达四十余年的教育生涯，先后在无锡县立第一高等小学、吴江丽则女子中学、江苏省立第三师范学校、上海圣约翰大学、清华学校（即后来的清华大学）、第四中山大学、上海光华大学、无锡国学专修学校、浙江大学、华中大学（后改名为华中师范学院）等多所学校任教。钱基博在清华学校大学普通部任国文系教授，是从 1925 年 9 月到 1926 年暑假。为什么在清华任教不到一年就主动离开了？很久以来，人们都不太明白其中的缘由。进入 21 世纪以来，随着钱基博写于 1952 年的《自我检讨书》的揭载和傅宏星先生《钱基博年谱》的出版，人们对此事的基本情由有了一个初步的了解。

近年来，笔者又发现了与此事有关的一些新的资料文献，故草拟此文，以求进一步勾勒出此事的一个比较清晰完整的面貌。先看钱基博自己在《自我检讨书》中对此事的回忆如下。

我极爱护所在之学校，然而决不顾恋自身在学校之地位和利益。苟其和我中国人的立场有抵触，我没有不决然舍去……其次，我之脱离清华大学。清华，是美国退回庚子赔款办的，原系留美预备学校。那年，筹改新制大学，就招孟宪承和我一同去了。清华的洋化生活，和圣约翰一样；而同事的拜金主义，尤其严重。同事谈话，公开的计较薪水多少，却是我到清华第一次听到。有一次，曹云翔校长，因为校中酝酿风潮，召开教授会。同事纷纷发言，有一位声诉薪水的不平。我当即说："我们不要谈薪水！我们的薪水，是美国庚子赔款；庚子赔款，是全国四万万人吃了许多苦的血债！我们拿来受用心里本觉得难受；少拿些，少担些罪孽，也心安理得！"薪水问题，会场上就算一句话抹过！散了会，我就拿这一层意思，写信告

---

*　刘桂秋：江南大学人文学院副教授

诉我弟弟，并且附加几句话，说："现在读书人，眼睛只看见钱；不问钱的来源，干净不干净！这样唯利是图，从前人讲的'见利思义'，没有人肯去思；只要有人给他钱，一切可以做；照此下去，中国前途，不堪设想！"不知道怎样，上海《申报》附张《自由谈》，将我信里这一段话登载了。有一天，在校内工字厅，碰到余日章的弟弟余日宣，就指着这一段自由谈问我？我知道此君心地极厚，并无恶意，我就向他说明我的意思。余日宣也以为然。那〔哪〕知后来有人告我，曹校长因此很不痛快我，且嘱向我致意，不要发不利本校的意见。我就答："很容易，曹校长认我不利本校；我到暑假跑就好了！我也知道现在全国大学的待遇，没有一个比得上清华！这一只金饭碗，没有人舍得抛；我有决心抛给曹校长看。"到了暑假将近，校长室送了续聘三年的约书，我就退回了！校长室送了三次，我勉强接了；然而我一回到南边，我七十八岁的父亲死了；我心里悲哀，我决心不去了！后来我知道曹校长很后悔。这是我脱离清华的所以。[1]

上引《自我检讨书》里说的"上海《申报》附张《自由谈》，将我信里这一段话登载了"，经检索，指的是《申报》的《自由谈》副刊上所载的范烟桥的《宾朋小志》一文，其中与此事有关的一段文字曰：

梁溪钱子泉先生（基博）……去年北上，应清华学校之聘。最近清华有风潮，其主因在争薪。先生在议席，侃侃发正谊，谓："清华经费，来自庚款。此实中国国耻史上重可纪念之事。夫不重念此款来自国耻，而以多沾余沥为幸，宁只清华校史之不幸，抑亦国性堕落、万劫不复之征兆。"阖座愕然。后致其弟孙卿先生函，有云："现在此辈留学生，只知贪金钱、侈享

用；而当国家多难之日，绝无戒傲惕厉之心，坐汽车，住洋房，黄金美人，胡天胡常〔帝〕，宁足以成大事、戡大难！倒不如周刚直一辈人，有古侠烈之风也。"[2]

这段文字概述了钱基博对当时清华学校部分教授"争薪"一事所发的感慨议论。最近，笔者在民国时期的无锡老报纸上发现了有关此事的更详尽的报道，或者说是范烟桥文所述之事的最早来源。当时的《新无锡》上，有《清华学潮之邑闻》一文，刊载了钱基博写给他的弟弟钱基厚（字孙卿）和父亲钱福炯（字祖耆）的两封信。文曰：

北京清华大学学生，于去腊十二月二十三日（笔者按：公历为 1926 年 2 月 5 日），因校长驱逐教务长张仲述，突起风潮。邑人钱子潜（笔者按：即钱基博）君，现任该校教授。前日曾寄发两函，致其尊人钱祖耆君，及其介弟孙卿君，详述风潮经过，并加以论断，语甚切当。兹照录两函原文于右，谅亦关心清华校事者所乐睹也。

函一（致钱孙卿）：

余弟如握。夏历十二月二十三日，校中突起风潮。因校长于前一日驱逐教务长张仲述，学生开会讨论，校长出席，宣布张教务长罪状。学生怒谓校长受群小包围，不辨贤奸，起而清君侧。晚十时，兄正吟杜诗消闷，陡闻大声唤口号曰：主持公道，改革清华！曰：挽留张彭春！曰：打倒恶势力！而系之以辞，曰：打（倒）王祖廉（此君一事无所为，月薪三百八十元，乃校长私人）！打倒曹霖生（体育主任，系颜惠卿亲戚，月薪三百八十元，系一不更事之少年，学生最轻视其人也）！打倒徐志诚（学监，此君尚有规模）！打倒全绍文（此君亦系校长私人，月薪四百元，头衔课外作业主任，其实一事不

做）！百余人齐声大呼，赴校长住宅包围，校长辛为屈服，允偕学生代表赴天津，迎张回校（张先一日携眷还天津）。学生以口说无凭，请以书面为据，校长亦如所请，书一纸与之。学生乃呼清华万岁，高唱而退。又呼口号，周行全校。全绍文住宅适当兄卧室之后，辄大呼：打倒全绍文！不下数百声。次日晚，学生全体会议提出惩戒元凶案，通过三人：（一）专门科主任庄君泽宣；（一）王祖廉；（一）徐志诚。经全体学生三分之二以上通过，认为元凶。随赴三人住宅，请其自动辞职。又胁校长许三人辞职。传云校长亦签字答应。现在校中行政人员多在辞职中，而学生主张尚正当，举动则颇有组织、有条理。惟当此大局纷纭，前途如何，正难逆料，兄对于此事，雅不欲论列得失。（中略）正作书间，校中同人通知开教职员谈话会，到会听在座报告，似此次风潮，其主因乃在争薪。兄当发言："清华经费，来自庚款，此实中国国耻史上重可纪念之事实。不垂念此款之来自国耻，而以多沾余沥为幸，宁只清华校史之不幸，抑亦国性堕落、万劫不复之征兆。"主席主张由教职员组织委员会，与学生磋商办法。兄当谓："学校行政，自有校长主持，未便教授代负其责。而此次学生所持以号天下者，曰改造清华，所称虚设机关，滥费国币，我根本表示赞同。如不力图改革，风潮即幸评定，人言亦复可畏。"退席重修一书与校长，声明此层意思。或谓兄言太露骨，必犯当局之忌，兄亦听之而已。然张教务长亦有不是。今接校中油印品，附上一张一阅，亦可见张之为人色厉内荏，非真无瑕疵者也。（下略）

函二（致钱祖耆）：

（上略）校中突起风潮，已详前复余弟信中，迄今相持不解。男曾致校长一信（中略）。又另致学生会书，则大致谓：校长威信，必先尊重；教授进退，当以礼义。聚协以众，既为非法；元凶相谥，尤不为然。反张之中，岂无君子；投鼠忌器，当虞毁器。门内之斗未已，瞰室之鬼或来。近惩俄专，远鉴东大。心所为危，不敢不告。后同学会得此信，颇有少数不快。然男生平不为乡愿，以此精神与同学相周旋，成败利钝，非所逆睹。孟君（该校教授孟宪承）来谈，校长已完全为学生所屈服，允于明日躬自偕学生代表赴天津，向张道歉，迎之回校矣。校中一部分教授，颇希望孟君出，收拾校局，而孟君则坚守静默态度，听其自然变化。究竟如何，且看下文分解。张色厉而内荏，阙德甚多。要之，现在此辈留学生，只知贪金钱，侈享用，而当国家多难之日，绝无戒傲惕厉之心。坐汽车、住洋房，黄金美人，胡帝胡天，宁足以成大事、戡大难？男现虽与若辈同事，实相委蛇，心中实看不起他，倒不如周刚直这一辈共产党，拌的（笔者按："拌的"为无锡方言，意谓舍得，下文"拌命"意谓舍命）杀头，有古侠烈之风，得男敬佩也……要之，来日大难，非能拌命肯耐苦者，决不足以竞存自立，此男所断断言者。（下略）[3]

当时的另一张无锡报纸《锡报》，同一天也刊载了这两封信，只不过开头的编辑导语和《新无锡》有所不同："邑人钱子泉君，近在北京清华学校担任国学教务，颇为全校教职员、学生所翕服。近日清华学校教务长张彭春，因与校中同事意见不洽，提出辞职，致闹成风潮，虽不久即告平息。而孰是孰非，世人尚未明了。钱君曾于前日两次致函其弟孙卿君及其尊翁祖耆先生，报告此次清华风潮起落，极为详尽。"[4]

在《宾朋小志》一文中，范烟桥说自己曾"佣书梁溪"，笔者也发现 1926 年 2 月前后，《新无锡》的副刊上经常刊载他的文章，很可能那一段时间他正好在无锡。钱基博在《自我检讨书》里说自己家书里的一段话不知怎么会被《申报·自由谈》所刊载，据笔者推断，应该是当时在无锡的范烟桥，看到了上引的《新无锡》或《锡报》上的钱基博家书，所以在《宾朋小志》一文中对其中内容进行了摘引。但他摘引时有个小的误差，所引的"现在此辈留学生，只知贪金钱、侈享用……"一节，并不在"致其弟孙卿先生函"中，实际上是给父亲钱福炯（祖耆）信中的一段话。

话说 1923 年秋，张彭春（字仲述）经其兄张伯苓举荐，到清华学校担任教务长，锐意进行改革，起初很得校长曹云祥的信任。但曹云祥后来发现张彭春对清华几有全盘否定的看法，且渐渐地显露出一股骄横之气，对他的看法便有所改变。到了 1925 年 10 月到 11 月之际，曹云祥原拟随颜惠庆去驻英公使馆任职，需要找人代理职务，接着校园内便传出了张彭春将继任校长的消息。后来曹云祥因故未去英国，继续担任清华校长，但原先传出的张彭春将继任校长的消息，却引发了校中"倒张""拥张"两派的争端。迫于一些反对自己的教师的巨大压力，张彭春向曹云祥和校董会递交了辞呈，学校董事会乃于 1926 年 2 月 8 日批准张彭春辞职。学生们挽留张彭春没有结果，但是要求"除恶"，最后大学部专门科筹办主任庄泽宣、机要部主任王祖廉、斋务主任徐志诚三人，被认为是对清华前途发展有妨碍者，被迫辞职。

张彭春的辞职，引发了学生的挽留以及要求改革清华的风潮，而钱基博在家书中，对这次风潮中自己所见闻到的部分进行了较为详尽的描述，可以补以往史料之未备。对于学生的举动，钱基博认为其"主张尚正当，举动则

颇有组织、有条理"；尤其是"此次学生所持以号天下者，曰改造清华，所称虚设机关，滥费国币，我根本表示赞同"。钱基博在家书中提到的致校长曹云祥及学生会的信，后以《钱基博先生为此次学潮致学生会书》为题，刊于《清华周刊》，书曰：

学生会诸君执事：顷上校长书曰："校长钧鉴：昨夜校中职教员谈话会，博以拙于言语，意多未尽，谨为阁下申论之。张教务长心地如何，博交浅非深所知。然自言论风采观之，则'刚毅木讷'或是近仁之器。此次风潮底蕴，言人人殊；然自学生口号推之，则'改造清华'实为人心之所同。'虚设机关，滥费国币'，博日前读钱端升先生之高论如此，此日闻学生之舆论如此，即从前在南中时，闻局外对于清华之评论亦无不如此。此而不图更张，苟有血气心知之伦，安能忍此终古？此而能图更张，则学生亦何爱于一必欲去职之张教务长而拥护之？夫张教务长之所以持以号于学生而得其拥护者，以'改造清华'也。'改造清华'四字，实此次风潮机括，愿校长集思广益，独振乾纲，勿偏听以拂众好，勿寡断以酿后祸，开诚心，布公道，事理得平，人心自靖，学校幸甚，同人幸甚。抑重有进者：清华经费，来自庚款，此实中国国耻史上重可纪念之事实。乃昨读尊著，商兑有'私人争利'之说，而重绎朱君出席之所云云，则以此次风潮，其主因乃在争薪。夫不念此款之来自国耻，而以多沾余沥为幸，宁只清华校史之玷点，抑亦国性堕落万劫不复之征兆。倘再以此相诋，译告外国籍教授，则将贻笑于外人而重为中华民国之羞。博为清华耻之，尤为中华民国国民耻之。幸校长力持大体，戒兹有众，务再以此断断形之笔舌，腾笑客

卿，重贻口实也。干犯威严，死罪死罪。"博之所为掬诚以告当局者，具写如右，以尘众览。惟博于诸君亦有一言。窃谓校长威信必先尊重，教授进退当以礼义。要挟以众，既为非法，元凶相谥，尤不为然。反张之中，宁无君子？投鼠之忌，所虞毁器。门内之斗未已，瞰室之鬼或来。近惩罢俄，远鉴东大，心所谓危，不敢不告，此亦与夫兄言慈，与子弟言孝之意也。校政当图改造，校规尤宜遵守。愚生平不为乡愿，然亦不乐豪暴。聊贡所怀，惟诸君善图利之，不一。钱基博手白。"[5]

据上引可知，在这封致学生会的信中，钱基博先完整地抄录了给校长曹云祥的信，其中谈到他所观察了解到的风潮的动因："此次风潮底蕴，言人人殊；然自学生口号推之，则'改造清华'实为人心之所同。虚设机关，滥费国币……此而不图更张，苟有血气心知之伦，安能忍此终古？……夫张教务长之所以持以号于学生而得其拥护者，以'改造清华'也。'改造清华'四字，实此次风潮机括，愿校长集思广益，独振乾纲，勿偏听以拂众好，勿寡断以酿后祸，开诚心，布公道，事理得平，人心自靖，学校幸甚，同人幸甚。"而对于学生这一边，钱基博一方面在给家人的信中认为其"主张尚正当，举动则颇有组织、有条理"；另一方面，作为一个校中的教授，他又觉得学生的举动尚有过火过激之处，所以在给学生会的信中又这样训诫学生道："校长威信必先尊重，教授进退当以礼义。要挟以众，既为非法，元凶相谥，尤不为然。"

钱基博在写给曹云祥和弟弟钱基厚的信中，都说清华此次风潮，其主因乃在争薪。据苏云峰先生《从清华学堂到清华大学（1911—

1929）》一书记载，"清华学校"时期中国教员的薪水，在当时国内各级学校中，是比较优厚的；但和校中的美国教员相比，平均只有后者的三分之一，因此历年来常有中国教员及学生对此表示不满。而在此次风潮争端中，又有中国教员在"声诉薪水的不平"。关于这次张彭春辞职所引起的学生挽留以及要求改革清华的风潮，内中有着比较复杂的背景和原因，这里不能详述，读者可以参看《从清华学堂到清华大学（1911—1929）》和蔡德贵先生《清华之父曹云祥》两书中的介绍分析。要之，这次风潮争端中有教师在议薪、争薪，但钱基博说"此次风潮，其主因乃在争薪"，却可能是有点以偏概全或以点概面。尽管如此，这本来是钱基博直接向校长本人以及在给家人的信中表达自己的观感认识。虽然其致父亲及弟弟的两封信在《新无锡》和《锡报》上刊登了，其影响也基本限于无锡一地。没想到的是范烟桥在《申报·自由谈》的文章，又引述此语，将这一层意思予以强调，其影响就大大扩展了，甚至引起了校长曹云祥的不快，这就直接导致了性格倔强的钱基博不顾校方的一再挽留，决意辞职离开清华学校。

注　释

［1］钱基博：《自我检讨书》，《天涯》2003年第1期，第71页。

［2］范烟桥：《宾朋小志》，《申报·自由谈》1926年3月3日。

［3］《清华学潮之邑闻》，《新无锡》1926年2月20日。

［4］《清华学校中之一封书　钱子泉君之家书》，《锡报》1926年2月20日。

［5］钱基博：《钱基博先生为此次学潮致学生会书》，《清华周刊》第二十五卷第一期。

无锡贫民习艺所的创建与管理

蔡平娟[*]

【摘要】对无业游民的收容改造古已有之，但成效如何并不清晰。民国年间，无锡一批地方精英为谋求公益事业，创办了无锡贫民习艺所。该所创建初期，在组织架构、财政公开、经费募集、内部管理、品牌推广方面都做了一些积极的探索，取得一定的社会效应。但其经费来源一直不稳定，1934年一次非正常死亡事件引发的骚乱使该所易将，导致其管理江河日下。

【关键词】无锡贫民习艺所　救助　流浪人员

南禅寺一带，现在每天是人流如潮，白相者、进香者、购物者纷至沓来，可70年前这里却十分平静，几百位流浪人员收容在此，接受改造。

一、源　起

民国之前，无锡已设有慈善机构，如恒善堂、慈善堂、普济堂、育婴堂、同仁堂、孤儿院、苦儿堂、救生局等。这些传统的慈善活动以"养"为主，仅止于养而不知教[1]。辛亥革命后，设有一个半官方的拘留所，名为"迁善局"，选址在城中八儿巷（今苏宁大楼南面后门）。该局专门收容私家不孝子弟，如游荡不务正业者、殴打尊亲者、嗜毒成瘾者、赌情成性者，都由家属送至迁善局接受教养，在局内做些搓竹绳及织革等劳动，以做工养活自己[2]。这是无锡贫民习艺所的雏形。

1928年，无锡的缫丝、纺织等工业渐兴，商业日趋繁荣，就业机会增加，但社会游民、乞丐、流落街头者仍然众多，盗窃频起。有鉴于此，一些地方著名人士主张利用无锡各界抗日救国会查封日货所得罚款中指拨的爱国基金，创办无锡贫民习艺所，教授无业游民学习各项工艺，使其成为自食其力的国民。

无锡贫民习艺所选址在南门外南禅寺，时寺屋破毁严重，且寄存了百余具棺木，在地方人士钱孙卿，吴邦周等人的积极游说和地方精英的慷慨赞助下，克服了僧人的阻拦，在南禅寺建造房屋十余间，作为艺徒的宿舍和工厂（图一）。无锡贫民习艺所于1928年开始筹备，1929年1月15日正式成立。

二、组织管理

无锡贫民习艺所的建立，要归功于钱孙卿（1887—1975）（图二）的努力。民国年间，钱孙卿在无锡有着巨大的影响力。1924年11月，

* 蔡平娟：江南大学马克思主义学院研究生

他当选为市公所总董。1928 年起，出任无锡县商民协会主席、商会会长，掌控地方几十年。"孙卿先生并不是一个长袖善舞的商人，所以他除了祖遗的一所典当以外，并不经营任何商业，更不会投机囤积而拥资自肥。可是他有清晰的头脑和犀利的笔锋，他能根据法理替大多数的人说话，他能牺牲一己为着地方福利和人民服务，因此往往为少数的官吏所侧目，而获得多数商人和民众的信仰和拥护，实在是商民的保姆。"[3]

图一　平民习艺所内部风景

图二　钱孙卿

经筹备委员会以及无锡各民众团体召开的

代表大会推选，42 岁的无锡县商会主席钱孙卿出任无锡贫民习艺所董事长。在钱孙卿的动员下，蔡缄三、华绎之、杨翰西、冯云初、俞仲还、华艺珊、吴骥德、程敬堂、苏渭宝、包鉴新、沈济之出任董事，华少纯、徐德音、杨玉英、荣宗敬、蓝仲和出任候补董事，江焕卿、陈湛如、荣德生出任基金保管委员，同时成立董事会。董事会由 21 人组成，负责审核全所一切事宜，由县政府聘任，任期两年，连举可连任。此外，筹备委员会决议，除由县政府聘任的名誉董事外，凡捐助贫民习艺所经费在 500 元以上者，由其呈请县政府聘任为名誉董事。从上述名单上可以看出，这批人物都是当时无锡的地方精英，他们出钱出力，推动地方公益事业的发展。

1929 年 1 月 14 日，经第一次董事会议商议，选任吴邦周（图三）担任所长，处理全所行政，任免职员，分配工作，对于大小事务，掌指挥、监督、纠正裁决之权；姚鸿治为副所长；姚鸿治、苏渭滨、沈济之、徐德音、钱孙卿、吴邦周、吴骥德等为筹备委员；筹备委员会复聘薛明剑、蓝仲和、程敬堂、姚涤新、江应麟、宋少云、吴玉书、张彦文、张铭为设计委员，负责组织设计委员会；徐珠冰负责训育；张生和负责妇女管理；华晋奎处理事务；周伯华负责管理；王勤楚处理工务。

1929 年 7 月，第四次董事会议上，董事包鉴新辞职，后推选孙道始为董事，缪丕成、邱铭九为名誉董事。1930 年 5 月，由于董事任期照章届满，而很多董事离锡他就，于是由县政府函聘钱孙卿、华艺珊、赵子新、蔡缄三、华绎之、秦琢如、华少纯、夏伯周、杨翰西、荣德生、程敬堂、吴邦周、江焕卿、钱凤高、蓝仲和、沈济之、陈湛如、胡念倩、秦亮公、邹同一、冯云初 21 人为董事，候保三、丁福怜、荣宗敬、江禅山为名誉董事[4]。

图三 吴邦周

平民习艺所为了"拉赞助"，设置了名目繁多的挂名委员，但"战斗"在第一线的是所长吴邦周。这绝对是一个无人追求的职位——其工作难度大，压力重。这些流浪人员成分复杂，有些人贫病交加无路可走，有些人则是游手好闲、手脚不干不净、性格暴躁易怒，对这些人收容改造，本应由政府承担，政府垄断暴力机器，拥有强制力，可当时的国民党政府忙于内战，根本无暇这些社会事业。

平民习艺所的成立虽然得到地方政府的批准，但毕竟其是一家社会组织，没有编制没有身份，其"吸引力"非常有限。32 岁的吴邦周之所以被钱孙卿"相中"出任这个费力不讨好的职位，是因为他具备两点：一是有才，有驾驭复杂局面的能力与手段；二是有德，具备奉献精神，能任劳任怨。

无锡贫民习艺所除设董事会、设计委员会、遣置委员会、考试委员会、卫生委员会、经济稽核委员会外，自所长以下设营业、教育、管理、总务 4 处处理一切事务。营业处——管交际、出品、材料、储蓄、考工；教育处——管奖罚、教学、训练、考查、编记；管理处——管医务、警卫、衣食、舍务、登记；总务处——管庶务、设计、收发、文书、会计。此外，事务处设主任一人；事务员若干人，秉承所长主办文书、事务、会计、登记、调查、统计，六项事务；管理员若干人，专门负责管理及赏罚习艺人的一切事务；技师若干人，专门负责教授各项技术事宜；医师二人，按时到所诊治疾病，及会同本所卫生处计划卫生事宜；教书兼会计一人，掌理文版卷宗其收付出纳事宜；财务一人，掌管一切财务；营业员若干人，专门负责采办材料及收售物品事宜[5]。

三、工艺生管理

无锡贫民习艺所首先成立乞丐部，习艺人员为地方真正乞丐。所谓真正乞丐，必无家属、亲戚、朋友及职业可资，而这类人寄生于社会之间，不触犯国家任何法律，习艺所有对其收容教养之责。

无锡贫民习艺所所内有严格的章程与规则：凡是乞丐，不论性别老幼，行政公安机关之解送，均可入习艺所。贫民习艺所工艺生人数额定百名，因场所原因开始实招 50 名为限，其招收范围有严格规定。入所时需履行登记手续，入所者的姓名，籍贯，年纪等，均需经过详细询问。入所时，若患有疾病的收容人，需先送入病室诊治。习艺人一切衣服、饮食、住所、医药等费都由习艺所供应。贫民在所中做的工品，一律由所方出售，所得价值除成本外，剩余利润分作 10 成，3 成作为盈余，3 成作为习艺人自得，4 成为公积及特种奖金。习艺人习艺期限为 3 年，满习艺期 3 年而出所者所得工资全数发还；两年以后取保出所者，所得工资，照 9 折发还；一年以后取保出所者，所得工资，照 7 折发还；半年以后取保出所者，所得工资，照对折发还；半年以前取保出所者，所得工资，如数充公[6]。

为了使贫民、流民、乞丐等弱势群体，掌握谋生之技艺，从而放弃漂泊生涯，能够自食其力，无锡贫民习艺所将收容人习艺放在重中之重。所内设立了多种工艺科目，包括缝纫组、织袜组、印装组、制绳组、泥塑组、造纸组。除了上述纯工艺科目，还有数种不入组而专门负责操作的科目，包括勤务队、烹饪组、书记组、泥工组、理发组。习艺人每天训练 2 小时，运动 1 小时，工作 8 小时。学龄儿童和中年文盲每天上文化课数小时。习艺时间规定严格：早五点至六点，起床点名早操、盥洗、早膳，自修；六点至七点，上课（不上课者工场做工）；七点至十一点，各组正式工作；午十一点至十二点，午膳，洗衣，理发，休息，自修；十二点至一点，上课（不上课者工场做工）；一点至五点，各组正式工作；五点至六点，工场整理收拾和清洁；六点至七点，运动，洗浴；七点至七点半，晚膳，休息；七点半至八点半，训话，常职，娱乐；八点半至九点，点名，自修；九点至明日五点，睡眠。假期为星期日、国庆日、端午、中秋、年假[7]。

所内的习艺人除学习工艺、参加讲堂外，还要参加考试。考试科目包括：工艺奖金、学科（文学教育如国语、算法）、操行、特种任务、运动。考试时期：中年（入所时男或女在 20 岁以上者）将月份做标记，满 12 个月，实行毕业典礼；童子（入所时男或女在 20 岁以下者）将学期做标志，每 6 个月为 1 学期学习，学期终了，实行学期考验，每人须经 6 次学期（即三年半）考试，将历次所学分儿平均，所得分数，即为毕业考试考分。分数比例为：工艺奖金，于规定考季期间中年净存 20

元，童子净存 10 元，占总学分的 20%；学科成绩，于规定考时出题试验，满 100 分，占总学分的 10%；操行成绩，于规定考绩时经考试委员会评定，满 100 分，占总学分的 20%；特种任务成绩，于规定考绩时经考试委员会评定，满 100 分，占总学分的 40%；运动成绩，于规定考绩时经考试委员会评定，满 100 分，占总学分的 10%。毕业考试后待遇：满 10 学分，由习艺所介绍相当职业，或留所任事，给予薪金。9 学分以上者，给予学业证书，准其取保其所谋事，不愿出所者照 7 学分之待遇。7 学分以上者，留所改优待遇，半年中有特效而无过失，照满 10 学分者之待遇。7 学分以下 5 学分以上者留级 1 年。3 学分以上者应予以 1 个月以下 1 日以上之反省。3 学分以下者永做苦工。此外，所内另设相应的讲堂及教堂规则、操场规则、膳堂规则、宿舍规则、惩戒规则、奖励标准等。

乞丐部成立之后，流氓小窃、败家子弟、地痞恶棍、烟徒丸客也被他们的亲戚朋友送至，要求入所接受改造，学习工艺。这些人大多是社会的病菌，是可怜可恨之人，习艺所开始不予收留，但考虑到社会与家庭方面的要求，也予接纳。对于失业无处容身的娼妓，习艺所提出在妇孺部未成立之前由妇女协会负责救济。对于各地流亡来锡者，习艺所积极筹办游民部和救济院。

无锡贫民习艺所自 1929 年 1 月成立起，收容人数不断增长，由最初的不到 100 人，增长到 1930 年的 300 多人。1931 年，所内收容人数有所减少，但人数仍然在 200 有余（图四）。3 年中要求救济者 4000 余人，收容而设法救济出所者有 1000 余人。收容人员年龄最小 11 岁，最大 70 岁，其中大多数人年龄在 15 至 45 岁左右。收容人大部分是无锡籍，一部分是江苏其他各县籍，浙江、安徽、江西、湖南、山东等省籍也占极少部分[8]。

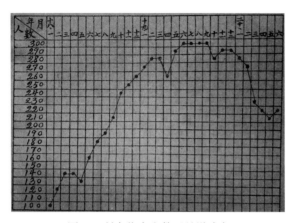

图四　所内收容人数逐月增减表

四、经费管理

无锡贫民习艺所开展的成效，很大程度上取决于经费是否充足。若经费充足，所内活动的开展就有了可靠的保障；若经费缺乏，业务就很难顺利开展。就《无锡平民习艺所专刊》所见，无锡贫民习艺所的经费来源主要有五类：爱国基金、息金收入、干茧附征的积聚金、补助费、其他收入。

爱国基金，即爱国志士组织反日会征收的爱国捐款以及无锡各界抗日救国会查封日货所得罚款中指拨的爱国基金。1929 年，反日会拨交的救国基金有 24614.82 元，占年收入的 50%[9]。

息金收入，无锡贫民习艺所亦有将基金或存款存入银行、钱庄、典当，或购置政府、企业股票债券的举动，以此获得利息收入。息金在无锡贫民习艺所经费中的比重有限。1929年，无锡贫民习艺所息金收入 1123.495 元，占年收入的 2%。1930 年，无锡贫民习艺所息金收入 40.38 元，占年收入的 0.1%[10]。

干茧附征的积聚金，即国民政府时期随干茧税加征的税费积聚金。1929 年，无锡贫民习艺所获得干茧附征的积聚金 15300 元，占年收入的 31%。1930 年，无锡贫民习艺所获得干茧附征的积聚金 4645.736 元，占年收入的

17%[11]。

补助费，即外界给习艺所的补助，分为政府补助及社会补助两种。政府补助，地方财政对习艺所承担一定的经费保障责任，无锡贫民习艺所成立之初，即规定习艺所的经费不足时，"由县政府酌拨补助，并随时设法筹募"。1930 年，无锡贫民习艺所内资金短缺，获得县政府拨款 1110 元，占年总收入的 4%。社会补助，社会团体捐助或个人亦时常有资助习艺院的举动。无锡贫民习艺所的社会补助主要包括：一是 1929 年 7 月 8 日，锦泰、竞成、泰孚、元丰、福成五丝厂赴金坛收茧，因地方扰乱，呈请民政厅拨派省公安队前往保护，最终安全抵达目的地，事后五丝厂追念各队士之勤劳，特以 3000 元作为津贴及犒赏费，但江苏省民政厅长缪丕成以维护地方秩序是省公安队的天职为由，坚决不接受犒赏分文，而考虑到五丝厂诚意可感、热心公益，便将 3000 金拨入平民习艺所，充作经费；二是同年 7 月 10日，广勤纱厂的杨翰西因贫民习艺所办事进步速度，成效显著，捐助 300 元，用来为各艺徒购买各项夏天所需设备；三是同年 7 月，贫民习艺所设置音乐科，实业家荣德生捐助 16 件将前工商中学的军乐乐器，供艺徒朝夕练习。随后，周肇甫亦慷慨解囊，捐助 400 元。四是每逢无锡贫民习艺所周年纪念日，主办董事钱孙卿及所长吴邦周为庆祝无锡贫民习艺所成立，举行庆祝典礼，开募捐游艺大会，各界人士踊跃捐款。1929 年，无锡贫民习艺所获得社会补助 5334.13 元，占年收入的 11%。1930年，无锡贫民习艺所获得社会补助 420 元，占年收入的 1.5%[12]。

其他收入，无锡贫民习艺所还有其他一些收入来源。一是附捐收入，为补助所内经济，无锡贫民习艺所有举办附捐、各业认捐或补助经费的举动。这种"捐"多是强制征收，类似于附加税。无锡贫民习艺所的经济最先由基金

保管委员会负责保管，董事会负责监察支配。1929 年 7 月中下旬，所内基金所剩无几，主办董事钱孙卿及所长吴邦周考虑到所内经济紧张，若没有资金投入，难以维持贫民习艺所的正常运转，于是保管委员改任董事，董事会负责开源、征集铺户捐、管理捐款收入。经过董事会议决定筹募铺户认捐的初步工作，分段聘定募捐委员做动人的演说，鼓动各段积极认捐。7 月 22 日邀请内外各段商店负责人到无锡贫民习艺所举行谈话会，进行劝认街捐。但是由于种种困难，筹募铺户认捐活动进行得并不顺利，除大桥街、打铁桥、北大街等段首先认捐外，其余仍多观望。1930 年 3 月 31 日，董事会议由于所中经济罗掘殆尽，推定江焕卿、程敬堂、蓝仲和、陈湛如、华少纯五董事负责进行募捐事务。5 月 2 日，董事会召集各段领袖人士举行茶话会，推定各段负责人员。五董事和吴邦周所长会同各段负责人员分头接洽，挨户劝认，这次劝捐虽然没有全部成功，但是北门各段都能慷慨认捐，因此所内经济没有陷于绝境。通过计算，其大致数目如下：北大街全段捐款 180.4 元，北塘东街全段捐款 94.5元，长安桥南尖江尖全段捐款 68 元，接官亭全段捐款 55 元，三里桥全段捐款 63 元，北栅口全段捐款 38 元，外黄泥桥全段捐款 97 元，打铁桥全段捐款 74 元，盛巷桥全段捐 21.5 元，大市桥寺后门全段捐款 68.5 元，凤光桥全段捐款 27.5 元，西门全段捐款 97 元，马路全段捐款 73 元，东门全段捐款 41 元，黄泥峰谈渡桥全段捐款 44.7 元，南北长街全段捐款 62.1 元，南塘界德桥全段捐款 44 元，清明桥石晖桥全段捐 38.1 元，伯滨港下唐全段捐款 50.3 元。以上各段，月捐总数达 1100 余元。1930 年，无锡贫民习艺所挨铺认捐所获基金 8388.097元，占年收入的 31%[13]。

二是生产收入，为了补充无锡贫民习艺所经费，所内亦开展工艺活动，以获取收入。1929 年，无锡贫民习艺所获得生产收入 3036元，占年收入的 6%[14]。

由《无锡平民习艺所专刊》可知，无锡贫民习艺所的经济支出主要包括习艺所的创办费、事业费、行政费三个部分。创办费，1929 年无锡贫民习艺所筹备时期，创办费支出 8198.25 元，占年支出的 23%[15]。事业费，直接用于收容人生活、教育和工艺活动的费用。1929 年，所内支出事业费 28063.765 元，占总支出的 76%。1930 年，所内支出事业费 17743.871 元，占总支出的 99%[16]。行政费，主要包括薪工费、办公费、购置费以及各类杂费等。1929 年，所内行政支出 500 元，占总支出的 1%。1930 年，所内行政支出 102.209 元，占总支出的 0.6%[17]。

五、品牌推广

为了扩大无锡贫民习艺所的影响，使社会各界乐于捐助，贫民习艺所本着公开原则，除收支账目对外公开外，还不时实行"开放日"，让各界人士到所了解艺徒的生活和生产情况，认同所内的工艺产品，每逢无锡贫民习艺所周年纪念日，主办董事钱孙卿及所长吴邦周都要举行庆祝典礼并开募捐游艺大会，邀请各界人士观览。

1930 年，周年庆典在南禅寺大悲殿和天井内的礼堂举行，所内挂灯结彩，艺徒布置习艺所宿舍、工场、妙光塔内的物饰，营造一种喜庆、欢悦的气氛。周年庆典长达 10 天，活动的第一天上午，习艺所无需购票，免费对外开放，举行公开展览，此后，需要持票入所。绿色普通票，每张 2 角，作为一般观览游艺之入门证；红色募捐票，每票 5 角，托各机关经募，作为建设上之费用；凡是赞助过习艺所经济或物件者均赠送黄色感谢票，持该票可免费入场。所有的门票收入作为所内开会之费用。

无锡各界积极响应，前来游览者有数万人，包括县长严慎予、省部代表张公、首席检察官张军临、公安局长吴德馨、教育局长藏佛根、书记李惕平、徐用楫、赵子新、陈湛如、周得庵、华艺珊、陆伯及报馆记者等[18]。

周年庆典的活动节目丰富多彩。艺徒表演生产操作技术，文明戏，如：评剧、话剧、京剧、乐园等；武术大家顾念祖等义务登楼，表演国术；童子军理事会理事到所检阅，举行各种课程表演；习艺所附设的妙光短期小学民众学校举行应亲会，并有专学莅临测验童年艺徒国语成绩；童子军三九八团举行营火会；同时，所内设置卖品部，销售本所产品，如袜子、草包、草绳等。为了回馈新老顾客，所内工艺品均低价出售，线布每尺大洋 7 分，13 块毛巾仅售大洋 1 元，游览者因其产品物美价廉，纷纷积极购买[19]。

募捐大会在周年庆典结束后举行。首先，所长吴邦周发表捐赠仪式致辞，他将习艺所近年的基本情况做详细的说明，并表达对习艺所未来的担心与忧虑，对各界人士对习艺所的支持与帮助表示感谢。最后，所长吴邦周真诚希望各界人士可以继续造福地方，用力所能及的行动给予无锡贫民习艺所经济与物资帮助。倡议一经发出，各界人士为无锡贫民习艺所数年内所取得的成就与所内艺徒积极向上的生活态度所打动，积极响应，踊跃捐助。

在周年庆典和募捐大会结束后，无锡贫民习艺所积极征求各界题文及董事照片，出版《无锡习艺所周年纪念刊》，免费赠送给赞助过习艺所经济或物资的各界人士，以此感谢其对无锡贫民习艺所的认可与支持。

无锡贫民习艺所通过举办周年典礼、开办募捐大会，不仅活跃了无锡贫民习艺所艺徒的文艺生活，增加了所内的经费收入，而且使各界人士提高了对所内的工艺产品的认可度，了解了艺徒的生活和生产情况，树立了无锡贫民

习艺所良好的社会形象。

六、社会效应

1929 至 1934 年，无锡贫民习艺所在救助贫困方面发挥了积极作用，它安置了一部分灾民、难民、游民、破产的手工业者、妇女、乞丐、社会不良少年等社会弱势群体，解决了他们的生计问题，把他们改造成自食其力的劳动者，从而净化了社会环境，优化了社会治安，赢得了上上下下各方的好评，但习艺所一直没有稳定的经费来源，刚开始社会捐助还比较积极，其后捐助不断减少，而政府也未能帮助贫民习艺所解决困境，由是习艺所经常面临入不敷出，内部工作人员因薪金问题流动率高，管理出现问题。

1934 年 3 月 23 日，所内一名艺徒因受重大刺激，在床上自缢身死，全所艺徒闻讯后，一致愤慨，实行暴动，将所内的大礼堂、教诲室、医药室及职员宿舍等完全捣毁，并殴伤所长吴邦周。26 日，无锡县长严慎予亲赴习艺所查勘，并召集全体艺徒训话，提出改进所中的若干规则。普通部艺徒的习艺时间缩短为 1 年，特种部缩短为 4 月；对艺徒的膳食进行切实改良，须注意安全卫生；将肇事者解送县府讯办。各艺徒对上述规则较为满意，并纷纷前往工厂，照常做工。随后，习艺所主席董事钱孙卿、所长吴邦周与县长严慎予商谈善后事宜，商议决定：学艺足资生活者，酌予开释；其种子弟属于代管性质，应通知其各家长限 3 日内来所领回，以免再生事端；特书部即日解散。事后不久，所长吴邦周引咎辞职[20]。

自吴邦周离职后，习艺所江河日下，其后数任所长、董事大多初衷并非造福地方，为民服务，而是奔走权门，借慈善事业之名，行中饱私囊之实。原本以"养成贫民生计，推广工

艺"为宗旨的无锡贫民习艺所变成了管理者谋取私利的工具。所内的收容人待遇欠佳、伙食不善、冬季寒衣、生活惨苦，被称为"社会遗忘的角落"[21]，无锡贫民习艺所初期的取得的社会效应逐渐消失。1949 年后，贫民习艺所被撤销，改为劳动收养。

注　释

[1]　薛明剑编辑：《无锡平民习艺所专刊》，无锡博物院资料室藏，1932 年版，第 3 页。

[2]　邹秋涛：《无锡平民习艺所回忆录》，无锡市政协资料室藏，未刊稿，第 1 页。

[3]　《无锡工商人物大集》，无锡市史志办公室编：《民国时期无锡年鉴资料选编》，广陵书社，2009 年版，第 540 页。

[4]　薛明剑编辑：《无锡平民习艺所专刊》，无锡博物院资料室藏，1932 年版，第 10 页。

[5]　邹秋涛：《无锡平民习艺所回忆录》，无锡市政协资料室藏，未刊稿，第 4 页。

[6]　薛明剑编辑：《无锡平民习艺所专刊》，无锡博物院资料室藏，1932 年版，第 16-18 页。

[7]　薛明剑编辑：《无锡平民习艺所专刊》，无锡博物院资料室藏，1932 年版，第 26 页。

[8]　薛明剑编辑：《无锡平民习艺所专刊》，无锡博物院资料室藏，1932 年版，第 32-36 页。

[9]　薛明剑编辑：《无锡平民习艺所董事会民国十九年收支报告表》，《无锡平民习艺所专刊》，无锡博物院资料室藏，1932 年版，第 47 页。

[10]　薛明剑编辑：《无锡平民习艺所董事会民国十九年收支报告表》，《无锡平民习艺所专刊》，无锡博物院资料室藏，1932 年版，第 48 页。

[11]　薛明剑编辑：《无锡平民习艺所董事会民国十九年收支报告表》，《无锡平民习艺所专刊》，无锡博物院资料室藏，1932 年版，第 49 页。

[12]　薛明剑编辑：《无锡平民习艺所董事会民国十九年收支报告表》，《无锡平民习艺所专刊》，无锡博物院资料室藏，1932 年版，第 50 页。

[13]　薛明剑编辑：《无锡平民习艺所董事会民国十九年收支报告表》，《无锡平民习艺所专刊》，无锡博物院资料室藏，1932 年版，第 52 页。

[14]　薛明剑编辑：《无锡平民习艺所董事会民国十九年收支报告表》，《无锡平民习艺所专刊》，无锡博物院资料室藏，1932 年版，第 53 页。

[15]　薛明剑编辑：《无锡平民习艺所董事会民国十九年收支报告表》，《无锡平民习艺所专刊》，无锡博物院资料室藏，1932 年版，第 55 页。

[16]　薛明剑编辑：《无锡平民习艺所董事会民国十九年收支报告表》，《无锡平民习艺所专刊》，无锡博物院资料室藏，1932 年版，第 56 页。

[17]　薛明剑编辑：《无锡平民习艺所董事会民国十九年收支报告表》，《无锡平民习艺所专刊》，无锡博物院资料室藏，1932 年版，第 58 页。

[18]　《平所举行游戏大会》，《锡报》1930 年 5 月 11 日。

[19]　《无锡快迅》，《申报》1930 年 8 月 14 日。

[20]　《无锡平所风潮解决》，《申报》1934 年 3 月 27 日。

[21]　邹秋涛：《无锡平民习艺所回忆录》，无锡市政协资料室藏，未刊稿，第 8 页。

庆丰纺织印染股份有限公司资本总额增长分析

顾纪瑞*　顾乃熙*

【摘要】本文根据上海市档案馆文书档案资料，对创设于1921年的无锡庆丰纺织印染股份有限公司的资本总额增长阶段、增长类型、资本来源和投资效益进行分析，最后对庆丰公司能够不断增资扩股的基本原因作出了评估。

【关键词】资本总额　资本增长类型　资本来源　投资效益

无锡庆丰纱厂创设于1921年，开始是中型纺织厂，到1935年建成纺纱、织布、漂染生产链，纱厂更名为"无锡庆丰纺织漂染整理股份有限公司"，成为无锡著名大型股份有限公司。抗战时期在上海租界设庆丰总管理处，下辖无锡庆丰公司和上海保丰公司，内部简称锡厂、沪厂。1948年9月9日工商部执照改名为"庆丰纺织印染股份有限公司"，文稿简称"庆丰公司"。

本文对庆丰公司资本总额不断增长的阶段、类型、资本来源和投资效益进行分析，所引用的资本总额数据，均根据上海市档案馆馆藏文书档案。几个不同时期资本总额增长的概况是：1921至1937上半年，资本总额从80万元（银元）增加到300万元（法币），增长2.75倍，16年间生产规模迅速扩大。1937下半年至1945年8月，无锡庆丰厂沦陷时期损失巨大，先被日军占据再由日企经营，部分设备迁入上海租界建成上海保丰公司，在特殊条件下艰难发展。1939至1943年单独经营时期，资产负债总额从596万元（中储券）增加至2706万元，增长3.5倍。1945年9月抗战胜利后，庆丰公司于1946年5月调整资本总额，中储券按200:1兑换成法币，再补足缺额，恢复生产，增添设备，基本上填平补齐。1949至1954年间，锡沪两公司资本总额由政府调整核定为1800万元（人民币新币），锡厂1200万元、沪厂600万元，之后未再增资，两厂净资产总值至1953年底增长2.3倍。

一、庆丰公司资本总额的增长和调整经历四个阶段

（一）从创办庆丰纱厂到抗日战争爆发前（1921至1937上半年）

庆丰公司创办时集资目标原定100万元（银元），1921年登记执照的资本总额为80万元，实际到账资本为82.89万元。1922投产，

* 顾纪瑞：江苏省社会科学院经济研究所原所长，研究员

* 顾乃熙：江苏华隆兴进出口股份有限公司财务部原经理

适逢纺织行业萧条，唐保谦和蔡缄三从九丰面粉厂、益源堆栈调度巨额资金注入庆丰，才得以渡过难关。之后庆丰公司进入正常发展，生产规模迅速扩大，不断增资扩股，据公司向政府的报告和股东名册的记载，1931 年增资 60 万元，资本总额达到 140 万元。（另据《庆丰厂史稿·油印本》，1929 年资本总额已达 140 万元；又据庆丰公司 1930 账略，当年实收资本已达 143.25 万元）由于年年盈余，股东年年分到股息，纷纷再投资，1933 年起资本总额达到 250 万元，1937 年 5 月再增资 50 万元，资本总额达到 300 万元（以上均法币）。

1930 年增建的第二工场于 1933 年投产，1935 年又增建漂染车间，形成日产棉纱 177 件、棉布 900 匹、漂染布 3000 匹的生产能力，年产值达 1143 万元，成为无锡著名的大型纺织漂染整理股份有限公司。

1936 年庆丰公司创办人唐保谦去世，公司由留美归来拥有纺织工程和企业管理双学位的次子唐星海接任经理。他一边搞技术改造，一边改革制度，改总管监督制为厂长制，废除工头制改由工程师掌控技术，培训大批技术人员，生产效率提高，企业蒸蒸日上。

（二）抗日战争时期（1937 年下半年至 1945 年 8 月）

1937 年 7 月 7 日，抗日战争全面爆发。10 月 6 日，日军飞机轰炸无锡火车站一带，庆丰纱厂遭到轰炸，损失巨大，以后日军又多次来轰炸。正在欧洲考察引进纺织设备的唐星海立即回国，采取许多应急措施。有序停工、转移资金、账册、物资和设备、遣散职工。一批纺织机械转移到上海租界，从国外进口战前订购的设备，在上海延平路 123 号租地建造厂房，筹建保丰纱厂，于 1939 年 4 月开工投产。关于保丰纱厂的资本额，据《庆丰厂史稿·油印本》记载：保丰厂于 1938 年 8 月开始筹建，

由庆丰公司拨款 150 万元作资本，1939 年 4 月投产。尤学民先生向我们提出，先有 150 万元拨款，工厂登记表上资本 50 万元在后。意思是两个数字有先后，应该相加。我们从档案中找到了证据，证实了上述观点。唐星海在他的《庆丰公司事变以来经过状况》（上海文档号 Q199-20-7）中写道："保丰公司资本原由公司提拨 150 万元，旋因二十八年底止，厂房机器生财资产已值 255 万元，致资产总额与资本之比相差悬殊，迫不得已，又复暂行加拨 50 万元，增为 200 万元（以上均为法币），以维平衡，俟董事会开会报告请求追认。"署名总经理唐星海敬启（此文件无日期，从内容推断写于 1940 年 6 月之后）。

无锡庆丰公司先被日军占领，后由日本大康纺绩会社经营，直到 1943 年 11 月 24 日才发还原主，但大康竟索取巨额添置设备费和修理费。在无锡沦陷时期，庆丰公司曾两次增资扩股，1942 年总资本达到中储券 900 万元，1944 年再增加 10 倍，达到中储券 9000 万元，详情下文细述。

（三）抗战胜利到上海解放前夕（1945 年 9 月至 1949 年 5 月）

在这个阶段，庆丰公司共增资两次。第一次在 1946 年 5 月先进行资本调整，将中储券 9000 万元调整为法币 9000 万元，并补足缺额，然后当年 7 月再增加 3 倍，从 9000 万元增加到 2.7 亿元。5 月份调整资本的股东名册有完整的手抄本，7 月份增加 3 倍的股东名册有完整的复印件。

第二次在 1947 年 10 月，增资后资本总额达到 90 亿元法币。已找到股东名册，在最后结尾处记载共计股东 858 人（因有大量空号和插入号，经逐一复核，实有 855 人），旧股 270 万股，新股 8730 万股，共 9000 万股，每股 100 元，资本总额共 90 亿元。

（四）从无锡、上海解放后到 1955 年公私合营前

1951 年 12 月 15 日，在上海和无锡有关部门共同部署下，庆丰公司按上级指示精神，提出重估财产报表的附件第三个文件《庆丰纺织印染股份有限公司调整资本方案》（包含无锡庆丰和上海庆丰即原保丰），方案的最后结论是第四点：“四、前列二三两项转作资本部分共计人民币 1440 亿元，连同账面原资本额人民币 360 亿元，调整资本总额为人民币 1800 亿元，股份总数仍为 9000 万股，每股金额调整为人民币 2000 元。公元 1951 年 1 月 15 日。”具名用了庆丰公司的长条印章，再加上负责人蔡漱岑、唐瑞千两人的私章。此资本调整方案经上海无锡两市评审委员会批准实施。（据上海文档号 S 30-4-136）

1951 年时的人民币是旧币，资本总额 1800 亿元，1955 年折合新币应为 1800 万元，其中无锡庆丰 1200 万元，上海庆丰 600 万元；每股金额 2000 元，折成新币应为 0.2 元。

无锡庆丰和上海庆丰（后保丰改为庆丰）的资本总额核定后，到公私合营之前都没有再增资，这一点在庆丰公司 1954 年 3 月 31 日主动请求批准公私合营的报告中，提到的资本总额数并没有增加可以得到证实。报告（上海文档号：B133-2-4-147）称：“庆丰纺织印染股份有限公司，是经营棉纺织印染工业的，创立于 1921 年，已有 33 年历史，总公司设在上海，设工厂两处，第一厂在无锡，第二厂在上海。公司资本人民币 1800 亿元（旧币），分为 9000 万股，每股 2000 元，内公股、代管股、冻结股共约占 3.66%，1953 年底的资产净值是 4200 余亿元（旧币）。”

二、不同时期形成不同的增资扩股类型

地处江苏省无锡县城区和上海市的庆丰公司，从投产到公私合营之前的 35 年间（1921—1955），经历了四个不同时期，在三个完全不同性质的政府治下运行。这种历史社会背景，是中国民族工业企业的一种缩影，具有一定的代表性和典型性，这种历史社会背景完全不同于抗日时期的大后方和边区、解放区。庆丰公司经历了正常发展、战乱、沦陷、主动迁移、内部有分有合，企业的发展史相当复杂。若能透彻研究清楚这个案例，会有一定的理论意义和现实意义。

四个时期是：① 1921 至 1937 年上半年，庆丰公司从初创到正常发展，在国民政府治下运行，当时环境比较宽松。② 1937 年下半年到 1945 年 8 月，庆丰公司遭到战争严重破坏，无锡沦陷后，日方强占企业，在日伪政府管治下运行；一部分设备迁入上海租界另建保丰纱厂（后改名上海庆丰），在特殊条件下得到较快发展。③ 1945 年 8 月至 1949 年 4、5 月间，抗战胜利后恢复经济，短期繁荣后，内战爆发，物价猛涨，国统区金融崩溃，公司陷入绝境。④ 1949 年无锡、上海解放到 1955 年公私合营之前，人民政府实行公私兼顾、劳资两利政策，从资金、原料上支持企业迅速恢复生产，进而扩大来料加工，逐步走向公私合营，庆丰公司得到稳步发展。庆丰公司在不同时期一直在不断增资扩股，因处于不同历史背景，股东们有不同的投资动机，公司采取了不同的做法，由此形成不同的增资扩股类型。

（一）1921 至 1937 上半年，从创设到建成大型纺织公司时期

庆丰公司投产时，因筹集到的资本不足预定的 100 万元（银元），1922 年实收资本仅 82.89 万元，开始只拥有纺纱和织布两部分，且不配套，电力设备也不足。后来不断增加资本，在这 17 年中，资本金的增长经历了三

步：第一步到 1925 年达到 99.35 万元，基本上实现了筹资 100 万元的目标；第二步到 1931 年达到 140 万元；第三步 1937 年 4 月达到 300 万元（法币），资本总额增加了 2.62 倍。在这个时期，庆丰公司蒸蒸日上，年年有盈余，实行少分多留办法，年年分红，后来称"官利"，固定年股息 10%，股东们看到前景很好，自愿拿出真金白银增加投资。

公司一直处于不断引进先进设备，不断扩大生产能力的过程之中，大体上也走了三大步。第一步机器设备原值从 1922 年的 105 万元（银元）到 1930 年增至 161 万元，增长 53%。纱锭从 1.84 万枚增至 3.35 万枚（含线锭 0.15 万枚），布机从 250 台增至 400 台，发电能力 2600 千瓦；第二步 1930 年增建第二工场，1933 年投产。机器设备原值增至 289 万元（银元），增长 79.5%。拥有纱锭 3.2 万枚（全厂 6.47 万枚），布机 420 台（全厂 820 台）。增加 2000 千瓦发电能力，连原有的共 4600 千瓦。电力成本每度 0.16 元，仅及戚墅堰电厂价的 1/3，还有剩余电力可供九丰面粉厂磨粉和益源堆栈碾米之用；第三步 1935 年增建漂染车间，至此成为完整的纺织漂染整理公司。形成日产棉纱 177 件、棉布 9000 余匹、漂染布 3000 匹生产能力。

庆丰公司创立的双鱼牌名牌 20 支棉纱，每件纱售价比其他厂的 20 支棉纱高出三、四元，并成为无锡棉纱市场的代表品牌。还不断开发新产品，如 1926 年推出的绒布、1935 年增加的漂色布，都深受市场欢迎。与此同时，庆丰公司还改革企业管理制度，高新聘请技术专家，自主培训专业人才。

生产规模扩大后产品成本降低，扩大了产品的市场份额。于是利润增加，股东们稳定分得股息后自愿增资扩股，这对平衡资本总额与负债购置的大量设备之间的比例关系极为有利，这种状态可以称之为"扩大生产规模型"增资扩股。

（二）1937 年下半年至 1945 年 8 月，抗日战争时期

1937 年七七卢沟桥事变后，日本帝国主义继而在上海发动大规模军事进攻的八·一三事变。庆丰公司董事会在 8 月 15 日开会决定，到上海租界筹建新厂。唐星海亲赴欧洲考察准备引进的纺织设备。10 月 6 日日军飞机轰炸无锡火车站，庆丰公司被炸，损失巨大。唐星海赶回国内，采取了一系列应急措施，其中之一是加速了在上海筹设保丰纱厂。

据唐星海署名的《庆丰公司事变以来往过状况》（上海文档号 Q199-20-7）："二十七年秋董事会议决责成星海筹设保丰公司，至二十八年四月完成织部，五月漂染部告竣，九月纺部开始出货。"其过程（摘录）如下：一是厂址向中华劝工银行租赁延平路申园旧址基地 30 亩，订期 15 年，厂房从简便实用。二是纺机除少数由锡辗转经江北运沪之外，余均向英国购置，计纱锭 10500 枚（后增至 1.5 万枚），织机 372 台，漂染整理机件由源兴昌机器厂制造。三是所需款项，除将以前结余外汇偿付外，又由大通银行、英国一机器制造局担保，分期拨还，尚未付清。二十八年夏沪市金融枯竭，银根紧缩，幸得浙江兴业、大通放给抵押借款及信用透支，始能稍事调剂。四是战事西移，上海环境特殊，秉承董事会决议，厂名加（美商）之名，以资应付。此外，前文已提及，还讲到庆丰先给保丰提拨资本 150 万元，后又追加 50 万元的原因。

唐星海筹设保丰纱厂进展迅速，报告过程很清楚。但还应该看到当时许多特殊条件所起的支持作用。第一，在太平洋战争爆发前，上海租界里的企业仍能继续做进出口贸易。重庆有私下给沦陷区的外汇配额，可用于购买优质印度棉等。第二，保丰的纺织产品大量向南洋

各地销售，能换回外币。第三，保丰规模仅及庆丰一半，但纺纱、织布、印染齐全，需要各类管理人员、纺织技术人员和技术工人，都是从无锡庆丰停产后散居四乡的人员中选调安排赴沪的。第四，保丰全厂的管理制度、技术标准、操作规范，都以庆丰为标准，加以适当调整。从《保丰纺织漂染整理厂汇编》（1941 年 5 月墨林印务局印刷）一书中可以看到，有关 20—23 支纱配花比例表，都是当年庆丰的技术人员经过反复试验制订出多种棉花搭配比例的标准，现换用进口优质印度棉，作了必要调整。由于有这些条件在支持保丰公司，唐星海最后才能自豪地宣布："厂中每日平均可产纱 35 件，织布八、九万匹，漂染 2000 匹，出品为客户所乐用。"

保丰的创业资本系从庆丰提拨，小部分机器从无锡庆丰辗转迁来，大部分进口机器在战争开始时订购，经营主力都来自无锡庆丰。投资动机是"保住一部分资产和经营实力，作为战后的恢复之基础"。其结果是：保丰公司在 1939—1943 年，资产负债总额从 596 万元增加至 3148 万元（法币），年年盈余。（有立信会计事务所逐年查账报告，上海文档号 Q199-20-12。）虽然资本金 200 万元法币系庆丰"提拨"，但这 5 年既是主动迁移创办于上海，又是保丰单独经营时期，这种状况，不妨称之为"应变迁移型"增资扩股。

无锡庆丰在沦陷时期，受到战争严重破坏，建筑物、机器、货物损失 510.9623 万元（购置价，上海文档号 1999-20-11）。庆丰公司先被日军占领，后由日本大康纺绩会社经营，直到 1943 年 11 月 24 日才发还原主，但大康经理大和藤六抛出的备忘录，竟要庆丰"偿还""复旧费"112 万余元日币，折合中储券 623 万元之巨。战事平静后，唐晔如和唐星海弟兄之间的矛盾公开化，矛盾的核心是晔如认为星海在转移黄金、外汇、流动资金上有问题。争吵激烈

时晔如在公司办公室拔出手枪指向星海，星海按了办公桌底下的报警开关，租界巡捕赶到现场，认为是家庭纠纷便撤走。最后是几位老部下出面劝走了晔如。但矛盾依然存在，在日方发还无锡庆丰时，晔如抢先建立一个管理委员会进行了接收工作，后因无力支付大康索取的巨额费用，最后只得让星海为首的董事会接收。

在无锡沦陷后的日伪统治时期，庆丰曾两次"增资"。1942 年第一次增资时，庆丰仍由日本大康纺绩会社经营，奉命从国币 300 万元增资为中储券 900 万元，这是被迫的。1944 年第二次增资时，庆丰公司已发还原主，资本总额从中储券 900 万元增加到 9000 万元，增资的原因是公司出现巨额负债。董事会在民国"三十二年度营业报告书"（文档号 R31-1-301 附件九之六）中讲到必须增资的理由是："十一月二十四日锡厂收回后，因转运大康修理费及转到锡（沪）两厂，双方营运周转，年终负债总额计达一千二百余万元。故于三十三年一月四日董事会议为巩固基础及加强生产起见，有增资案之提出。"在资产负债表中还可以看到，民国三十一年（1942）下期有抵押借款 430 万元，民国三十二年（1943）又有抵押贷款 912 万元，而过去在民国三十一年（1942）上期之前并无抵押贷款的记载。庆丰公司在沦陷时期的两次大幅度增资扩股，是战争造成的巨大损失和需支付大康强索巨额费用直接决定的，因此应属于"战争严重损失被迫型"增资扩股。

（三）抗战胜利后到上海解放时期（1945 年 5 月至 1949 年 9 月）

抗日战争取得胜利，举国欢腾。从社会精英、工商界人士到普通老百姓，都盼望能很快恢复生产，发展经济，社会安宁，生活改善。在第一年也确有起色，无锡许多工厂陆续复工投产。庆丰公司锡厂复工后采取的措施包括：

一是在锡沪两厂之间调整人事班子，加强对锡厂的领导。二是修理厂房，修复和添置机器设备，分批恢复生产。三是采购原料，迅速恢复了在常阴沙和苏北的棉花采购业务。四是招回技术工人，培训技术和管理人员等。

1946 年 5 月进行"资本调整"（上海文档号 Q90-1-249），原法币资本 300 万元，依法恢复以法币为单位，中储券资本按规定的兑换比率折合成法币 43.5 万元。将固定资产增值的 8656.5 万元移作资本，分摊给旧股和新股（每股 96.1833 元），3 万旧股摊到的 288.55 万元如数转作公积金（固定资产增值移作资本金 8656.5 万元应扣除公积金，比率很低仅 3.33%），所形成的 288.55 万元短缺，在征得旧股东同意后，由各新股东如数以现金补足。

据上海文档（Q90-1-249）记载，1946 年 5 月 7 日召开的股东大会，不仅通过了资本总额调整为法币 9000 万元的方案，而且议决再扩大资本 18000 万元，使资本总额在 7 月份又增加三倍达到 2.7 亿元。这是当时整个经济形势决定的，包括纺织行业盈利可观，扩大生产能力急需增加投资，加上物价上涨加快等因素使然。这种出于既应付通胀又多获盈利的目的而增资再加三倍的决策，可以称之为"应对通货膨胀型"增资扩股。

仅仅时隔一年，到 1947 年 7 月，庆丰公司再次大幅度增资扩股。原旧股 270 万股，总资本 2.7 亿元，现增加新股 8730 万股，总资本 87.3 亿元，共 9000 万股，总资本达到 90 亿元。增资后旧股和新股的比例为 2.7∶87.3=1∶32.3333（循环小数），即每 1 份旧股增 32.3333 份新股，旧股加上新股的合计倍数为 33.3333 倍。例如某股东有旧股 3900 股，增配新股后为 3900 股×33.3333=130000 股，股金为 1300 万元，亦即 39 万元×33.3333=1300 万元。

为何时隔一年，需增资 87.3 亿元？这与当时物价暴涨直接有关。上海物价指数 1947 年底比 1946 年底上涨 14.8 倍，到 1948 年 8 月，又比 1947 年底上涨 56 倍。（据王廷谦编《我国近七十年物价简史》）可见庆丰公司增资 33.3333 倍，还不足以应付到 1948 年 8 月。由于所增加的 87.3 亿元资本，绝大部分来自固定资产重估增值，随着物价猛涨重估值必然同步升高，这时的重估值不过是以假相安慰自己。这也是一种"应对通货膨胀型"增资扩股，不过是更加严重的恶性通涨。面对经济崩溃局面，之后庆丰公司也不再搞新的增资扩股了。

以上分析了庆丰公司在不同时期形成增资扩股的不同类型：从创设到 1937 年上半年为"扩大生产规模型"增资扩股。抗日战争时期，主动在上海创办的保丰公司单独经营时期，为"应变迁移型"增资扩股；无锡庆丰公司为"战争严重损失被迫型"增资扩股。抗战胜利后，前期和后期都是"应对通货膨胀型"增资扩股。

（四）无锡、上海解放到公私合营之前时期（1949 年 4、5 月到 1955 年）

1951 年 12 月进行了资本调整，上海无锡两地有关部门核准庆丰公司资本总额为 1800 亿元（无锡庆丰 1200 亿元，上海庆丰 600 亿元，均旧币）。到公私合营前两家企业都没有再增资扩股，经营状况都很好。无锡庆丰缺少公私合营之前的档案资料。据上海庆丰公司历年资产负债表，以 1954 年与 1950 年作比较，资产总额增加 403.54 万元。据上海工商管理局调查表（文档号 C48-2-1270-4），1950—1954 年五年共盈余 685.48 万元，平均每年 137.09 万元，占资本额 600 万元的 22.8%。

三、增资扩股的资金来源

在增资扩股时，股东们投入的股本来自何处？档案资料信息显示，主要有三种来源：一是自筹资金，二是将当年的分红款分摊给老股东抵作股本，三是固定资产重估增值部分。

（1）自筹资金投资。新股东入股必须交"现金"入股，才能办理手续获得股票。所谓现金并非一定要银元现钞，持有可提现的银行存单或钱庄存折等都可以。这些资金最早可能来自薪水开支后的结余，经商的盈余，多年零钱积存，也可能有一部分从亲友处借来。老股东们还可将分得的股息、红利，用于购进新的股票。

（2）以当年红利按旧股分配到户。庆丰1937 年 5 月的增资扩股，以当年待分配的 50万元红利，按旧股数额平均分配到户，作为应交的股银。全公司股份总数：旧股 2.5 万股，新股 0.5 万股，合计 3 万股。新股数相当于旧股数的 1/5，按旧股的 1/5 分配新股，每股股银 100 元。据上海档案馆文档（Q-90-1-1075）《董事监察人调查报告书》称：根据"第十六届股东常会增资五十万元之决议"，"各股东应缴之股银，系由公司按照股额，将本届应发红利五十万元，完全分配发给，如数转入股本项下，业已如数缴清，查核银行存单钱庄存折及现金无误"。例如顾士朴是股东大户，1937年有旧股 573 股，573÷5=114.6，公司分配他114 新股，即增资股银 1.14 万元，这在抗战前夕是相当可观的数目。庆丰公司以待分配红利抵作股银的这种做法，文档记述如此明确清楚，也是仅见的一次。以后分红归分红，增资多少由股东自己决定。

（3）将固定资产重估增值部分转作股本。将固定资产增值部分，根据扩股的需要，按照统一的倍数，转到旧股名下，充作新股的资金来源。如 1942 年、1944 年都是这样增资扩股的。老股东们持有旧股，所增新股都不再交钱，新投资的股东则必须交现金、银行存款单等才能获得新股。

1942 年增资扩股，据上海文档 R13-1-301-1 记载："民国三十一年十月五日股东会决议：……原股银 300 万元计 3 万股……锡沪两厂资产增值，提议增资 600 万元。公决：……在资产增值项下增资 600 万元，连同原有资本共计资本总额为 900 万元，每股 100 元，计 9万股。"股东名册中的股数，旧股 1 股，分给新股 2 股。在股东名册末尾有备注说明："民国三十一年十一月二十五日，以资产增值计股，故缴款年月日栏从略。"

1944 年增资扩股，旧股 9 万股，新股 81万股，合计 90 万股。中储券 9000 万元。据《庆丰纺织公司增资调查报告》（民国三十三年三月十七日）："三、按照二月三日呈请实业部核准增资，依法将锡厂收回（的）资产增值，计中储券 3600 万元转作股本，确实相符。总计本公司资本总额为中储券 9000 万元，分为90 万股，每股 100 元。所有各款俱属确实。"与 1942 年做法相同，1944 年增资的资金 3600万元来自锡厂的固定资产增值，老股东们没有另外缴款。

关于重估固定资产增值转为股本的问题，涉及固定资产增值理论、有关规定和实际操作三方面，现引证有关论述和进行分析。

首先是固定资产增值理论。我国著名会计学专家潘序伦先生在《股份有限公司会计》一书中指出："以盈余转为股本，大体有下列各项方式。一、以法定公积转为股本；二、以任意公积及各种准备转为股本；三、以未分配之盈余滚存及本期纯益转为股本；四、重行估计资产价值，公开秘密盈余而以之转为股本。"[1] "按重估资产价值时，所有资产之增价，每包含两种成份。其一为以前各年度隐藏之营业利益，其二为由资本收益而引起之资本增价。例如固定资产在以前各年度内多提折旧而抑抵之价值。设因重估价值而仍计入账内，则此时因资产增加而增加之盈余，实为过去年度隐藏之营业利益。又如固定资产因时价之高涨而增加之价值，则为一种资本收益，当视为资本之增加数。资本之增加数，无论是否转作股本，总当视为股东投入资本之一部分，则转作股本，反可视为保全此项盈余，不使流作其他用途之一种保障。"[2]

潘序伦（1893—1985），江苏宜兴人，哈佛大学硕士、哥伦比亚大学博士，中国现代杰出的会计专家和教育家。他创办了立信会计事务所，立信会计专科学校和立信出版社。被称为"现代会计学宗师""中国会计之父"。他在《股份有限公司会计》一书中直截了当指出，以盈余转为股本有四种方式，其中第四种重估资产价值，是"公开秘密盈余而以之转为资本"；重估资产增值部分包含两种成份，一为"以前各年度隐藏之营业利益"，二为"由资本收益而引起之资本增价"，包括"固定资产因时价之高涨而增加之价值"。潘序伦先生1940年时在理论上对重估资产增值的阐述，全面、明确、具体。

其次是有关固定资产增值的规定。庆丰公司是按上级规定办理的。前文已提及，据上海档案馆文档R13-1-301-1，1944年增资扩股时，《庆丰纺织公司增资调查报告》（民国三十三年三月十七日）称："三、按照二月三日呈请实业部核准增资，依法将锡厂收回（的）资产增值，计中储券叁千陆百万元转作股本，确实相符。"抗战胜利后，南京政府财政部和经济部曾公布和实施过《工矿运输事业重估固定资产价值调整资本办法》（民国三十五年十二月二十八日，国防最高委员会第二一二次常务会议通过，已从上海档案馆复印到此文件）。1947年两部曾接受中国全国工业协会上海分会呈文中的一部分补充建议，并下发各省市商会转县商会遵照执行。

其三是固定资产增值的实际操作。庆丰锡厂是怎样评估和确定固定资产增值部分的？我们从上海档案馆找到了保存完好的民国三十三

年（1944）一月委托江应麟、严庆龄两位资深工程师做的锡厂全部固定资产估价和开出的证明书。见下文：

《庆丰纺织漂染整理股份有限公司无锡工厂全部资产估价证明书》

迳证明者承委托估计贵公司无锡工厂全部资产事，兹经查得：

厂基155.83亩估值国币壹千万元占市值50.00%；建筑4613.32平方估值国币壹万肆千万元占市值42.17%；机器纺锭36320枚（尚有21328枚在整理中）；织机364台（尚有437台在整理中）；连同马达附件等估值国币式万壹千万元占市值48.75%，共计估值国币叁万陆千万元占市值43.27%。

今按贵公司意见再按照估值十分之一以叁千陆百万元列为资产仅占市值4.33%，殊属确当，除分别另具估价清单外，特此会同证明。此致！

庆丰纺织漂染整理股份有限公司

估计者实业建筑事务所建筑工程师江应麟

泰利制造机器厂机械工程师严庆龄

证明人王家栋会计师

中华民国三十三年一月三日

——摘录自上海档案馆R13-1-301 序230—32/70

综合以上有关理论、国内外规定、实际操作三方面内容，我们认为庆丰公司将固定资产增值部分转作股本的做法，是符合相关理论和规定的，如委托专业人员进行，按市价评估，只分给原股东，只转拨实际需要的数额等。庆丰公司自1942年起到1947年四次大幅度增资扩股的绝大部分资金来源，依靠这种办法得到了解决。

但是，我们最近才找到的南京政府国防最高委员会常务会议1946年12月8日通过的

"工矿运输事企重估固定资产价值调整资本办法"，其中第（七）条规定："依本办法为估价增值时，至少应按照所增估之价值总额五分之一另行招募现金新股。"庆丰公司 1946 年 5 月调整资本时，吸收的新股比例虽然较大，当时固资增值移作股本数 8656.5 万元，现金新股交纳股金 1432.4 万元仅占 16.55%，还没有达到 20%。1947 年招募现金新股数不详。

四、不同时期增资的经济效益

分析不同时期增资扩股的经济效益，统一采用"资本总额与当年盈余之比"的公式进行计算和比较。因不同时期留下的文书报表，分别采用了"当年盈余"和"纯收益"两种不同的会计科目名称，其包括的范围可能不完全一致，只得忽略不计。还有一个涉及币制变动的重要问题，使用的货币不断变化，从银两—银元—法币—中储券—法币—金圆券，需不断换算才能作前后比较。故本文采取简捷办法，将抗战前 15 年视作币值相对稳定阶段（除 1932 年货币计量单位"两改元"之外）可以汇总计算，其余年份只计算当年的盈余率，在年份内求得百分比，再以各年的百分比作相对比较。

（一）抗战之前，1922—1936 年，共 15 年（缺 1929、1931、1932 三年账略，只掌握 12 个年份的数据）。数据实收资本，12 年年平均数 1389400 元；当年盈余，12 年合计 2581741 元，年平均 215145 元；先支付"官利"，12 年合计 1742718 元，年平均 145226 元。资料来源《无锡堰桥顾氏家族和庆丰纱厂》，第 41—42 页，资产负债表和资产损益表。计算在开支总数中，先已支付"官利"，即当年股息 1742718 元，年平均 14.52 万元，再加上年平均盈余 21.51 万元，共 36.03 万元，占 12 年实收资本年平均数 138.94 万元的 25.93%。

（二）抗战时期，只有 1942—1945 年的相关资料。

（1）数据年份纯收益和资本额纯收益占资本额百分比：1942 年上期纯收益 3735490 元，资本额 500 万元，占比 74.71%；1942 年下期纯收益 2540451 元，资本额 900 万元，占比 28.23%；1943 年纯收益 802182 元，资本额 900 万元，占比 8.91%；1944 年纯收益 17932278 元，资本额 9000 万元，占比 19.92%；1945 年纯收益 17813689 元，资本额 9000 万元，占比 19.79%。

（2）资料来源：纯收益数据，根据《庆丰纺织漂染整理股份有限公司沦陷期内历届决算概况报告书》（上海文档号 Q199-20-12）资本额数据，根据相关年度资产负债表及增资报告书，其中 1942 年上期的资本额，按资产负债表为 150 万元，而实际上无锡庆丰 1937 年 4 月的资本额已达 300 万元，再加上创设上海保丰时由庆丰拨款 150 万元，之后又追加 50 万元，合共 500 万元，故已代调整为 500 万元。

（3）计算因四年之间资本额相差悬殊，货币贬值极快，不适合汇总后再加以平均，但仍可进行更符合实际状况的年度分析。1942 年上期收益率高达 74.71%，原因是纯收益中有物价上涨使"存货增值"147 万余元，若扣除此数剩下 226 万余元，收益率将下降为 45.3%；1943 年收益率特别低，仅 8.91%。其原因前文已指出，日企大康纺绩会社强索巨款，造成收回后的无锡庆丰巨额亏损，依靠抵押贷款维持生产；1944 年、1945 年，纯收益率分别为 19.92% 和 19.79%，已十分接近 20%。这是无锡庆丰收回工厂后与上海保丰合并经营，并以固定资产重估增值部分增资扩股后取得的经济效益，应予充分肯定。

（三）抗战胜利后，1946 年的"支配本届盈余案"提供了有用资料。其余 1947 年、1948 年均无相关资料。1945 年，资本金总额 9000 万元，当年盈余 17813689 元，盈利率 19.79%。资料来源据上海文档号 Q99-20-1，1946 年 4 月 23 日，庆丰公司召开临时董事会讨论"支配本届盈余案"，最后决定，当年余额 17813689.28 元，先提公积 10%，再提 20%（折旧、所得税等），余 12825856.22 元，再按十四成二分派。股东得十成，计 9032293.1 元，加上年盈余滚存收入"股记"66398.5 洋元，共计 9098 691.60 元，以 900 万元发给股东股利，其余仍收入"股记"项下，并入下届计算。此外，董监及经理各得一成，各友得二成二。这个方案透露了三个重要数据：①当年余额 17813689.28 元。②分给股东的股息即常规"官利"10%。当年每股可分到 10 元。③经理一人可得一成即 90.32 万元，这报酬是相当高的。

资本的本质是牟利，资本只有在运行中才会增值。衡量投资效益的首要指标是当年盈余占资本金的比重，即资本盈利率。庆丰公司在四个时期的资本盈利率分别为：1922—1936 年平均资本盈利率为 25.93%。沦陷时期，1942 年下半年 28.23%，1943 年 8.91%，1944 年 19.92%，1945 年 19.79%。抗战胜利后，缺相关资料。1950—1954 年上海庆丰五年平均每年 22.85%。其中沦陷时期数据可信度较低，其余年份可信度较高。经济史学界一般认为，股份公司在抗战前资本盈利率达到 25% 以上，属于经营得法，能够不断发展，庆丰公司当年达到了这个水平；沦陷时期 1944 和 1945 年，无锡庆丰收回工厂后与上海保丰合并经营，盈利率能接近 20%，也不容易。这是庆丰公司能够不断增资扩股、长期运行的最基本原因。

注　释

[1] 潘序伦：《股份有限公司会计（原名公司会计）》，商务印书馆，1940 年版，405 页。

[2] 潘序伦：《股份有限公司会计（原名公司会计）》，商务印书馆，1940 年版，408 页。

《江苏艺文志·无锡卷》补遗、订误

廖章荣[*]

【摘要】南京师范大学古文献整理研究所编纂的《江苏艺文志》，是迄今为止规模最大、搜罗最全的一部江苏文献书目，此书对江苏历史、文化的研究具有重要价值。但由于文献浩繁，加上该书成书较早，难免存在遗漏和错讹。就《江苏艺文志·无锡卷》（上、下册），学界已作了部分补正，不过仍存在不少遗漏、错讹。为此，本文就《江苏艺文志·无锡卷》所存在的遗漏、错处作进一步订补。

【关键词】《江苏艺文志·无锡卷》 遗漏 错讹 补遗 订误

自晚清以来，江苏各地编纂的各类艺文志多达数十种（不含藏书目录和地方志中的艺文志），其中以江苏为收录范围的艺文志即有十余种[1]，南京师范大学古文献整理研究所编纂的《江苏艺文志》（全15册）是迄今为止规模最大、搜罗最全的一部。此书"以年系人，以人系书"，对建国以前去世的江苏籍作者（含部分流寓或定居江苏的作者）及其著作（包括现存以及亡佚的作品）做了较为全面、系统的整理，展现了历史时期江苏文化的辉煌成就，"为开展江苏文化史的研究提供了切实的文献基础"[2]。然文献浩繁及其他各方面条件的限制，难免有遗漏和舛误，故自该书问世以来，学界陆续有人对其进行补正。就《江苏艺文志·无锡卷》（上、下册）而言，张耀宗、尹楚兵二人已作了部分补正[3]，但仍存在不少遗漏和讹误有待进一步订补。鉴于此，本文拟对《江苏艺文志·无锡卷》（以下简称《无锡卷》）

的遗漏、错讹再作订补，以期对该书日后的修订有所裨益。

一、遗漏的作者及其著作

据《无锡卷》引言说："本书共收作家4626人，其中无锡市、县2659人，江阴市901人，宜兴市1066人。"实际上，还有不少作者及其著作为《无锡卷》所遗漏。本文所补的8位无锡籍作者及其著作，《无锡卷》均未见著录。

（一）华春《存思四咏》

按：华春，明代无锡人，生平不详，著有《存思四咏》，《无锡卷》未见著录，见于程敏政《存思四咏序》。程氏云："《存思四咏》一编，荐绅士大夫为无锡人，华春所作者也。初，春之祖源长有至性，尝刲股以愈其母顾氏

---

* 廖章荣：湖北大学历史文化学院研究生

之疾，不幸年二十有六以卒，乡人称为孝子。源长之卒也，以子属其母，而不及其妇邹氏，邹以夫之未谅乃心也，乘其疾未革，潜入室自经，时年二十有二，乡人称为节妇。遗孤本常才三岁，赖顾氏教育之，比成，而顾亦去世矣。本常以早失怙恃，而不克竟其祖母之养，又不克显其母之节，题其所居之堂曰存思，感愤终其身。计华氏自顾以迄春，盖更四世，历数十年，音容不接，亦已久矣。而春方且拳拳焉，思慕之不忘，亦可谓之贤也已。四咏者，其一曰托孤抚胤，所以著顾之慈；其二曰舍生明志，所以著邹之节；其三曰乌鸟私情，著本常之好，其祖也；其四曰陟岵瞻慕，著本常之孝，其亲也。"[4] 华春《存思四咏》不见《无锡卷》著录，亦未见诸家藏书目录著录，似已亡佚。

（二）殷佐《龙岩稿》

按：殷佐，字时衡，号龙岩，明代无锡人。殷佐少时即发愤求学，勤苦精究，不分日夜，凡六举而不遇，其后以贡选授赣州府信丰县训导，两年后致仕回乡。唐顺之《信丰训导殷君墓志铭》云："翁为人貌伟，少魁岸，倜傥自负，至老而其气不衰。为人刚直，信己而发无婢阿，至困为卑官以老，亦不能销刚为柔以徇俗。性喜宾客，至老以目故，废里巷往来，及客有至者，欣然扶一童子迎之，不少谢也。年八十有二而病卒……所著有《龙岩稿》，藏于家。"[5] 殷佐《龙岩稿》一书，《无锡卷》未见著录。

（三）过文年《四子棋谱》

按：过文年，字柏龄，明代无锡人，关于其生平，《无锡金匮县志》云："过文年，字柏龄，以善弈游京师，天下高手筑壁垒，攻之者无远不至，卒皆屈于文年。遂群奉为国手，自是数十年天下言弈者以文年为宗。

其人驯雅，有士行，在都时大学士叶向高礼而客之，秦松龄为之传。"[6] 过文年《四子棋谱》，有清宣统三年（1911）上海千顷堂石印本，扉页题"过伯龄先生四子谱"，辛干《无锡艺文志长编》所著录的《四子棋谱》系残本。过文年及其《四子棋谱》《无锡卷》均未著录。

（四）蒋和《古篆古义》《说文字原集注》《学书笔法精解》

按：清代乾隆、嘉庆时期，江苏常州府有两个蒋和，一为无锡县人，一为宜兴县人。宜兴蒋和，字声依（一作笙伊），著有《金鹅山房文钞》《金鹅山房诗钞》，《无锡卷》已有著录[7]。无锡蒋和，字醉峰，乾隆五十一年（1786）举人，"精篆、隶，兼能诗话"。据辛干《无锡艺文志长编》，无锡蒋和著有《说文字原集注》16卷（乾隆丁未刊本）、《古篆古义》1卷（嘉庆丁巳刊本）、《学书笔法精解》（古今文艺丛书本）。无锡蒋和及其著作，《无锡卷》均未著录。又按：李斗《扬州画舫录》云："（蒋和）字醉峰，工书画，著《说文集解》。"[8] 李氏所谓《说文集解》，疑即蒋氏《说文字原集注》。

（五）姚熙绩《正大光明殿复试日记》

按：姚熙绩，原名熙敬，既为诸生，改名熙载，中举后改名熙绩，字缉盫，江苏无锡人。姚氏系咸丰六年（1857）举人，工应制文，从其受业者前后数百人，"多掇巍科、跻仕膴者"，"熙绩性恬退，淡于荣利，三上春官不第，乃决意进取，以课徒终其身。而主讲东林书院，谆谆以圣贤之微旨，启迪后进，学者多感激兴起。"[9] 姚熙绩著述多已散佚，无专集行世，人多惜之，有《正大光明殿复试日记》1卷，《无锡卷》未见著录，其人其书见于辛干《无锡艺文志长编》。

（六）王缵《星轺便览》

按：王缵，字莘锄，清代无锡人。同治元年（1851），王缵举于乡，次年成进士，选翰林院庶吉士，授户部主事。《无锡金匮县志》云："缵文名噪都下，一时问业者甚众。光绪二年典福建试，寻丁母忧，亦卒。"王缵与朱厚基在世皆以勤敏著称，"尤笃乡谊，有以缓急告，靡弗应。皆未满五十卒，乡里惜之"[10]。王缵《星轺便览》1卷，《无锡卷》未见著录，辛干云："（此书）向为邑城王氏家藏之抄本，未经刊行者，县图书馆即据其本缮录之。"[11]据此，此书仅有抄本行世，且流传不广。

（七）王蕴中《河工纪要》

按：王蕴中，字箴复，王缵次子，江苏无锡人。蕴中兄蕴时，光绪元年（1875）副贡，知朝城及济阳县事，兼治黄河，"蕴中随兄抵任所，于河工悉力勤事，期民免于患"。王蕴中著有《河工纪要》4卷，《无锡卷》未见著录，此书见于辛干《无锡艺文志长编》。辛干云："此为王氏家藏原稿本，未经刊行于世。"[12]据此可知，王蕴中《河工纪要》仅有稿本，无刊本流传。

（八）程宏远《宝砚斋遗稿》

按：程宏远（1874—1936），字瑞生，号颂嘉，别号忏僧，晚号罪僧，江苏无锡人。程宏远颇重读书修行，光绪二十七年（1901）补县学生员，肄业于南菁书院，执教无锡各小学校多年。入民国后，程氏先后在无锡女子师范、女子职业、荣氏女学以及上海爱国女学等校任教，从事教育30余年，著有《宝砚斋遗稿》（不分卷）一书，生平详见萧蜕《程君暨配黄夫人合葬墓志铭》。程宏远《宝砚斋遗稿》内容分为散骈文、书牍、笔记、诗、联语、日记六类，此书不见《无锡卷》著录。

二、著作著录不全

《无锡卷》是迄今为止著录无锡籍作者著作最多的一部艺文志，不过该书著录的作者著作并不齐全，如书中著录的秦金、吴鼎、邹鸣鹤、龚灼等人皆有著作遗漏。

（一）秦金《台省奏议》《诸疏类稿》

按：《无锡卷》著录了秦金7种著作，分别是《安楚录》《抚湖政要》《凤山奏稿》《通惠河志》《秦端敏公集》《凤山诗集》。实际上，秦金另有《台省奏议》《诸疏类稿》2种，为《无锡卷》所漏收。明人张衮所撰《明故光禄大夫太子太保南京兵部尚书凤山秦公行状》云："公有文集若干卷，曰《凤山诗集》《抚湖政要》《安楚录》，则既梓行于世，其杂著稿《台省奏议》《诸疏类稿》方缉成编，而公以逝矣。"[13]时人严嵩亦云："（秦金）所著有《凤山诗集》《抚湖政要》《安楚录》，杂著稿《台省奏议》《诸疏类稿》多梓行于世。"[14]时人张衮、严嵩均称秦金著有《台省奏议》《诸疏类稿》两书，可见确有其事。秦氏《台省奏议》《诸疏类稿》未见传本，当已亡佚，其卷帙、内容不详。

（二）吴鼎《考律绪言》

按：《无锡卷》著录了吴鼎《十家易象集说》《易例举要》《易问》《中爻考》《卦变考》《考律绪言摘抄》等10种。据辛干《无锡艺文志长编》，吴氏另有《考律绪言》4卷，系抄本。《无锡卷》著录的《考律绪言摘抄》不分卷，当系四卷本《考律绪言》之节录本。

（三）孙永清《宝严堂诗钞》

按：《无锡卷》著录了孙永清《宝岩斋诗》4卷。王昶《兵部侍郎广西巡抚孙君永清墓志铭》云："（孙永清）在京师与陆副宪锡熊、汪编修学金为诗文友，著《宝严斋诗》八卷，皆和平廉直之音。"[15]此与《无锡卷》所著录的卷数不同。另外，孙氏似有《宝严堂诗钞》一书，王昶《湖海诗传》云："孙永清，字宏图（当作宏度——引者注），号春台，无锡人，乾隆二十四年举人，官至广西巡抚，有《宝严堂诗钞》。"[16]王昶《蒲褐山房诗话》所记亦同，但小注云："选十四首。"据此，《宝严堂诗钞》或为《宝岩斋诗》的选本，两书似乎不是同一书。

（四）邹鸣鹤《道南渊源录》

按：《无锡卷》著录了邹鸣鹤《道齐正轨》《续道南录》《世忠堂文稿》等10余著作，《道南渊源录》则未见著录。《道南渊源录》12卷，有清道光二十八年（1848）年刊本，见辛干《无锡艺文志长编》。

（五）龚灼《读诗管见》《读论管见》

按：《无锡卷》著录了龚灼《读书管见》1卷，龚氏另有《读诗管见》《读论管见》两书，均为《无锡卷》所漏收。另，龚灼之生平，《无锡卷》所记颇为简略，仅云"清金匮人，咸丰五年（1855）恩贡生"。据辛干《无锡艺文志长编》，龚灼字存之，龚桐之子，咸丰五年（1855）恩贡生，"濡家学，性好读书，端居不染时下气，侪辈多景仰之"。[17]

（六）邓乃溥《邓河池日记》《邓河池家训》

按：邓乃溥之著作，《无锡卷》仅著录"诗16首"，而邓氏之《邓河池日记》《邓河池家训》则未见著录。邓氏日记，民国时仅存残本，记事起于光绪二十四年（1898）十月六日，迄于光绪二十七年（1901）八月十四日，辛干云："卷中虽按日为记，而断续缺佚，未能衔接，盖飘零不完之本也。"又云："此本于民国三十七年冬，邑人许同蔺得诸古书摊上，

送县图书馆庋藏，以垂永远。虽残破之编，尚可得见乃溥笔墨，而同蔺留心文献之功，尤不可湮没云。"[18]另据辛干《无锡艺文志长编》，邓氏又有《邓河池家训》12卷，辛干云："（邓）楫所为乃父行述称，著有《家训》十二卷，今此本止三册，未注卷数，殆每册为一卷欤？堪称为仅存之残本也。为同县许同蔺得之古书摊上，送存县图书馆，俾后之人得窥见其一斑焉。"[19]

（七）许珏《许静山先生榷烟奏稿》《许静山先生呈请都察院代奏稿》《锡金戒烟文牍钞》

按：《无锡卷》著录了许珏《论语要略》《许静山烟案折稿汇订》《禁烟牍存》《禁烟汇刊三种》等书，而《许静山先生榷烟奏稿》《许静山先生呈请都察院代奏稿》《锡金戒烟文牍钞》3种著作皆为《无锡卷》所遗，见辛干《无锡艺文志长编》。

（八）杨道霖《光绪各国通商历年赢绌表》《杨仁山先生遗著》

按：《无锡卷》著录了杨道霖5种著作，分别是《平夷策三篇》《通商列表》《日本统计类表要论》《柳州文牍》《柳州公遗诗》。据辛干《无锡艺文志长编》，杨氏另有《光绪各国通商历年赢绌表》1卷、《杨仁山先生遗著》1卷，前者系清光绪十六年（1890）杨氏家刊本，后者为民国三十七年（1948）铅印本，两书均为《无锡卷》所遗。

（九）沈祖约《格物探源》

按：《无锡卷》仅著录了沈祖约《拙斋诗古文稿》一书，据辛干《无锡艺文志长编》，沈氏另有《格物探源》1卷，系民国五年（1916）铅印本。此外，《无锡卷》于沈祖约生平亦无记载，辛干云："祖约字葆三，清光绪二十三年丁酉举人。自幼究心宋儒学，继

乃探讨王、陆之说，而归宗于佛学。痛江河日下，人心日非，必佛学始足以救之。恒集同志三数，讲说无倦，一时从游者，多缙绅学道有得士焉。"[20]

（十）曹偁《江阴伞墩曹氏宗谱》

按：《无锡卷》仅著录了曹偁《古春草堂笔记》一书，实际上曹氏另有《江阴伞墩曹氏宗谱》24 卷（另有卷首 1 卷），系民国六年（1917）木活字本。此书分 16 册，版心题"曹氏宗谱"，目录则题"伞墩曹氏宗谱"。[21] 此外，曹偁之生平，《无锡卷》不载。据《古春草堂笔记》，曹氏系江苏江阴人，生于咸丰三年（1853），字远模，号古春老人。曹氏"自少年入幕，壮岁服官，离乡五十年，足迹半天下，一生精力消磨于治河、听讼、外交政治之中"，"历仕齐、燕州县先后十有二任，依然两袖清风"，民国十四年（1925）由皖归里，遂著此书[22]。

（十一）章霖《西园旅居自述诗》

按：《无锡卷》著录了章霖《扶桑鸿雪日记》《参观学堂笔记》《航海诗存》诸书，章氏另有《西园旅居自述诗》1 卷，系民国初年铅印本，见江澄波《江苏活字印书》。

（十二）章廷华《匀轩诗钞》

按：《无锡卷》著录了章廷华《论文琐言》1 卷，章氏另《匀轩诗钞》2 卷，系民国十四年（1925）铅印本，见江澄波《江苏活字印书》。

（十三）孙静庵《续明史》《太平天国人物志》《夕阳红泪录》

按：《无锡卷》著录了孙静庵《荆驼泣血录》《明史补遗》《栖霞阁野乘》《明遗民录》等 4 种，孙氏另有《续明史》125 卷、《太平天国人物志》8 卷、《夕阳红泪录》8 卷[23]，《无锡卷》均未著录，见辛干《无锡艺文志长编》。又按：《栖霞阁野乘》一书，《无锡卷》及《无锡艺文志长编》均未标注卷数，此书实为 2 卷。

（十四）王蕴章《云外朱楼集》

按：《无锡卷》著录了王蕴章《女艺文志》《然脂余韵》《秋平云室词》《可中亭》《香桃骨》等 9 种，王氏另有《云外朱楼集》为《无锡卷》所遗。《云外朱楼集》分正编、附编，计二册，有民国二十三年（1934）中孚书局铅印本。

三、错讹之订正

《无锡卷》除有遗漏外，尚有不少讹误，张耀宗、尹楚兵针对该书存在的错讹已作了部分订正，但仍存在不少讹误。本文就《无锡卷》存在的书名之误、卷数之误、作者生活年代之误等进行订正。

（一）邹迪光《愚公谷乘》

按：邹迪光《愚公谷乘》，《无锡卷》作"《愚公人乘》"，误。

（二）顾斗光《列女乐府》

按：《无锡卷》据道光《锡金续志》将《列女乐府》卷数误标为 8 卷，此书实为 5 卷，见柯愈春《清人诗文集总目提要》、辛干《无锡艺文志长编》。

（三）唐汝翼《天下郡县水利志》

按：唐汝翼《天下郡县水利志》，《无锡卷》据《无锡县立图书馆乡贤部书目》作"《咸丰郡县水利志》"，不确。辛干云："县图书馆《乡贤著述书目》称是编为《咸丰郡县水利志》，兹仍从其原名而著录之云。"[24] 据此可知，《天下郡县水利志》才是此书书名，《咸丰郡县水利志》不过是当时无锡县图书馆著录的名称。

（四）徐家宝《保富述要》

按：徐家宝《保富述要》，《无锡卷》著作时误标为 2 卷，《保富述要》实际不分卷，全书分为 17 章。

（五）孙鼎烈《永宁山厓从纪程》

按：孙鼎烈《永宁山厓从纪程》卷数，《无锡卷》著录时误标为 2 卷，此书实为 1 卷。

（六）顾森书《师二云居画赘》

按：顾森书《师二云居画赘》卷数，《无锡卷》作 1 卷，误。据辛干《无锡艺文志长编》："是书述其生平所作，与夫眼力之所到者，分《揆古》《协艺》《浪吟》《摘景》四卷，题曰《画赘》，殆仿戴淳士《絮禅居画剩》例也。"[25] 据此，顾氏《师二云居画赘》当为 4 卷。

（七）许珏《论语要略》

按：许珏《论语要略》，《无锡卷》标为 8 卷，辛干《无锡艺文志长编》则作 1 卷[26]，民国《歙县志》亦云许珏"《论语要略》一卷"[27]，江澄波《江苏活字印书》亦云："《论语要略》一卷，清许珏撰，民国十一年（1922）铅印本。"[28] 据此，许珏《论语要略》似为 1 卷，《无锡卷》当著录有误。

（八）杨道霖《光绪通商列表》

按：杨道霖《光绪通商列表》，《无锡卷》作"《通商列表》"，不确。笔者查验原书，此书书名实为《光绪通商列表》。

（九）秦毓鎏《读庄穷年录》

按：秦毓鎏《读庄穷年录》卷数，《无锡卷》误作 1 卷，而此书实为 2 卷。

（十）曹倜《古春草堂笔记》

按：《无锡卷》云"曹倜，清江阴人"，误。曹倜《古春草堂笔记·自序》落款云："民国十六年丁卯十月，古春老人曹倜撰，时年七十有五。"据此，1927 年曹氏已 75 岁，则曹倜当生于咸丰三年（1853），系晚清民国间人。此外，《无锡卷》云《古春草堂笔记》系 1931 年铅印本，亦误。此书牌记云："民国戊辰春仲付印。""民国戊辰"即民国十七年（1928），可知此书刊印于 1928 年。

（十一）蒋士荣《诵芬书局算稿》

按：蒋士荣《诵芬书局算稿》，《无锡卷》云"不分卷"，然据辛干《无锡艺文志长编》云："是书为其演算之稿，曰《借根释例》，曰《求诸约数简法》，都二卷。"[29] 据此，《诵芬书局算稿》当为 2 卷，《无锡卷》著录疑有误。

（十二）辛干《寒香馆遗稿》

按：《江苏艺文志·凡例》云："本书著录上古至清末及部分生于晚清而于 1949 年 9 月 30 日之前去世的江苏籍作者著作。"《无锡卷》著录了辛干辑录的《寒香馆遗稿》，但辛干去世于 1956 年，并不符合 1949 年 9 月 30 日之前去世的条件，此系《无锡卷》误收。

注　释

[1]　江庆柏主编：《江苏地方文献书目》（下册），广陵书社，2013 年版，第 1290-1291 页。

[2]　江庆柏主编：《江苏地方文献书目》（下册），广陵书社，2013 年版，第 1291 页。

[3]　张耀宗：《〈江苏艺文志·无锡卷〉著录江阴市作者及著作的舛误和遗漏》，《江苏地方志》2005 年第 3 期；尹楚兵：《〈江苏艺文志·无锡卷〉补正》，《图书馆杂志》2015 年第 12 期。

[4] 〔明〕程敏政:《篁墩文集》卷 22《存思四咏序》,《景印文渊阁四库全书》第 1252 册, 台湾商务印书馆, 1986 年版, 第 385 页。

[5] 〔明〕唐顺之:《荆川先生文集》卷 14《信丰训导殷君墓志铭》,《唐顺之集》, 浙江古籍出版社, 2014 年版, 第 649-650 页。

[6] 〔清〕裴大中、秦缃业等:《无锡金匮县志》卷 26《艺术》, 清光绪七年（1881）刊本。

[7] 南京师范大学古文献整理研究所编:《江苏艺文志·无锡卷》（下册）, 江苏人民出版社, 1995 年版, 第 1465 页。

[8] 〔清〕李斗:《扬州画舫录》卷 2《草河录下》, 中华书局, 1960 年版, 第 50 页。

[9] 辛干撰, 李广扬点校:《无锡艺文志长编》, 上海古籍出版社, 2015 年版, 第 82 页。

[10] 〔清〕裴大中、秦缃业等:《无锡金匮县志》卷 20《宦望》, 清光绪七年（1881）刊本。

[11] 辛干撰, 李广扬点校:《无锡艺文志长编》, 上海古籍出版社, 2015 年版, 第 83 页。

[12] 辛干撰, 李广扬点校:《无锡艺文志长编》, 上海古籍出版社, 2015 年版, 第 62 页。

[13] 〔明〕张衮:《张水南文集》卷 9《明故光禄大夫太子太保南京兵部尚书凤山秦公行状》,《四库全书存目丛书》集部第 76 册, 齐鲁书社, 1997 年版, 第 676 页。

[14] 〔明〕严嵩:《钤山堂集》卷 28《明故光禄大夫太子太保南京兵部尚书赠少保谥端敏秦公神道碑铭》,《续修四库全书》第 1336 册, 上海古籍出版社, 2002 年版, 第 240 页。

[15] 〔清〕王昶:《兵部侍郎广西巡抚孙君永清墓志铭》,《碑传集》卷 73, 中华书局, 1993 年版,

第 2088 页。

[16] 〔清〕王昶:《湖海诗传》卷 21,《续修四库全书》第 1626 册, 上海古籍出版社, 2002 年版, 第 69 页。

[17] 辛干撰, 李广扬点校:《无锡艺文志长编》, 上海古籍出版社, 2015 年版, 第 7 页。

[18] 辛干撰, 李广扬点校:《无锡艺文志长编》, 上海古籍出版社, 2015 年版, 第 84 页。

[19] 辛干撰, 李广扬点校:《无锡艺文志长编》, 上海古籍出版社, 2015 年版, 第 108 页。

[20] 辛干撰, 李广扬点校:《无锡艺文志长编》, 上海古籍出版社, 2015 年版, 第 115 页。

[21] 无锡市图书馆编:《无锡地区家谱知见目录》, 广陵书社, 2015 年版, 第 41 页。

[22] 曹佽:《古春草堂笔记》, 民国十七年（1928）铅印本。

[23] 按: 辛干《无锡艺文志长编》第 132 页, 据上海新中华图书馆介绍辞, 将《夕阳红泪录》卷数误标为 12 卷。

[24] 辛干撰, 李广扬点校:《无锡艺文志长编》, 上海古籍出版社, 2015 年版, 第 63-64 页。

[25] 辛干撰, 李广扬点校:《无锡艺文志长编》, 上海古籍出版社, 2015 年版, 第 119 页。

[26] 辛干撰, 李广扬点校:《无锡艺文志长编》, 上海古籍出版社, 2015 年版, 第 14 页。

[27] 石国柱、楼文钊等:《歙县志》卷 15《艺文志》, 民国二十六年（1937）铅印本。

[28] 江澄波:《江苏活字印书》, 江苏人民出版社, 1997 年版, 第 311 页。

[29] 辛干撰, 李广扬点校:《无锡艺文志长编》, 上海古籍出版社, 2015 年版, 第 116 页。

博物馆

论地方博物馆馆藏文物的保护与修复工作

许庭嘉[*]

【摘要】 文物修复是文物保护工作的重要组成部分。我国修复技术的历史可上溯至新石器时代，随后持续发展，至 20 世纪中叶形成了现代文物修复的雏形。中华人民共和国成立以后，文物保护与修复逐步规范化，最终形成了现代意义上的文物保护与修复。地方博物馆按照国家相关规定，对文物保护与修复工作进行了规范化管理，对文物保护与修复工作起了一定积极作用，但同时也存在一些问题。针对目前存在的问题以及地方博物馆馆藏文物保护与修复工作的发展现状，可从多方面对地方博物馆馆藏文物的保护与修复工作做进一步提高。

【关键词】 文物修复　地方性博物馆　存在问题　提高措施

一、文物保护与修复——以陶瓷为例

（一）文物保护与修复概念

运动是物质的固有属性和存在方式，任何物质材料自身都在不停运动着。而文物是由各种材料组成的，加之在历史变迁中各种外界环境因素长期作用，从而不可避免地出现腐蚀、生锈、发霉、污斑等问题，同时还伴随着外界因素的干扰，包括人为破坏、自然灾害破坏等。这时，文物保护与修复随之诞生。文物保护是对文物进行预防性保护，意在持久保存文物；而文物修复旨在对于已经损坏或者败坏的文物采取的一种直接干预行为，其目的是恢复文物原貌，秉承"修旧如旧"原则，此二者紧密相连[1]。

（二）陶瓷的保护与修复溯源

自新石器时代早期陶器出现开始，它就与人们的日常生活密不可分，实用性为其第一要素。然而由于陶器本身的特性，在使用中存在破碎的危险，这时人们就想到了采用打孔串绳的方法进行修补再使用。此时的修复还仅仅停留在修补使用层面，尚不属于专业范畴。传伊朗德黑兰（Tehran）新石器时代遗址出土的鹿纹陶钵亦见对称的修补穿孔（图一[2]），即采用穿孔紧缚的接合技艺。

以商代早期瓷器的出现为标志，陶瓷烧制技术进一步提高，陶瓷修复技术也上升到了一个新高度。"没有金刚钻，别揽瓷器活。"以锔瓷为例，其操作手法是先在瓷器上打孔再配以金属锔钉将破碎处重新连接在一起，可以说是打孔串绳的再升级。这种方法的最终目的主要

---

* 许庭嘉：供职于无锡博物院

图一 传伊朗德黑兰（Tehran）新石器时代遗址
出土的鹿纹陶钵

还是为了再使用。昭和四十五年（1970），由收藏者捐赠予东京国立博物馆的青瓷碗（图二[3]），现属日本国家指定的重要文物。碗的近底处有一周裂缝，明代工匠在裂缝两侧施加 6 个铁锔钉后再度送返日本，因锔钉形似马蝗，故命名为"马蝗绊茶碗"。其釉色青翠莹润，是中国浙江省南宋时期龙泉窑所烧造的高档青瓷[4]。明清以来，瓷器烧制技术得到空前发展，瓷器在实用和美观上相辅相成，并且更侧重于美观。除了能够使用以外，瓷器亦被作为观赏收藏之用。从清代乾隆烧制的各种釉彩大瓶中可见一斑（图三[5]）。

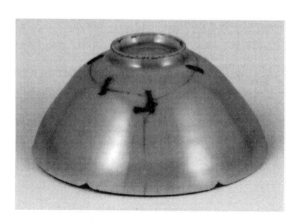

图二 南宋龙泉窑"马蝗绊"铭青瓷碗
（东京国立博物馆藏）

图三 清乾隆釉彩大瓶（故宫博物院藏）

到了民国时期，古玩收藏之风盛行，这就促进了古玩修复业的发展，并逐渐演变成一种行业。20 世纪三四十年代，古董商从古玩收藏中发现了商机，对已经破损的文物采用化学材料进行修复从而达到"天衣无缝"，目的是欺骗买家从中牟取利益。贾文忠在《无形文化遗产：中国传统文物修复技术》一文中提出："中国传统文物修复技术作为一个行业是从 1840 年到 20 世纪 20 年代由于古董交易的活跃而发展形成的，距今已有百多年的历史。"[6] 然而无论是为了陶瓷的再使用，还是单方面追求陶瓷的美观以便收藏，均不是现代意义上的文物保护与修复[7]。

中华人民共和国成立以后，文物修复开始转变角色，为文化事业服务，文物保护举措同时并行，博物馆、考古所等文博机构相继建立起来，最终形成了现代意义上的文物保护与修复。在 2017 年最新修订的《中华人民共和国文物保护法》第一章第二条中对于受保护文物进行如下定义："在中华人民共和国境内，下列文物受国家保护：（1）具有历史、艺术、科学价值的古文化遗址、古墓葬、古建筑、石窟寺和石刻、壁画；（2）与重大历史事件、革命运动或者著名人物有关的以及具有重要纪念意义、教育意义或者史料价值的近代现代重要史迹、实物、代表性建筑；（3）历史上各时代珍贵的艺术品、工艺美术品；（4）历史上各时代重要的文献资料以及具有历史、艺术、科学价值的手稿和图书资料等；（5）反映历史上各时代、各民族社会制度、社会生产、社会生活的代表性实物。文物认定的标准和办法由国务院文物行政部门制定，并报国务院批准。具有科学价值的古脊椎动物化石和古人类化石同文物一样受国家保护。"在第二章第二十一条中明确指出："对不可移动文物进行修缮、保养、迁移，必须遵守不改变文物原状的原则。"这是目前乃至今后在文物修复过程中都必须遵守的一个最基本原则。

由此可见，文物保护与修复作为一门专业技艺已越来越受到国家和政府的重视，该法规的出台就是为了加强对文物的保护，继承和发扬中华民族优秀的历史文化遗产。而作为一名博物馆的文物保管员，如何对馆藏文物进行有效保护与修复则显得尤为重要。

二、地方博物馆馆藏文物的保护与修复工作现状——以无锡博物院为例

（一）无锡博物院现阶段优势

无锡博物院前身为无锡博物馆，2007年10月与无锡革命陈列馆、无锡科普馆实现"三馆合一"，最终成为无锡博物院。此外，无锡博物院"一院带五馆"，下辖周怀民藏画馆、无锡中国民族工商业博物馆、张闻天旧居、无锡碑刻陈列馆、程及美术馆等5个专题馆。馆内藏品涉及紫砂、陶瓷器、玉器、金银器、铜器、钱币、书画、近现代文物等三万余件，尤以书画、紫砂为特色。文物来源主要以征集和捐赠为主。无锡博物院已经建立了一套比较完备的文物保护系统，并设有专门的文物保管部。

保管部"一部管五库"，分别为暂存库、综合库、书画库、近现代库以及标本库，并严格执行《博物馆条例》等各项管理条例。依据《博物馆条例》第三章第二十二条"博物馆应当建立藏品账目及档案"要求，所有新入库藏品需先通过暂存库入账登记整理以后，再由暂存库移交给其余各库进行二次登账；藏品出入库房均办理出入库手续；同时，藏品分类上架，庋藏妥善。又依据《博物馆条例》第二十四条"博物馆应当加强对藏品的安全管理，定期对保障藏品安全的设备、设施进行检查、维护，保证其正常运行。对珍贵藏品和易损藏品应当设立专库或者专用设备保存，并由专人负责保管"要求，藏品有固定、专用库房；每间库房配有两名文物保管员进行专人管理；定期安排负责人对库房进行日常检查，维护，保证库房温湿度情况良好。现阶段，无锡博物院馆藏文物的征集、鉴定、登账、保管、建档等一系列工作已取得了全面进展，并逐步向国家一级馆迈进。

（二）地方博物馆馆藏文物保护与修复工作的现状问题

（1）库房建设投入资金短缺。库房是文物的安身之所，库房温湿度状况，周围空气环境等因素对长久保存文物起着至关重要的作用。因此，确保库房硬件设施完善是先决条件也是必要条件。然而，一些地方性博物馆的库房依旧得不到很好地改造建设，究其原因，主要还是由于资金短缺。2007年8月24日在维也纳（奥地利）通过的《国际博物馆

协会章程》指出，博物馆是一个为社会及其发展服务的、非营利的常设机构，向公众开放，为研究、教育、欣赏之目的征集、保护、研究、传播、展示人类及人类环境的有形遗产和无形遗产。因此，由博物馆的性质决定，相对来说事业经费有限，尤其是地方性博物馆，而这其中能用于改造建设库房的事业经费更是少之又少。无锡博物院一向注重库房的日常维护工作，并于近年来对库房进行了多次改造修缮，但同样由于事业经费不足，修缮工作还是无法全方位把控，一些问题仍旧存在，这也是其他地方性博物馆普遍存在的问题之一。

（2）馆藏文物修复工作重视度低。近年来，文博工作者已经充分认识到文物保护的必要性，然而文物在岁月流逝中必定会遭受不同程度破坏，失去原貌，同时对文物也造成了极大损失。因此，为使文物能够长久妥善地保存下去，文物修复工作不容小觑。据了解，我国一些博物馆针对文物修复均成立了相应的部门，例如故宫博物院的文保科技部，上海博物馆的文物修复研究室，南京博物院的文物保护研究所，苏州博物馆的文物科技保护部等。同时，在国务院公布的四批国家级非物质文化遗产名录中，修复技艺类非遗项目占了六项（表一）。

表一　国务院公布的国家级非物质文化遗产名录

批次	项目编号	项目名称	申报地区或单位
第二批国家级非物质文化遗产名录	Ⅷ -136	装裱修复技艺（古字画装裱修复技艺、古籍修复技艺）	北京市荣宝斋、故宫博物院、国家图书馆、中国书店
第三批国家级非物质文化遗产名录	Ⅷ -197	青铜器修复及复制技艺	故宫博物院
第三批国家级非物质文化遗产名录扩展项目名录	Ⅷ -136	装裱修复技艺（苏州书画装裱修复技艺）	江苏省苏州市
第四批国家级非物质文化遗产代表性项目名录	Ⅷ -220	古陶瓷修复技艺	上海市长宁区
	Ⅷ -223	古代钟表修复技艺	故宫博物院
	Ⅷ -241	古建筑修复技艺	甘肃省永靖县

尽管如此，大部分地方性博物馆尚未建立或正在筹建相关文物修复室。以无锡博物院为例，其前身无锡博物馆于 20 世纪五六十年代创建，至今发展壮大，严格来说已有 60 年左右历史。但其机构职能主要还是以历代藏品的征集、入藏、保管为主；举办有关革命、历史、艺术、科学、技术等方面的陈列展览，开展革命传统、历史文化、科学知识教育为辅。近两年才开始筹建书画装裱修复室，并于 2018 年建成。由此可见，对于一些地方性博物馆来说，文物相关修复室的普及率较低，更多地依旧是以保管文物为主要职能。

（3）专业技术人才匮乏。从 2005 年人事

部公布的《事业单位公开招聘人员暂行规定》来看，事业单位招聘制度开始走向制度化，合法化。其中第二条明确指出"事业单位新进人员除国家政策性安置、按干部人事管理权限由上级任命及涉密岗位等确需使用其他方法选拔任用人员外，都要实行公开招聘"。因此，博物馆作为事业单位，同样采取公开招聘制度进行人才选拔，择优录用，以保证事业单位的稳定发展。然而当博物馆在推行此项制度时，也存在些许弊端。首先，由于公开招聘的考试内容限制，更加注重应聘者的应试能力，而非专业技术能力，进而无法做到与岗位设置相适应；其次，一味追求高学历致使一些拥有专业

技能的低学历者被拒之门外，最终导致博物馆的人才流失；再者，碍于文物修复技术和经验主要是以师徒口耳相传，从而导致文物修复技术得不到充分全面的发展和传播，从事修复行业的专业技术人员也就相对匮乏。就目前情况来看，少数地方性博物馆基层人员仍未接受过专业技能知识培训，甚至对文物基本概念还存在一知半解的情况，更不用说配备专业修复技术人员。

三、对地方博物馆馆藏文物保护与修复工作的几点思考

（一）明确各项政策法规，加强社会宣传，提高意识

自 1982 年实施《中华人民共和国文物保护法》（以下简称《文物保护法》）以来，国家以及地方政府陆续出台了一系列政策法规、文件等。1992 年的《中华人民共和国文物保护法实施细则》（以下简称《文物保护法实施细则》）是在《文物保护法》的基础上制定实施，是对文物保护工作的进一步明确。2001 年文化部根据《文物保护法》以及《文物保护法实施细则》的规定，制定《文物藏品定级标准》，将文物分为珍贵文物及一般文物，其中珍贵文物又分为一、二、三级文物。这为日后博物馆文物藏品的有效分类以及日常管理工作夯实了基础。2005 年文化部公布《博物馆管理办法》，2015 年国务院公布《博物馆条例》，其目的在前者"规范博物馆管理工作，促进博物馆事业发展"的基础上有了进一步革新，"满足公民精神文化需求，提高公民思想道德和科学文化素质"。2017 年国家文物局印发《国家文物事业发展"十三五"规划》，文件中明确指出"十三五"时期，是全面建成小康社会的决胜阶段，也是文物事业改革发展的关键时期。

地方上，关于文物保护与修复工作的政策法规也在同时并行。以江苏省为例，早在 1994 年起江苏省便开始实施《中华人民共和国文物保护法》。2003 年江苏省人民代表大会常务委员会公告第 29 号公布《江苏省文物保护条例》，进一步加强江苏省文物的保护和管理。

这些政策法规的出台，推动文物保护工作的顺利进行，因此明确馆藏文物保护工作的各项法律、法规、政策性文件就显得至关重要。包括地方政府、文物保护单位、地方性博物馆要充分认识到，文物保护利用的任务更加艰巨，文物工作责任更加重大，文物资源在推动经济社会发展中的积极作用有待进一步发挥，文物事业治理能力和治理水平有待进一步提高。另外，作为文保人员自身来说，更应该以身作则，提高文物保护工作意识，自觉维护文物保护的日常工作，加强文物修复工作技能养成，遵守各项法律法规。同时，要提高社会各界对文物保护工作重要性的认识，加强宣传。文物保护工作是一个系统工程，具有长期性和艰巨性，它不是一朝一夕能完成的，也不是光靠文物部门就足够的，需要当地政府以及社会各界人士的共同参与才能全面保护，继承和发扬馆藏文物保护与修复工作。

（二）多渠道拓宽资金来源

事业经费充裕是能够有效保护与修复文物的动力支撑。首先，依据《博物馆条例》第一章第五条"国有博物馆的正常运行经费列入本级财政预算；非国有博物馆的举办者应当保障博物馆的正常运行经费"。当地政府应当严格把控，依法将文物保护与修复工作经费纳入财政预算。对于特别需要保护与修复的馆藏文物要设立专款专用，尤以增加对文物修复的财政支持为主。文物保护工作功在当代，利在春秋。其次，第五条还指出"国家鼓励设立公益性基金为博物馆提供经费，鼓励博物馆多渠道

筹措资金促进自身发展"。因此，博物馆尤其是地方博物馆可以适当接纳社会捐助；采取多馆联合，在保证文物安全的前提下，适当发展旅游业，筹措更充足的事业资金。

（三）建立文物修复工作室，遵循基本道德准则

"工欲善其事，必先利其器"。文物保护乃"事"，文物修复则为"器"，只有建立良好的工作环境，必要的修复机械设备以及得心应手的修复工具，才能更好地保护文物[8]。一般来说，在我国各级地方博物馆的馆藏文物中，陶瓷和书画所占比重较大，因此文物修复工作必须做到二者兼顾。就目前情况来看，地方性博物馆亟需建立健全完备的文物修复设施以及文物修复工作室，以陶瓷修复和书画修复为主，二者缺一不可。随着文物保护理念越发成熟，有必要将文物修复工作放在更重要的层面考虑。

现以陶瓷修复为例，修复工作必须在光线充足，空气流通的情况下进行。原因有二，其一是充足敞亮的自然光源可以保证器物上色准确，其二是流通的空气能够让修复过程中产生的有毒气体和粉尘消散。因此陶瓷修复室内环境有四点要求："光照，温湿度，防尘，化学药品管理。"[9]以采光，通风为重点，相应安装日光灯、排风扇、通风设施、储藏柜、储物柜等，并确保修复室温湿度维持在一个相对稳定状态。

在修复过程中还要遵循基本的文物保护与修复道德准则。在《古陶瓷修复基础》第一章第三节中将文物保护与修复的道德准则总结为八条："①检查与诊断；②稳定性；③相容性；④可逆性；⑤可读性；⑥文档记录；⑦最小干预；⑧预防性保护。"[10]其中，可逆性以及最小干预原则是文物修复的核心。同样地，文物修复意大利派代表人物切

萨莱·布兰迪（Cesare Brandi）在其著作《修复理论》（Teoria del Restauro）中的首篇文章《修复的概念》中也提出过两个原则：①"只有艺术作品的材料被修复。"[11]即修复过程必须依据作品材料进行。②"修复的目的应是重建艺术作品潜在的一体性，这种修复必须是可行的且不会造成艺术的或历史的赝品，也不会擦除逝去的时光留在艺术作品上的每处痕迹。"[12]也就是我们常说的"修旧如旧"原则。文物修复是文物保护工作进程中亘古不变的课题，对于传承和发扬中华民传统文化和历史文明意义重大而深远。

（四）注重专业技能人才培养

上文所述，现代文物修复概念的前身出现在 20 世纪初期，彼时的民间修复手工艺人更多的是为古董商人和民间收藏家服务。随着博物馆考古所等文博机构的相继建立，民间手工艺人开始进入博物馆从事文物修复工作，成了专业技术人员，文物修复也作为一项专业技术重回人们视野。然而由于种种原因，专业修复技术人员匮乏，致使高难精深的修复技艺濒临失传[13]。所幸的是，许多高校开始纷纷设立文物修复与鉴赏专业，包括北京大学文物保护专业、山东工艺美术学院文物修复专业、南京艺术学院文物修复与鉴赏专业等等。

鉴于此，地方博物馆可以考虑从各个高校广泛吸纳人才，作为人才引进。同时，有必要建立一项完备的人才培养机制，对已经就业的专业技术人员要提供多次外出学习交流机会，营造馆内良好学习氛围，并促使其不断吸取和总结前辈的经验教训；领导干部和政府部门要积极配合引导，树立正确的政策发展观，根据馆内实际情况出发，有步骤地进行，将机制真正落到实处。此外，加强各个博物馆互通互助，促进馆与馆之间文物修复技术的学术交

流，要深刻了解到培养具有工匠精神的专技人员已迫在眉睫[14]。

四、结　语

文物是历史上人们创造的或与创造活动有关的物质文化和精神文化的遗存，是中华民族优秀传统文化的最直接物化体现。根据《国家文物事业发展"十三五"规划》显示，截至2017年2月21日，第三次全国文物普查圆满完成，第一次全国可移动文物普查全面推进，不可移动文物766722处，文物藏品4138.9万件/套。党的十八大以来，以习近平同志为核心的党中央高度重视文化遗产与文物保护的重要价值与历史作用，2016年习总书记更是直接做出了"保护文物功在当代、利在千秋"的重要批示，党的十九大已将"加强文物保护利用和文化遗产保护传承"写进报告之中。

文物修复是文物保护工作的重要组成，是抢救文物、复原文物、保护文物的重要手段，对我国物质文化遗产、精神文化遗产、制度文化遗产和优秀传统文化的传承和展示有着重要价值。我们要在以习近平同志为核心的党中央领导下，全面重视文物保护工作的重要意义与价值，努力做好文物保护尤其是文物修复工作，积极推进文物修复工作的进行与发展，全面贯彻"保护为主、抢救第一、合理运用、传承发展"的工作方针，保护好、利用好宝贵的历史文化遗存，努力走出一条符合国情的文物保护利用之路，为中国梦的早日实现和为中华民族的伟大复兴做出文物工作者的努力。

注　释

[1]　余蕙、杨植震：《古陶瓷修复基础》，复旦大学出版社，2012年版，第1页。

[2]　谢明良：《锔钉补瓷术的文化史》，台湾大学美术史研究集刊编辑委员会：《台湾大学美术史研究集刊》，第42期，台湾大学艺术史研究所出版，2017年版，第2页。

[3]　谢明良：《锔钉补瓷术的文化史》，台湾大学美术史研究集刊编辑委员会：《台湾大学美术史研究集刊》，第42期，台湾大学艺术史研究所出版，2017年版，图33。

[4]　谢明良：《锔钉补瓷术的文化史》，台湾大学美术史研究集刊编辑委员会：《台湾大学美术史研究集刊》，第42期，台湾大学艺术史研究所出版，2017年版，第11-12页。

[5]　图片来源：故宫博物院官方网站:http://www.dpm.org.cn/collection/ceramic/226759.html

[6]　贾文忠：《无形文化遗产：中国传统文物修复技术》，《中国博物馆》2002年4期，第64页。

[7]　余蕙、张学津：《中国传统古陶瓷修复技艺探源》，复旦大学文物与博物馆学系、复旦大学文化遗产研究中心编：《文化遗产研究集刊》(6)，复旦大学出版社，2013年版，第387页。

[8]　毛晓沪：《古陶瓷修复》，文物出版社，1993年版，第6页。

[9]　余蕙、杨植震：《古陶瓷修复基础》，复旦大学出版社，2012年版，第17页。

[10]　余蕙、杨植震：《古陶瓷修复基础》，复旦大学出版社，2012年版，第6-9页。

[11]　徐琪歆：《布兰迪修理论之"修复概念"》，《艺术设计研究》2013年第2期，第94页。

[12]　徐琪歆：《布兰迪修理论之"修复概念"》，《艺术设计研究》2013年第2期，第95页。

[13]　王博：《修与饰——略述中国传统文物修复与现状》，《西北美术》2017年4期，第74页。

[14]　王博：《修与饰——略述中国传统文物修复与现状》，《西北美术》2017年4期，第74页。

从无锡博物院藏抗日战争文物
看无锡军民抗日斗争史

褚 娟[*]

【摘要】抗日战争的胜利结束了近代中国在外敌入侵时屡战屡败的历史，是一百多年来中国第一次取得完全胜利的民族解放战争。中国共产党及其领导的抗日军民英勇杀敌，在抗战中起到了中流砥柱作用。无锡博物院现存许多珍贵的抗战文物，这些文物是中华民族精神财富的重要组成部分，它们凝聚着抗日军民付出的汗水、鲜血乃至生命，是抗战历史的重要见证。因此，对无锡博物院的抗日战争文物进行分类和梳理具有重要意义，有助于当前人们更加充分的了解无锡以及苏南可歌可泣的抗日斗争史，激发中国人民的爱国意识，增强民族凝聚力，更好的发挥红色文物在革命传统教育中作用。

【关键词】抗日战争 文物 无锡博物院

1937 年日军占领苏南后，无锡成为中共东路特委机关所在地，是江南抗日义勇军（简称"江抗"）、江南人民抗日救国军（简称"新江抗"）指挥部和新四军第六师师部驻地。因此，无锡的抗日救亡运动异常尖锐和激烈，留下了许多珍贵的抗日战争文物。无锡博物院抗战文物中，大多数是无锡地区军民抗日斗争的文物，充分体现了新四军挺进无锡后的抗战情况，是研究无锡和苏南抗日斗争史的参考依据，也是凝聚爱国主义精神的重要法宝，具有很高的历史价值和现实意义。

一、无锡博物院藏抗日战争文物的特点

综观无锡博物院藏的抗日战争文物，体现出以下两个特点。文物数量非常多、内容丰富，充分反映了新四军挺进无锡后的抗战情况，再现无锡抗战全过程；藏品门类非常多，更多的是以抗战宣传品为主，在当时起到了极大的宣传号召作用，谱写无锡抗战英勇史诗。

（一）抗战文物种类繁多，谱写无锡抗战英勇史诗

综观无锡博物院的抗日战争时期的文物，种类繁多、门类包罗万象，可将其大致分成报刊、布告（通知）、图片、歌曲、印章、传单、用具、票证、地图、书籍、兵器等 11 个种类。

报刊类有《达报》《急急晚报》《大众报》《江南》半月刊、《东进报》等，为宣传抗日消息、鼓励全民族抗战发挥了积极作用。颇有影

---
* 褚娟，供职于无锡博物院

响的布告或通知有《江南人民抗日救国军司令部通令》《无锡县人民自卫会组织法（草案）》《江南人民抗日救国军改编新四军三支队成立江南指挥部宣言》《为新四军皖南军部事件江抗东路军全体指战工作人员宣言》《抗日战争时期新四军第六师挺进支队为解放江南人民告民众书》《区署本月份突击工作须知》《欢迎苏锡虞三县各党派各阶层踊跃参加抗战》等，表明中国共产党的政策方针，推动了抗日战争的不断发展。

图片或照片有无锡学社欢迎李伯敏等人出狱的照片、无锡学社部分社员合影照片、新四军在无锡活动等图片，使人们更加清楚地了解抗战时期的革命活动和革命人物。代表性票证有抗战时期马山临时流通券伍分、江南商业货币券等。抗日救亡歌曲有《爱国四季调》《大众歌声第一集》《流亡》《心头恨》《抗战曲》《保卫大上海》等，起到鼓舞士气、振奋人心的作用。抗日用具比如地下党送情报用的竹篮、黄鳝篓，新四军后方医院用的医疗瓶、搪瓷杯、医药箱，孙冶方抗战时期使用的木箱，无锡抗日青年流亡服务团军毯，地下交通员递送情报的工具，新四军第六师十八旅使用的誊写钢板，新四军无锡后方医院医疗用具等，它们是抗战时期艰苦条件下中国共产党克服各种困难、积极投身革命的重要物件。代表性地图有《青旸镇图》《国共两党抗战成绩比较图》《顾山镇图》《上海战事地图》等，这些地图一目了然、通俗易懂，能够更加清楚的分析抗战形势，有力地鼓舞了苏南人民的抗日斗志和必胜信心。印章有江南抗日义勇军驻锡办事处印、方盖乡农民抗敌协会印章、澄西县第六区普靖乡公所印章、无锡县第四区沿蠡乡公所印章等，都是无锡军民坚决抗战的重要见证。书籍有《什么是三民主义》《十月革命》《什么是阶级》《时局逆流述评》《新民主主义论》《真实的故事》《关于自卫队与自卫队的训练》《论共产党员的修养》《论东路抗战的一般问题》

等，这些抗战时期留下的珍贵书籍，在当时对加强军队思想教育、了解抗战发展形势起到重要作用。代表性兵器有抗日战争时期江南抗日义勇军战士使用的大刀、小月斧，无锡锡南地区抗日自卫武装使用的土枪，无锡地下兵工厂生产的部分武器（包括步枪零件、练习手榴弹、刺刀、石地雷）等，这些兵器是在敌我力量消长、兵多枪少、装备较差的情况下，中国共产党人攻坚克难，亲手打造的武器，为部队提供武器，为战争提供硬件支持，为抗战胜利作出巨大贡献。

（二）抗战文物数量多，再现无锡抗战全过程

抗日战争是中国共产党倡导下的中华民族最伟大的卫国战争，战斗规模非常大，参战军民数量多，战争范围非常广泛，战争时间长。所以，与大革命时期、土地革命时期、解放战争时期的文物相比，抗日文物具有数量多、内容丰富的特点，充分再现了无锡抗日战争的发展过程。

第一，战略防御阶段，无锡人民在无锡沦陷之前同仇敌忾，推动抗日救亡运动日趋高涨。"七七事变"后，1937年10月6日，日本军的飞机轰炸了无锡火车站地段，工运桥堆积的千百吨粮、棉、丝、布，尽付一炬。8月16日、18日、20日，日本飞机又轰炸了西门、周山滨工业区和惠山等居民区，大批工厂、商店、民房被毁，炸死320多人。11月15日中华民国无锡县政府机关迁陆区桥。11月23日，日军分两路进犯无锡。一路从长熟白茆口登陆，于傍晚到达东亭；另一路从苏州沿京杭大运河至下甸桥上岸，受到国民革命军的抵抗。11月25日，日军侵占无锡。1937年8月27日，无锡各界抗敌后援会创办了报道抗战消息、阐发抗战必胜、激发民众抗日情绪的《达报》。《达报》在发刊词中写道："是这个时

候了，中华民族再不能忍受日本帝国主义的侵略，要大无畏地准备牺牲了……伙伴们！加倍的努力着吧！中华民族要怒吼了，记着，胜利是属于我们的！"针对社会上出现的一些对日妥协言论，《达报》发表了张锡昌的《中国抗战必然胜利论》、薛暮桥的《抗敌战争的两个前途》等文章，坚持正确导向，反对谬论，提出坚决抗日的主张，指出了抗战必胜的途径。《达报》的出版在当时对动员无锡人民群众进行抗日救亡运动起到了积极推动作用。

1937 年 11 月，中共地下党员带领 100 多名爱国进步青年，在撤离无锡向内地转移路经溧阳时成立了被称为"小小的长征"的"锡流"。爱国青年离锡之前，无锡抗敌后援会曾发给他们的无锡抗日青年流亡服务团军毯，此条军毯见证了"锡流"的伟大壮举。"锡流"成员不畏任何艰难险阻，途经苏、皖、赣、鄂四省，在流亡过程中积极进行抗日宣传，积极寻找中共组织关系，经过一个多月，跋涉千余里，终于抵达南昌新四军办事处和武汉八路军办事处。此条军毯也是全国抗战爆发后，无锡人民同仇敌忾、誓死抗日的重要见证，为宣传发动民众抗日发挥了极大的作用。

还有无锡抗敌后援会印发的《抗日民众须知》、上海影剧界救亡演剧队第四队在无锡城乡演唱的图片、《急急晚报》等珍贵文物。这些文物都体现了战略防御阶段无锡人民义愤填膺、坚决抵抗日本帝国主义的精神，正是这些"星星之火"，最终燃成了焚毁日本帝国主义侵略的燎原烈火，推动了抗战高潮的到来。

第二，战略相持阶段，中国共产党在无锡积极开展游击战争、加强民主政权建设的新进程。政治建设方面，1939 年 5 月，新四军第六团团长叶飞率领的六团（对外称"江抗二路"），至武进戴溪桥与梅光迪、何克希率领的地方抗日武装"江抗三路"会合，成立了"江抗"总指挥部。为加强军队与地方的统一领

导，保障"江抗"顺利东进，建立了中共东路工作委员会，叶飞任书记，林枫（中共江南特委书记）、何克希为副书记。中共东路特委重建了中共无锡县委，县委成立无锡各界抗日联合会（简称"抗联会"）。"抗联会"宣传部成立了两个战地服务团，为群众进行文艺演出，还向中小学校提供唱歌、绘画等教材，并印发《大众歌声第一集》《流亡》《心头恨》《战曲》等抗日歌谱。1939 年 5 月 8 日，叶飞率领"江抗"部队抵锡，"为了扩大'江抗'东进的政治影响，无锡各界抗日联合会在梅村小学操场召开有各界代表、群众、部队战士参加的 3000 人的欢迎大会"[1]，此后还到部队进行流动艺演。这些歌曲体现了"抗联会"为宣传抗日工作付出的努力，鼓励了军队的革命斗志，加强了军民的鱼水之情，对深入开展中国共产党的各项工作奠定了基础。还有《学习革命的优良性统》（书）、梅村大刀、江南抗日义勇军驻锡办事处图章、江南抗日义勇军驻锡办事处钤记章等珍贵文物，都体现了无锡人民发挥游击战特长，采取伏击、袭击、夜战等战术，灵活打击日伪，为游击战争的开展创造条件。1940 年 8 月，"新江抗"东路指挥部司令兼政委谭震林率领部队到达锡北。1941 年 3 月，"新江抗"改编为新四军第六师，谭震林任师长兼政委，带领人民浴血奋战。"无锡人民在地方党的领导下，和挺进无锡的新四军一道，同日、伪、顽进行了诸多形式的斗争，艰难曲折地创建了敌后抗日游击根据地，牵制和打击了敌人。"[2]期间印发的《为新四军皖南军部事件江抗东路军全体指战工作人员宣言》《江南人民抗日救国军改编新四军三支队成立江南指挥部宣言》、无锡县抗日民主政府的《区署本月份突击工作须知》等文件，《东进报》、《江南》半月刊、《论东路抗战的一般问题》《青旸顾山图》等报刊、书籍，《新四军战士伺机杀敌》《新四军常备部队在无锡荡口一带进行军事演习》等图

片，新四军无锡后方用于医疗用具等器物，这些珍贵的文物都在当时都起到了号召民众积极抗战、增强抗战信心的作用，使中国共产党的抗日主张和方针深入人心并得到贯彻和落实。同年6月2日，"新四军五十四团在绥界桥伏击窜来甘露、荡口两镇骚扰的百余日伪军，敌死伤二十余人"[3]，推动了无锡抗日民主政权建设和苏南地区抗日斗争的伟大进程。

思想建设方面，在"江抗"东进的5个月内，积极动员地方武装和当地青年参军，部队人数从1000余人逐步发展到5000余人。随着军队不断扩大，对士兵的思想政治教育也必须及时跟进。因此，"江抗"印发了名为《学习革命的优良传统》的江南抗日义勇军连队政治教材。这本教材是针对大多数基层士兵文化程度偏低、参军时间不长的现实情况而编写，教材采取人们通俗易懂的一问一答方式，回答了我国革命军队的特点、新型人民军队同旧式军队有何异同、部队的政治制度、内部关系、作风建设等问题，以及新型人民军队怎样发扬艰苦奋斗精神、遵守党的纪律、将抗战进行到底的优良作风和传统，见证"江抗"为加强连队思想政治工作、提高士兵思想政治觉悟所付出的努力。

经济建设方面，"江南商业货币券"的发行和流通为巩固根据地建设和社会稳定作出贡献。1940年5月，谭震林创建了苏、常、太和澄、锡、虞抗日根据地。由于日军侵略，造成大量银元、银毫及铜元流失，出现各种的代币券、流通券，甚至出现了擅自流通的圆以上主币，导致货币管理无章法可寻。为统一各地票券、维护根据地社会稳定和经济建设，1941年春，苏南第二区行政督察专员公署（简称"专署"）发行面值为壹角、贰角、伍角的"江南商业货币券"。此券一经发行便在根据地普遍流通，得到百姓好评，并成为当年根据地内主要使用的一种辅币，原先各种混杂币券被慢慢

清除，根据地内各地区货币渐趋统一。由于遭到日伪的严厉查禁此货币券不得不停止流通，大部分货币券被日伪毁坏。该套农户珍藏的"江南商业货币券"辅币直至1988年才被发现。

第三，战略反攻阶段，彰显抗战后期中国共产党领导无锡军民抗日斗争的丰功伟绩。"1941年7月至1942年3月，日伪集结大批兵力对苏南地区进行'清乡'"[4]。因日伪军"清乡"，1941年8月，新四军第六师师部及其十六旅、无锡地方党组织机关被迫撤离无锡，转移至苏北如皋、靖江等地。"1942年3月，中国无锡县委（后改称为锡东县委）恢复工作，重建武装，进行了'反清乡斗争'。"[5]"1944年秋，日伪在苏南的'清乡'日趋破产，抗日战争逐步转入战略反攻阶段。"[6] 在1943年至1944年间，新四军印发一些重要的宣传品，如《新四军第六师挺进支队司令部布告》《告"清乡"区伪组织工作人员书》《告伪第一方面军官兵书》《告伪保安、警察队士兵书》《国共两党抗战成绩比较图》等，分析抗战胜利是大势所趋，正义终将战胜邪恶。还有谭震林、罗炳辉使用过的望远镜，孙冶方抗战时期使用过的木箱等，这些文物跟随主人历经抗战，更加形象生动的体现了全民族同心协力的凝聚力和中国共产党领导无锡军民抗日斗争取得的成绩。

二、无锡博物院藏抗日战争文物收集与收藏存在的问题

藏品是博物馆业务活动的基础，其质量和数量是衡量博物馆社会利用价值和遗存实力的主要条件。因而要提高博物馆的社会利用价值就必须加强对藏品的管理，提高藏品质量。无锡博物院抗日文物种类繁多，全面展示无锡抗战英勇史诗，抗战文物数量多，再现无锡抗战全过程。当然，在抗战文物的搜集与收藏中也

有一些问题需要重视，并需要采取相关措施解决，使抗战文物的价值得到充分发挥，提高抗战文物的质量和品位。目前存在的问题主要有以下几个方面：

（一）抗战文物地域分布不平衡

从地域分布来看，院藏的抗日战争文物中，多数是以无锡东部和无锡北部地区为主。相反，无锡南部、无锡西部地区的抗日斗争也是异常激烈的，持续时间也非常长。1940 年 12 月，顾复兴、周志远（无锡县委组织部长）奉命组建新四军锡南办事处和太湖支队。太湖支队初建时期，奋起参加抗日斗争。1941 年 4 月 25 日，无锡南门汪伪军张志清部到东区落霞桥，在南张村抢掠财物。太湖支队在落霞桥毙伤伪军 10 余名，我军无一伤亡。紧接着张志清引领百余日军下乡报复，顾复兴又率队以游击战术迎敌，激战三小时，打得日伪狼狈而逃，敌人又死伤不少。这是太湖支队成立后与日军打的第一仗，首战告捷。落霞桥之战大振人心，英勇的太湖支队开始配合主力军队积极对日作战，又经历了最为激烈的壬港血战。太湖支队兵强马壮，能攻善战，日伪军望而生畏。1941 年 10 月到 1944 年 6 月期间，太湖支队受挫重建，但仍然坚持锡南反"清乡"斗争。从 1942 年 6 月到 1944 年 6 月的两年多时间，面对日伪的高度"清乡"和疯狂"扫荡"，太湖支队始终坚持斗争，历经多次激战，如"袭击夏家边伪公所""万思桥反扫荡""薛家圩突围"等等。在此过程中，有许多可歌可泣的英勇故事，为抗战胜利奠定基础。1944 年 11 月以后，太湖支队扩建，并在英勇战斗中夺取抗战最后胜利。但是，从目前院藏抗日文物中，锡南、锡西地区的抗战文物数量寥寥无几。

（二）体积大的抗战文物较少

由于历史因素、文物自身固有特点、政策上限制等因素，目前院藏抗日战争文物的数量虽多，但体积大的抗日文物却比较少，比如新四军使用的武器和缴获的战利品等等。由于抗日战争比较复杂，新四军进驻无锡的时间并不算太长，在无锡抗日游击根据地战斗虽有 30 多次，但大多数是规模比较小的战争。加之日伪军残酷"清乡"，当时群众不便保存体积较大的文物。相反，携带、转移起来比较方便的宣传品一类的文物由于不易被敌人发现，保存下来的就较多。建国后，政府对枪支弹药的保管、收藏制定了严格的规定，一般中小型博物馆不宜收藏各类枪弹。因此，院藏武器、用具一类较大的抗日文物就比较少。同时，从整体上看，抗日文物中的珍贵文物不多，价值就显得一般，不够突出。

（三）反映日军暴行和日军投降时的实物资料较少

目前院藏的抗战文物中，能够反映 8 年抗战中日军在无锡犯下的滔天罪行的实物资料数量比较少，能够反映日军投降时在无锡的情况的实物资料也很少，能够体现抗战胜利时无锡军民欢庆抗战胜利的文物资料目前为零。另外，目前对无锡抗战史的学术研究也偏弱，也成为存在的短板之一。

三、充分发挥抗战文物的社会利用价值

抗日战争给中国人民留下了无法磨灭的历史烙印，无锡博物院珍藏下来的各种抗战文物是对无锡抗战历史最为真实和直观的见证，在我国文物资源的构成中占有重要地位。因此，必须要充分发挥抗战文物的社会利用价值。

（一）举办抗战文物专题展览

无锡博物院抗战文物资源和类型丰富，抗战文物的展示需要在深入研究的基础上，突出

无锡地域特色、文物特点，深入挖掘抗战文物的价值和内涵，提升展示的深度和广度。我院依据无锡抗日斗争的实际情况，配合各个时期党的工作，经常举办革命文物陈列展览。

抗战题材的展览和陈列应是庄严肃穆的，因此其展览方式应庄重朴实，避免豪华与铺张，甚至娱乐化倾向。要使展览更具专业性和感染力，优化展示手段，积极采用先进的科技，全面展示无锡抗战历史。通过举办有代表性的专题展览，可以与无锡新四军研究会联合开展上党课、听军史讲座等互动活动，举办"进校园、进机关、进社区"巡回展出，组织党员干部和学生来博物院参观学习等多种形式，不断扩大对院藏抗战文物的宣传。要着重突出抗战文物作为无锡重要历史见证的历史和时代价值，丰富人民群众的精神生活，使广大青少年接受爱国主义和革命传统教育，激发广大人民的爱国情怀，以引起社会各界广泛关注，营造全社会关心重视抗战文物保护利用的良好氛围，发挥博物院爱国主义教育基地的职能作用。

（二）充分发挥无锡革命烈士遗墨的教育作用

"无锡人民的抗日斗争是全国夺取抗战胜利的一个组成部分。在赢得 8 年抗战胜利的时刻，无锡人民深深地眷念在这块土地上牺牲的 7 名县团级干部、20 多名区营级干部、400 多名抗日战士。"[7]无锡博物院藏有一大批无锡革命烈士的遗物，充分体现无锡抗战文物的地方特色。可以举办无锡革命烈士专题陈列展览，充分发挥红色文物的宣传教育作用。在抗战中，无锡军民与日伪军浴血奋战，许多中国共产党员和爱国青年为革命胜利付出了自己宝贵的生命，革命英烈的事迹永垂青史。如"模范指导员"龚鹏佐在《人报》《读书年刊》上发表的文章及习作，参加无锡业余读书会后的

作文簿，入股创办《无锡书报合作社（即无锡书店）组织章程》及其入股人名单，为无锡革命斗争史的研究提供了重要参考。中国锡东县委书记陈佩三写给无锡丝厂职工的信件中可以看出他关心丝厂职工生活的责任感，在写给儿子伯男的信件中对儿子谆谆教导，希望儿子早日成长、为革命做贡献，这些信件都传达了他的革命思想和抗日救国信念。还有陈凤威、王新等烈士在《人报》《达报》《中国少年》等报刊上发表的许多坚决抗日救国的文章，这些充满无锡地方特色的抗日英烈的文物资料，都为研究无锡党史人物、举办陈列展览提供了宝贵史料。

（三）创新宣传手段和方式、促进抗战文物对外开放

要进一步提高思想认识，将抗战文物保护利用提升到弘扬社会主义核心价值观的层面，充分利用各种媒体、特别是新媒体，加强对抗战文物重要性及保护、利用的宣传。在互联网时代，抗战文物的展示利用也应更多地和新媒体传播相结合。无锡博物院也采用了网络传播模式，建立了无锡博物院网站，开通微信公众号等等。在促进抗战文物保护利用过程中，需要加强跨地区、跨单位合作，探索建立联动机制，促进抗战文物的对外开放。面向各类群体开展多种形式的主题活动，进一步拓宽展示渠道，扩大教育覆盖面，呼吁社会力量参与抗战文物保护利用工作。

（四）加强对抗战史的学习和学术研究

中国的抗日战争"它发动最早，持续时间最长"[8]，问题头绪多，是中国近代史的任何时期都不能相比的。习近平总书记指出："伟大的抗战精神，是中国人民弥足珍贵的精神财富，永远是激励中国人民克服一切艰难险阻、为实现中华民族伟大复兴而奋斗的强大精神动

力。"[9] 博物院应当以更强的责任与担当，加强对抗战史的学习宣传研究，开设相应的专题研究，尤其要加强对无锡地方史的研究。运用唯物史观和翔实的史料，将局部抗战与全国性抗战的关系、正面战场和敌后战场的关系、中国共产党和中国国民党在抗日战争中的作用问题、中国抗日战争在世界反法西斯战争中的地位作用问题讲清楚。要发挥系统优势，整合系统力量，联合党史、档案、政协文史资料、地方志、社科院、高校等部门和机构，充分挖掘各地抗战史料，走访战争亲历者，做好资料收集和整理基础工作，在此基础上对无锡抗战进行系统研究。让文物更好地讲述历史、呈现其背后的故事，引导大家正确认识无锡地方抗战史乃至全国抗战史，大力弘扬抗战精神。

注　释

[1] 中共无锡市委党史工作委员会、中共无锡县委党史办公室编：《无锡人民革命史》，中共党史出版社，1992 年版，第 118 页。

[2] 中共无锡市委党史工作委员会、中共无锡县委党史办公室编：《无锡人民革命史》，中共党史出版社，1992 年版，第 165 页。

[3] 中共无锡市委党史工作委员会、中共无锡县委党史办公室编：《无锡革命斗争大事记（1919—1949）》，上海人民出版社，1989 年版，第 95 页。

[4] 无锡市史志办公室、无锡市新四军历史研究会编：《新四军在无锡》，中央文献出版社，2015 年版，第 100 页。

[5] 中国无锡市、县委党史办公室，无锡市档案局编：《无锡革命史料选辑 第四辑（纪念抗日战争胜利四十周年）》，1985 年版，第 110 页。

[6] 无锡市史志办公室、无锡市新四军历史研究会编：《新四军在无锡》，中央文献出版社，2015 年版，第 101 页。

[7] 中共无锡市委党史工作委员会、中共无锡县委党史办公室编：《无锡人民革命史》，中共党史出版社，1992 年版，第 165 页。

[8] 中国中央党史研究室著：《中国共产党历史 第一卷（1921—1949）下册》，中共党史出版社，2011 年版，第 667 页。

[9] 颜晓峰：《抗战精神筑牢民族新的长城》，《光明日报》2015 年 8 月 15 日。

试析博物馆的社会化服务现状及几点思考

吴 玲 *

【摘要】博物馆是收藏自然及人类历史痕迹的场所，是文化的殿堂。近年来，随着社会的发展与进步，人们对文化生活的需求日益增强，走进博物馆参观的人越来越多，博物馆的社会化服务面临着更多的考验。因此，对当前博物馆如何充分发挥服务社会、服务公众的职能做进一步探讨，具有重要的学术和现实意义。本文将对当前我国博物馆的建设进行简要介绍，着重分析当前博物馆的社会化服务现状，并提出几点思考。

【关键词】博物馆 社会化服务 思考

"博物馆是为社会及其发展服务的非营利的永久机构，并向大众开放。它为研究、教育、欣赏之目的征集、保护、研究、传播并展示人类及人类环境的见证物。"[1] 博物馆作为一个社会文化教育机构，是进行文化宣传教育的重要场所，因此要充分利用自身的各种资源，更多、更好地为社会大众服务。

作为文化事业的一部分，博物馆这个行业越来越受到国家和社会大众的重视。在深化文化体制改革、全面推进文物工作迈上新台阶的"十三五"时期，博物馆将发挥越来越重要的作用。许多学者及业内人士都在思考和寻求更为科学的博物馆发展之路。早在 2006 年，马自树先生在《关于博物馆的社会服务问题》中就已提出要努力探索一条博物馆为社会服务的新路，做到"想群众之所想，急群众之所急，与人民群众同呼吸、共命运，反映他们的呼声，满足他们的要求"[2]。就目前而言，博物馆的社会化服务问题仍是博物馆事业进一步发展和社会作用充分发挥的重要因素。本文将尝试分析博物馆的社会化服务现状，进而提出几点思考。

一、当前我国博物馆建设的概况

我国的博物馆建设有着百年的历史。特别是改革开放以来，我国的博物馆事业得到了迅速地发展。目前，我国博物馆总数众多，地域分布日渐广泛。2018 年 1 月份，国家文物局官方网站公布 2016 年度全国博物馆名录，共有 4826 家博物馆被收入。这是继 2016 年底国家文物局首次集中公布全国 31 省市（2015 年度）博物馆名录后的最新一次统一发布。从数量上看，本次全国共有 200 家新增博物馆，2015 年共有 4626 家。与此同时，博物馆在类型上更趋向于多样化。除了常见的综合性、历史类、自

* 吴玲：供职于无锡博物院

然类、艺术类博物馆以外，更是出现了综合数字博物馆、生态博物馆、社区博物馆等一些新形态博物馆。我国博物馆体系已初步形成，社会影响力日益增强，社会服务水平亦有所提高。

实行免费开发以来，我国博物馆也开始注重自身展览质量的提高。单霁翔先生在《抓住历史机遇，推进新时期中国博物馆的蓬勃发展》中指出，仅文物系统博物馆 2009 年举办陈列展览达 9204 个，观众达 3.27 亿人次。全国 1743 个博物馆、纪念馆和全国爱国主义教育示范基地实现免费开放，每馆平均观众量比免费开放前增长了 50%，博物馆的文化辐射力和社会关注度得到了空前的提高[3]。在不断完善馆内基本陈列的同时，博物馆经常举办各种展览，包括主题性展览、临时性展览、宣传性展览等，力求与中国特色社会主义市场经济、文化体制改革及公众文化需求相协调。博物馆各种展览的举办，不仅在一定程度上补充和丰富了博物馆的基本陈列，增进了博物馆间的馆际交流、互助合作，而且可以向公众更多地展示各地的文化特色，让公众了解不同文物背后的内涵，加深公众对我国灿烂文化的认识。

二、当前我国博物馆社会化服务的现状

博物馆的社会化服务内容丰富，主要包含为广大观众提高思想品德和文化素养服务；为在校学生的校外教育服务；为成人终生教育服务；为科学研究服务和为旅游观光和文化休闲服务等方面的内容[4]。近年来，我国博物馆在完善社会化服务方面上作出了很多的努力，取得了相当大的成绩，但也存在着诸多的不足之处。

（一）我国博物馆社会化服务取得的成绩

第一，博物馆作为社会文化教育事业的一部分，在配合学校教育方面有着义不容辞的责任。我国许多博物馆已经深刻意识到这一点，并采取相应的措施，为广大观众尤其是青少年提供这一服务，并适当开展相应的活动。结合学生课堂学习，许多博物馆做好藏品讲解和介绍，并启发学生思考，让学生更好地了解历史；对不同年龄、不同层次的学生开展相对应的活动；与学校合作，带领学生参观历史遗迹或革命圣地。另外，一些博物馆组织小型、轻便的展览到所在地区的学校展出，配以有关的录像，向广大学生宣传、普及历史知识和文物保护知识，向学生们讲述与文物有关的历史事件，民族英雄、革命先烈的动人故事，培养他们热爱祖国、热爱社会主义的情感。近年来，博物馆为学校学生服务的活动有了新发展，接待学生的数量也在增加，在一些学校，每年中学生学习历史和自然科学的某些课程时，都要去参观博物馆。

第二，博物馆还承担着社会教育的任务，为成人终生教育服务。博物馆有着丰富的实物教学资料，涉及许多专业，有较好的设备，是成人教育中的一支重要力量。目前，许多博物馆创办了一系列的活动，让广大社会公众参与进来，让公众能真正认识民族的灿烂历史和先人的聪明才智。许多博物馆开始举办成人专题演讲、成人学习班、研究班等活动；在每年的9 月 18 日，一些博物馆都会开展"勿忘国耻"之类的纪念活动，对广大观众进行爱国主义教育，增强其民族自信心和历史责任感；在 5 月18 号国际博物馆日那天，举办诸如纪念品、宣传品、门票设计之类的比赛；定期举办文博讲座、文物知识竞赛等一系列活动。

第三，博物馆作为知识信息交流中心，凭借丰富的实物资料吸引着许多专业研究工作者和科学家。博物馆除了自己的研究任务外，应该以各种方式为馆外研究者服务。我国博物馆在为科学研究服务方面，都在不同程度上进行过有益的工作，特别是一些国家博物馆和省、

市、自治区博物馆，为多种学科的科学研究提供资料、信息。我国一些博物馆也开始学习、借鉴国外博物馆模式，经常与高等学校合作研究或合作教学，由博物馆对大学本科生、研究生开设课程，并指导学生的研究课题。

第四，改革开放以来，我国的旅游业发展迅速。人们对历史遗迹、遗物越来越感兴趣。作为文化旅游资源之一的博物馆也越来越为人们所关注，博物馆旅游应运而生。目前，我国博物馆接待各地游客量逐年增加，许多博物馆开始跟旅行社合作，博物馆日益成为旅行社一个重要的宣传与参观景点。考虑到各种不同年龄、不同国家、不同层次的参观者或旅游者的需求，许多博物馆设有专门的讲解员、接待员，做好接待、咨询服务工作，并开展一些主题活动，吸引更多的游客。

（二）我国博物馆社会化服务存在的不足

近年来，我国博物馆社会化服务工作已取得了很大的成就。但就整体来说，我国博物馆的社会化服务仍然存在着诸多不足。

第一，人本意识缺乏，服务观念需加强。一直以来，我国许多博物馆对来馆参观人员态度冷淡，没有以一个服务者的姿态来为参观人员服务，使许多人对博物馆望而却步，这样的情况在我国博物馆中仍是普遍存在着。另外，许多博物馆由于有着政府财政支持，日常支出无忧，没有危机感，来馆参观人员的接待数量和质量都不会对博物馆及其工作人员有多大影响。相对于其他一些服务型行业，博物馆仍然缺乏一种以人为本的意识，没有一种为观众服务的观念。

第二，管理建设不足，服务水平待提升。目前，我国相当多的博物馆虽然有着气势恢宏的外形，但馆内的陈列设置、藏品摆放并不美观、科学，藏品质量也有待提升，无法为广大观众提供真正的学习、教育。可以说是只是徒

有其表，这样就达不到提高广大观众思想品德和文化素养的目的。近年来，我国博物馆虽然在馆内基本陈列的基础上，举办了多种类型的展览，但是对于展览观众喜不喜欢、看不看得懂、满不满意，就很少关注，也没有做过这方面的调研工作。总的来说，我国博物馆各项服务工作的展开，尤其是对博物馆人员的管理上，还有很大的提升空间。这就要求博物馆要加强自身管理，提高服务水平。

第三，公众联系不多，交流机制欠缺。博物馆作为一个社会服务机构，不仅要在自身管理、展览举办、服务观念的提升方面有意识地进行完善，还要做好与社会公众的交流工作。目前，我国博物馆一般都是公众去博物馆参观，有什么展览、陈列就看什么，而对于自己想要了解的信息却得不到满足，自己参观后的感受也无法与博物馆进行交流、反馈。许多博物馆举办展览前缺乏公众需求的了解和调查，办展后也没有公众反馈信息的收集。另外，社会公众对博物馆仍比较陌生，对博物馆在做些什么，需要博物馆做些什么，都缺少交流的渠道。

第四，配套设施不全，参观体验不佳。当前我国部分中小型博物馆把设施建设的重点大多放在展厅区、办公区的建设上，对公众在参观过程中所需要的配套设施却没有花心思，对参观环境的改善上所作工作甚少。尤其是在许多市县级的博物馆，配套设施的建设、参观环境的改善有待解决。

三、博物馆改进社会化服务的几点思考

为了进一步改进和完善博物馆的社会化服务，针对我国博物馆存在的不足，我们应该进行反思。

第一，以人为本、为人服务、为社会和社会发展服务是博物馆的根本任务。博物馆要改

进服务工作，首要是强化服务理念，努力建立以人为本的社会服务理念。博物馆是社会文化服务机构，从上到下必须保持一种为他人服务的心态，其服务的好坏是当代博物馆事业发展与否的衡量标准，服务好社会和公众，得益的将是观众和自身。另外，博物馆可以采用竞争机制、激励机制来调动各部门和职工的主动性和积极性，转变姿态，提高服务质量。

博物馆应该树立人本意识。博物馆就如商店，优质的服务是吸引观众的手段之一。博物馆工作者应当树立以人为本的观念，充满人文关怀，做到为观众着想，时时刻刻表现出对观众需求的关怀，以一个"服务员"的姿态来服务大众，为观众服务落到实处，为观众解决参观过程中的问题。充分认识到改进博物馆社会化服务的重要性和迫切性，使服务兴馆和博物馆服务工作人人有责成为一种共识和自觉行动，并付诸博物馆日常工作之中[5]。

第二，博物馆社会化服务工作包含着方方面面，包括服务观念、服务人员、服务设施等。摆在首位的就是博物馆人员要树立正确的服务理念。在此基础上，博物馆人员的服务态度、服务设施的置备、服务措施的实施就属于博物馆自身建设的范畴，其服务工作的成效在很大程度上取决于内部管理。因此，博物馆改进社会化服务工作，就应强化自身建设，重视和加强管理，提高服务水平。

笔者认为博物馆强化自身建设首先可以借鉴国外博物馆的成功做法和一些企业的先进管理经验，比如，对博物馆服务从观众购票到参观展示直至最后离馆进行全程监控，这在我国一些博物馆已经推行，但还很不完善，需要加强管理，优化服务。其次博物馆可结合各自实际，制定相应的管理制度，例如服务制度和岗位职责，对各项服务进行分析和细化，规范各项服务的操作程序和标准，将服务工作一一落实，定期对服务工作进行控制、检查和整改，有效地推动服务质量的不断改进。

第三，博物馆服务的直接对象就是公众，博物馆工作的好坏主要取决于公众的满意度及参与程度。为了加强社会化服务，博物馆就必须做到贴近实际、贴近生活、贴近群众。要做到"三个贴近"实际上就是在日常活动中深入群众，了解群众真正需要什么，不同层次的人群的需求有什么不一样。在掌握这些信息后，博物馆应制定相应的展览活动、专题讲座、文化产品。

博物馆还要建立一个与公众交流的机制、平台，时刻了解、追踪公众，及时获取公众对博物馆工作的反馈意见，体察公众需求，满足公众需要，充分了解观众所思、所想，做到切实为公众服务。另外，博物馆应创造公众参与的条件，这就主要依赖于社会化服务工作的实施。博物馆通过建立交流机制，多方面的了解公众的需求，为公众举办更多、更好的展览、活动，才能实现博物馆教育社会大众的职能。

第四，博物馆应尽可能地改善服务设施，为观众创造一个舒心、愉快的环境。博物馆，特别是市县级的博物馆，要根据自身的财力条件尽力改善服务设施，合理建设停车场、饮水处、餐厅、休息区、纪念品商店等。另外，博物馆还可以为馆外人员设立实验室、研究室、体验室，方便一些爱好者、研究者进一步学习。

四、结　语

博物馆是保护传承人类文明的重要殿堂，是连接过去、现在、未来的桥梁，在促进世界文明交流互鉴方面具有特殊作用。中国各类博物馆不仅是中国历史的保存者和记录者，也是当代中国人民为实现中华民族伟大复兴中国梦而奋斗的见证者和参与者[6]。在这样的背景下，博物馆作为一种文化事业单位，必须面向社会，为社会服务，达到传播文化、宣传教育

之目的。博物馆的社会化服务也是当今经济大
发展、社会大繁荣的内在要求，更是社会主义
建设进程中的一大创举。博物馆在取得一定成
果的同时必须认识到自身的不足和缺陷，不断
进行创新和改进，努力完善社会化服务职能。

注　　释

[1]　王宏均主编：《中国博物馆学基础》，上海古籍出
版社，2007 年版，第 38 页。

[2]　马自树：《关于博物馆的社会服务问题》，《中国
博物馆》2006 年第 2 期，第 42 页。

[3]　单霁翔：《抓住历史机遇，推进新时期中国博物
馆的蓬勃发展》，《光明日报》2010 年 11 月 5 日。

[4]　王宏均主编：《中国博物馆学基础》，上海古籍出
版社，2007 年版，第 335 页。

[5]　康熙民、孟庆金主编：《在传播科学中传承文
明——博物馆研究论文集》，文物出版社，2007
年版，第 184 页。

[6]　国家文物局：《国家文物事业发展"十三五"规
划》，2017 年 2 月 21 日。

浅谈当代设计新理念在博物馆展示设计中的应用

华辰成*

【摘要】社会在发展时代在进步，"设计"一词的概念和内涵也在发生着巨大而深刻的变化与迭代，在诸多领域产生出了全新的设计理念和设计形式。其中博物馆展示设计作为其中一个独特分支，同样深受多元化的当代设计新思潮影响，日益焕发出新的生机与活力。

【关键词】人性化　数字博物馆　交互体验　本土化　绿色设计

纵观 20 世纪末以来现代设计的发展史，可以看出现代设计突破了以往时代设计的单一性和权威性，集中体现在多元化、个性化的趋势，许多革命性的新理念应运而生。其中不乏许多应用广泛、影响深远的设计思潮，包括提倡以人为本的人性化设计、依托互联网信息技术的数字化设计、强调受众综合感知度与参与度的体验式设计、反对千人一面的国际风格的本土化设计、致力于提升虚拟服务水平的非物质设计、以节能环保与可持续为宗旨的绿色设计等。这些设计理念对传统的博物馆展示设计的各个方面都形成了冲击，逐渐改变着当下博物馆的面貌、功能甚至精神。

而博物馆展示设计是融合了空间构成、三维实体、平面艺术与观展服务等的综合性设计，旨在架设一座对接观众与展品的桥梁，创造一个便于阐释与交流的"场"，通过各种形式、各个层面的设计引导，帮助观众更好更深入地了解展览内容与精神，传播特定的人文、科学知识与情怀，发挥其教育、服务大众的社会功能。下面就从这几大最具代表性的现代设计新理念出发，结合各地博物馆的实际案例，谈一谈它们在博物馆展示设计中的应用情况。

一、人性化设计——从"展示物"，到"服务人"[1]

博物馆面向公众时最重要的职能和使命就是对特定展品的展示与阐释，但传统的基于展品保护与研究性的展示策略，往往忽视了普通大众对展品的接收和解读能力。随着时代的变迁，博物馆策展人员对于博物馆的社会展示职能有了全新的认知和阐释。当代博物馆展示设计不再仅仅停留在"展示物"的阶段，而更多地开始考虑人的需求，使展览成为公众的信息来源，充分发挥博物馆教育、引导的社会价值。"从'以物为本'的史料性博物馆向'以人为先'的艺术性博物馆展示设计理念的转

＊ 华辰成：供职于无锡博物院

换"，这一出发点的改变是博物馆展示策划理念的一大转折。

人性化设计在博物馆展示设计中最基础的体现就是从生理和心理两个方面为观展者提供一种最便利、最舒适、最愉悦的展示环境和效果。比如合理利用人机工程学的基本原理，在布置展品、设计展具、分配光源时，充分考虑大多数人视觉信息捕捉与读取的准确性和舒适性。通过合理分配不同主次、体量或色彩的展品，于错落有致中化解持续观摩带来的乏味和疲劳；柜内展架、斜坡的高度和角度恰到好处地呈现展品的最佳展示面，并且使这个展示面与观者视线保持在纵向 70°—110° 夹角范围的视觉舒适区内；而焦点灯光的精准锁定与烘托，使初来乍到的观者也不会错过展示的重点和精华；具有统一性和连续性的导览系统和宣传指示，营造出强烈而一贯的心理氛围，让观者从走进博物馆开始就产生出对该展的好奇与认同。

人性化的展示设计还体现在通用性设计（universal design）理念的引入。所谓通用性设计是指最大限度地使产品能够被最广泛的人群所使用，核心原则包括"无障碍""包容性""易用性"等。比如展厅内屏幕前的台阶或斜坡可以方便不同身高的儿童和成年人一样观看视屏；展厅多媒体信息板的操作界面简洁明了，大而轻的按键和手柄能让不同智力和体能水平的观者都能灵活使用，并且具有一定的容错性。

二、数字化设计——未来博物馆发展的必然趋势

数字博物馆是以数字形式对可移动文物和不可移动文物的各方面信息进行收藏、管理、展示和处理，并可以通过互联网为用户提供数字化的展示、教育和研究等各种服务，是计算机科学、传播学以及博物馆学相结合的信息服务系统。它具有存储数字化、获取网络化、资源共享化、展示多样化、管理计算机化等特点。信息技术的发展不仅使构建数字化博物馆成为可能，并且演变成博物馆行业未来的发展趋势之一。数字化设计将彻底改变博物馆的储存、检索与展示方式，从而给博物馆带来一场最为深刻的革命。

比如已被各大博物馆广泛采用的依托 GPS 定位系统的语音导航讲解系统，既能合理规划和引导观众的观展流程，又能提供个性化的实时讲解服务。另外，等离子全息屏、4D 电影、触摸式电子书、数码沙盘等也是常见的博物馆数字化展示媒介和手段，如甘肃博物馆丝绸之路展厅著名的青铜雕塑马踏飞燕旁，就有一个多媒体触摸屏（图一），观众通过手指的滑动即可实现该文物三维数码图像的移动、缩放和旋转，从各个角度高清领略这一镇馆之宝的细节魅力，弥补了通过传统的橱窗式陈列方式无法或不便观摩的死角和空白。再如，无锡阖闾城遗址博物馆内 600 多平米的多媒体互动展厅（图二），结合 3D 技术和影院多点式互动多媒体展示《伟哉阖闾》，全景式展现一幅幅飞逝的史地长卷，在隆隆鼓点与画外音的烘托下，使人仿佛置身于春秋乱世与吴地山川之中，并且每个观众都能在这片"热土"上烙印下自己的闪亮足迹……那种震撼的心灵体验与历史带入感，绝非隔岸观火似的静态展陈方式所能比拟！这就是利用等离子液晶屏、幻影成像技术和立体声效果等技术手段复原历史场景，让人身临其境感知其中的渊源与背景。

数字化设计不仅是一种全新的展示方式，而且还能起到与观众交流互动、与他馆沟通互联的作用。比如在某些数字化程序中附加统计功能，就能方便而准确地分析出观众的密度、频次和流向等观展数据及其变化，从而及时调整和反思；而建立展品分类数据库和虚拟展厅，通过互联网技术与国内外其他博物馆进行

图一　甘肃博物馆的青铜雕塑马踏飞燕及多媒体触摸屏

图二　无锡阖闾城遗址博物馆的多媒体互动展厅

展品信息的交流与共享，使世界各地的观众不出家门就能通过数码终端详细了解到某个博物馆的某个展览，也是数字化博物馆设计的一部分。

三、体验式设计——多感官参与，多维度交互

体验式设计旨在营造一种浸入式的观展体验，鼓励观众参与到展览的构成中来，它突破了传统的静态展示方式，将展览演绎为一场动态、立体、全方位的情景化叙事。过去以"看"为主的展示思路逐渐被多感官参与和多维度交互的设计理念所颠覆[2]。"观展"的内涵被不断拓宽，展览不仅用来看，还可以"听"、可以"摸"，所谓"五感设计"，就是综合利用人的视觉、听觉、嗅觉、味觉、触觉、体感等多个感官的特性，使展示效果更加饱满丰富，富有感染力。比如甘肃博物馆的佛教文化展厅入口处的沙丘造景内可以隐约听到大漠风啸与阵阵驼铃，使人仿佛回到了当年的西域。而"可触摸"这一概念主要是通过展品的复制品来实现的，现代先进的 3D 打印技术和材料技术使高仿真的质感和触觉成为可能，它为普通大众零距离接触和感受文物及珍贵艺术品提供了另一种渠道，而它对于视力障碍人群的意义就更加重大了。

体验式设计理念的介入改变了信息流的单向传播，大大提升了观众的参与性，为展览和展品融入了更多交互性和情趣化的元素。比如甘肃博物馆彩陶展厅结尾处的趣味彩陶馆（图三），可谓一款"DIY 神器"，观众可以在触摸屏上任意选择各色器形和花纹，组合出不同样式的彩陶作品，在玩中学，加深了对该展厅各时期各风格彩陶文化的理解。

图三　甘肃博物馆的趣味彩陶馆

南京博物院以"雍正的一天""科学皇帝的实验室"等为宣传主题举办的"走进养心殿"系列展，也是体验式设计理念的集中体现。它拉近了高高在上又遥不可及的皇宫帝王与平民百姓的心理距离，以帝王的日常起居和兴趣爱好作为切入点，将千秋伟业的宏大叙事浓缩为一日、一室的微观语境，小而精的私人化情境还原，使观众仿佛受邀来到一位老友的家中，与之同行，度过了某些平凡而有趣的历史瞬间。

四、本土化设计——书写独特的地域传奇

在国际主义风格席卷全球的形势下，如今又逆势出现了重拾地域特色的本土化设计潮流。各个地方博物馆想要在行业中崭露头角，对各地观众产生独特的吸引力，明确本土化设计这一抓手是至关重要的。尤其是那些反映地区文化遗产和发展历程的展厅和展览，在形式设计中有意识地融入地域风情、还原历史痕迹、渲染乡土氛围，有助于观众在观摩、读取展品内容的同时，全身心地浸入到相对应的人文语境中去，对加强展示效果、深化信息传达和培养文化共鸣具有重要意义。

博物馆展示设计中的本土化设计案例不甚枚举。如无锡博物院一楼的"吴风锡韵——无锡城市故事"常设展厅（图四），在展厅硬装设计中集中彰显出了无锡自古作为江南历史文化和工商业名城的城市风貌，仿真的造景、光效和丰富的多媒体手段浓缩了春秋霸业、东林书院、米市码头、纺织工厂、二泉映月等最具无锡各个历史时期地域发展特色与文化烙印的典型元素，其中的飞檐花窗、渔舟拱桥、二胡古井、吴侬软语等视听符号无不烘托着无锡的人文风貌，曲折婉转的观展流线和一步一景的布景技巧也暗合了江南园林艺术的审美趣味。苏州博物馆、南京六朝博物馆、深圳博物馆民

俗展厅等也运用了大同小异的设计思路和各具特色的表现手法，在展示设计中将本土化运用到极致。

图四　无锡博物院"吴风锡韵——无锡城市故事"常设展厅

五、非物质设计——观展只是开始，服务才是王道

展示设计中的非物质设计侧重除展览实体部分外的服务设计，比如展览配套的公众活动、讲座、研讨会等。无锡博物院的许多主题展配套了相应的文化活动，在动手动脑中了解文物故事、体验古典文明、感受古代匠心、提升审美品位。如2017年底寻陶问瓷展同期开设文博课堂，鼓励公众参与彩陶制作体验活动；2018年初琼台月华玉器展同期开展的是"缀珠连玉——手作饰品体验活动"，在专业老师的指导下，以玛瑙为瓣，琉璃为叶，珍珠为蕊，银丝缠绕，学习制作专属自己的"古代首饰"（图五）。这些匠心独运的手作活动，是博物馆展览非物质设计的重要组成部分，它们突破了展厅空间和时间的局限，拓宽了展览的内涵，丰富了展览的形式，既是一种宣传推广手段，也是展览影响力的延续，非常有助于精神文化的二次传播。当下这种寓教于乐的形式已在许多博物馆普及开来，在吸引少年儿童走进博物馆、爱上博物馆方面发挥着重要的作用。

图五　无锡博物院为配合展览开展的"缀珠连玉——手作饰品体验活动"

再以无锡博物院为例，除了形形色色的手作活动外，举办系列讲座和研讨会也是展览的后续服务项目。每月一期的锡博讲坛，常常配合当时的重点展览进行，如与秦古柳书画展同期举办的"墨中需要存苍润，笔法还须入有无——秦古柳先生及其书画艺术"讲座，以及"秦古柳书画艺术探秘"讲座，与琼台月华玉器展同期举办的"中国古玉鉴赏"讲座等。讲座上听众与专家可以互动问答、自由交流，还可以领取订制的精美讲座宣传页等。如今锡博讲坛已形成一定的风格和影响力，是无锡博物院展览服务设计的重要窗口，方便社会公众乃至业内人士与博物馆直接对话，有助于更加深入和细致地了解展览的背景与细节。

六、绿色设计——打造环境友好型的好展览

绿色设计（green design）主要为了因应当代环境危机而产生，强调不论制造或使用过程都要尽可能减少消耗自然资源与能源，不会造成环境的负担。它的核心理念包括节能、减排、低碳、可循环和可持续发展等关键词。当绿色设计理念运用于博物馆展示设计时，主要体现在空间规划、布展材料及展具选择以及采光照明等几个方面。

首先，博物馆展示设计需要规划合理的结构布局、功能分区和流线设计，提高空间利用效率和空间品质，追求展览内容、功能与结构形式的最佳结合点，精简机构要素，从而减少资源浪费和能源消耗；其次，布展材料尽量采用低碳、无毒、少污染的材料，在满足功能属性的同时，兼顾环境问题，比如，竹材具的结构强度大、生长周期快、生产加工易、自然环保等优点，成为了广受欢迎的布展材料和场景道具；定制展具时多采用模块化、标准化设计，注重其拆装便利性、兼容替代性等要素，既更好地整合了物料资源，节约了布展、撤展的人力和时间成本，同时也优化了展示效果的统一性和系列感；在安排展览采光照明时，通过选用高效率、低能耗的照明器材，科学安排位置、照度、亮度、角度、颜色等，合理区分主次光源，在展柜内装置节能感应灯，提高光照利用率，实现绿色照明[3]。

七、结　语

当代博物馆展示设计的发展必须紧跟时代进步的潮流，自觉融入新的设计理念和精神，始终秉持以人为本的初心，合理借鉴最前沿的科技成果，充分挖掘地域文化特点和优势，全面提升服务意识并拓展体验形式，才能更大限度地满足人民群众日益增长的物质文化需求，充分实现博物馆作为文化服务机构和公众教育组织的社会价值。

尽管我国许多博物馆已经有意识地进行着这方面的努力和尝试，并且已经取得了一定的成果，但我们依然不容忽视其中存在的问题，比如展示空间的设置不够合理导致观展流线混乱和资源浪费，某些多媒体展示设备的操作界面缺乏简明的操作指示和良好的交互体验等。这就需要我们本土设计师不断地在设计实践中总结经验教训，同时积极地从理念、形式和手法等多个维度学习和比较国内外同行优秀的设计实例，结合具体展览的实际情况因地制宜地进行再创造和再设计。

注　释

[1]　黄鑫:《当代博物馆展示中的交互设计方式》，《装饰》2011 年第 4 期，第 106 页。

[2]　杨正宏:《多元体验下的博物馆展示设计——以镇江博物馆为例》，《东南文化》2013 年第 5 期，第 117-119 页。

[3]　何永军:《低碳设计在博物馆展示设计中的应用》，《大众文艺》2012 年第 20 期，第 82 页。

从"陈洪绶"赴美引发的思考

张 洁[*]

【摘要】2017 年 10 月 24 日至 2018 年 1 月 28 日，上海博物馆和美国伯克利艺术馆在美国伯克利艺术馆合作举办了"陈洪绶"艺术特展。作者亲自参与特展的部分联络，通过赴美布展，从海外合作办展过程、拓宽公众教育面、如何合理利用新媒体进行宣传、建立艺术机构员工激励机制及建筑师与艺术场馆两者间的关系等方面问题做了一些总结和思考。

【关键词】陈洪绶 伯克利艺术馆 文化走出去 新媒体运用 艺术场馆的设计

美国加州大学伯克利艺术馆及太平洋电影档案馆 (BAMPFA)（图一）（以下简称伯克利艺术馆）是加州地区著名的博物馆之一。2017 年 10 月，笔者受馆里指派，赴该馆参加了"'悔僧'陈洪绶艺术中的幻境与幻灭"展览的布展工作。此次展览汇集了来自上海博物馆和伯克利艺术馆等多家艺术机构收藏的陈洪绶书画作品。经国家文物局批准，上海博物馆借出了一级文物"雅集图卷"一幅、"扑蝶仕女图轴"一幅和花鸟草虫册一组，共计 3 组 /12 件展品。伯克利艺术馆也展出了其收藏的数件陈洪绶作品，包括"苏武和李陵"（Su Wu and Li Ling With Attendants）、"授画图轴"（A Scholar Instructing Girl Pupil in the Arts）等。展览共展出 25 件陈洪绶作品（图二）。

此次出展，是上海博物馆所藏的陈洪绶作品第一次赴美国展出，极为难得。展览于 2017 年 10 月 24 日开幕，开幕当天，中国驻旧金山

图一 美国伯克利艺术馆外景和展厅

---

* 张洁：上海博物馆馆员

图二　"陈洪绶"展览布展中

副总领事、文化参赞、文化领事等中国政府代表以及美方赞助单位代表均悉数到场。中国驻旧金山副总领事和上海博物馆副馆长先后作开幕式发言。各方来宾对此次展览的质量之高，纷纷赞叹。展览于 2018 年 1 月 28 日闭幕。

此次"陈洪绶"展览的举办初衷缘起该馆的老馆长，已故美国著名汉学家高居翰先生（Mr. James CAHILL, 1926—2014），高先生为伯克利艺术馆付出了大量的时间和精力，丰富了馆内收藏，提高了艺术馆综合实力，艺术馆为了纪念他的成就，特地在馆内设立了"高居翰中国艺术中心"（图三）。此次特展的策展人白朱丽女士 (Ms. Julia M. WHITE) 是伯克利艺术馆的高级研究员，她曾师从高先生进行中国古代艺术研究。白女士拥有十分扎实的中文功底，曾在台湾大学学习中文，后又在北京大学继续深造中国文化，在来到伯克利艺术馆之前，她曾在美国丹佛美术馆（Denver Art Museum）和火奴鲁鲁艺术馆（Honolulu Academy of Arts）都担任过策展人。为了向其恩师表达怀念及敬意，白朱丽女士策划了此次特展，她丰富的策展经验让中美双方的合作极为顺利。此次陈洪绶作品聚集美国也是非常不

容易的，完整地呈现了陈洪绶各个阶段风格轨迹的变化，展览吸引了大量观众，在当地引起不小的轰动。

图三　高居翰艺术中心入口处的高居翰先生相

在国家提倡"文化走出去""文化大发展大繁荣"的时代背景下，我们应该不断将我国优秀的古代艺术及当代艺术推向海外，向他

国讲述中国故事，让更多的外国人了解中国文化，扩大中国的影响力。

如何让文化成功走出去？首先必须寻找具备足够资格的博物馆、美术馆等合作单位来合作办展。根据国家文物局相关规定，出借展品的中方博物馆在必要情况下（如首次与外方博物馆合作）可赴举办展览的场所查看展厅情况，如展厅设施情况、消防安全情况、库房情况等，并且需要请外方出具展厅设施报告、展厅平面图等。如展厅未达到中方标准，则必须请外方改进直到符合中方要求。不论何种情况，都必须以保护我方文物、艺术品的安全为首要原则。以上海博物馆为例，上博的收藏以中国古代艺术为主，相对普通艺术品来说文物的展示需要更高的要求，所以势必寻找有资质的合作单位，展厅条件也符合标准的艺术机构进行合作，否则文物的安全将得不到保证。上博虽与伯克利艺术馆第一次合作办展，但我方因与策展人白朱丽女士相识已久，深知其为人和学术水平，并在协商办展之初已赴伯克利市实地考察了对方的展厅条件、库房状况等，因此对此次合作较为放心。

其次，海外优秀的策展人、协调人也是外展是否能够顺利开展的重要条件。我们也曾碰到过"不靠谱"的展览协调人，致使整个展览从前期联络开始，几乎每个环节都出现了或大或小的问题。如果只是因为对方个人能力原因导致的联络不畅等问题或许还能补救，可怕的是有些"居心不良"的策展人妄图利用中外合作办展之机为外方参展方的展品"洗白"。我们也曾碰到过此种情况，该展览除了上博展品外，还有外方收藏机构参展，而这些参展品来路不明，当我方要求外方联络人提供其来源证明时，对方无法说清情况，含糊其辞。考虑到可能导致严重后果，我方断然拒绝继续参展。因此笔者认为，在协商展览之初，中方在某些原则问题上必须一问到底，决不能存在"想当

然"或者"不好意思去问"的想法，该弄清的问题一定要弄清楚，这样才能保证我方利益不受到任何损害。相比同时进行的其他展览，此次"陈洪绶"特展，由于美方同仁经验丰富，熟悉中国法律政策，展览协调等工作都相对其他赴海外的展览更为顺利。海外合作办展不是任由哪一方一拍脑袋凭空想出来的主意，而应是建立在双方多次沟通，经过初步达成意向、深化各项合作细节、最终付诸行动这样一个过程才得以实现的。从确定展览主题，开始挑选展品，到草拟展览协议，协商运输、保险、制作图录等各项细节，其中一个环节反复几次甚至十几次邮件讨论都是十分正常的，而对于借展费、随展人员人数及其在外费用的承担、图录数量上的"讨价还价"也可以说是中外双方的一场场"博弈"。很多事情也与"天时地利人和"有关，遇上有经验的海外策展人或协调人，沟通会相对轻松和顺畅，但无论对方是谁，我们多留一个心眼总是不会有错的。

艺术馆的成长需要几代人的努力。不论何时，它都需要顺应时代的发展，了解观众所需，如何吸引观众是现代艺术机构管理者、从业者需要思考的根本问题。近年来，国内艺术机构的运作理念已经从小众化的高雅艺术这一定位逐渐向大众教育、普及这一理念转变，那么艺术机构如何吸引更多的观众？笔者认为这与艺术机构的教育工作和媒体宣传手段紧密相连。艺术机构的教育工作应是以"观众为本"，探索观众最想要看的、听的，最想要了解和学习的。艺术机构的教育工作可以不再是局限于类似传统课堂教学、或公众讲座，我们必须设计出不同形式不同主题的活动来满足不同年龄不同文化背景的观众，可以是音乐会、戏曲表演，也可以是电影、节日盛会等等。让那些认为艺术场馆的艺术品看不懂、不感兴趣的观众也来参观，让每年只来一次的观众多来几次，在欣赏艺术的同时，找到能够打动其内心、能

够引发其共鸣的东西，只有这样艺术机构才能"长盛不衰"。笔者发现，大多数博物馆都比较注重青少年活动、青少年教育这一块，注重青少年的博物馆教育固然没错，但或许我们可以挖掘更多"潜在观众"，例如老年观众。因为随着我国老年化增长迅速，老年人口的增加，退休在家的老年朋友们有更多的时间追求个人精神生活，他们也同样渴望走进博物馆看一看我们古代的"老物件"。但正如笔者身边的大多数老年朋友所说的，博物馆太"高大上"，进去了也看不懂，闻之不禁让人伤感。我们都说博物馆面向的是各个年龄层的观众，那么在我们不断强调青少年博物馆教育的同时，思考如何吸引老年观众或许也是我们义不容辞的。笔者认为，我们可以从博物馆的服务入手，比如优先请70周岁以上老年人从绿色通道进入，增加针对老年观众的展厅讲解或者讲座；从设施上说，可以开辟老年人专门休息的区域，印制字体较大的展厅宣传册等等。我们甚至可以吸纳一些老年志愿者，为他们的同龄观众讲解展厅、维持秩序等，让老年观众有更多的亲切感。

随着近年来媒体对博物馆、艺术馆的争相报道和各种形式的电视节目的播出，国内渐渐掀起了"博物馆热潮"，之前比较小众的"博物馆"逐渐被大众所关注。随着微信、微博上博物馆相关内容的竞相转发，人们对博物馆的一举一动都越来越关注起来。笔者曾看到某些博物馆的公众号以自嘲形式发文吸引读者，实时的阅读数量确实可观，可博物馆在公众心目中的形象可能一落千丈。利用媒体宣传本身并没有错，但自毁形象博人眼球之事似乎并不应该是博物馆该做的事情。我们已经打破了利用纸媒进行宣传的壁垒，今后的媒体宣传道路也将越走越宽。如果说吸引观众认识博物馆、走进博物馆是媒体宣传的最终目的，那么如何利用媒体进行合理的宣传？博物馆、艺术馆等艺术机构的定位是什么？如何良好地将两者结合起来，这是一个需要艺术机构领导层、执行者和媒体共同探讨的问题。

中国的大部分艺术机构都是通过政府拨款而运营，在资本运作方面基本没有问题，对比国外的艺术机构，比如伯克利艺术馆，此次"陈洪绶"特展的经费来源完全是由策展人白朱丽女士请展览赞助人出资，其办展压力可想而知。笔者了解到，由于体制不同，国外博物馆、美术馆等艺术机构在运行状况不良的情况下会进行裁员，就连世界著名的美国大都会博物馆，几乎每年都会有一定数量的裁员，而与此相对，笔者发现除了私人艺术机构，国内的博物馆、艺术馆从业者的事业单位编制类似于铁饭碗，可以说是"一入博物馆一生无忧"。正因为不需要自筹资金，博物馆也没有关门歇业的风险，所以我们往往缺乏一种危机意识和一种紧迫感。没有了危机意识和紧迫感，一切事情都靠自觉，照理说相对于国外机构，我们应该会有更多的精力去构思、策划一场场优秀的展览，实行一个个研究项目，但实际情况却是研究性论文的诞生数量减少，研究项目的实施率降低，特展质量下降等。笔者在想，我们是否需要引入激励机制，打破铁饭碗的安逸，或许能够对博物馆、艺术馆今后的发展和提升有所帮助。

笔者在伯克利艺术馆期间，也了解了一些该馆的历史。从其前身算起，艺术馆经历了100多年，4个不同馆址，平均每个新的场馆都要花费近10年时间设计建造。从最初的几件藏品到如今超过19000件艺术作品以及16000部电影录影带，伯克利艺术馆的综合实力、社会知名度越来越高。笔者认为，艺术馆建筑，同样应该需要花时间去慢慢酝酿与细细打磨。建筑设计师与博物馆之间的不断沟通、不断碰撞才能最终打造出一座经得起时间考验的艺术场馆。设计师是否了解艺术、懂得艺术是很重要的，只有尊重艺术的建筑设计师才能设计出适合的艺术建筑。近年来国内一些地方博物馆、艺术馆大搞改扩建工程，短短数年一座座巨型场馆就拔地而起，偌大的艺术馆中展厅内的艺术品数量却寥寥无几。相比诸如伯克利艺术馆这样花近 10 年时间打造起来的艺术馆，我们国内有些艺术场馆不单从外形上，有些甚至在展厅内部也给人一个空壳子的感觉，实质内容并不多。这究竟是让观众看空荡荡的展厅还是看艺术品？笔者认为，所有的硬件环境都应该是为了突出艺术品，若反之，则会有喧宾夺主的负效应。艺术场馆应是为了艺术品而存在，艺术场馆的存在会更好的衬托艺术品。时间固然宝贵，中国的建筑公司也确实能在短时间内完成一栋高质量建筑物的建设，可是这样的建筑物是否真的适应了观众的需求，真的满足了艺术品的需求，这些问题都将会由时间来检验。

为城市立传　为市民服务

——无锡博物院品牌塑造的实践与思考

许　蕾*

【摘要】无锡博物院作为无锡城市发展中的文化担当，践行着自己的社会使命，立足于全市公共文化服务主阵地，秉持着"为城市立传，为市民服务"的理念，在履行公益性事业的文化职能的同时，承担着更多的社会责任，也面临着更多的机遇和挑战。本文侧重从品牌塑造的角度，记录无锡博物院不断突破自身发展瓶颈、推动博物馆品牌建设，实践科学创新发展，扎实推进重点项目的情况。同时从探讨实践的角度，结合部分较为领先的地方博物馆经验进行分析，明晰当前无锡博物院在文化建设高质量的道路上走在前列的思路、对策和建议。进一步挖掘潜力，不忘初心、坚持不懈地讲好无锡故事，走品牌化发展道路，更好地服务于广大群众，让地方传统文化展现出应有的魅力和时代风采。

【关键词】品牌塑造　品牌发展　融合创新

一、无锡博物院品牌塑造综述

当前社会对博物馆提出了更高的要求，如何更好地传承地方文化、促进地方交流、扩大城市关怀、促进城市创新成为品牌发展战略的重点。塑造文化品牌是无锡博物院（以下简称"锡博"）追求的目标之一。锡博的生机和活力除了来自本身的文化蕴涵之外，还要靠特定的文化品牌做支撑。文化品牌是锡博的标志，同时也是亮点，也是其发展的归宿。它体现了一种文化的精神影响力和一个文化城市的核心竞争力。无锡博物院发展需要走品牌塑造之路，通过文化品牌塑造带动其发展和繁荣。

具体可以归纳为以下几个方面：一是提供最优质的文化产品。博物馆里面的文化产品，又可分为展览、演出类活态展示、社会教育项目及文化创意的衍生商品四类。二是强调特色，美化环境。每个博物馆都应该是不一样的，美化环境要求博物馆跟社会的可持续发展相结合，与文化景观相结合。三是强化服务社会发展和社会公众的能力，要解决博物馆为谁服务的问题。重视展览的配置，实行分众的自愿的教育定位，让每个年龄段的观众都在这里找到自己的所爱。在教育服务上，实现寓教于服务之中。四是扩大博物馆的传播能力。博物馆传统的传播手段就是展览，而伴随着新时期数字技术的兴起，互联网传播能力变强，二者业已成为博物馆扩大传播能力的良好助力[1]。

*　许蕾：无锡博物院市场发展部主任，工艺美术师

二、无锡博物院品牌塑造提出的背景

文化是经济社会发展的重要支撑，是城市综合竞争力的重要因素。作为历史文化名城，无锡是古吴文化的发祥地、春秋时期吴国的政治中心，有着 7000 年人类生活史、3100 多年文字记载史和 2500 多年建城史，人文底蕴深厚。作为无锡地区最大的综合性博物馆，无锡博物院承担起了"为城市立传，为市民服务"的重要使命。

（1）塑造品牌的必要性。培育文化品牌是和谐发展的内在需求。文化品牌是一个地方博物馆的标志，是一个城市的名片和灵魂，是一个地方发展不竭的原动力。博物馆文化品牌定位，就是通过深入研究地方历史、文化、人文、自然资源，将文化主张准确地转化并确定为该地突出的文化内容和文化品味，在区域发展规划和建设中加以体现并赋予和提升精神内涵及品位的过程。因此，无锡博物院文化品牌的树立和培育，是其和谐发展的内在需求。

（2）品牌发展的战略目标。博物馆品牌塑造的定位与公众的文化需求息息相关。公众的文化需求引领博物馆事业的健康发展，关键是服务，核心是教育，为了更好地服务公众，博物馆首先要成为教育者、服务者和传播者。"党的十九大作出了我国社会主要矛盾发生变化的新判断，提出了坚持新发展理念、提升发展质量和效益的新要求。要将以人民为中心的发展思想贯穿到建设管理、运营服务各方面全过程，使博物馆成为人们共有共享的文化家园。"[2]

无锡博物院力争经过"十三五"的努力，在继续保持平稳健康发展的同时，以全力冲刺国家一级博物馆为主线，对照江苏文博领域的"文化建设高质量"发展要求，打造公众喜爱的博物馆，进一步完善软硬件环境，提高精细化管理水平，让观众获得良好的参观体验，满意而归、满载而归，实现"弘扬传统文化，讲好无锡历史文化故事"的历史性跨越。

三、无锡博物院品牌塑造的实践案例

（一）传承地方文化

一座城市的博物馆，无论其馆藏丰富与否，其举办的展览主题都应该与这座城市的精神相得益彰。秉承自身的社会使命，近年来无锡博物院利用馆藏，不仅围绕"太湖画派名家名作"主题系列策展，还每年举办与地方热点相结合的特展。2015 年 11 月，"吴地雅事——无锡博物院藏文氏一门书画特展"，汇集馆藏量多质精的文氏一门作品以及近年多次重量级本埠望族捐赠佳作文献，以文征明的作品为出发点，延伸出文氏一门的发展脉络及与无锡本埠望族的交游渊源。同时，配以"慕文雅集"特别活动，通过书画导赏，交流感悟，并辅以琴道、香道、茶道的表演，让参与者在浓浓的古韵雅意中感受传统文化魅力。2016 年 10 月，与上海博物馆联合举办的"云心石面——上海博物馆、无锡博物院藏明清文人篆刻特展"，156 方印章作品全面系统地呈现了明清流派印的发展过程，更融入了无锡地域文化的特征。2018 年 3 月，"琼台月华——无锡博物院、无锡市文物交流中心藏玉器联展"则遴选了 150 件（套）藏品，呈现出玉器从新石器时代到明清时代的发展历程及艺术风采，展览因其定位与城市文化契合，实现了很好的成效，不仅引起了业内人士的关注，而且普通观众也积极参与其中。

（二）增进地方交流

在传承本地特色文化，挖掘自身内涵的同时，锡博又将视角投向了引进、合办精品展览，加强多项合作交流。锡博策划了"走进大师""从远古走来"等主题系列展览，先后引进了徐悲鸿、齐白石、吴冠中、吴昌硕、张大千、黄君璧、傅抱石、陆俨少、吴青霞、谢稚柳、吴观岱等大师的书画作品展。马王堆汉墓文物、红山文化玉器、良渚文化玉器、康雍乾官窑瓷器等重量级器物类展览的引进满足了不同阶层观众的多元需求，也让锡城市民足不出户尽览大师佳作和多地域文化。展览之余进行学术互访，以增进双方博物馆的文化和业务往来。

（三）扩大城市关怀

博物馆身处城市之中，应该有更为博大的情怀，让公众感受到这座博物馆的文化关怀，把博物馆作为他们的会客厅。锡博在拓展公众服务方面不断尝试，做出了一些新的努力。分龄分众、量身定制，形成"我们的节日""文化小使者——七彩假期系列活动""公益国学堂——国学亲子教育活动""传承历史传播文化——锡博进基层""文博课堂""艺术课堂""科学课堂"和"科普互动剧"共8个较为成熟且有一定影响力、吸引力的系列品牌。"馆校合作"，在传统文化和学校课本知识中寻找结合点、切入点，以菜单式的教育服务，将三个课堂的课程输出到全市各中小学校。专门聘请无锡国家级非物质文化遗产传承人和中青年艺术家为特聘导师和艺术指导，参与到"非遗传承"项目和"艺术课堂"的专题授课中去。《小小梦想秀——"小鱼找新家"》科普互动剧场还入围了2017年江苏省博物馆青少年教育示范项目。将悠久的地方文化资源转化为教育资源，让青少年能够更方便地触摸到文化的精彩。

（四）促进城市创新

如何促进城市创新对于博物馆而言是一个新的课题。2017年3月，无锡博物院入选"江苏省文化文物单位文创产品开发试点单位"，这为锡博文创带来了前所未有的发展契机。以搭建平台为主，通过整合周边院校、引入设计机构等社会资源，展开多层次开发合作探索。围绕"地方历史+高仿复制品+无锡非遗特

色"的方向，提炼"吴地文化+家族名园+无锡籍书画家"的文化包，让丰富文物元素融入现代时尚，让高雅艺术与日常生活深入结合。在文创开发中树立文创品牌意识，抓好版权保护。目前已推出6个大类30款产品，得到了观众的广泛认可与喜爱。承办无锡市第二届文创大赛"文物与生活"主题专项赛事，推进与相关单位的授权合作主题开发。对博物馆的影响力和品牌形象传播发挥了重要作用。

四、无锡博物院品牌塑造的思考

培育无锡博物院文化品牌是提升其文化影响力和吸引力的必要措施。近年来，随着地方经济的不断发展，锡博基础设施得到了极大改善，充分挖掘传统文化资源，积极培育特色文化服务，通过举办各种展览、社教活动、文创开发等使得锡博特色文化的吸引力和知名度日益提升。但由于发展水平的差异、资金投入受限、重点不突出、特色不明显、发掘整理不够，加之包装普及宣传推广乏力，运作能力不足、对外影响力和带动力受到一定影响，成为制约无锡博物院品牌发展的瓶颈。其具体表现如下：

一是馆际发展不均衡。体现在博物馆级别的差异上，中小型博物馆在资源、人才等方面的差距。如文物征集、科研经费支持与实际需求之间存在差距；藏品管理手段滞后；无独立的科研部门和文物修复室，人才培养乏力，科研水平不高。

二是展览主题尚需创新。锡博的优秀展览已经在选题的专业性和设计性上体现出一定的创新性，但诸如传统艺术与当代艺术的碰撞与交流之类的"跨界"策展依然需要突破。以文物展品的"明星效应"代替展览的叙事性和故事性表达的情况仍相对普遍。除了"晒家底""借家底"之外，展览的主题性思考依然需要加强，需要进一步强调展览的多元、互动

与阐释性。同时，陈列展厅湿度控制始终未能解决，引进高质量展览受限。

三是展览活动传播力度有待增强。锡博大多数展览及活动推广社会知晓率依然不高，处于"养在深闺人未识"的状态。在多元社交媒体的运用上，如何结合社会热点和观众兴趣点，加强活泼、亲民的业态传播，依然有待充分开发。

四是参观体验有待升级。一楼大厅整体氛围不浓郁；工商馆建筑老化、展览陈旧等问题均已影响观众参观体验。作为我市首家入选江苏省文化文物单位文创产品开发试点单位，文创公司正在组建中，但与南博、苏博等先进馆还存在差距。

五、对策及展望

综上所述，锡博不断地在对标找差，认识存在问题与不足。这无疑给锡博带来巨大的挑战和发展空间。无锡博物院品牌塑造任重道远，是一个持续性的课题。在战略机遇期，我们要抓住机遇、乘势而上。

一是不断加强馆际资源统筹，立足地域文化，体现地方特色，深入挖掘文物的地方文化内涵，打造馆藏体系。在博物馆体系中，无论是人流量、自营收入，还是政府拨款、人才配备等方面，大小馆之间都具有一定的不平衡性。加强馆际资源统筹，搭建地域展览交流平台，馆藏进行合作与交流。增强临时展览举办的数量与频次，丰富其展览品类和形式，将文物研究成果转换为大众语言，将文物故事化、通俗化，让观众看得见，听得懂，提高公共文化服务能力。

二是不断创新策展机制，不断推出更多兼具学术高度、公众趣味与现实意义的优秀展览，走精品路线，提升创新策展理念和机制。一方面要加强馆内策展运作机制的革新，增强锡博的工作活力和自身造血机制。另一方面，

展览策划尝试走向社会化，借鉴开放机制。

三是借助公共媒体平台推广，助推影响力。博物馆展览和社教活动的宣传应进一步结合线上、线下不同的推广方式，突出展览的大众性、普及性。尤其随着互联网的发展，在各类展览的策划、制作与宣传中，应充分引入和使用"互联网 +"策略，让文物"活"起来，突破实体化展品的空间限制，使博物馆通过线上平台、移动设备应用、展厅互动等手段焕发出新的生机。

四是拓宽服务形式，充分满足公众需求。策划品牌活动，实行"分龄分众""量身定制"，呈现系列化、创新性、深层次的教育传播效果。推出免费讲解和专家讲解服务，优化"网上锡博"平台，着手虚拟展览建设，最大限度地加大馆藏文物利用，让"文物活起来"。

五是营造良好氛围，优化管理，加强培育整合。加大优秀人才、急缺人才的培养力度，加大与学科优势的高校合作，通过针对性的高级培训班，实现多层次人才优势互补。

在激烈的文化、经济竞争中，博物馆作为城市的文化主阵地，要想一直保持文化高地，得到更多群众的喜爱，应顺应时代发展需要，将群众需要放在重点位置，积极提升自己的品牌价值，强化品牌塑造与建设，走品牌化的发展道路，更好地吸引群众，促使博物馆的价值作用充分发挥出来，使社会公众享受到更便捷的人文关怀。

注　释

[1]　南京博物院院长龚良在 2017 年度江苏省博物馆学会年会上的发言。

[2]　文化和旅游部长雒树刚在 2018 年"新时代新气象新作为：全国博物馆馆长论坛"上的讲话。《"新时代新气象新作为：全国博物馆馆长论坛"在中国国家博物馆举办》，http：//www. chnmuseum. cn/Default. aspx？ Tabld=1834&InfoID=114341& frtid=40。

艺术

与古人游——秦古柳先生书画艺术研讨会录音整理

【摘要】2018 年 1 月 19 日，"与古人游——秦古柳书画艺术研讨会"在无锡博物院召开，来自全国各地 50 余位学者及秦古柳先生诸弟子参与了此次盛会。秦古柳是当代书画名家，在书画创作和艺术教育领域成就卓著。研讨会上，各专家、学者就秦古柳先生的书画艺术及教育生涯进行了深入探讨。

【关键词】秦古柳　书画艺术　研讨会

盛诗澜（无锡博物院副院长）：这次研讨会的邀请人员包括：秦古柳的弟子，比如袁清霓、尹光华、过大江、王良人、浦炯、华宏仁等；大力支持和帮助本次秦古柳书画展览的很多前辈，比如需要特别感谢的陈瑞农、尤剑青、董博、惠永康、张镇湫等；来自全国、全省以及无锡市内文化界和文艺评论界的领导和专家，包括董晓、董湘波、庄天明、严克勤、许墨林、陈东等，还有无锡籍著名书画家张崇政、刘铁平、王建源、顾青蛟等。无锡博物院对大家抽空来参加这次研讨会表示感谢！

无锡博物院从 2012 年举办吴观岱画展开始，每年就近现代无锡籍名家举办一个大展，至今已经持续开展了 6 年。在这 6 年间，我们举办过两次研讨会，吴观岱是第一次，秦古柳是第二次，这是一件比较有意义的事情。秦古柳先生的书画到底好在哪里？我们这个展览开展至今只有短短的半个多月，但是在业内已经引起比较大的反响。为何会出现这样的情况？今天的研讨会就是要探讨这些问题。由于会议时间比较短，各位嘉宾的发言请控制在 10 分钟以内，我们想多听听大家的想法。接下来把宝贵的时间留给各位专家了，首先请尹光华先生发言。

尹光华（北京嘉德拍卖公司首席顾问，著名书画家，秦古柳弟子）：我想讲的是作为老师的秦古柳。20 年前我在无锡少年宫做教师，有次教师节我给老师们讲了句："一日为师，终身为父。"古人希望学生一辈子把老师当做父亲一样尊重，但是，这句话反过来也是对老师讲的。作为老师能否让学生对你一辈子敬重，一辈子在你身上学到东西？当时，我举了自己老师秦古柳的例子。他的职业不是教师，但是他却是最好的老师。

1960 年我刚进入无锡师范读书，老师的家里是我最想去的地方。老师生活非常困难，文化局同意他向学生收费，但是他知道很多学生困难，几乎不收费。他经常把纸和墨给我们用，把碑帖送我们，特别鼓励学生学习中国画。很多人都愿意说是秦老师的学生，有的到秦先生那里去没几天，是外面人介绍的，但是他们就一辈子说我是秦先生的学生。这不仅是秦先生人格的魅力，更因为他的教育方法。

秦先生为培养我们的兴趣，让学生临摹龚贤的《课徒画稿》。《课徒画稿》是很枯燥的，一棵树一块石头，如果学生对这个很感兴趣，他一定会动情地表扬你。我记得学习了两年多，我已经可以临整张王翚的《江山纵览图》，那时我要到玉祁去教书、实习，我问老师能不能借龚贤的《课徒画稿》，住在乡下时间短可以利用。他一听开心得不得了，学生很多人可以临整张的山水画，再也不愿意回去画一棵树一块石头，他觉得学生能回过头来重新学习最简单、最基础的东西，他非常开心，他表扬了我。老师教我们画画，第一个就是培养兴趣，这是秦老师给我的启发。秦老师看我们画画基本不来干预，他让我们临摹，这个教育方法非常好。台湾傅申问过我：你们画画是什么画法？我说临摹，临 10 遍、20 遍。傅申到北京开画展，让我给他写篇文章，让我看他临的王翚的《江山纵览图》。我说这个手卷我临过 8 遍，傅申说他最多临过两遍。我说这是老师的要求，这个教育方法实在是最好的教育方法。中国古代的教育方法是读书读到滚瓜烂熟，你不懂也读。很多老先生到八九十岁，唐诗宋词随口就读出来，这就是小时候的背书功夫。老师教我们画画其实就是读书的功夫，一遍一遍地临摹，我觉得这是最好的教育方法，从这里面可以深入对古人及其笔墨的理解。

老师让你对画画有兴趣。保持兴趣是最重要的，他讲很深的道理有时讲得很风趣、很简单。他跟我们比较王石谷和吴历，他觉得王石谷艺术太多，他不喜欢，他推崇吴历。他讲了个笑话，他说：吴历画画，热不画，冷不画，不冷不热也不画。我听着很奇怪，这是一辈子都不画啦。其实不是，后来我找了吴历的所有资料，没发现任何人记载这件事。吴历只有 50 岁到 70 岁 20 年没画，他去传教，是个忠实的教徒，但是他永远都没有忘记中国画，永远在研究画，到 70 岁重画，依然是大家。后来我明白了，老师是用很风趣的语言让年轻人了解文人画家的创作状态，不想画的时候不画，想画的时候心里郁郁勃勃，来情绪了来灵感了，那么马上抓住这个机会来创作，这是中国文人画最重要的经验。

老师注重培养学生的眼光。一个学艺术的人，欣赏能力不行，你肯定不行。眼低绝对不会手高，眼高了手才能跟上。他让我们首先懂得什么是好，什么是坏；什么是高雅，什么是庸俗。五彩缤纷不等于俗，它还是很雅的一个东西；全部水墨不等于雅，还会很俗，这是我们从小就明白的。所以，古柳老师教出来的学生对艺术的理解，对传统的理解要深一点。当然他更重要的是鼓励我们读书。我从 17 岁开始看古画，喜欢临摹。后来自己去辨别真假，看看著作，看看历代传记，老师非常赞赏我。老师的鼓励和对学生的期望是让学生一辈子铭记的。老师的眼光是非常好的，这种眼光也影响了我们学生。我记得大概是 1962 年，他买过一张小名家的画，是雍正、乾隆年间有个叫方士庶的，非常兴奋，回家就挂在画室。画室走进去有个藤椅，藤椅上面有个镜框，他把画马上装进镜框，非常高兴，说画得非常好。结果 80 年代我去唐云家，唐云拿给我看方士庶画的册页，我马上想到我老师那时候买的。他说：你知道谁临过这张方士庶吗？林风眠向我借过这本册页去临过。后来我校对上海图书馆编的《吴湖帆文稿》，校对时我发现吴湖帆对方士庶的评价非常高，他认为雍正、乾隆年间，山水画没有一个人可以超过方士庶，这跟我老师对方士庶的评价非常接近。所以我想，一个人的见解达到了一定的高度，那么大家的看法是相近的，这是不容易的。老师对我们的诱导和启发，我觉得是终生难忘的。我今天喜欢古画，愿意宣传古画，很多基础都是老师提供的，我感谢老师。

盛诗澜：尹光华先生说到了和秦古柳师生关系的很多细节，听起来特别令人感动，也是很珍贵的一些回忆。时间有限，我们只能听到这里了。接下来我们请特地从南京赶过来的庄天明先生说两句。

庄天明（著名书画家，原南京博物院古代艺术研究所所长）：很高兴来无锡参加研讨会。我对秦古柳的了解来源于两人，一位是尹光华老师，还有一位是董欣宾先生，他们两位只要谈到老师，就会非常深情。董欣宾先生讲过一件事情，他说：秦老师真会教人啊！而且他不是教人，他是熏陶，慢慢熏，慢慢熏，把你熏成一个非常向往艺术的人。我对这个印象特别深刻。

今天我从无锡应该有的绘画流派来谈秦先生。我花了好多年的时间对绘画流派做了研究，我认为现在的美术史偏重于两个方面：个人史和总体史。其实里面少了一个很重要的环节，就是群体历史。一个整体里面应该是三大块：总体、群体和个体。群体的作用是非常非常大的。我写过一篇文章，写到无锡应有的绘画流派，我认为，无锡应该有顾恺之的绘画流派，应该有倪云林的绘画流派。我还提到过在清末、民国的时候，无锡也应该有绘画流派。晚清、民国时期，无锡的绘画达到了一个很高的高度，出了很多名家，这是实实在在存在一个绘画流派。绘画流派应该有绘画流派的一个标准，要找到这样一个标准，凡是符合这个标准的就是一个绘画流派。

我在翻看《中国美术家大辞典》的时候，翻到"秦"的时候，看到后面好多无锡人，其实无锡存在一个秦氏画派，秦家的画家特别多。吴观岱也有一个绘画流派，吴观岱的弟子们都构成了这个绘画流派。再下来还有一个秦古柳的绘画流派，秦古柳的弟子在全国知名的画家有好多，在地方上更多。宜兴有四大家，也是了不起的绘画流派。假如要写一本中国绘画的十大画家，无锡有顾恺之、倪云林，这些放在里面都不会有问题的。也有可能放进徐悲鸿，那无锡就可能有十分之三。秦先生学过倪云林，而且气息学得很到位，把他列入倪云林画派也是可以的。我刚刚讲的无锡画派或者梁溪画派，秦古柳先生是比较重要也是最后一位

大家，吴观岱先生对秦先生早年的艺术才华也很肯定。

盛诗澜：庄天明老师从画派的角度出发来谈秦古柳，这里面有庄老师很多独特的见解，也是值得我们细细讨论的。接下来请知名文化学者严克勤先生发言。

严克勤（文化学者、画家，北京国画艺术家协会副会长）：我最早是从尹光华老师那里知道秦古柳先生的。我想讲三点：第一，这次的秦古柳展览，给我印象最深的就是他超乎常人的非凡艺术家气质。从倪云林到秦古柳，我认为他们是以看似非主流的风格，以不平常的绘画方式来表现自己，他们强调用笔墨自由地寄托自己的主观意识，对笔墨的运用更加自由灵活。特别是秦古柳的书法，超凡脱俗，有自己的风格，有自己的个性，非常雄浑、天真，这显示出秦先生非常人所能模仿的气质。学习倪云林画的人很多，但是在气质上学像的人少之又少。我认为从倪云林以后，在秦古柳身上能看到这样的气质。

第二，关于钱松岩先生和秦古柳先生出世和入世的问题。研究秦古柳先生，很多人喜欢将他和钱松岩先生去比，我个人认为这样比是不太科学、不太妥当的。这两个人完全是不同的世界观，不同的方法，不同的对艺术的描述，把这两个人去比是非常不应该的。所谓的成功或不成功，不是从短暂的历史阶段去比。比如钱松岩先生到南京以后，随着社会主义文化建设的到来，他的红色山水创作应该说是非常有意义的，而且这种成果钱松岩先生觉得做得还不够。但是不能因为这一点而跟秦古柳先生去比。中国古代绘画历来有院体和非院体、主流和非主流之分，一个时期你可能认为入世是很好，但另外一个时期，从历史的高度看，秦古柳先生可能更持久，他的传统他的生命力可能更强，他的感染力更重。同一时期的无锡籍画家，像在上海的贺天健等，传统都很

好，地位都很高，影响力也很大，但并没像钱松岩这样标新立异的程度。所以传统的艺术家，在特定的历史时期并不是说都可能的。我们从吴湖帆的遭遇来看，60 年代原子弹爆炸，吴湖帆画原子弹，这是非常可怜的——传统的艺术家要跟上时代的步伐是非常痛苦的一件事情。从这件事情可以看出，秦先生实在难能可贵，他坚持自己的人格，坚持自己的艺术理念和对传统艺术的追求。所以不能简单和钱松岩先生比，既不能贬低钱先生抬高秦先生，也不能贬低秦先生抬高钱先生。这是两条路，一个出世，一个入世，这是在纪念和研究秦先生的时候一定要搞清楚的元素。

第三，从传统到现代中国绘画的教育和坚守。我认为从秦古柳先生的艺术和他弟子们的成就上来看，中国文化、中国艺术、中国绘画有他独特的传授方式，这是不用质疑的。所以纪念和研究秦先生，一方面我们要注重他教育的方法，另一方面我们也要研究他的作品，从传统的笔墨当中，从传统的中国画的修养当中得到升华。

盛诗澜：严克勤先生在短短的时间里提出了好几个特别值得深思的问题，特别是画家在特定时代出世和入世的思考以及对美术教育体制的认识，都是可以好好深思的问题。接下来请陈东先生说两句。

陈东（无锡市书法家协会学术委员会主任，秦古柳再传弟子）：我写了一篇秦古柳的前言，是惠山区政协让我写的。当时以为要专门写一本，所以请教了很多人。我从 6 个方面来写秦古柳先生，分别是家世生平、绘画艺术、绘画理论、书法、传世诗文、个人成就等，我把整理这篇文章时印象深刻的部分简单介绍一下。

绘画艺术：秦古柳是吴观岱的学生，他 14 岁时临摹沈周的《溪山秋霁图》，吴观岱非常喜欢，遍请无锡名流题跋。像胡汀鹭说他前途

不可限量，得到观老真传；杨令茀说他"所造无止境"；俞复专门作了一首古风，整理出来后好得不得了。1983 年出版的《秦古柳画辑》，可以说是历史上最薄的画册，连封面、封皮一共 12 张纸，印刷在当时还算精美。里面有两幅画很有意思，一幅是《香草图》，秦老自己题了一首诗："李白仙去张旭老，八大苦瓜醉倒了。乾坤万里宇宙清，毒草除尽画香草。"虽然像打油诗，但是很有名。还有一幅是《鱼乐图》，画了一条鱼，署名九大山人，作品很奇特，令人印象深刻。

书法：秦先生的字号学问很深，都很有意思，如"问白""旧方""圻斋""陌汉碑斋"。问白：问白计黑；旧方就是古物、收藏；圻斋：圻是千里为圻，说明他志在千里；陌汉碑斋，2006 年河南美术出版社出版的《汉碑全集》是从全国博物馆搜集的，一共 285 种，360 件，秦老一个人收藏的就有 270 件，这是非常伟大的。

传世诗文：刚才说无锡存在一个画派，从明清、民国一直到现在，很多人画画都很好，但是能够作诗作词的不多。胡汀鹭能够作诗作词，他有一册《闹红精舍遗稿》，接下来就是秦古柳了。像同时代的贺天健、钱瘦铁、周怀民、诸健秋、陈旧村，他们基本没有诗。秦古柳 18 岁时在《独钓图》的题画诗，写得非常好。1939 年 30 岁时写的七绝格调比较高。这是我在整理过程中觉得他的诗文可以传世的。

个人成就：对于秦先生的地位，亚明先生、钱绍武先生都有很高的评价。钱绍武先生可能因为是学生，所以对他的评价会高一点。但是我们看这次展览里面，他在 60、70 年代的作品，特别是他的那批黄山的作品，那些大泼墨、小泼墨的作品，秦先生画的黄山是非常高级的，他的笔墨技巧、用色用彩，非常现代化，非常时尚。

盛诗澜：陈东先生结合自己的研究成果，

全面介绍了秦古柳先生在绘画、书法乃至在诗文上面取得的成就，这些文字在我们画册上也可以看到。这次秦古柳的画展以及研讨会能够顺利举办，得力于我们的老院长陈瑞农先生的大力支持，下面请陈院长讲几句。

陈瑞农（无锡市收藏家协会会长、江苏省文物鉴定专家库专家，秦古柳再传弟子）：非常高兴可以参加秦古柳书画艺术研讨会。我觉得无锡博物院举办这种带有主题的书画艺术展，包括举行专题研讨会，非常有意义。这不仅弘扬了中华传统文化艺术，对于研究宣传无锡的地方历史文化艺术也有积极的推动作用。关于秦先生的艺术及艺术成就，很多专家、他的弟子都写了专题文章，我不一一细数。秦先生的艺术、艺术成就达到了什么高度？我个人认为：第一，他对艺术的见解和笔墨技巧达到了一个新的高度；第二，他把诗、书、画这种中国最传统的艺术手段融汇在一起，潇洒地发挥，达到了一个新的高度；第三，他对金石碑帖的考据、古书画的鉴定水平达到了一个新的高度。我于七八十年代在抄家办公室，就是无产阶级文化大革命文物图书清理小组，那时我看到两幅画，是秦先生题的。一幅大家可能都知道，是虚谷先生的《松鼠竹石图》，秦先生认为是真迹；另一幅是无款的花鸟画，画面上有溃烂，但是秦先生题跋明确无误地说这是马元驭的真迹。我当时纳闷，秦先生是怎么鉴定的呢？后来我在草丛和山石之间发现了马元驭的本款，这时我对秦先生古书画鉴定的水平和眼光佩服得一塌糊涂。

我们研讨会到底学习、研究、弘扬秦先生的什么方面？研讨会要做出一点相应的共识。我觉得是两大方面：第一，秦先生对中国传统艺术孜孜不倦、坚持不懈追求的精神。以秦先生的学识和他的艺术水准，他去省国画院甚至到更高的层面，这是毫无疑问的。但是他没有去，他留在了无锡，留在了旧方书屋，安贫守道，默默耕耘，不求闻达。这种对纯艺术的终极追求，这种境界不是凡夫俗子所能达到的。正因为这种精神，秦先生才能在他的艺术生涯之中创作出这么多优秀的、令人惊叹的艺术作品。这种精神，作为无锡人，作为搞艺术的人，都要像秦先生学习、效仿，而且要弘扬。第二，要学习、研究、弘扬秦先生的艺术实践和艺术主张。最主要的就是金石碑帖、诗文鉴定。我们应该知道，诗的功夫在诗外，画的功夫也在画外。画到一定程度，不是画的问题了，而是学术和修养的问题。有的画家画到一定程度停滞不前了，没有出路了。为什么呢？修养跟不上，学术跟不上。秦先生为什么会取得这么高的成就？他不仅诗文、书法一流，而且对于碑帖的考据和鉴定也是高水平的，正是这些东西的支撑、滋养，秦先生的艺术才能达到这样的水平和高度。所以越到晚年，他画的境界越来越开阔，高度越来越高，深度越来越深，技法越来越成熟。这对我们有什么启迪？继承、弘扬什么东西？我认为就是这两大方面。

亚明先生说，秦先生的艺术成就与当代名家相比，如李可染、钱松岩等，有过之而无不及，而且他的诗文书法、理论和鉴定，他们都比不上他，这个地位就高了。作为无锡人，我们有义务把秦先生研究透。

盛诗澜：陈瑞农先生是无锡唯一一位江苏省文物鉴定专家组的成员，眼光比较毒辣，他对秦古柳先生艺术水准的总结和判断非常到位，他对这次研讨会举办效果的总结也是非常准确的。接下来请著名画家尤剑青先生讲两句，尤先生对我们此次展览也提供了很多帮助。

尤剑青（著名画家，秦古柳再传弟子）：我是尹光华老师的学生，在70年代初期我刚工作，也到过秦古柳先生的家里，是尹老师带我去的。当时秦先生已经神志全失，一点知觉都没有了。后来在 1974 年，钱松岩到无锡来，我跟尹老师听钱松岩讲过，他说文物公司有一幅秦先生 14 岁时临摹沈周的长卷，当时在裱画店裱的时候，无锡的好多画家、好多贤长都去看。吴观岱对他的绘画天赋非常肯定，而且题了前面的引首。钱松岩当时说："还是个小孩，不得了。"他们年龄相差 10 岁。1982 年 4 月 12 日，我专门到江苏省美术馆看了秦古柳的画展，在我心里留下了非常深刻的印象，怎么也磨灭不了。这么多年来，秦古柳在我心中一直是非常崇高的形象，我也一直在学画的过程中间不断学习和吸收秦古柳的一些东西。

这么多年来，我从古柳先生的境遇和作品的高度上，以及学习的过程中间体会到：一个人的天赋和努力，这两者是很难两全的。天赋高的人并不是很努力，天赋不高的人有时很努力也不是很有用。秦古柳的天赋是很高的，我们从他 14 岁时临摹的那个长卷就可以看出来，这是非常不容易的。但是光有天赋也不行，从这次博物馆展出的秦古柳作品来看，他其实也有过程。我和尹老师在那看作品的时候，我跟尹老师说，他到了 40 岁左右，也就是 1946、1947 年以后，他的画风开始变了。他的书法成熟非常早，但是画画中间，他吸收了好多元人、明人、清代人的东西。他真正画得精彩、自己东西比较多、前人东西融会得非常好了，还是要到 40 岁左右的时候。他把自己的感受、积累、学养以及功力发挥得特别好的时候，是 60 年代。有两次经历对他非常重要，一次是 1962 年去了黄山，一次是 1964 年去了浙江。回来以后，无论是他自己，还是他和学生刘达江的合作，那时候画得真的是很好。比较遗憾的是，我们这次展览见的少了一些。

我认为在秦古柳身上给我们两个启示：第一，天赋和勤奋两者缺一不可。他天赋特别棒，而且又是这么勤奋，所以他画的东西跟一般人是不一样的。第二，是我的个人感受，关

于传统，真正的传统要能够进入骨髓，了解传统精华的东西，是要下苦功夫的。而且这不只是下功夫的问题，还涉及笔墨功夫之外的好多其他东西。传统有精华也有糟粕，而秦古柳先生给我们看到的却是非常精彩。非常感谢无锡博物院花精力征集了这么多作品，为我们提供了一个非常好的学习机会，这也是 80 年代至今一次比较大的盛会，这次展览给了我很大的启示。谢谢！

盛诗澜：尤剑青先生结合具体的作品及秦古柳先生的经历，为我们补充了许多有趣的细节，提到的一些细节我们展览中都有，大家可以详细观摩。下面请无锡书画鉴藏家惠永康先生说两句，展厅里面有几件是他的旧藏，是非常精彩的作品，请惠永康先生介绍介绍。

惠永康（黄杨辉艺术研究会副会长，书画鉴藏家）：今天来了很多人，都是秦古柳先生的学生、研究者、专家教授，我简单讲几句，作为我们后人对古柳先生的一种敬仰吧。

我真正知道古柳先生是在 80 年代后期，当时博物馆在城中公园美术馆办了一个无锡近代十大名家展览，那个展览让我真正认识了古柳先生，那时我就对他很敬佩。但是因为我们生的晚，无缘跟古柳先生谋面。古柳先生的画比较好，30 多年来，我跟我弟弟陆陆续续收集了他的 20 多幅画，这些画我们就是收来学习、研究的。我的看法，古柳先生一生的艺术成就可以划分为三个阶段。

第一阶段，就是他师古人的阶段。他从吴观岱先生学画，从元四家、吴四家入手，他受益最多的是元代的吴镇和明代的沈周。但是，因为吴观岱先生是学石涛的，他受吴观岱先生影响，对石涛、石溪也有所涉及，打下了坚实的基础。他对书法很注重，不像我们现在画画，学书法的少。他在书法上下了很大功夫，初期主要学祝允明、董其昌，后来他对章草也下了很大功夫。不到 30 岁的时候，他的书法

已经成了自家的面貌，比较早熟。他很年轻的时候就画得很好，到全国好几个地方办过展览。通过和各地书法名家的接触交流，他的眼界就开了，创作了人生第一阶段好的作品。

古柳先生师古人最好的时候是他人生第二个阶段。有个老画师在90年代曾经给我讲过一件事情，他说张大千1947年在无锡办过展览，一夜之间墙上的画全部贴上了红纸条。我就联想到了古柳先生，因为这么大的一个活动，古柳先生不可能不去，当时他作为无锡画苑的领军人物，肯定跟张大千先生有过交流。现在我们手头也没有资料，不知道大千先生和古柳先生谈过什么。但是，有一点我们可以肯定，古柳先生看了张大千先生的画以后，他的心灵肯定受到了震撼，他对中国传统画有了新的认识。因为我们可以从古柳先生的画中看到，从1947年以后，就是从张大千画展以后，古柳先生的书风就开始变了。1922年到1947年间的画，他的书法基本上没有很大的改变。但是，到了1947年以后，他的书法完全改变了。画画上，他对石涛和新罗有了新的认识，他的画达到了师古人最高的高度。我认为他1947年以后的画，主要是40岁以后，45岁左右，从传统的笔墨来看，他的画可以跟当代的任何一个大画家相媲美，从而进入中国传统山水画的最高境界。

作为古柳先生个人成就最高的时候是新中国成立以后，就是亚明先生把他称为"画圣"的那个年代。进入新中国了，传统的山水要为新中国服务了，他也学着开始出去写生，画画鼋头渚，画画黄埠墩，已经有了新的改观。古柳先生真正踏上高峰的是1962年登上黄山，当时我老师黄养辉先生跟他一起去的，在黄养辉先生的日记里提到，他和家乡无锡秦古柳兄一道，住在一起。他们都是无锡人，本来关系就很好，住在云谷寺，一起爬狮子林。从古柳先生这一时期流传的作品来看，我认为他的艺术水准已经不在新安四家之下。他到黄山写生之后，他的艺术水平已经达到了很高的高峰。如果没有十年浩劫，他活得再长一点，古柳先生的艺术成就可能不会在钱松岩之下，这是很可惜的一件事情。

很多人知道古柳先生画山水，其实他的花鸟画画得也很好。我收藏了十几张花鸟，其中有两幅我觉得是画得比较有特点的，《秋水鸳鸯图》和《双色牡丹图》。《秋水鸳鸯图》作于1949年，是古柳先生艺术创作的黄金岁月。这张画取自于唐伯虎的《秋水芙蓉》，有原稿的。他在下边的河石上画了鸳鸯，鸳鸯取自于元人张中的《鸳鸯图》。他以工笔线条写出，静中有动，动中有静，在原图的基础和意境上，对这张画赋予了新的诗意。他参与1950年无锡市美术展览，后来又题了工工整整的隶书，送给了凤仪先生。他对这幅画是比较看重的。

还有一幅是《双色牡丹图》，这张牡丹图我认为可以作为古柳先生第二张花鸟画上的最高成就。此图的画法是以古人的点乱法为主，这种画法都是古法，他用得比较纯粹。他以墨色写茎叶，以朱砂红写红牡丹，以珊瑚白写白牡丹，笔法和境界都很高。90年代的时候我从原藏家那边买来，因为这张画长时间悬挂，有点发黄，裱画的时候我让洗了一下，原裱还是保留了，装成镜框挂在那里。这张画还有一个小小的插曲，这张画装裱后一直挂在家里，挂了20多年。十几年前有个画商来我家里看，看了以后，转来转去说这张画画得很好，我想跟我同感，这个人也很懂画，我对他很好，请他吃饭。吃完饭以后他说："惠兄，你这张画转让给我吧。"我说："不行，这张画我很喜欢。"他说："我出高价，10万块。"十几年前10万块已经很高了。他怎么会出10万买古柳先生的画？要买去干嘛？他说："惠兄，你不知道，这张画画得有仙古气，像张大千画的。我把上面的款裁了，贴个张大千的款，就是张大千的亲笔。"我一听心里难受了，不知道是什么样的滋味。因为这张画画得很好，我把它看得很重，你要把好画裁掉变成别人的假画，我心里过不去这个坎，无论如何都过不去这个坎。想来想去，我不能给他，我就婉言谢绝了。所以这张画一直放到现在，留下来了，今天挂在博物馆这里，这是我比较欣慰的一件事情。所以，真正优秀的艺术和艺术家，不会因为时间的流逝而消失，反而会因为其艺术的魅力不断被后人认识和重视，古柳先生就是人们常说的深厚名家。此时此刻我和大家一起相聚在博物馆，学习、欣赏古柳先生的书画，研讨其艺术成就，这可能也是几十年前古柳先生所没有想到的。高山仰止，古柳先生如果泉下有知，也会感到很欣慰的。谢谢大家！

盛诗澜：惠永康先生从鉴藏家的角度出发，对秦古柳先生的艺术发展作了梳理。他刚刚提到的那两件作品《秋水鸳鸯》和《双色牡丹》，他非常喜欢，但是已经忍痛割爱，给院里征集过来了，回头大家可以去展厅看一看。我们这次展览推出之后，远在上海的过大江先生看到了，他就把自己收藏的秦古柳先生晚年创作的作品以及题跋的一些碑帖，无偿捐赠给了博物院。过大江先生在 1959 年的时候结识秦古柳，过先生一直有个心愿，要把秦古柳先生的作品和文字资料都搜集起来，再出一本精美的画册。接下来请过先生说几句。

过大江（秦古柳弟子）：刚才惠先生讲得让我很感动，内心也非常心痛，这说明秦先生的地位在外界不是很高，有点心酸。记得那是 1959 年，当时我的同学住他隔壁，他说秦先生很好说话的，你喜欢画你就去看，我带你去。从此我和秦先生就开始了八九年的交往。我不是秦先生正规的弟子，但是秦先生每次来开门，脸上没有一点不愉快的神色，所以我乐意去。1961 年以后我去外地上学，去的机会就比较少一点，但是暑假寒假还是去的。这一

年我离开无锡时，请他画了一幅扇面——《竹石图》，在展厅大厅里也能看到，上面的竹子两边的泼墨，这样的水平我没看到过，在现代画家里面也很少看到，非常精彩。1966 年以后，我又去了一次。那时我又请他书了一幅字，现在我也把它捐出来了。他的一些碑帖是袁清霓送给我的，非常宝贵。这次展览，大家都提到过秦先生碑刻考证方面非常厉害，水平很高，但是没东西啊。我和袁清霓共有的这些东西弥补了这个空白，非常开心。我到无锡来的时候，要求馆方将这几件捐赠的作品放展览，立刻跟大家分享，这是我的目的，不然毫无意义。这次展览将秦先生的作品集中展示确实不易，以现有的条件来说，这已经是做到最好了。

接下来我要谈一个问题，就是古柳先生的地位跟自己成就的不相称，我要谈谈怎样来解决这个问题。大家对先生的评价都是最高的，甚至于亚明先生称他为"画圣"。但是，现在我们对他这么高的评价，与他实际地位之间有很大的矛盾。只有少数在我们无锡地区了解他的人和弟子中间，大家认可，如果到外地就不一定了，到上海就都不知道秦古柳。为什么会出现这样的情况呢？因为评价他画的人都了解他，作品看得多。但是对于没有看过他作品的人怎么会认可呢？这种情况是很自然的。

为了让大家都能够了解先生的成就，我提议出一本高规格、高质量的画册，目前这本画册相当不错，但是它没书号，规格也比较低，晚期作品收录的相对较少，还不够理想。最近回无锡以后，我一直在做画集的准备工作，一直在走访调查古柳先生作品的存世情况，希望大家可以支持我的工作。这个工作不是为我自己，是为了秦先生，讲得大一点是为了我们的民族文化。我拟好的画册提纲，有兴趣的可以来拿。另外，我建议建立一个微信平台，今天来的没时间交流的，我们可以在平台上交流。

如果大家对秦古柳画册有什么建议都可以在上面提出。

盛诗澜： 过大江先生出于对秦古柳的感情，决定要出版这个画册，如果在座有便利给他提供资料或图版的，可以跟他直接联系。因为时间关系，自由发言的时间也不多，接下来我们请无锡市文联的董晓副主席讲几句。

董晓（无锡市文联副主席，秦古柳再传弟子）： 刚才大家都讲得很细、很专业，我也有感而发说几句。我们今天座谈有一个误区要撇清，有两个借鉴要设定。一个误区是，一直说秦先生的寿命短了一些，如果长一点，他还要好。但是实际上一个人活多久，我们怎么知道呢？我伯父董欣宾寿命也短了一些，他曾跟我讲：我转了大半个中国，回过头来看看，还是我先生的作品是最好的。尤剑青老师也跟我讲：上海唐云跟尹老师说，秦先生的作品格调比我高。唐云是这样说的，尤老师告诉我。但是历史上的比较，永远都是最高的跟最高的比。我们今天一个小册子，里面只要有一两件作品在历史上站得住就站得住了。所以，我们要撇清一个误区，艺术成就的大小不是用作品数量的多少来算的，而是根据艺术创作取得的最高成就来算的，这是我们要撇清的一个误区。

第二，两个借鉴。我伯父跟我讲过，到秦先生家里去学画，他先教书法。这一点是把书法放在了绘画的前面，或者说是书画同源，这对中国书法是理解到点子上了。秦古柳先生也自视自己的书法高于绘画，我想这是第一个借鉴。第二个借鉴，收藏对绘画创作的帮助。当时袁克文因为吴观岱老师回到无锡了，到无锡来找吴观岱，袁克文在北京跟他有过交往。他找吴观岱的时候，带了一个宋代的手卷。吴观岱对古柳老师说：快去照相馆拍个照，这种东西过了一年，哪有钱去买它。秦先生就拿了这个手卷跑到照相馆里。回来后他问吴老师，上面还有三四十个人的题跋怎么办？吴观岱说题

跋不用拍了。古柳老师的收藏，有一部分我在朵云轩拍卖的时候看到过，他对收藏鉴赏有非常高的眼界，这对他的创作非常有益。现在年轻的画家几乎很少在收藏上面下功夫了。尹老师也讲过，你有高的眼光，出手不会低；你的眼光不高，出手高不到哪里去。鉴赏，看古人的东西作为借鉴也非常重要。

盛诗澜： 下面我们请刘铁平老师讲两句。

刘铁平（著名书法家）： 我就秦先生的书法谈谈自己的看法。大家都谈到秦先生书法功底很深，他收藏的金石碑帖有很多。秦先生是碑和帖并重，从他书法里面也看得到。从展览里面他临米芾的一套作品可以看出，他不光是写碑，还有在帖法上面的功夫，从临米芾的那幅东西就可以看得出，他在临帖里面深厚的功力。帖真的是比碑难写，写好一个帖是非常非常难的。现在我们看到的书法主要是他的题跋，题跋上面有很多东西，我看到的一般来讲好像是行书，又好像是楷书，但是凡是他行书落款的东西，行草书落款的，里面总是离不开汉碑的影子。有些隶书的落款带有帖的意思，这是里面表现出来的。

古柳先生自认为他的书法高于他的绘画，当然这是他的一个看法。其实，秦古柳先生的绘画也是高高在上的感觉。以前出了一本画册，也就十几页，里面收录的第一幅作品就是黄山回来后画的《黄山温泉》，如果把这幅作品跟当代任何一位杰出画家的作品相比，时间还可以往前推一点，包括民国的、包括清代晚期的这些画家，无论如何这幅画可以在所有的画里面挑出来。他的笔墨功夫，少年时代就很了不起。虽然我们现在只能看到展览里面的作品，我们只能看到画册上的一些作品，但是这些作品已经足以说明古柳先生书法的深厚造诣。为什么他的画这么好，跟他的书法功底有关系。如果没有深厚的功底，没有碑帖的韵味，那么古柳先生的画绝对不会达到这个高度。

古柳先生身体不好，寿命不是太长，这里面也有很多原因。我个人认为，古柳先生一辈子画得很好，但是命运没有眷顾他，没有给他一个很好的创作环境，他的一生是在贫苦之中。这让我想起无锡瞎子阿炳。古柳先生是认真学习的，但是命运不济。为什么他身体不好，为什么寿命不是很长，就是因为他没有稳定的收入。他教这么多学生也是为了生计，他开馆教学也是为了挣点钱养家糊口。大家可能认为如果当时到了省画院去，就要画红色山水，我认为红色山水也不是什么不好的东西。如果跟着潮流走，只要你的基本功在，你的天赋在，你就是大师，即使到任何一个地方，再迎合潮流你也是大师，钱松岩就是一个很好的例子。钱松岩有稳定的收入，创作了大量的作品，不管是红色的，还是自己原来风格的东西。据我了解，古柳先生在晚年的时候，他的收入是政协每个月给的车马费。但是，等到"文化大革命"开始的时候，稳定的生活费一下子被取消了，古柳先生陷入了绝望、窘迫的生活状态。后来，他生病了，再加上各方面的打击，人就不行了，这导致他没有活到一个很长的时期。生病的时候，正是他的艺术最成熟的阶段。如果能够再活 20 年，不是在贫病交加的情况下，他可能会有更好的作品留给我们。

我跟秦古柳老师有一点点缘分，当时我有一个中学同学，他的母亲是秦古柳先生的表姐，他介绍我到秦古柳先生那里去，我希望当古柳先生的学生。那时候是困难时期，没有酒喝，古柳先生跟我提出来弄点酒喝。你看古柳先生的诗，古柳先生的画，他总是让我想起历史上的大师李白，古柳先生有李白的那种风韵气。他的诗也好，画也好，都是非常潇洒，非常脱俗。古柳先生的作品本身不多，现在要出一本真正代表他的风格、展示他全部艺术造诣的册子，这恐怕不是一件容易的事情。我得益于秦古柳先生的是什么呢？是我拿画给他看的时候，古柳先生对我指点了一番，有一句话影响了我一生。我把自己的一些书法、临摹的碑帖给他看了以后，他说："你书法写得有仙头，你应该在书法上面多下下功夫。如果你要画好画，首先你要写好字。字写好了，你就事半功倍，你的画必然会好。"这无意之中促使我以后对书法下功夫。当时我没有进到古柳先生的门下，但是我好好写字，字帖就是最好的老师。所以古柳先生一句话让我一生受益，我要感谢九泉之下的古柳先生，他改变了我的人生，也促成了我的艺术人生。

盛诗澜：因为尹光华先生下午还有讲座，今天时间有限，其他老师的发言就暂停了。我们会把各位的发言整理成文字，在《无锡文博论丛》上正式刊出。如果各位今天发言有书面文字稿的可以寄给我们，没有轮到发言但是也准备了的老师可以把文字寄给我们。谢谢大家！

（整理人：阎智海、陈梦娇）

墓前宿草忆小石

——秦古柳和程小石的金石缘

陈荣杓*

【摘要】 书画篆刻名家程小石出生于无锡甘露镇东街，拜著名画家"江南老画师"吴观岱为师，与秦古柳先生为同门弟子。程小石曾为秦古柳刻了十数方印章，《程小石刻章》系程小石为秦古柳所刻印作原钤印谱，由秦古柳辑录钤盖。

【关键词】 程小石 秦古柳 《程小石刻章》

甘露位于无锡市东南，古名月溪，因月照而名。后因甘露降地而名，或说是唐代建甘露寺而名之。其地三面临水，由鹅湖（又名鹅真荡）邻接荡口。周边水网密布，船运发达，市场繁荣。甘露镇临水而建，上下河塘粉墙黛瓦，庭院幽深，素有"金甘露、银荡口"之称。鹅真荡水质清澈，风光旖旎，物产丰富，景色宜人。2004年，甘露和荡口合并，设为鹅湖镇。鹅湖镇历来为人文荟萃之地，在这块土地上曾出现过华燧、华蘅芳、华世芳、华秋萍、王莘、华君武等名重中华的杰出人物。其中出生于甘露镇东街的程小石即是其中的一位书画篆刻名家，只是因为英年早逝，未享寿考，加上作品散佚，以至湮没无闻。本文仅就收集到的少量资料及作者于甘露短期工作期间所闻，为小石先生及其作品作一简要阐述。

程小石（1905—1952），江苏无锡甘露人。

其先祖经营程孟泰酱园，薄有家产。先生幼承家学，笃好书画，潜心金石，探索印学，积有所成，然天不假年，未满五十即潜归道山。

小石书画拜著名画家"江南老画师"吴观岱为师，与吾师秦古柳先生为同门弟子。篆刻师从一代宗师吴昌硕，曾游学沪上，侍奉吴昌硕，故所见甚广。在吴昌硕先生导引下，眼界与见识俱进，然综其一生，篆刻虽师事吴昌硕，却与乃师异趣。小石先生坚持以秦汉为宗，尤溯源先秦古玺，章法严谨，古朴典雅，疏密得体，错落有序。其作品恪守古训，终生不涉苍莽，所作务求端谨平实，字字有出处，笔笔有来历。宽边细字朱玺纤而不弱，秀劲挺拔，而两汉铸凿之作，功力深厚，朱白分布，古趣盎然。偶为圆朱文，亦典重有法。

小石先生年长古柳师4岁，俩人既是同门，又是莫逆之交，相互间常一起切磋学问，互赠所作。丁卯（1927）中秋，古柳师应邀往

* 陈荣杓：西神印社原社长，现荣誉社长，江苏省书法家协会会员

访甘露并小住数日。其时，皓月当空，天净气清，先生与古柳师及另一挚友顾友松，三人登一小舟泛游鹅真荡，把酒临风，其乐融融。短短几日内，古柳师挥写了数十幅画作，小石先生也刻下了十数方印章。

1965 年春夏，我曾在甘露公社医院务医半年，适逢小石先生挚友顾友松及小石之侄程度也在医院工作（前者为中医师，后者为财会），询及小石先生事况，谓故世多年，由于几经动乱，所作亦散失殆尽。由于当时在"文化大革命"前夕，遇敏感事大多噤口避之，加上顾友松先生年高且聋，不方便交流，故其时我之所询未有多大收获，诚为憾事。后蒙顾友松先生慨赠我古柳师 40 余年前泛游鹅湖时所作二幅（一为虬松，一为幽兰），返锡后我即呈古柳师观览，并述以所见。古柳师当即返身从旧箧中检出《程小石刻章》印谱赠我，并特地题写了封签，并在谱后写了跋语。此册可视为程小石先生结集印章之海内唯一孤本耳。由于此册保存至今，使程小石先生的篆刻作品不至于湮没于世。

《程小石刻章》系程小石为秦古柳所刻印作原钤印谱，由秦古柳辑录钤盖（图一）。印谱纸本，间有夹页。纵 19.6 厘米，横 13 厘米，细线板框高 14.5 厘米，宽 10 厘米。印作朱泥原钤，无页码，计 12 页，前后空白扉页各一。收入印作计 32 方，每页印作数不等，无边款（图二至图一三）。印谱末页有秦古柳跋文一篇："此册老友程小石四十年前为我治印，箧中犹有存者，而小石墓有宿草，怅怅。雄飙弟代为留之。已酉春节古柳识。"钤"秦古柳"圆朱文印花一枚 。（图一四）封面及封底用浅蓝色本纸，中式线装。封面为秦古柳隶书题签《程小石刻章》，押"秦古柳"白文印，封面下钤有"荣枸金石书画之记"白文印一枚。

图一

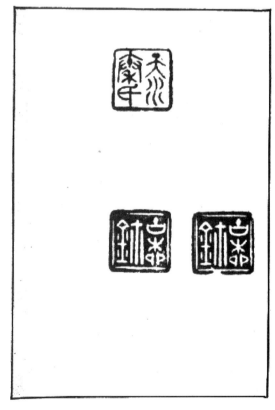

图二

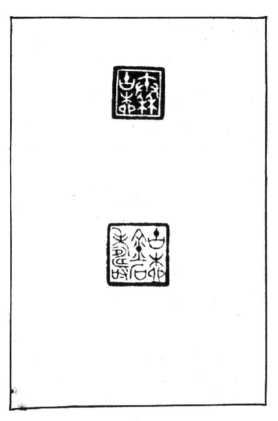

图三

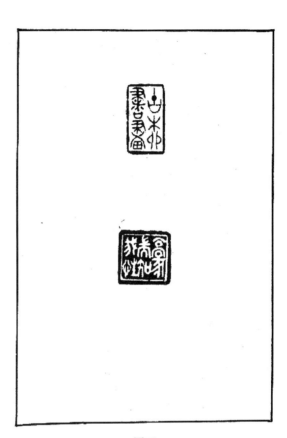

图五

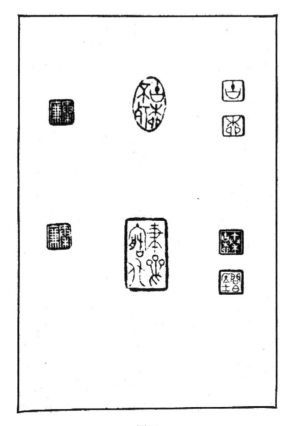

图四

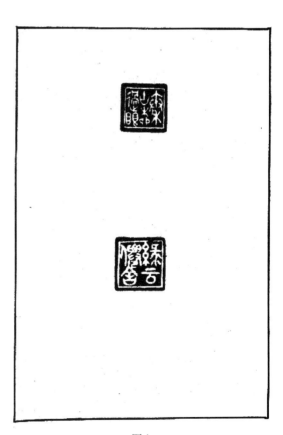

图六

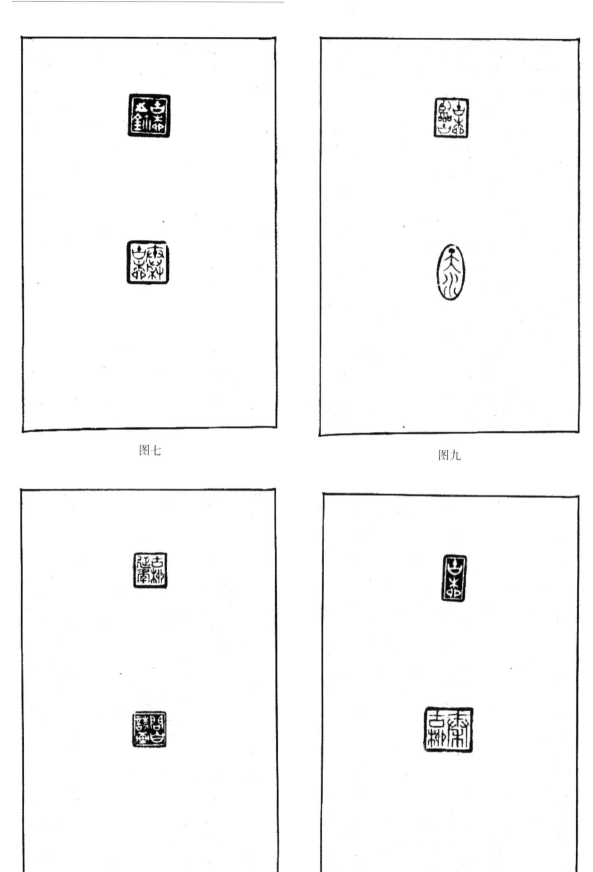

图七

图九

图八

图一〇

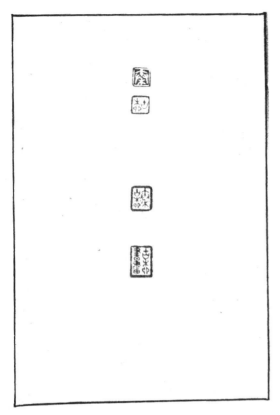

图一一

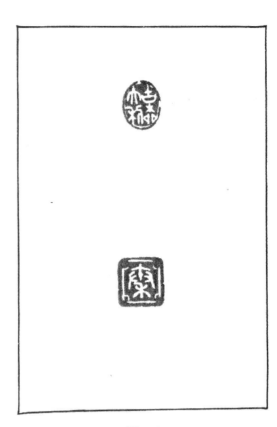

图一三

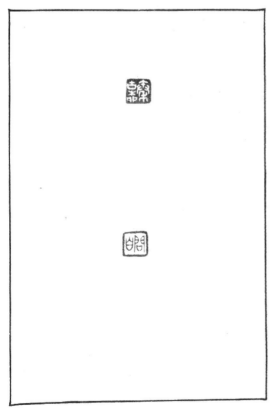

图一二

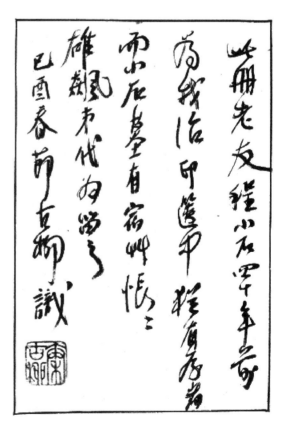

图一四

与古交游上千年　画禅顿觉出神笔

——观《与古人游——太湖画派近现代名家之秦古柳书画展》的感悟

许墨林[*]

【摘要】秦古柳书画展的开展难能可贵，给每个参观画展的人，感受到秦古柳书画作品不同寻常的气息。他是一位画坛奇才，学艺是"心画契合，艺追高品"。12岁拜吴观岱为师，14岁临沈石田的《溪山秋霁图》，横空出世，令画坛惊讶。秦古柳一生从事中国书画事业。与古人游，作长期积累的打算，看取菁华，抛弃陈腐，鼎古革新，努力站到古人的肩膀上去，与时代同步。

【关键词】秦古柳　书画展　奇才　与古人游

盼望已久的无锡画坛现代名家秦古柳书画展，在瑞雪梅花中走来。40多幅，作为一代名家，这个数字实在太少了，但凡是经历过那个时代，了解秦先生身世的人，都会感到难能可贵，值得珍惜。它给每个参观画展的人，感受到秦古柳的书画作品气息不同寻常，他有一种博大、高古、直薄云霄的浩然之气。他的笔墨也不同于一般，他的深邃、厚重、变化、潇洒，仿佛是桃花源里的踏歌人，随景生词，陟溪而歌，不受任何约束，他是一位在艺术王国中赢得高度自由的书法家、画家。正如尹光华先生在《太湖画派近现代名家系列之秦古柳》序的标题"有谁放笔敢云痴，绘苑沧桑某在斯"中所包涵的气魄和意境。

秦古柳画展提供许多宝贵的信息。他是一位画坛奇才，秦古柳学艺是"心画契合，艺追高品"。一个12岁的少年，一露面，就让当时名声显赫的"布衣老画师"吴观岱感到震惊。拜吴观岱为师，是秦古柳的坚持选择。后由吴的朋友周寄湄带去拜见，仅一揖（鞠个躬），便默而无语，站在旁边。然而，当他见老师"案上笔砚横陈，尘埃堆积"，便主动抄砚洗碟，整理一新。他的天真烂漫，一见如故，无一毫世故习气为吴观岱大为欣赏，专门为他在《临沈石田溪山秋霁图》上作跋，后来又补了一段小文字，以记他初见秦古柳的感受。

然更让吴观岱惊奇的是经简单拜师以后，秦古柳回去就画，没有经过老师的课徒授业的过程，到了年底，秦古柳就把学习临摹的笔迹交给老师去评点。吴观岱一喜，那笔迹似乎出于吴门画派大家沈石田的一路，善于发现人才的吴观岱就因材施教，刚好案桌上有沈石田的《溪山秋霁图》，要求他回去临一遍。这正合秦古柳的心意，他不分昼夜，临了这个长卷，此

---

* 许墨林：中国作家协会会员，从事文学创作、文艺评论等

时才 14 岁。这次，让吴观岱大为惊讶的是，画上的功力，即在绘画圈内学习 10 多年的人也达不到这种程度，老画师感叹："观其一出手，无处不臻其妙！临是图时年仅十四龄，得非前身有因耶？"吴观岱是否因为秦古柳是自己的弟子而过于偏爱呢？不，吴观岱是冷静的。

就在当时无锡名人的题跋上，有两位引人注意：一位是名震沪宁的大家，创办无锡美专的胡汀鹭（胡振），他的评价是："禅家以悟彻为主，必须心中觉悟，不籍外功……秦君古柳于画禅得顿觉者也，又得观老前辈指授，他日造就未可限量。此卷为初见观老时所作，深得石田翁神韵，观老衣钵真传有属，可贺，可贺。"胡汀鹭的评价是，秦古柳是画坛中天赋高，长于思考，不依附外力帮助的人，一旦顿觉，就如快马飞奔，灵感一闪，笔墨就见光彩。这就是民间所说"响鼓不用重锤敲"。艺术是需要有特定气质和灵性的人去承担的，鞭打老黄牛一千鞭，它也不会像百灵鸟一样去唱歌。而观老的聪明就在发现秦古柳是个人才以后，用两个指头作贡杆去撬动。观察人，摸准心，引准路，吴观岱慧眼识人，不失为一代宗师。

另一位是梅里冯光烈先生，他的题款颇有见地："沈画犹颜书也。不善学之，必有重浊鲁犷之弊。秦子古柳，年甫成童，以雅健雄深之笔，临写是卷，独能波澜老成，毫发无憾，闯然登石田之堂，是盖由其天分之高……"冯先生把沈周之画比作颜书，这是不一般的见地。颜书气强骨壮，有不可凌犯的正气。沈画也蕴涵这种精气神，笔墨干净、沉稳、无丝毫浊气、匠气、脂粉气，作为一个尚未成年的少儿，要驾驭沈画，绝非易事。这说明，14 岁秦古柳的手法，确实令画坛惊讶。这幅《临摹沈石田溪山秋霁图》的保存，足以证明秦古柳在无锡画坛，他是横空出世，前途无量。

秦古柳一生从事中国书画事业，忠贞不二。就是在家境最困难的时候，他仍然守望在"旧方书屋"，坚持"不改行、不兼职"。他对民族文化存着十分的敬畏心理，他认为这是自己的"根"、自己的"魂"，一刻也离不了它。既然选择了画家这个职业，就要担当责任，拒绝平庸，让它放出光彩。于是他漫步中国千年书画的长廊，深山探宝，邺海采珠，与古人游。

与古人游，他不是草草过目，一掠而过，而作长期积累的打算。他广泛收集各种秦、汉、魏碑拓本和墓志铭，自命"旧方书屋"为"二百汉碑斋"，搜罗各种珂罗版印刷的中国名画经典作品。他不为收藏而收藏，而是用来批阅、证考、比较，而从中汲取精华，用于他的书画创作和教学。为了成为一名合格的书画家，他拜锡城名士冯君辉为师，学习古文诗词。冯师要求他会读会背，领会诗中的感情和意境，还要会做，随手拈来题款于画作之上。秦古柳从冯师那里得到启示，凡读诗看画研习碑帖，一有感悟便随手记下。日积月累，刻苦砥砺，秦古柳凭少年时天赋聪明，而成为学养富厚，眼界开阔，艺术火花不断爆发的"腹有诗书气自华"的秦古柳。

与古人游，秦古柳是看取菁华，抛弃陈腐，鼎故革新，重在创造，努力站到古人的肩膀上去，与时代同步。在穿梭于宋元古迹以后，中年的秦古柳潜心于华岩（新罗）、石涛、石溪、朱耷（八大山人）的研究。他感到这些画家身上没有浊气、陈腐气，而是充满生命的活力，他们是从山野中走来，领略了大自然奥妙的元气。于是他也走出书屋，到名山大川写生，回来以后写下真实的体悟："外出旅行写生，得山林之气耳。'画'是写意境，写自己，写胸中勃勃之气，对景一点一划，刻板模似，徒见其形，而毫无血肉也。"从书房的研究到进入名山大川，感受大自然的充沛元气，秦古柳顿悟了中国画的本质，因而他笔下的山，天上的云就奔腾起来，飘逸起来；黄山的云，黄山的瀑布，都是他胯下的马，云游东海的鲸……

"天生我材必有用"，充满自信的秦古柳，多次对子女说："我的画是要传下去的！"他用一生的积累准备迎来了两次创作高潮：一次是和刘达江等学子到浙东等地写生，回来以后在城中文化馆开了展览会。地方不大，却轰动了锡城，观者如潮。这是他面对新生活，用全新的感受创作的成果，也是他精心为家乡培养艺术人才交出的答案。第二次是由省美术家协会、省国画院组织的，由亚明老师带队的江苏名画家到黄山写生的活动。秦古柳也应邀参加了这次活动。当时无锡是他和徒弟刘达江参加，秦古柳是有备而来，他不仅带了速写本，还备了笔墨纸砚和颜色，准备到黄山画墨稿。他情绪特别好，白天游山写生，晚上回到宾馆就画。爬山很累，晚上很多画家喝茶聊天休息，听说秦古柳师徒在作画，都跑到他房间里来看。很多画家都是第一次见秦古柳画画，他出手之快，构图之奇，气魄之大，笔墨之老辣精到，都为观者意想不到，佩服之余，都啧啧称赞。黄山宾馆的灯火因画家热情探讨通宵不灭。这个时期的秦古柳达到了艺术创作的巅峰期，书法、碑学、金石、诗词以及对中国绘画的独到深邃的理解，已凝成一股不可阻挡的豪气喷薄而出，留在洁白的宣纸上。他创作的《黄山温泉》《黄山松雾图》《黄山桃花峰》《云海》《黄山烟云》等一批佳作，可谓"夺山川之真华，入笔墨而驰骋造化，入造化而出感情，画与神会，情与理共"，幅幅精彩，达到"出神入化"的艺术纯境。

古柳先生留下的作品不多，很多毁于那个特定的年代。但是他为书画之乡无锡精心培养了一批雕塑、书画、理论大家，如钱绍武教授、刘达江先生、董欣宾先生、尹光华先生等。他们中一代、二代、三代，秦氏画派的一脉已发展到 30 余人，成为今天无锡画坛的中坚力量，在他们身上，你会看到秦古柳先生留下的勃勃朝气和不甘平庸、勇于探索的艺术精神！

唐代玉器艺术特征概述

——以无锡博物院藏唐代玉器为例

石 红 *

【摘要】唐代是我国历史上封建社会政治经济文化大发展、大繁荣的时期，手工业发展兴盛，玉器制造以全新的面貌出现，作品的风格和内容等都发生较大变化，摆脱了过去那种以礼仪为中心、以殓尸用玉为主流的传统，开创了以实用玉器为中心、以欣赏为主要目的的装饰用玉为主流的新时代。唐代玉器在装饰技法、工艺技法、艺术风格、时代特征等方面呈现出了不同于其他时期的特点。笔者试图以无锡博物院藏两件典型唐代玉器为例，抛砖引玉，阐释唐代玉器独有的一些艺术风格特征，以便更好地鉴别、认识唐代玉器。

【关键词】唐代玉器 装饰技法 工艺技法 艺术风格

我国古代玉器造型丰富多彩，图案精巧别致，制作工艺精湛娴熟，具有优秀的艺术传统和独特的民族风格，是我们民族文化的重要组成部分。古人将自然界中的玉石赋予各种含义，崇尚玉已达到无以复加的地步，正如许慎在《说文解字》中所说："玉，石之美，有五德：润泽以温，仁之方也；理自外，可以知中，义之方也；其声舒扬，专以远闻，智之方也；不挠而折，勇之方也；锐廉而不忮，洁之方也。"隋、唐、五代玉器是我国古代玉器艺术的繁荣期，尤以唐代以其气韵生动的艺术效果而对后世产生深远的影响，现以无锡博物院藏两件唐代玉器为例，对唐代玉器雕琢艺术特征做一探讨。

唐青玉圆雕人鹿图佩饰（图一），长 7.6 厘米、最宽 4.3 厘米、厚 1 厘米，1976 年无锡市南郊扬名乡明顾林墓出土。佩饰呈椭圆牌形，青白玉质，器型开启后世玉腰牌之先。通身布满褐黄色牛毛纹状土沁。玉佩正面中间刻有一老者身穿广袖高领衫，腰束带，脚蹬云头履，右手扶于鹿背，左手指着鹿头，似有所言语，左侍立一童子，手持有一钵，神态恭敬而富有童趣。鹿呈站立状，体态健硕，肌肉丰满，角为灵芝形。玉佩底部刻有卷草纹，由边缘盘旋而上直至顶部。人物神态安详逼真，头发、面容、衣饰均用阴线刻成，线条流畅简练。佩饰上方饰六瓣花朵纹，花蕊琢成圆穿孔。玉佩两面分琢人、鹿纹、童子的正背面。器身以浅浮雕加阴刻线，短阴线

* 石红：无锡博物院副研究馆员

1　　　　　　　　　　　2

图一　唐青玉圆雕人鹿图佩饰

密而不乱。最为令人称奇的是将正面人物、动物、花卉等的背后形象均雕刻于本器物的背面，其形象正反一一对应，似以浅浮雕来表现圆雕的意趣。人物、动物形象栩栩如生，雕刻手法独特，玉佩无论从造型、雕刻技法、所雕刻内容而言，都具有典型的唐代风格，应属于中晚唐玉器，是一件非常珍贵的艺术品。

鹿是古人心目中的一种仁兽，有祥瑞之兆。《符瑞志》记载："鹿为纯善禄兽，王者孝则白鹿见，王者明，惠及下，亦见。"唐代玉雕鹿的形象很有特色，带有鹿纹的作品也较多，其重要的特征在于鹿角，唐人喜欢表现刚刚萌发呈盘状突起、尚未分枝的幼角，灵芝状，中药界称之为"珍珠盘"，这种现象一直延续到宋初。如内蒙古喀喇沁出土唐代贞元年间鎏金银盘，也饰有头顶生长"珍珠盘"的牡鹿，可以证实这类"珍珠盘"角鹿的玉器，是与唐代银器图案相类似。另一个特征就是凡是唐代玉鹿，一般肌肉都比较丰满，健硕强壮，直颈、凸嘴，与唐代雕塑风格相近，可能是受到北方游牧民族的影响而以草原山林中的马鹿为塑造对象而创造，多以蹲状、停步等静中寓动的姿态来表现马鹿的温顺性格，与后世喜用梅花鹿不同，其鹿角长而分枝。有的鹿身下铺有华丽的地毯，有的则在头上方琢有祥云或花相伴，呈现出一种美满祥和的气氛，多出现在玉带銙上。

唐代装饰图案及纹饰，三国两晋南北朝以前所见的玉器纹饰此时已全部淘汰，到北宋后期仿古之风兴起时才又重新出现，但是面貌已经大不相同。唐代是以全新的面貌出现，创造了汉代以后的又一个高峰，纹饰题材丰富，有卷草纹、卷云纹、流云纹、如意云纹、水波纹、连珠纹。其中枝蔓较长，很有特色的卷草纹被视为中国传统装饰的典型形式，被称为"唐草"，这类卷草纹的每一单元都可分为头部及尾部，头部为一大一小两枝，分卷两侧，尾呈"S"形，头部的两枝间往往还饰有花蕊形装饰。云纹常见的多为两类：一类为多齿骨朵云，云头似为"凸"字形团状，其后有一条须状云尾，一类云头似"品"字形，其后亦带云尾。前一类云头边沿呈波齿状，后一类云头边沿较光滑，云头中部凸出的部分呈梯形，其上有细密的阴刻线。这两类云纹都为唐代所独有。植物纹有牡丹、石榴、莲花等，动物纹有龙、凤、牛、马、鹿、雁、孔雀、鹤等，有的飞鸟成双成对。

唐代玉器雕刻的一个突出特点是用繁密的细线与短阴线来表现装饰衣褶纹、花卉叶脉与花蕊、飞鸟羽翅、阴阳凹凸面等等。如这件青玉圆雕人鹿图佩饰，首先是按照人物形体"铲"周围的地，由外向里成斜面，具有浮雕感，突出人物；细部如头发、面容、衣饰都用阴线刻划，既起到装饰作用，又刻画了人物姿态、性格；花蕊用短阴线刻画，有强烈的质感、生动形象；鹿身也刻有细密的短阴线，表现其肌肉健硕，造型丰满，从而可以看出阴线的巧妙应用。唐代大量使用阴刻细线，所有线纹均用砣琢出，落脚深，中间稍直，收笔细而尖，线纹走向明显，刀法整齐有序，均匀得当。

图二

唐花卉纹玉带扣（图二），长9.1厘米、宽4.3厘米、厚1厘米，1976年3月5日无锡市郊区扬名乡明顾林墓出土。此件带扣为椭圆形，一侧扁宽，饰满花卉纹饰；另一侧为渐过渡的细圆状，造型别致，玉质青。纹饰为典型

的唐代花卉纹，与唐代玉梳背花卉纹的形态、布局极为相似。花卉为正面形，花叶丰硕饱满，六瓣花瓣边缘刻画简练，每瓣花瓣中都用细阴刻线装饰，花瓣中部有用双阴刻线刻画的主叶脉分别向左右两边延展开来，叶脉两侧又隐约可见有细阴线刻画的花瓣。唐代的花叶纹种类很多，多为折枝类的牡丹、石榴、荷花、宝相花、多瓣团花、野菊等。一些花瓣呈圆形而内凹，一些花瓣边缘饰短密的细阴刻线。花蕊的表示多呈桃状，或椭圆形饰网格纹，或为三角形且饰细阴线。花叶以大尖叶为多，呈相叠的"人"字形排列，叶中心往往有一个锥形梗，边缘有细密的短阴线。有些花叶似银杏叶而紧密排列，有些大花叶尖部呈旋状。唐以前装饰纹样多为几何纹、人物纹、动物纹等，唐代开始出现植物纹，如花草、花鸟、树木等，这也是唐代玉器区别于其他历史时期的显著特征之一。

带扣与带钩是古代的束带用具，最早发现于距今5000年左右的浙江良渚文化，当时玉带钩已经有了比较成熟的造型。春秋时代开始普及使用。到汉晋之际，带扣逐渐取代带钩，成为主要的束带用具。一条完整的革带是由鞓、銙、铊尾、带扣组成，革带上依等级不同缀有玉、犀、金、银等，其中以玉最为珍贵。玉带銙又称带板，是革带上的玉饰片。隋唐五代宋时期，是玉革带使用最为广泛的阶段。隋、初唐帝后、显官带銙，以金为主，至显庆元年（656）始以紫为三品之服，金玉带銙十三。玉带之制大概是从这个时期开始的。《唐会要》记载，到上元元年（674）八月，唐高宗再次下诏完善服色等级，规定"文武三品已上服紫、金玉带十三銙，四品服深绯、金带十一銙，五品服浅绯、金带十銙，六品服深绿、七品服浅绿、并银带九銙，八品服深青，九品服浅青、并鍮石带九銙，庶人服黄、铜铁带七銙"。[1]唐代佩戴有严格规定，以玉銙最贵，

只有皇帝、三品以上官员、亲王才能赐佩。数量从七到十三块不等，等级越高，数额越多。据史书记载，唐武德年间，于阗曾进贡玉带。这种显示等级制度的形式，一直延续到明代嘉靖和万历年间。

玉带銙是目前遗存量最大的唐代玉器品种。唐代玉带銙多为方形、长方形、近圆形，其边棱微向内倾呈面大底小，体形较厚，素面较少，均用压地隐起，即在玉器平面上采用斜磨去地，使之表现物象从中隐起的技法，为唐代玉器所独有。正面浮雕人物、花鸟、兽类（狮子或鹿、飞禽），玉器中的狮子造型，首见于唐代，或卧或立，其形象轻松欢快，有的还蹲卧在地毯之上。其中人物形象颇为特殊，多为深目、高鼻、虬须，或舞蹈，或手持各种乐器作吹奏状。乐舞人服饰身着窄袖、褶裤，绝大部分立于毡毯之上，吹拉弹唱，神采飞扬，这些以少数民族为题材的纹饰，反映了唐代对外来文化的包容性与融合性，确为当时玉器的艺术创作注入了新的活力。另有一种人物形象是雕琢释道人物，这两种形式为唐代独有，为唐代典型玉器。

唐代出土玉器比较少，一方面是由于金银器加工蓬勃发展，另一方面是由于唐代葬俗的改变，现实生活中的实用品或模型开始作为随葬品，玉器雕琢开始走向写实，实用的来自现实生活的器物增多，现知有杯、佩饰、璜、菱形云头、戒指、环、带扣、带板、簪、狮、鹿、猪、蚕、步摇、哀册等等。传世品有一定数量，大多是装饰玉、陈设玉和生活用玉。直至明代，唐、宋玉器方受到鉴赏家和收藏家的珍爱，明清文玩界视唐宋玉器为珍玩，对其推崇备至。明人高濂在《遵生八笺·燕间清赏笺·上·论古玉器》中评论唐宋玉器云："自唐宋以下所制不一，如管、笛、凤钗、乳络、龟鱼、帐坠、哇哇树、石炉顶、提携袋挂、压口方圆细花带板、灯板、人物神像、炉瓶钩

钮、文具器皿、杖头、杯盂、扇坠、梳背、玉冠、簪珥、绦环、刀、猿马牛羊犬猫花朵种种玩物。碾法如刻，细入丝发，无隙败矩，工致极矣，尽矣。"[2] 可见高氏给予唐宋玉器碾琢工艺以很高的评价。清代收藏、识别唐代玉器也成风气，形成了较为明确的鉴别方法，江苏武进人刘心瑶在所著《玉纪补》中认为："秦汉琢工粗多阴纹，有细如发而精巧绝伦者，乃昆吾刀所刻，世罕有之。唐琢粗而圆浑，人物多大头。宋琢方而工致，能起花五六层，元明因之勿如也。"[3] 提出了唐代玉器的大致特征。直到近 40 年随着考古科学发掘出土了一批资料公诸于世，如唐吴王妃杨氏墓、西安何家村窖藏、河南伊川鸦岭唐齐国太夫人墓以及张九龄墓等，才为人们研究探讨唐代玉器的艺术特征提供了一批实物资料。

唐代玉器与两汉魏晋不同，突破了以往宗教用玉、礼仪用玉的陈规，礼仪殓葬用玉急剧减少，谷纹、蒲纹、螭纹等基本不见，反映现实生活的艺术作品大量涌现，一般的随身饰物、装饰品、实用品、艺术品都雕琢精美。这一时期普遍采用产自新疆的和田玉，以白玉为主，其中也有一部分青玉。由于唐代与东、西方有着密切的政治、经济和文化交流，艺术创作上也是博采众长、紧追时尚，追求标新立异。受到萨珊波斯的文化影响，在玉器上出现了一些新的造型和图案，如玉瓜棱器，玉带上盛行的蕃人进宝及技艺等图案均是。佛教题材玉器有飞天，一般体态丰腴，上体裸袒，下身长裙紧贴双腿，下方都有透雕的细而长的云纹或卷草纹，与当时壁画上的飞天形态极为接近。肖生玉有立人、狻猊、双鹿、寿带、凤、双凤等，都受到当时绘画与雕塑艺术的强烈影响，砣法简练遒劲，突出形象的精神和气韵，颇有浪漫主义色彩。尤其立体肖生形象的运动和肌肉的转折处理均能收到天然得体的良好效果，和阗玉温润而晶莹的特性也得到了充分的

表现，从而使其形象美与玉材美和谐地融为一体，提高了玉器的鉴赏性和艺术性。唐代玉器不论是简练的还是精琢的，其处理一般都恰到好处，均可达到气韵生动的艺术效果，它以推陈出新、兼收并取的融汇精神，开一代玉雕艺术之新风，对日后玉器的发展有着深远的影响。

唐代玉器雕琢技法是人物和动物形象在中部隐起，再用较粗阴线勾勒出细部特征，与其他玉器一样，无论属于哪种雕法都常在表面加阴线表示细部，这与当时绘画中盛行线描手法有关，此种方法盛行于唐代，是唐代琢玉手法之一，此种装饰技法在以后的宋元明清历代沿用，并且拓展了适用范围。玉雕雕塑感强烈，在压地、圆雕、剔地等雕法中都强烈表现形体肌肉动态力量和体积感，与同时期石刻、泥塑手法相类似。唐代玉雕吸取当时造型艺术两个最为重要的门类绘画和雕塑的艺术手法，采用人们喜闻乐见的写实图案，使得唐代玉雕作品的工艺习气有所减弱，而艺术品气质有所增加，在古代玉雕发展史上是很值得研究和注意

的现象。

总之，唐代玉器品种、风格焕然一新，琢玉技艺精湛，设计新颖，构思独特，与同时期雕塑、绘画艺术关系密切，其雕琢艺术风格摆脱了商周至西汉以来程式化、图案化的传统束缚，向写实方向发展。艺术题材均来源于自然界，来源于生活，蓬勃向上，生机盎然，展现了一种饱满、健康、蓬勃向上的时代风貌。开启了贴近自然、贴近现实的艺术风格，成为后世玉器发展中的主流，也是中国玉器艺术发展史中的一个重要的转折点。

注　释

[1] 李斌城等：《隋唐五代社会生活史》，中国社会科学出版社，1998 年版，第 60 页。

[2] 杨伯达主编：《中国美术分类全集》之《中国玉器全集·5·隋、唐—明》，河北美术出版社，1993 年版，第 2 页。

[3] 张广文：《中国玉器真伪识别》，辽宁人民出版社，2016 年版，第 128 页。

略论《晴山堂石刻》的形成及历史文化价值

金其桢 *

【摘要】《晴山堂石刻》是明代杰出的地理学家徐霞客除《徐霞客游记》外，奉献给后人的又一个具有重要历史文化价值的宝贵遗产。然而多年来，对《晴山堂石刻》的研究并未能像对《徐霞客游记》的研究那样受到足够的重视，亟待进一步加强和深入。为此，本文在简要理清《晴山堂石刻》形成的历史过程和石刻基本构成、规模的基础上，通过与收藏明碑较多最具代表性的西安碑林和常熟碑刻博物馆进行比较研究，从书法艺术、文学和文献档案三个方面，论析《晴山堂石刻》所蕴含的丰富而深厚的历史文化价值，以期能为深化对《晴山堂石刻》的研究贡献一点绵薄之力。

【关键词】徐霞客 《晴山堂石刻》 书法艺术价值 文学价值 文献档案价值

晴山堂位于"中华游圣"徐霞客的故里、锡澄交界沈塘河畔的江阴马镇（现已改名为"徐霞客镇"）南旸歧村，坐落在徐霞客故居南面约500米处仰圣园西南角。堂中珍藏着因堂而得名、迄今已有400年悠久历史的《晴山堂石刻》。《晴山堂石刻》"由徐霞客生前亲自搜觅汇集而成，从泰昌元年（1620）与族兄徐仲昭搜求先世遗文开始，至崇祯六年（1633）全部刻石竣工。前后历时13年，南北奔走，访求名人题咏，最终刻石以成"，"是霞客心血和汗水的结晶"[1]。《晴山堂石刻》是徐霞客除"千古奇书"《徐霞客游记》外，奉献给后人的又一个具有重要历史文化价值的宝贵遗产，2001年已被国务院列为第五批全国重点文物保护单位。然而不无遗憾的是，多年来对《晴山堂石刻》的研究并未能像对《徐霞客游记》的研究那样受到足够的重视，亟待进一步加强

和深入。为此，笔者拟在简要理清《晴山堂石刻》形成的历史过程和石刻基本构成、规模的基础上，不揣浅陋，通过与收藏明碑较多的最具代表性的西安碑林和常熟碑刻博物馆作一个比较研究，从书法艺术、文学和文献档案三个方面，对《晴山堂石刻》所蕴含的丰富而深厚的历史文化价值，作一个粗浅的探析和阐发，以期能为深化对《晴山堂石刻》的研究贡献一点绵薄之力。

一、《晴山堂石刻》形成的历史过程、石刻的规模和基本构成

根据查考，晴山堂和《晴山堂石刻》是当年徐霞客为了祝福母亲、纪念母亲、彰显祖德而建的。史料记载，明光宗泰昌元年（1620）六月，徐霞客35岁时，贤惠的徐母王孺人身患

* 金其桢：江南大学老科技工作者协会副会长，江南大学教授（已退休），历史学研究员

重病，久治不愈。为治母病徐霞客四处求医，后偕同族人徐芳若入浙，过江山县青湖至福建兴化府之九鲤湖，于九鲤湖第一漈之西，见有仙祠，便问母寿，祈梦祠中，得仙子"四月清和雨乍晴，南山当户转分明"谶语。翌年（明熹宗天启元年〈1621〉），徐母的病情果然好转，徐霞客欣喜万分。为了庆贺母亲大病初愈，徐霞客特建堂舍庆贺，从所得仙子谶语中取"晴转南山"之意，将所建堂舍命名为"晴山堂"，并请人绘制了《晴转南山图》张挂于堂中，以此表达期望母亲病情彻底好转、"寿比南山"的心愿。晴山堂建成不久，天启四年（1624），徐母80大寿，徐霞客又邀董其昌、黄道周、高攀龙、王思任、张大复、陈继儒、陈仁锡、陈函辉等四方著名文人墨客题诗作画，并请人镌刻于石嵌于堂壁，以示纪念，共庆母寿。同时，徐霞客为感谢和表彰母亲辛勤纺纱织布、承担起养家糊口的重任、支持自己外出游历考察，又请昆山名士张大复撰文、张鲁唯挥毫作画绘制《秋圃晨机图》，并请无锡陈伯符写照、姑苏张苓石布景，镌刻了《秋圃晨机图》刻石，并在自己出游之际，以《秋圃晨机图》征求师友名家题记诗文，以颂母德、贺母寿，所获诗文也都刻石于晴山堂中。在明崇祯三年（1630）徐母逝世后，徐霞客为纪念贤母，又请人将祖传万卷楼中收藏的和从徐氏家族中搜求得到的从明初至万历间诸书画名家、显宦巨儒、文人学士、社会名流，以及为徐氏祖父所绘图画及所题撰的诗文、记序、传志、墓铭、碑传等，亦刻石嵌于晴山堂中，以彰祖德[2]。由此，《晴山堂石刻》镌刻完成，晴山堂碑刻博物馆最终建成。

那么，晴山堂碑刻博物馆规模究竟多大？《晴山堂石刻》究竟刻了多少块石碑、多少篇碑文呢？由于迄今人们在对徐霞客和晴山堂的研究中，未发现过当年的相关原始记载，故晴山堂当年规模究竟多大，究竟刻了多少块

石碑、多少篇碑文至今仍是一个未知数。现在我们所看到的是1978年由当时马镇乡政府出资重建、由时任中宣部副部长兼文化部长朱穆之题写堂匾的晴山堂（图一）。堂舍内，北、西、南三面墙壁间，嵌砌着明太祖洪武三年（1370）至明思宗崇祯六年（1633）明代前后263年之间，88位诗文书法名人大家、高官显宦用隶、楷、行、草各体书法，为徐霞客及其先世题赠撰写的94篇传、序、记、跋、赞、赋、辞、引、诗、文等徐氏家藏墨宝碑文，共计76块石碑，及《晴山堂帖叙略》木刻2块（图二）。其内容主要有三个方面：一是称誉霞客祖上的诗文；二是赞扬徐母教子的颂词；三是记述霞客生平活动的史料。然而，可以肯定，这76块石碑、94篇碑文并不是当年《晴山堂石刻》的全部，徐霞客当年所刻的《晴山堂石刻》数量无疑比这要多。因为从地方文史资料记载中可以得知，在徐霞客去世后，《晴山堂石刻》命运多舛，在二三百年间曾屡遭劫难。最大的劫难发生在明末清初的"乙酉之变，江阴被屠"。明亡之际，清顺治二年（1645，乙酉），清兵入关后，江阴人民在典史阎应元领导下，进行了81天抗清守城斗争，城破后清兵屠城，四乡大族的奴仆乘机发动反抗主人的"奴变"。中元节夜间，徐霞客家奴仆也趁机进行暴动，火烧抢劫徐家宅园，徐霞客长子屺和侄儿工亮、工采20多口人被杀，晴山堂被付之一炬，"石刻"遭到严重破坏。事变平息后，徐氏族人将劫难中幸存的堂碑，移入原晴山堂左边数十步的徐氏宗祠内，"但堂碑数量比原先大大减少了"[3]。不过即便如此，根据查考，在20世纪30年代所剩的晴山堂石碑依然还有100多块。1933年10月《方志月刊》刊载的江阴邑人、已故南京师范大学地理系教授王维屏撰写的《徐霞客之故乡》考察访问记，对此作有明确记载："至村之东端，则有形似庙宇之平屋一座，即为梧塍徐氏宗

祠，陈设简陋，已有颓败之象，后裔衰落，于此可见。后堂为百年前所建，前厅则为明代遗物，两厅贮有木架，藏有晴山堂碑百余，盖闻梧塍徐氏，在有明一代石刻中，多名人手笔，零篇杂制，亦极一时之选，拓本流传，人争宝贵，祠右数十步，为晴山堂旧址，屋基荒无，柱础犹存，霞客遗迹，仅此而已。堂本藏碑，堂毁后，移碑于祠……"[4] 从王维屏教授这一亲身经历、亲眼所见的实地考察记载中可以得知，在遭受"乙酉之变"浩劫后，直到1933年时，在梧塍徐氏宗祠中还"藏有晴山堂碑百余"。那么，何以在 20 世纪 30 年代时还有 100 多块的晴山堂石碑，在 1978 年重建晴山堂时只有 76 块石碑、94 篇碑文了呢？根据查考分析，那是因为日寇侵华使晴山堂石碑再次蒙受了灾难。据地方文史资料记载，1937 冬，江阴沦陷。在日军最初占领江南城乡的日子里，乡民四处避难，村巷十室九空，文物古迹惨遭破坏，徐氏宗祠的晴山堂藏碑处于无人过问的状态，石碑断碎、破残，毁损的情况甚为严重，至 1945 年抗日战争胜利和 1949 年全国解放时，徐氏宗祠的晴山堂藏碑已从当初的百余块碑石减少到了七八十块。这幸存下来的七八十

块晴山堂石碑，后来被设在徐氏宗祠中的湖庄小学（后改名为霞客小学）的老师和当地群众砌嵌在教室的墙壁里保护起来，"文化大革命"中又用石灰厚厚地涂盖起来，躲过了"造反派"要"砸烂捣碎"的浩劫，终于得以保存了下来[5]。1978 年重建晴山堂时，从霞客小学移过去嵌砌于晴山堂壁的，就是历经磨难幸存下来的这些晴山堂石碑。只要仔细看一看，我们就可以发现，现在嵌砌在晴山堂壁间的这些幸存的石碑中，有首尾或中部残缺的，有中部破损严重或空白的，更为令人扼腕痛惜的是著名的《秋圃晨机图记》仅存一块只有 12 个字的石刻。

图一　晴山堂

图二　晴山堂石刻

不过，尽管现存的 76 块石碑、94 篇碑文并非原《晴山堂石刻》的全部，但值得庆幸的是由于徐霞客故里广大民众的悉心保护，《晴山堂石刻》的主体还在，因而透过这些劫后余生弥足珍贵的石碑和碑文，我们无疑依然可以从中探悉到《晴山堂石刻》所蕴含的丰富而深厚的历史文化内涵，感悟出《晴山堂石刻》所具有的珍贵而重要的历史文化价值。

二、《晴山堂石刻》是集明代书法大成的明代书法艺术博物馆

碑刻是书法艺术的重要载体，是中国传统文化的一个极为重要的组成部分。历代以来不论是上层社会还是民间乡里，都十分重视"刻石立碑，以示后昆，传载万年，子子孙孙"，因而千百年来，在中华大地上，大大小小碑林、碑苑、碑刻博物馆数以百计。而根据查考，在这数以百计的碑林、碑苑、碑刻博物馆中，晴山堂是唯一一座专门全部陈列明代石刻的碑刻博物馆。其现在堂内壁间所嵌砌陈列的 76 块石碑、94 篇碑文，全部都是明代遗存之物，晴山堂实际上即是一座明代碑刻博物馆，这在全国碑林、碑苑、碑刻博物馆中独一无二，对于研究明代碑刻文化和书法艺术具有重要的价值。

不仅如此，如果我们再作进一步的深入研究还可以发现，若与西安碑林、常熟碑刻博物馆等全国收藏明代碑刻较多的碑林、碑刻博物馆相比较，晴山堂石刻所藏明代碑刻的书法艺术价值之高堪称首屈一指。在我国历代书法作品中，出自书法大家的手笔和出自名人的真迹，是最具宝贵书法艺术价值的两类珍品。而《晴山堂石刻》几乎全部都是这两类珍品，其出自明代书法大家的手笔和出自明代大儒名师、达官显宦等名人之手的碑刻，"隶、草、行、楷俱全，书写的书法大家约占明代书法大

家的 70% 以上"[6]，在全国收藏明代碑刻较多的碑林、碑刻博物馆中比例最高。

关于明代有哪些书法大家，历来书学界说法不一，最主要的说法有两种。一种说法是明代公认的书法大家有 13 位，其中，明早期有 5 位："三宋二沈"——宋克、宋璲、宋广和沈度、沈粲；明中期有 4 位："文、祝、王、徐"——文征明、祝允明、王宠、徐祯卿；明后期有 4 位："董、米、邢、张"——董其昌、米万钟、邢侗、张瑞图。另一种说法是，明初书法大家有"三宋"即宋克、宋璲和宋广及解缙、詹希元、杜环；明中期书法大家有李东阳，吴宽、沈周、张弼、张骏、祝允明、文征明和王宠；明晚期书法大家有徐渭、邢侗、张瑞图、董其昌、米万钟、黄道周、陈继儒、倪元璐、王铎和傅山。这两种说法有相同之处，亦有不同之处，各有各的依据和理由，但也各有偏颇，书学界并无定论。显然，只有将两者互补综合在一起组成一个明代书法大家名单，才不失偏颇，更为客观公正合理，更切合历史事实。

若以此名单为依据进行查考，就可以得知在《晴山堂石刻》中有多少石碑乃出于明代书法大家的手笔。经逐块逐篇仔细查考，出自明早期书法大家手笔的，有宋克的《送徐本中·千岩月照使车行》诗碑，宋广的《送徐本中·秋飞白帝露华寒》诗碑，沈度的《题退庵·幽居俯寥廓》诗碑和解缙的《题心速先生喻蜀归图·南州信义世皆知》诗碑；出自明中期书法大家手笔的，有文征明的《内翰徐公像赞》碑（图三）和《明故中书舍人徐君墓志铭》，祝允明的《中翰徐公赞》碑（图四），李东阳的《寿中书舍人徐君六十序》（图五）和李东阳铭、文征明重录的《明故中书舍人徐君墓志铭》，吴宽的《明故乡贡进士徐君墓志铭》；出自明晚期书法大家手笔的，有张瑞图的《观秋圃晨机图诗·种豆秋堂下》诗碑，董其昌的《明故徐豫庵隐君暨配王孺人合葬墓志

铭》（图六），米万钟的《祝徐太君寿诗·秋空云物媚佳天》诗碑，黄道周的《书徐振之》诗碑、《灯下依韵和徐振之·野水笑人旷》诗碑、《赠徐霞客诗·天下骏马骑不得》诗碑（图七），陈继儒的《寿江阴徐太君王孺人八十叙》、《李东阳撰文文壁（文征明）书徐一庵墓志铭跋》。综上所述可以得知，在《晴山堂石刻》中，有 18 篇碑文出自有明一代公认的书法大家之手。其中李东阳铭、文征明重录的《明故中书舍人徐君墓志铭》（图八）尤为珍贵，此铭不仅出自两位名重海内的书法大家、大才子李东阳和文征明之手，而且曾"不知何时放失"，后来是徐霞客"百计购求，捐田三亩，始复得之"，故而"当时宝重如此"[7]，是不可多得的文学和书法艺术双料珍品，价值格外宝贵。

图三　文征明《内翰徐公像赞》

图四　祝允明《中翰徐公赞》

不仅上述 18 篇碑文系出自有明一代书法大家的手笔，经查考，《晴山堂石刻》中除《贺徐尚贤·文物衣冠属大家》诗碑的撰书者

吴绶生平不详无从查考外，其余石碑均出自从明初至明末的名人真迹，撰书者都是青史留名的有明一代的名人，其中还有不少德高望重、名重海内、享誉朝野的名公巨卿、名贤俊杰。经查考，《晴山堂石刻》碑刻的 88 位撰书者中，进士及第者有 55 人（其中状元 8 人），一品当朝的内阁大学士有 11 人，帝王之师的侍读学士有 7 人，礼部、工部尚书有 9 人，国子监祭酒有 5 人，明代著名书法家、书画双绝者有 17 人。其中还有许多一人兼有数个头衔，许多人在明代的文坛、政坛、学界都有很高的地位和很大的影响。诸如：《送徐生·文辞又睹古西京》诗碑（图九）的撰书者宋濂，系翰林承旨，不仅学问深厚，为明初一代文宗，而且也是著名书法家，人称"明代精细楷者，一人而已。亦善草书，有龙盘凤舞之

图五　李东阳《寿中书舍人徐君六十序》

图七　黄道周《赠徐霞客诗·天下骏马骑不得》

象";《中翰徐公赞》碑的撰书者顾鼎臣,系弘治十八年(1505)状元及第,官居礼部尚书兼文渊阁大学士,当朝一品;《题心远先生喻蜀归图·名士尚致身》诗碑的撰书者杨荣,系建文二年(1400)进士,翰林学士,累官工部尚书、谨身殿大学士,当朝一品;《题"本中书室图"·问字惭荒老》诗碑的撰书者倪瓒,系被称为"元四家"之一的元末明初著名山水画家;《题倪云林绘"本中书室图"·幽人丘壑心》诗碑的撰书者徐贲,系河南左布政使,时称"十才子"之一;《徐梅雪退庵辞·芝燎兮桂户》碑的撰书者杨士奇,系礼部侍郎兼华盖殿大学士;《心远先生喻蜀图序》碑的撰书者胡广,系建文二年(1400)状元,永乐中累官文渊阁大学士,当朝一品,才思敏捷,为文援笔立就,尤工书法,真、行、草之妙独步一时;《题退庵·纷纷扰扰逐浮尘》诗碑的撰书者金幼孜,系礼部尚书、武英殿大学士,当朝一品;《题秋圃晨机图·秋蝉爱啼秋枝冷》诗

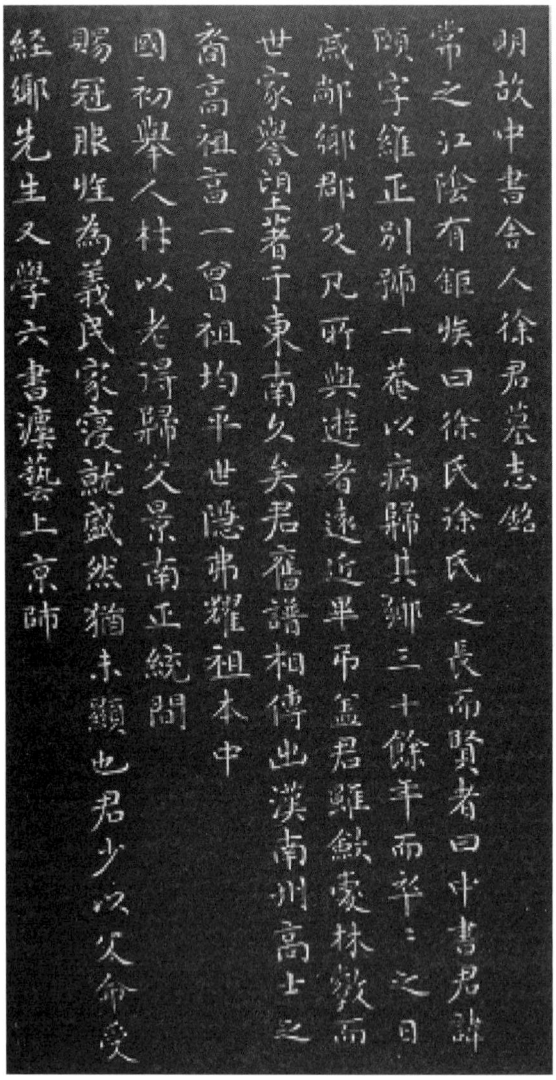

《黄道周赠徐霞客诗稿跋》碑的撰书者文震孟，系文征明曾孙，天启二年（1622）状元，礼部左侍郎兼东阁大学士；《题秋圃晨机图·吾闻东海有贤母》诗碑（图一〇）的撰书者高攀龙，系万历十七年（1589）进士，累官左都御史，讲学东林书院，东林党领袖；《与薛章宪、徐经早起联句·吹老兼葭瓦欲霜》诗碑的撰书者钱福，系弘治三年（1490）状元，翰林院修撰；《题秋圃晨机图·凉风拂树苴豆花开》诗碑的撰书者黄克缵，系万历八年（1580）进士，累官刑部尚书，预受两朝顾命；《题秋圃晨机图·宁着木棉华》诗碑的撰书者刘若宰，系崇祯元年（1628）状元；《赠乡贡进士徐君尚贤荣荐序》碑的撰书者倪岳，系翰林编修、南京礼部尚书，等等。

图八　李东阳铭、文征明重录《明故中书舍人徐君墓志铭》

碑的撰书者文安之，系国子监祭酒、东阁大学士；《题秋圃晨机图·筹饰何须副六珈》诗碑、

图九　宋濂《送徐生·文辞又睹古西京》

图一〇　高攀龙《题秋圃晨机图·吾闻东海有贤母》

由于在《晴山堂石刻》中，有如此众多出自明代书法大家手笔和出自明代名人真迹的具有宝贵书法艺术价值的珍品，可谓集明代书法之大成，弥足珍贵，因此《晴山堂石刻》自其形成问世以来，受到人们的高度重视和钟爱，慕名前来观瞻摹学者络绎不绝，给予其极高的评价，乃至"三百年来，榻本流传，人争宝贵，更阅数世，知必与唐碑宋碣并重矣"。[8]

我们若将《晴山堂石刻》所藏明碑与西安碑林、常熟碑刻博物馆所藏的明碑作一番考察比较，更可以发现《晴山堂石刻》之珍贵。这些碑林和碑刻博物馆，虽然所藏的明碑数量比《晴山堂石刻》更多，但其出自明代书法大家手笔和出自明代名人真迹的这两类最具宝贵书法艺术价值的珍品，数量要远逊于《晴山堂石刻》。为便于说明情况，以下我们分别对西安碑林和常熟碑刻博物馆所藏的明碑作一简要剖析比较。

经查考，西安碑林共藏有明代碑刻 222 块，其中除去碑石线刻画 26 块外，刻载文字的碑石共有 196 块。这 196 块碑石中，碑 88 块、墓志 108 块。经仔细逐块查核 88 块碑，1 块碑是明人摹刻的唐僧怀素书《千字文》，1 块碑是明人摹刻的唐世南书"攀龙附凤"四字，16 块碑无撰书人署名，其余 70 块碑的撰书者中，属上述明代书法大家之列的仅董其昌书写的《徐公家训》碑，属明代名人真迹之列的仅申时行（首辅）、孙应鳌（明代四大理学家之一）、朱由检（明思宗崇祯皇帝）等数人，其余撰书者大多是知名度不太高的一般人物。108 块墓志中有 36 块无撰书人署名，其余墓志的撰书者中也未见有享誉明代的名人[9]。因而综观而言，显然西安碑林所藏明代碑刻的书法艺术价值要逊于《晴山堂石刻》。

经查考，常熟碑刻博物馆共藏有明代碑石 119 块，其中碑 27 块，墓志 92 块。经仔细逐块查核 27 块碑的撰书者，属上述明代书法大家手笔和名人真迹之列书法艺术精品的，仅祝允明书并篆的《崇福庵佛殿记》和高攀龙撰、邑人薛志书的《常熟县邑侯耿公重建仪门碑记》，其余石碑都是常熟本邑人撰书。92 块墓志中，属上述明代书法大家手笔和名人真迹之列的书法艺术精品的，仅有文征明书丹的《明故国子监祭酒琴川陈公（寰）圹志铭》《明中宪大夫知建牢府端岩张公（文麟）墓志铭》和南京刑部尚书刘缨书丹的《明故中顺大夫温州府知府致仕奉诏进阶三品古松陆公（润）墓志铭》等数块，其余墓志大多由常熟地方官吏和本邑人撰书。因而综观而言，常熟碑刻博物馆所藏明代碑刻的书法艺术价值，无疑也要远逊于《晴山堂石刻》。

三、《晴山堂石刻》是一部汇多种文体佳作于一身的明代石质诗文集

在仔细观赏《晴山堂石刻》高妙的书法艺术的同时，人们也不无惊叹地发现，《晴山堂石刻》不仅是汇书法艺术杰作于一体的明代书法艺术宝库，同时也是一部汇诗、文、传、序、记、跋、赞、铭（墓志铭）、赋、叙、引等各种文体佳作于一身的明代石质诗文集，不论其内容、形式和语言艺术都具有很高的文学价值。

据逐块逐篇查核，《晴山堂石刻》所刻 94 篇碑文全部为文学体裁的文体，其中诗 63 首、赋 1 篇、辞 1 篇、赞 6 篇、铭（墓志铭）4 篇、序 6 篇、叙 1 篇、记（题记）4 篇、引 1 篇、跋 5 篇、传 2 篇。其文体种类几乎是各种体裁皆有之，其中记叙文，有描写景物的"记"，有描写记述人物的"传"，也有介绍、追述人物生平的"墓志铭"；还有说明文体裁的"序""叙""引"和"跋"；还有对人物和事情进行颂扬、表彰的"赞"等等，真可谓是文体形式多样，丰富多彩。尤其是最具文学色彩的

诗歌，在《晴山堂石刻》中不仅数量多，占了整个《晴山堂石刻》的三分之二，而且有四言诗，有五律、五绝，还有七律、七绝，凡是当时流行的诗歌体裁全都具备。

更令人感叹的是《晴山堂石刻》的碑文不仅文体种类全、形式多，繁花似锦，而且许多作者是明代很有成就的文坛名士和知名文人。据查考，作者中载入《辞海》"名人录"的就有高启、徐贲、宋濂、倪瓒、顾鼎臣、陈函辉、姜逢元、何乔远、黄旸、张洪、王思任、李东阳、董其昌、张瑞图、范允临、陈仁锡、文征明、祝允明、高攀龙、米万钟、黄道周、文震孟、陈继儒等30多位。这些人中还有一些人是当时文坛的领袖和代表人物，例如：文征明、祝允明是蜚声海内、享誉文坛的明代苏州四大才子中的两位；又如高启、徐贲，是元末明初著名诗人，与杨基、张羽被誉为"吴中四杰"，当时论者把他们比作"唐初四杰"。尤其是高启，是明朝建国初期的三大文人之一，在我国古代文学史上与宋濂、刘基一起，被并称为"明初诗文三大家"。其诗富有才情，开始改变元末以来缛丽的诗风，雄健有力，质朴真切，富有生活气息，吊古或抒写怀抱之作寄托了较深的感慨，风格雄劲奔放。其在《晴山堂石刻》中撰书的《题倪云林绘"本中书室图"·一往翔驹气若龙》七绝诗碑（图一一）："一往翔驹气若龙，风云举足自相从。寸心宁逐天倪返，变化由来未出宗。"全诗虽然仅寥寥4句28个字，但气势若虹，文采斐然，引人入胜。

相比较而言，西安碑林和常熟碑刻博物馆所藏明代碑刻的文学价值，就要比《晴山堂石刻》略逊色了。在西安碑林所藏的明代196块文字碑石中，除去108块墓志，碑88块，经查核，其中有将近一半所刻或为"积善""中和""攀龙附凤""鱼龙变化"之类书法大字，或为"正已格勿说""程子四箴""程朱吕胡

图一一 高启《题倪云林绘"本中书室图"·一往翔驹气若龙》七绝诗碑

遗训""录孟子语"之类儒家经典格言，或为"金刚经""般若多心经""心学图""金丹四百字"之类儒道经典，或为"皇明圣谕""洪武祝文"之类帝王谕旨等等非文学体裁类碑文。而诗、文、记、赋、颂、铭、歌等文学体裁类碑文仅占一半略多一些，其文体种类、数量和比例远远低于《晴山堂石刻》。而且这些文学体裁类碑文的撰书者，也无撰书《晴山堂石刻》碑文那样的蜚声明代文坛的名士和知名文人[10]，因而其文学价值逊于《晴山堂石刻》。而在常熟

碑刻博物馆所藏的明代 119 块文字碑石中，除去 92 块墓志，有碑 27 块，经查核，其中有 1 块为《张氏预嘱》、1 块为《黄册亲供议》和 3 块为常熟县衙门告示碑，系非文学体裁类碑文，记、歌、铭、赞、跋文学体裁类碑文共 22 块，其文体种类、数量和比例也远远低于《晴山堂石刻》。而且，这些文学体裁类碑文的撰书者中也无撰书《晴山堂石刻》碑文那样的明代文坛名士和知名文人，多为常熟邑人和地方官吏，因而其文学价值也逊于《晴山堂石刻》。

四、《晴山堂石刻》是一座关于徐霞客和徐氏家族的石质档案库

综观《晴山堂石刻》，细读各篇石刻的碑文，可以欣喜地发现，《晴山堂石刻》不仅具有很高的书法艺术价值和文学价值，而且还有很高的文献档案价值。石刻的许多碑文为我们提供了许多弥足珍贵的关于徐霞客的长相、外貌、性格、爱好、一生经历、徐霞客撰写《徐霞客游记》的艰辛历程和关于徐霞客的父母、徐氏家族和徐氏先祖的宝贵资料，可以很好地弥补历史文献资料关于徐霞客和徐氏家族记载不足的缺憾。

例如，我们从陈继儒撰书的《寿江阴徐太君王孺人八十叙》（图一二）的碑文中，可以了解到关于徐霞客、徐母王孺人和徐霞客家庭的许多有价值的情况。碑文记载徐霞客的外貌、性格、志向，"墨颧雪齿，长六尺，望之如枯道人，有寝泽间仪，而实内腴，多胆骨。与之谈，磊落嵯峨，皆奇游险绝事，其足迹半错天下矣"；碑文记载徐霞客的父亲，"捐宾客者（注：去世）二十年，家中独母王孺人久支门户"；碑文记载徐母日夜操劳，种田织布辛勤治家，"课夕以继日，缩入以待出……母无他好，好习田妇织，又好植篱豆，瓮溉疏剪，绞绳插架，务令高蔓旁施。绿阴障日，辄移纬

车坐其下"；碑文还记载徐霞客游历天下写成《徐霞客游记》，是由于得到了贤母的全力支持和悉心关怀，"徐君放纮世务，喜游名山，游必咨母命而后出。王孺人曰：少而悬弧，长而有志四方，男子事也。吾为汝治装行矣。徐君不借游符，不挈侣伴，不避虫蛇豺虎，闻奇必探，见险必截，其腾踔转侧之处，皆渔樵猿鸟之所不窥，穆王八骏，始皇六龙之所未尝过而问焉者也。徐君忽一日仰天叹曰：孝子不登高，不临深。聂政云，老母在，政身未敢许人也。而我许身于穹崖断壑之间，何益？独往独归，解其装，惟冷云怪石，及记若诗而已。王孺人迎，笑曰：儿无恙。吾织布以易糈，摘豆以佐酒，卯孙从旁覆诵句读以挑汝欢。吾母子尚复何求哉"。

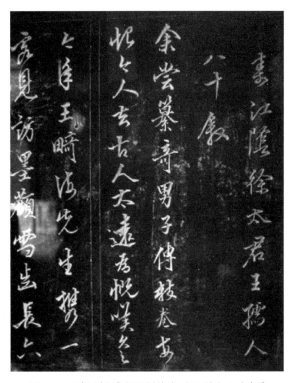

图一二　陈继儒《寿江阴徐太君王孺人八十叙》

又如，王思任撰书的《徐氏三可传》的碑文记载："弘祖顾而黯，揖羞官，口羞阿堵；山水可以博命，文章可以鬻身。""望其人身体发肤，笑谈举止，皆冷云颢气，濯灵充秀者。"

为人们了解徐霞客的外貌、性格、精神气质提供了十分形象的参考资料。

再如，徐霞客第九世祖徐本中在洪武年间，以白衣奉皇帝之诏，出使西蜀，招抚羌人，功成身退，不求封赏，高风亮节受到世人的高度赞扬，《晴山堂石刻》的碑文中，赞颂徐本中的有 22 篇。陈敬宗铭夏昶书的《徐征君墓志铭》称颂徐本中素有大志，"富而好礼，见义必为，瞻荒囤仓"；郑沂撰书的《送徐本中·氏族重延陵》诗碑中写道："氏族重延陵，贤称照古今。有文能喻蜀，无处不辞金。道与江源共，功传圣泽深。普天皆咏化，莫为子规吟。"为我们了解研究徐氏家族提供了重要的参考资料和线索。

从一定意义上讲，《晴山堂石刻》乃是一座关于徐霞客和徐氏家族的石质档案库，对于我们深入研究徐氏家族、徐霞客的生平事迹、徐霞客的为人、品格、徐霞客的成长成才发展轨迹、徐霞客的贤母王孺人和《徐霞客游记》的形成始末的艰难曲折过程，都具有重要的历史文献、档案资料价值。

注　释

［1］ 吕锡生：《重版说明》，《晴山堂法帖》，中央文献出版社，2006 年版。

［2］ 薛仲良、唐汉章：《霞客故里行》，《徐霞客研究古今集成》，中国书籍出版社，2004 年版，第 280 页。

［3］ 田柳：《几经沧桑的书苑瑰宝晴山堂石刻》，《徐霞客研究古今集成》，中国书籍出版社，2004 年版，第 285-286 页。

［4］ 王维屏：《徐霞客之故乡》，《徐霞客研究古今集成》，中国书籍出版社，2004 年版，第 272 页。

［5］ 田柳：《几经沧桑的书苑瑰宝晴山堂石刻》，《徐霞客研究古今集成》，中国书籍出版社，2004 年版，第 285-286 页。

［6］ 薛仲良、吕锡生：《略论晴山堂墨卷在流传中的两次飞跃》，《徐霞客研究古今集成》，中国书籍出版社，2004 年版，第 289 页。

［7］ 张之纯：《晴山堂帖跋》，《晴山堂法帖·附录一·旧跋一》，中央文献出版社，2006 年版，第 436 页。

［8］ 张之纯：《晴山堂帖跋》，《晴山堂法帖·附录一·旧跋一》，中央文献出版社，2006 年版，第 436 页。

［9］ 李域铮、赵敏生、雷冰：《西安碑林书法艺术》（增订本），陕西人民美术出版社，1992 年版，第 313-318 页。

［10］ 李域铮、赵敏生、雷冰：《西安碑林书法艺术》（增订本），陕西人民美术出版社，1992 年版，第 388-395 页。

由《瓶史》试探江南地区明清绘画中的瓶花艺术

——以无锡博物院藏明清绘画作品为例

陈　理[*]

【摘要】瓶花艺术在中国历史悠久，其上溯可至南北朝时期的佛前供花，经历宫廷插花等一系列发展变化之后，又逐渐形成民间插花。明清以降，江南地区的文人活动日趋繁盛，因而亦推进了文人插花的进展。瓶花不再仅仅是现实生活中的一种艺术装饰，更作为一种特定主题进入到绘画作品之中。本文拟从明代文学家袁宏道的瓶花理论著作《瓶史》入手，以无锡博物院藏明清绘画作品作为基础，简单研究江南地区明清绘画作品中的瓶花艺术，探求其中所蕴含的人文精神，并分析当时社会所反映出的大众审美意趣。

【关键词】《瓶史》　明清绘画　无锡博物院　瓶花　审美

日本俳圣松尾芭蕉在其散文《笈之小文》中写道："所谓风雅，随造化、友四时也。所见无处不花，所思无处无月。所思无花之时等同夷狄，内心无花之时与鸟兽同类。"[1]从中可以看出，植物与人的内心之间存在着联系，植物具有一种将人区别于一般动物的功能。这样的观念中国同样存在，以明代袁宏道《瓶史》的开篇小引为例，就有如下描述："夫幽人韵士，摒绝声色，其嗜好不得不钟于山水花竹。夫山水花竹者，名之所不在，奔竞之所不至也。天下之人，栖止于嚣崖利薮，目眯尘沙，心疲计算，欲有之而有所不暇。故幽人韵士，得以乘间而踞为一日之有。夫幽人韵士者，处于不争之地，而以一切让天下之人者也。惟夫山水花竹，欲以让人，而人未必乐

受，故居之也安，而踞之也无祸……余遂欲歆笠高岩，濯缨流水，又为卑官所绊，仅有载花莳竹一事，可以自乐。而邸居湫隘，迁徙无常，不得已乃以胆瓶贮花，随时插换。"[2]以上种种，表现出来的都是作者因俗世凡尘而觉得倦累以及希望纵情于花木的潇洒心态。因而，植物艺术自古至今就和人们的生活有着不可分割的联系。

一、瓶花艺术历史悠久、门类丰富

作为传统的清供艺术中一个重要的组成部分，瓶花艺术历史悠久，其源于古老中国对于植物的喜爱以及信仰。早在成书于西周初年至春秋中叶的《诗经》中，就有很多涉及植物

---

* 陈理：供职于无锡博物院

主题的作品："采采卷耳，不盈顷筐。"（《诗经·周南·卷耳》）[3] "桃之夭夭。灼灼其华。"（《诗经·周南·桃夭》）[4] "蒹葭苍苍，白露为霜。"（《诗经·秦风·蒹葭》）[5] 又如战国时期的《离骚》："扈江离与辟芷兮，纫秋兰以为佩。"[6]

古代诗人借助于植物形象，并以赋、比、兴的手法来抒发自身情感、表达其精神上的诉求。人与植物之间的关系逐步发展，从单纯的佩戴性质进一步演变成瓶花这样的艺术形态。瓶花最早源于埃及，后来经过希腊和罗马的传播，又进入印度，此后便随同印度佛教一起传入中国，并以佛前供花的形式走进人们的生活。《法苑珠林》中记录到："齐晋安王萧子懋，字云昌，武帝之子也。始年七岁，阮淑媛尝病危笃，请僧行道。有献莲华供佛者。众僧以铜罂盛水浸之。如此三日而花不萎。"[7] 其中的"献莲华供佛"被认为是人们进行瓶花操作的最早记载。

此后的隋唐五代结束了南北朝时期的混乱格局，与此同时，瓶花也进入到了一个平稳的阶段，插花在宫廷中迅速流行起来，史料中出现了这样的记载："庭植名花，秋冬则剪杂彩为之，色渝则改著新者。"[8] 进入唐代，插花的艺术风格与繁华富丽的盛唐气息保持一致，并且以各种各样的形式进入到人们的生活之中。宫廷插花则在南唐李后主李煜的推进下有了进一步的发展，《清异录》中记载："每春盛时，梁栋窗壁，柱拱阶砌，并做隔筒，密插杂花，榜曰锦洞天。"[9] 这是有明确记录的竹筒插花，这样的形制可以看作是瓶花艺术的一个分支。宋代是瓶花艺术的繁荣发展时期，由于瓷器的高度发展，在一定程度上带动了宋代插花的发展，并出现了大量研究花卉植物种植的理论著作，如欧阳修的《洛阳牡丹记》等。瓶花的风格亦有改变，从唐代到宋代，其造型由隆重华丽变成了清疏雅淡，这种特点到了明代

就发挥得更加极致。明清开始，随着文人生活的不断发展，文人插花日趋成为主流，更是常以绘画的形式出现在艺术作品之中。总而言之，我国的瓶花艺术始于南北朝，完备于晚唐，兴盛于两宋，明清阶段则是到达了巅峰，并且随着时代的更迭，瓶花的艺术风格也在不断地改变。

瓶花的形制分为两大类：一是供养之花，用来供养佛、神、祖宗；二是观赏之花，其用途是纯粹的赏玩，大部分的宫廷插花、民间插花，以及明清兴盛起来的文人插花都是这个类型，这和壁画中可以见到的供瓶供花的组合有所不同，此外，经常出现在绘画作品中的瓶花形象又以观赏性质的为主。

二、瓶花艺术的理论支撑——以明代袁宏道《瓶史》为例

明代插花进入到理论普及阶段，袁宏道的《瓶史》则是我国瓶花艺术史上一部影响深远的著作。明代文人玩赏炽盛，在《瓶史》之前，已经有很多关于插花的理论作品，如高濂的《瓶花三说》和张谦德的《瓶花谱》。这两本书的内容对于袁宏道《瓶史》的成书有着基础性的前导作用。从成书时间上来看，这两部作品的问世早于《瓶史》，高濂的《瓶花三说》收录于明万历十九年（1591）刊行的《遵生八笺》，而张谦德的《瓶花谱》则成书于明万历二十三年（1595）。

袁宏道（1568—1610），字中郎，又字无学，号石公，又号六休。湖广公安人。万历二十年（1592）进士，历任吴县知县、礼部主事、吏部验封司主事、稽勋郎中、国子博士等职，世人认为其是袁家三兄弟中成就最高者，与其兄袁宗道、弟袁中道并有才名，史称"公安三袁"。高濂的《瓶花三说》在内容上主要分为三大块：瓶花之宜、瓶花之忌、瓶花之

法。而成书于万历二十三年（1595）的《瓶花谱》，内容的划分更为细致，全书分为品瓶、品花、折枝、插贮、滋养、事宜、花忌、护瓶等8个部分。相比这两部作品，袁宏道的《瓶史》在内容上进行了更深入的区分和叙述，全书分为以下12个部分：①花目。论述不同季节花的种类的选用；②品第。详细评判各类花卉植物的优良；③器具。论述插花器具的选择；④择水。论述养花用水的选择；⑤宜称。论述插花过程中花卉植物的布局安排；⑥屏俗。论述瓶花周围的陈设布置；⑦花祟。论述瓶花之旁的人类活动；⑧洗沐。论述瓶花的清洗之法；⑨使令。论述瓶花插置过程中花卉的搭配组合；⑩好事。论述以花为癖好之人；⑪清赏。论述如何赏花；⑫监戒。论述赏花之宜与忌。最后还有一则附录，其内容为养花插瓶法，即如何进行制作瓶花，该部分为大村纯道点校版本独有。

袁宏道的《瓶史》，和早于其的前两部作品一样，都以精炼短小的文章概述了瓶花的选择、养护、欣赏等事宜，但是他们不同的地方则在于，相较于前两部的客观描述，在《瓶史》中，作者本人的主观活动增多了，而且采用了更多的笔墨来刻画人与花的关系，这使得人和植物、自然的关系变得更为紧密。究其原因，可以联系到明代文人活动的兴盛发展，文人常常把自身的情感和追求投入到对"物"的处理方法之中，而自身的精神形象也往往蕴含在对植物的培育之中，因而人与花的互动大大增加了，中国传统的天人合一的道家观念在其中也有一定的表现。以袁宏道的《瓶史》作为理论基础，我们可以更好的分析明代文人生活与瓶花之间的联系。《瓶史》的诞生，既总结了前人对于插花的理论描述，同时也吸收了大量人们在插花实践中得出的经验，而文中所总结的规律，又可以落实在人们不断发展的插花实践之中，以及在一部分的绘画作品中得以表现。

三、瓶花入画——浅析无锡博物院藏明清绘画作品中的瓶花艺术

作为中国传统清供艺术的重要组成部分的瓶花艺术，除了被运用在人们生活的各个方面，同时亦经常作为画家的创作元素而进入绘画作品。无锡博物院藏书画类作品中，以明清绘画作品见长，本文通过对明代袁宏道《瓶史》的研读，拟从以下三个方面，对无锡博物院藏明清绘画作品中的瓶花艺术进行简要分析。

（一）瓶花艺术中讲究植物和器具的选择

在我国的传统观念中，不一样的植物被赋予了不一样的寓意，除了我们众所周知的"四君子"和"岁寒三友"这样的经典组合，其他的花卉也有其各自的含义，如凌波仙子水仙被视作新年瑞兆，莲花则有君子之义，而牡丹则代表华丽富贵等等。古人更是对各类花卉进行了等级上的区分，宋初《清异录》之《百花门》载唐末罗虬曾作《花九锡》，品评群芳，将各类花卉分为九品九命。[10]以下择无锡博物院藏的两幅瓶花题材作品，对其中所涉的瓶花组合及插置所用器物进行简要分析。

其一是清代华胥的绢本册页（图一）。本作纸本，10开。作者华胥（1627—1687），字义逸，江苏无锡人。明末清初画家，擅长人物、仕女，其作清逸雅致，古意犹存。本作画面上所绘瓶花，为一蟠龙纹胆式瓶与梅花、茶花的组合，这样的组合具有鲜明的季节时令感，袁宏道在《瓶史》之《花目》这一章中有如下描述："余于诸花取其近而意致者：入春为梅，为海棠；夏为牡丹，为芍药，为石榴；秋为木樨，为莲、菊；冬为腊梅。"[11]古人所强调的是不一样的时令选用不一样的花卉进行装饰布置，从而制造出季节流转之感，从中也能感受到生命的轮回变幻。

1

2

图一　清　华嵒画册其中一开及局部

其二为清代画家张敔的《岁朝清供图》（图二）。画家张敔（1734—1803），字虎人，号雪鸿，安徽桐城人，能书能诗，其所绘山水、人物、花卉、无不精妙。本作为其清供主题的立轴，画面内容充实丰富，一冰裂纹大瓷瓶中插有松枝、梅花、山茶、竹叶，既是岁寒三友松竹梅这样的传统组合，又辅之以茶花，正好与左上方的"嘉庆庚申岁暮"相对应，画面左下角则搭配水仙和灵芝，有新春吉祥、美意延年的寓意，以冰裂纹的瓷瓶与之相配，又显得古朴典雅。《瓶史》中《器具》一章对于插花器具的选择有如下描述："养花瓶亦须精良。譬如玉环、飞燕，不可置之茅茨；又如嵇、阮、贺、李，不可请之酒食店中。尝见江南人家所藏旧觚，青翠入骨，砂斑垤起，可谓花之金屋。其次官、哥、象、定等窑，细媚滋润，皆花神之精舍也。大抵斋瓶宜矮而小，铜器如花觚、铜觯、尊罍、方汉壶、素温壶、匾壶，窑器如纸槌、鹅颈、茄袋、花樽、花囊、蓍草、蒲槌，皆须形制短小者，方入清供。不然，与家堂香火何异，虽旧亦俗也。然花形自有大小，如牡丹、芍药、莲花、形质既大，不在此限。尝闻古铜器入土年久，受土气深，用以养花，花色鲜明如枝头，开速而谢迟，就瓶结实，陶器亦然，故知瓶之宝古者，非独以玩。"[12] 以上可见古人对于瓶花所用之器具一是讲究实用性，二是讲究古朴典雅，本作中选用冰裂纹瓷瓶插花，乃"花神之精舍也"。

（二）涉及瓶花题材的绘画作品，其内容多与人们日常生活有关

袁宏道在《瓶史》中多次表述的一个想法是瓶花艺术与人的活动是不可分割的，因此，在很多表现人们日常生活场景的绘画作品中，都有瓶花的存在，而这样的生活场景，一般又以文人主题的场景为主，如煮茶、读书、听琴等，另一方面，在女性生活主题的作品

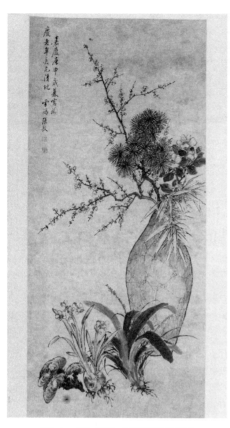

图二　清　张敬《岁朝清供图》

中，也经常涉及瓶花的摆设。右图为无锡博物
院藏清代画家杨伯埙的《读书图》（图三）。杨
伯埙，号芝田，清代画家，江苏无锡人，擅花
卉。此作画面内容十分简单，主题明确，只有
一豆孤灯，古籍数册，一茶壶，内插折枝梅
花，清疏淡雅，显示出一种寂寥之气，用茶壶
当插花的器具，自然随性，颇有趣味。《瓶史》
第十一章《清赏》有载："茗赏者上也，谈赏
者次也，酒赏者下也。"[13] 从中也可以看出瓶
花与茶的组合是袁宏道所认为的"为上"的欣
赏方式。

　　另有明代画家马图的仕女主题作品《晨
妆图》（图四）。该图所描绘的是两位青年女
子对镜梳理晨妆的日常场景，画面氛围安谧
宁静，圆形窗外盛开蜀葵，屋内陈设比较简
单，桌上仅有镜子、古籍、茶花。屋里屋外都
有植物花卉进行呼应，可以感受到人与自然之
间的和谐氛围，这也是袁宏道在《瓶史》中所

图三　清　杨伯埙《读书图》（局部）

要展示的一个重要理念。瓶花所表现的并不仅
仅是单纯的艺术上的美，更是人与自然的一
种交流方式，这也和我国自古以来就有的"天
人合一"的道家思想有着相通之处。袁宏道
在《瓶史》中不止一处围绕着如何观赏瓶花进
行叙述，如《清赏》之中所言："寒花宜初雪，
宜雪霁，宜新月，宜暖房。温花宜晴日，宜
轻寒，宜华堂。暑花宜雨后，宜快风，宜佳木
荫，宜竹下，宜水阁。凉花宜爽月，宜夕阳，

1

2

图四　明 马图《晨妆图》及局部

宜空阶，宜苔径，宜古藤巉石边。若不论风日，不择佳地，神气散缓，了不相属，此与妓舍酒馆中花何异哉？"[14] 以上是就天气季节来选择如何布置欣赏瓶花。又如第十二章《监戒》所述："花快意凡十四条：明窗，净几，古鼎，宋砚，松涛，溪声，主人好事能诗，门

僧解烹茶，苏州人送酒，座客工画花卉，盛开快心友临门，手抄艺花书，夜深炉鸣，妻妾校花故实。花折辱凡二十三条：主人频拜客，俗子阑入，蟠枝，庸僧谈禅，窗下狗斗，莲子胡同歌童，弋阳腔，丑女折戴。论升适，强作怜爱，应酬诗债未了，盛开家人催算帐，检《韵府》押字，破书狼籍，福建牙人，吴中赝画，鼠矢，蜗涎，僮仆偃蹇，令初行酒尽，与酒馆为邻，案上有黄金白雪、中原紫气等诗。"[15] 作者以大量的例子对在瓶花的旁边适合做什么、不适合做什么进行了论述。

（三）无锡博物院藏明清绘画中涉及瓶花主题的作品，其作者以"扬州画派"为主

无锡隶属江南地区，对无锡博物院藏含有瓶花元素的绘画作品的作者来源进行分析后可以发现，其中扬州画派的作者占到了很大一部分。现仅以其中的两幅为例进行简要说明，一是李鱓的《三秋图》，一是高凤翰的《草堂艺菊图》，均是与秋季相关的瓶花作品。

李鱓（1686—1756），字宗扬，号复堂，别号懊道人、墨磨人。清代著名画家，扬州八怪之一。康熙五十年（1711）中举，康熙五十三年（1714）召为内廷供奉，善工笔，罢官后居扬州，卖画为生。本作为其《三秋图》（图五）。左上作者自题的"瓦罐茶铛插残黄"很好的总结了画面的主要内容，以瓦罐为器，内插菊花两三支，疏密有致，尽显秋日风情。高凤翰所绘《草堂艺菊图》（图六）。高凤翰（1683—1749），扬州八怪之一。清代画家、书法家、篆刻家。又名翰，字西园，号南村，又号南阜、云阜。其性格洒脱不羁，精于绘画，山水花鸟俱佳。此作设色淡雅，窗内案上瓶内仅插花寥寥几支，却起到很好的点缀作用。

按照《瓶史》中《宜称》一节所叙："插花不可太繁，亦不可太瘦。多不过二种三种，高低疏密，如画苑布置方妙。置瓶忌两对，忌

图五　清 李鱓《三秋图》

图六　清 高凤翰《草堂艺菊图》局部

一律，忌成行列，忌绳束缚。夫花之所谓整齐者，正以参差不伦，意态天然，如子瞻之文随意断续。青莲之诗不拘对偶，此真整齐也。若夫枝叶相当，红白相配，以省曹堦下树，墓门华表也，恶得为整齐哉？"[16]观李鱓之《三秋图》与高凤翰之《草堂艺菊图》，两者的瓶花在插置方面，有异曲同工之妙，亦符合袁宏道所叙"不可太繁……多不过二种三种"的清淡简雅的插花风格。扬州画派的作者在生活境遇上有着一定程度的相似，故而在绘画风格上也受到了相应的影响，在这些人生经历和绘画风格的作用之下，其笔下的瓶花元素也具有一定的风格特色，显得疏淡简洁、独立不争。这一方面是画家本人的精神写照，另一方面也是其托物言志的物质载体，这种表现方式与袁宏道在《瓶史》中所强调的人与花的和谐统一是相一致的。

四、瓶花艺术中体现的人们的审美意趣

在某一特定的艺术形式上所反映出的审美，可以看作是该艺术形式所处年代的社会的审美趋向的一个缩影。唐风华丽，富贵繁复，则唐代的各类装饰，如服饰风格等亦趋于华美；而宋代统治者崇尚淡雅简素，这样的特色也反映在多种宋朝艺术形式之中，比如宋瓷。瓶花作为一种上至宫廷，下至民间，从普通大众到文人雅客，纷纷接纳的艺术形式，其所反映出的风格之美，也可以很好的表现其所在时代的整体的审美意趣。

（一）瓶花艺术在一定程度上是作者自身品格和精神的写照

自古至今，在文学作品中经常出现作者将植物的美好属性进行自比的做法，这样的艺术运用，在绘画作品中也十分常见，借物抒情和托物言志在某种程度上比直抒胸臆有着更为深刻的艺术魅力。如无锡博物院藏朱耷款《瓶花图》（图七）。朱耷为明末清初画家，字雪个，号八大山人，江西南昌人。能书、擅画，尤擅作花鸟水墨写意，笔下形象夸张奇特，笔墨凝练隽永，风格独树一帜。朱耷一生崎岖坎坷，所自题"墨点无多泪点多，山河仍是旧山河。横流乱世杈椰树，留得文林细揣摩"。四句可以很好地概括出其绘画艺术特色和人生历程。本作画面内容简单明了，器具一高一矮，植物为松枝和菖蒲，有孤独之感。松枝作为四君子之一，在艺术作品中的运用是经久不衰的，而菖蒲则是我国传统文化中用以驱邪的灵草，也是文人书房中的清供上品，本作用松枝加上菖蒲的组合，有作者本人的精神自喻。

图七 清 朱奋《瓶花图》（局部）

图八 清 邹一桂《二泉八公图》（局部）

图九 明 文徵明和陶九日闲居诗及二文信札册（局部）

图一○ 清 华冠《王会汾像》（局部）

（二）瓶花艺术中所蕴藏的审美意趣显示了明清文人社会的审美趋向

明清以来，江南地区的文人赏玩活动兴盛，对于瓶花的选择和布置可以在一定程度上反映出当时的文人的审美意趣。如清代邹一桂所绘《二泉八公图》（图八）。本作淡设色，画面绘有老者八人，童子四人。可见其中童子或捧寿桃，或执瓶花，或扶杖。八公雅集，下棋赏画。再如明代文徵明和陶九日闲居诗及二文信札册（图九）。纸本，13 开。其中在文徵明的诗前，有楞伽山民顾曾寿补"九日闲居图"一开并题记，画面中屋内陈设极为精简，但仍可见其中有起到装饰作用的瓶花置于花几之上。又如华冠设色《王会汾像》（图一○）。此图为王会汾着便服纳凉的场景，旁有小童执茶，案上瓶花素雅清逸，施淡色，取景简单，笔墨淡雅，画面意境宜人。

总结以上三幅作品的画面内容构成，都是文人雅客处在一种比较休闲放松的状态之下的场景，瓶花此时并不是画面的主体，而只是在画面中占了一个小部分，但是仍有重要的作用。一是在画面构成上，使得整个画面完整、饱满，画面情节丰富；二是可以为塑造人物的精神状态提供一些依据；三是可以配合画面上的其他场景，使得整个作品处在一种相对和谐的氛围之中。以上这些作品中的瓶花，置之以青瓷瓶，加上一两枝较为稀疏的折枝花卉，初看相对朴素，但是也正是根据这份朴素之意，可以映射出画中主人公恬淡的心境和与世无争的情怀。同时，这样的素雅的瓶花设置，也可以很好地反映出当时文人审美的整体趋向，简单，朴素，淡雅，这也是袁宏道在《瓶史》中自始至终所表达的观点。

注　　释

[1]　〔日〕松尾芭蕉著，陈德文译：《松尾芭蕉散文》，作家出版社，2008 年版，第 16 页。
[2]　〔明〕袁宏道著，〔日〕大村纯道点校：《瓶史》，明治十四年（1881）刊本，第 1 页。
[3]　程俊英注：《诗经》，上海古籍出版社，2006 年版，第 16 页。
[4]　程俊英注：《诗经》，上海古籍出版社，2006 年版，第 21 页。
[5]　程俊英注：《诗经》，上海古籍出版社，2006 年版，第 214 页。
[6]　文怀沙著，王耳主编：《屈原离骚今译》，上海文艺联合出版社，1954 年版，第 4 页。
[7]　〔唐〕道世编纂：《法苑珠林》，上海古籍出版社，1991 年版，第 36 卷。
[8]　〔唐〕杜宝撰，辛德勇辑校，魏全瑞主编：《大业杂记辑校》，三秦出版社，2006 年版，第 14 页。
[9]　〔宋〕陶谷撰，〔清〕李锡龄校：《清异录》，道光间宏道书院刻本，卷下。
[10]　〔宋〕陶谷撰，〔清〕李锡龄校：《清异录》，道光间宏道书院刻本，卷上。
[11]　〔明〕袁宏道著，〔日〕大村纯道点校：《瓶史》，明治十四年（1881）刊本，第 2 页。
[12]　〔明〕袁宏道著，〔日〕大村纯道点校：《瓶史》，明治十四年（1881）刊本，第 3 页。
[13]　〔明〕袁宏道著，〔日〕大村纯道点校：《瓶史》，明治十四年（1881）刊本，第 9 页。
[14]　〔明〕袁宏道著，〔日〕大村纯道点校：《瓶史》，明治十四年（1881）刊本，第 9 页。
[15]　〔明〕袁宏道著，〔日〕大村纯道点校：《瓶史》，明治十四年（1881）刊本，第 9 页。
[16]　〔明〕袁宏道著，〔日〕大村纯道点校：《瓶史》，明治十四年（1881）刊本，第 5 页。

乾隆宫廷画师张宗苍绘《惠山图》解读

金石声[*]

【摘要】寄畅园始建于明代嘉靖、正德年间，清中期康熙、乾隆进入繁盛期，几百年来由于园主的变更，园容园貌也有所改变。明代万历朝秦燿建园，筑成二十景，后经历分割，再到清代秦德藻合并归园，请张链张轼叔侄俩改园，遂成型并延续至今。数百年园容变化可以从古代园林绘画中探微察细，本文通过对乾隆宫廷画师张宗苍所绘《惠山图》的剖析，比对同朝或历史相关"寄畅园图"，来领略各个时期寄畅园的风貌，展示造园艺术，体会当时人们对山水建筑的构造营建及数百年来的沧桑变化。

【关键词】乾隆 宫廷画师 张宗苍 《惠山图》

近20年来，由于工作和学习、研究的需要，笔者注意收集与惠山风景人文有关的文献，如方志、笔记、诗词、家谱，尤其留意老地图、古代绘画和老照片。作为专题文献，有关无锡惠山的绘画是重点收集的对象，它能帮助我们直观了解当时惠山的风景人文以及人们的审美情趣。而对于寄畅园的研究，文字著述资料很多，而古代绘画很少。随着资讯的发达，文博事业的繁荣，越来越多的寄畅园绘画被发现，本文通过对天津博物馆所藏珍品乾隆宫廷画师张宗苍所绘《惠山图》的剖析，比对同朝或历史相关"寄畅园图"，来领略各个画师笔下不同时期寄畅园的风貌，展示精彩的造园艺术，体会当时人们对山水建筑花木的构造营建及应用，反映数百年来的沧桑变化及背后所蕴藏的故事。

一、历代名人画惠山图概述

在研究中发现，古人画无锡画得最多的还是惠山。从目前了解并收集到的如下：元代有倪瓒的《九龙山居图》（图一）、王蒙的《惠麓小隐图》、惠山寺僧释湛然的《母子猿图》、阎仲彬的《惠山复隐图》；明代有王绂的《竹炉图》、沈周的《碧山吟社图》、文徵明的《二泉茶会图》、文嘉的《天下第二泉图》、钱谷的《惠山煮泉图》、沈贞的《竹炉山房图》、王问的《竹炉煮茶图》；清代有石涛的《惠泉秋泛图》、王翚的《九点龙峰图》、清高宗南巡《锡山图》、乾隆《竹炉山房图》《竹炉图》、邹一桂的《慧水龙峰图》《二泉八公图》；近现代有南野老人华文川的《九曲清流图》、吴观岱的《贯华阁图》、胡汀鹭的《贯华阁图》、齐白石的《碧山吟社图》、李可染的《天下第二泉图》

* 金石声：无锡市锡惠园林文物名胜区管理处文化总监，文物管理科长

《寄畅园图》、贺天健的《惠山图》、张大千的《惠山风光图》等，名家名画，不一而足，能看到或者见诸文献、流落海外的大概有百余种。从这些图的题材看，大多集中在寺庙、二泉和山水风景上，惠山风景在画家笔下，风情万种。每幅图都是历史的记录，每幅图都有其特定的文化价值。笔者试图编著目录，抛砖引玉，便于人们按图索骥，欣赏查考。

图一　元 倪瓒《九龙山居图》（局部）

二、有关寄畅园的古代绘画

古人有关惠山的绘画中，寄畅园是画家喜欢的题材，也是其表达的重中之重。近几年来，笔者对明代名园寄畅园古代绘画专题着力收集，目的是通过图画来解析近500年来寄畅园园容园貌及造园艺术随主人沉浮或者历史事件演变的过程。还有一个重要的课题就是，乾隆首次南巡绘制的"秦园图"，以及后来根据此图在北京清漪园仿照此园建成的惠山图，到底这图是什么样的？和现在相比，寄畅园林谷变迁几许？这无疑是寄畅园的重要学术问题，但图在哪里呢？

在2000年以前，有关寄畅园的绘画文献除了明代宋懋晋的《寄畅园图册》[1]也称"寄畅园五十景"、以及清代秦祖永临王石谷《寄畅园十六景图》、清代秦淦《寄畅园图咏集》，清嘉庆十四年（1809）完颜麟庆著汪春泉等绘《寄畅攀香》之外，只是听说过乾隆南巡绘有寄畅园图。随着互联网和出版资讯业、拍卖、展览等文博事业的发达，越来越多有关寄畅园的绘图浮出烟尘。目前已看到的清代寄畅园图有清高宗南巡《秦园图》，清乾隆南巡盛典《寄畅园全景图》（图二），清乾隆朝重臣、状元钱惟城绘《寄畅园图》，清乾隆宫廷画师张宗苍《惠山图》，以及清嘉庆宫廷画师刘悖《寄畅园图》（图三）等，一个江南园林有这么多画师绘有园图，足以说明此园在皇帝和文人心目中的地位，更为我们提供了重要的史料，领略当时寄畅园的风采。

有意思的是，明代宋懋晋（字明之）的《寄畅园图册》，是分景连续的，而清代诸画家所绘大多是整幅全景。明代与清代寄畅园绘画可以互补，构成人们对于寄畅园这一古典园林的完整印象。

三、宫廷画师笔下的寄畅园

《中国文化遗产》2005年第二期刊登了一篇名为《爱国收藏家的贡献——天津博物馆珍

图二　清 乾隆南巡盛典《寄畅园全景图》

图三　清 刘恽《寄畅园图》

品入藏记》[2] 的文章，在其文后开列了一份天津博物馆藏清宫内府书画附录，其中有"清张宗苍《惠山园图》卷"。当时笔者看到这份附录后，眼前一亮，就在想，既然是清宫内府所藏，一定是与皇帝有关的，这《惠山园图》卷一定是好东西，其内容一定是我们从来没有看到过的。名称是"惠山园图"，那是不是和乾

隆皇帝仿造我们无锡寄畅园建造的惠山园有关系，或许就是当时仿造时的蓝图？那就非常的有价值了。

如何才能看到这幅图呢？作为对寄畅园有浓厚兴趣的人，这张图这么多年来成了我的心事，限于种种限制，欲得而不可见。前几年，因公事接待天津博物馆领导，顺便打听这张

图，感觉有了希望。后来，我把这种希望转达给北京林业大学的黄晓博士，通过他在天津博物馆找到了这张黑白电子稿（图四），至于彩色稿和原画则暂时没有办法得见。黄晓曾与美丽学者高居翰合作编著过《不朽的林泉》，通过古代园林绘画来解读中国古典园林，此书收录了好多的园林图，从中发现园林的美。

1

2

图四　清　张宗苍《惠山园图》及局部（天津博物馆提供黑白电子图）

在黄晓的努力下，也随着寄畅园研究的深入，无意中还发现了好多乾隆时期的寄畅园绘画，除了之前众所周知的南巡盛典《寄畅园全景图》，还有一套 24 张彩色的《清高宗南巡名胜图》，其中有一幅为《秦园图》（图五），何人所绘待考。从这张图上看，建筑的坐落分布是从大门的角度，面向惠山绘制，非常具体。而其他发现的图则为写意图，艺术描绘创作成分较多，推测乾隆皇帝在北京清漪园仿造的惠山园似乎依据的就是这张图。

除了上述这张图，还有一幅描绘寄畅园最全最美的图就是曾经公开出版，但我们一直没有注意到的杭州西湖博物馆 2010 年编《历代西湖书画集》，所载原收藏于故宫博物院的钱维城所作《弘历再题寄畅园诗意图卷》[3]（图六），显然，这幅图上绘的就是寄畅园，题目应该为《寄畅园》，后来乾隆皇帝在画上题了诗就改成现在这个画名。这幅图让我们看到乾隆盛世时期寄畅园全景写真，其优处在于把锡惠两山都纳入画中，把其地理坐落在图中标清楚了，把它与惠山寺的相邻关系表达出来，把园内园外，山上山水，泉从山出，水随山转，建筑隐于山林，错落有致，山麓有声的特色描绘得生龙活虎，淋漓尽致。钱维城的画很细致，这幅画也是目前描绘寄畅园景色最全面最生动的一幅，里面有很多细节与今天的寄畅园大不同，也可以发现很多景物图上有，而现在已经不存在了。画中有小船，可见当时寄畅园水系可以通过园墙上的栅门通向园外的运河，意境与明代万历年间宋懋晋《寄畅园图册》相合。锦汇漪水系水流湍急，看到山上泉水汇入到岸边冲击回旋形成的波纹，给观者寂静灵动之感，而这种感觉现在已找不到了。

图五　《清高宗南巡名胜图·秦园图》(资料)

图六　清 钱维城《弘历再题寄畅园诗意卷》

四、张宗苍绘《惠山图》及御题

2018 年 6 月某天，天津大学建筑学院张同学微信告诉笔者，说在天津博物馆看到了张宗苍的一幅惠山图，好像描绘的是寄畅园，就拍了照片发给我。我一看，这幅正是我寻找 10 多年的图画。网上一查，原来是天津博物馆 2018 年展出的"清代中期绘画特展"，一共 20 幅，其中这一幅列为馆藏宫廷绘画的代表。展品名为"清张宗苍《惠山图》"（图七）。前文说过，原来这幅画的名字为"清张宗苍《惠山园图》"，现名差一个字，来去比较大，"惠山园图"就是指一个园的图，专指乾隆仿造寄畅园

命名在北京建造的"惠山园"，而现在称为"惠山图"则是指一个地域范围，显然有别于园这个概念。由此可以推断出，这幅画并不是专门绘的寄畅园，也不是乾隆建造惠山园的蓝本。

天津博物馆在介绍这幅绘画时说：作者将山峦、村舍、庭院、宝塔尽收于一卷之中，构图前简后繁，将观众缓缓带入其中。用笔疏繁有序，既表现出山麓的苍翠雄浑，又不失江南风光的灵秀。根据皇帝的第一段题画诗推断此作约为乾隆十七年（1752），也就是张宗苍刚入宫廷之时。是否这样呢？接下来，让我们一起看看此画乾隆皇帝的两段题跋。按年代排列，右首应该为第一段，时在壬申夏日，也就是乾隆十七年（1752），那年是皇帝

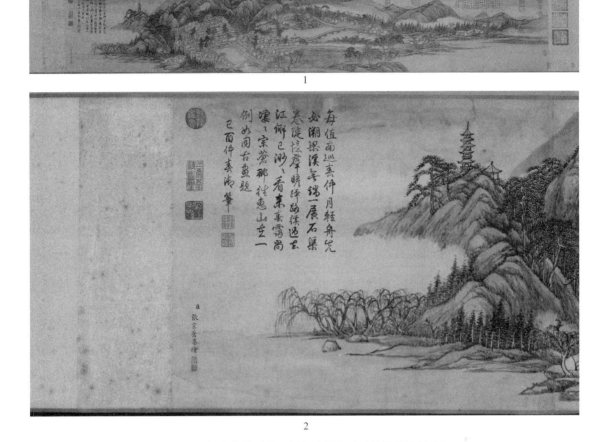

图七　清　张宗苍《惠山图》及局部（天津博物馆提供）

第一次南巡后第二年，乾隆42岁。其诗云：

　　惠山之泉人所闻，惠山之山我亦欣。

　　来往惠山才二度，清兴足共千秋存。

　　往往林峦入静观，笔不能写徒云云。

　　宗苍画伯亦吴人，经营惨澹其传真。

　　朝来九龙在吾目，烟舟叙待梁溪曲。

　　白足僧人若可呼，我独何谓在书屋。

　　春云如滴山如洗，品泉往事微茧纸。

　　寄畅园，法云寺，由来不隔彼与此。

从诗上看出，他虽然第一次南巡，但是"来往惠山才二度……宗苍画伯亦吴人……春云如滴山如洗"，他对惠山，对宗苍都是很满意的。第二段题跋在左首，为乾隆己酉仲春，距1752年过去37年了，即乾隆五十四年（1789），这一年也是乾隆最后一次南巡后的第5年。皇帝回想南巡盛况，忍不住从画中思念他钟情的江南寄畅园，想到了"宗苍那往惠山

在"，在诗中他说：

　　每值南巡春仲月，轻舟先必溯梁溪。

　　无端一展石渠卷，陡忆群瞻跸路蹊。

　　过去江乡已渺渺，看来春霭尚凄凄。

　　宗苍那往惠山在，一例如同古画题。

乾隆皇帝抚卷怀念江南水乡风光，"过去江乡已渺渺，看来春霭尚凄凄"，可以想象他多么还想南巡，但是岁月不饶人，毕竟年高80了。张宗苍是苏州人，他在乾隆1751年首次南巡时曾进献画册《吴中十六景》，皇帝看了很喜欢，就召其入宫作画，"命入都祗候内廷"。其山水画，画风苍劲，用笔沉着。山石皴法多以干笔积累，林木之间使用淡墨，干笔和皴擦的手法相结合，表现出了深远的意境和深厚的气韵，一洗宫廷画院惯有的甜熟柔媚的习气，特别被乾隆皇帝所喜爱。清代宫廷绘画在清代绘画史上有着重要的地位，其中张宗苍

是重要人物。这幅惠山图卷，应该不是张宗苍随乾隆首次南巡时的写生作品，而是其被召见入宫后的命题之作，因为他是吴人，画过吴中十六景，对无锡寄畅园应该是熟悉的，或者是来过的，所以作于乾隆十七年（1752）推断是正确的。可惜，张宗苍进宫后没有几年，在1756 年就去世了。

五、对张宗苍《惠山图》的解读

尽管画家有艺术创作、虚构夸张的可能，但张宗苍《惠山图》与今日惠山风景实物之比较，应该是很有意思的话题，我们可以从图中找到寄畅园的历史文脉，体会其园林之朴实精妙，下文笔者将作一比较分析。

首先，此画是一幅横构图，纸本设色，长253.2 厘米，宽40.3 厘米。从东向西，善于组织景观，巧妙截取惠山精美片断，沿锡惠山麓展开风景，罗列其中全景。从画面上可以看到，其最左面为锡山和龙光塔，右面即是一脉相连的惠山。此画从左到右，从高到低分别绘有锡山惠山及龙光塔、尤文简公祠、天下第二泉庭院、华孝子祠、惠山寺庙园林、下河塘、寺塘泾、宝善桥、钱王祠、寄畅园、农田、山麓、水岸等，疏密有致，浓彩淡墨。从山到水，山绵水展，屋舍俨然，风景如画，一派田园风光，表达了宫廷画师对江南惠山人文风景的理解和审美。

画中展现的寄畅园位于画幅中间，其左侧与惠山寺为邻，右下即寺塘泾，园中水系与此泾相通，向右通向更广阔的水面，山水贯通，气机生动，呈左高右低布局。园子与惠山是平行的，依照山势而展开。寄畅园山上是有围墙的，但是其左侧环绕此园，围合封闭，是山是实；右侧则是开放的，是水是虚。而上面是园，是艺术创造，别墅园林，士族生活；下面是田，纯朴自然，是田园风光，平民生活。园

中建筑左中右三处均有分布，点缀在山麓间，左面和右面建筑比较密集。入园门稍右，首先看到的是伸入池中的一四角形茅亭，即知鱼槛，形制与现在完全不同，但位置相同。与之相对的山岗便是鹤步滩，颙琰（即后来的嘉庆皇帝）在当皇子时随父亲玄烨（乾隆皇帝）南巡时曾作诗云："名园正对九龙岗，鹤步滩头引颈长。"从图上看出此山岗引为惠山的余脉，岗峦之上林木葱郁，巨柯探池，山下有激流涌动，右面似有涧流即为八音涧。鹤步滩上有建筑两处，今已荡然无存。

画中七星桥位置、走向与现在相同，同为直桥，但不同的是此处桥面无栏杆，更显自然古朴，或称纤桥。画中的桥墩形制比较考究，与现在的桥有明显区别；另外，画面上的桥只有六块大石板，而现在的桥有七块石板，或者是画家粗心了。进门后左面有建筑三折，引为折廊与两个建筑群落相连接，每个建筑群有房子五六处，其上与山麓下有围墙，为冰裂虎皮墙，黄石堆砌，墙上开一门。这两处建筑群应该为寄畅园的住宅部分。

画之右建筑也有两个组群，其一就是现在的嘉树堂组群，有房子三处。主建筑面向池塘与知鱼槛相对，落地开敞，外有轩廊，便于欣赏远处锡山景物。画中能看到房子中间有一方井，似乎是文人雅玩游戏的一景，具体何用，不见文献记载，有待研究，此景观在钱维城所画寄畅园一图中也有，而在万历年间宋明之所绘《寄畅园图册》中不曾出现，说明当时这个景是主人得意之作，而今天嘉树堂中已经看不到这个景了。应该提醒的是，嘉树堂是专门为观赏锡山，展现山色溪光的景观建筑，也是供主人游玩吟唱的雅致厅室。

在桥的右面中间位置，画家绘了筑高于池塘之上的建筑八九幢。其中临水的四幢房屋高架在水中伸出的木桩上，很有特色，这些建筑是相互连通的，沿着水池一角围合成一个空

间，其左面还有三四幢房子，可能就是文献中记载的双孝祠。这些建筑之所以这样建，可能一是用地所限，第二是观景所需，起伏变化，虚实相生，与山麓的遥相呼应。能看到水的流动生变，与整个园水系内外的贯通。这幅惠山图最有价值的地方就是寄畅园之右面其水与外面河塘的水相通，山水相连，过度自然，朴实无华，引向无垠，形成"园筑山中，山便是园，园便是山，山水相连，水随山流"的感觉。

六、结　语

综上分析，这幅图原名《惠山园图》，现名《惠山图》，改名是正确的。泉庭、寺院、祠堂、民居、园林和谐融合，士林与农耕、山麓古镇的朴实风貌，引人入胜，恍若桃花源中。这是一幅以寄畅园为主景，全面反映惠山山水人文的精美画卷。图中描绘的清代乾隆朝时期的寄畅园，可以明显看到，此园由住宅、祠堂和花园三个部分组成。按区域分，有不同的功能。从景观上看，造园家所谓"断溪截谷"的造园艺术，延山引水的处理手法，引山色塔影于园中，水随山转，流泉有声，在这幅图中得到生动的体现。

注　释

[1]　〔明〕宋懋晋绘，无锡市锡惠园林文物名胜区编：《寄畅园图册》，古吴轩出版社，2007 年版。

[2]　云希正：《爱国收藏家的贡献——天津博物馆珍品入藏记》，《中国文化遗产》2005 年第 2 期，第 86 页。

[3]　〔清〕钱维城：《弘历再题寄畅园诗意图卷》，《历代西湖书画集》，杭州出版社，2010 年版。

丹心朱墨映朝晖

——钱松岩绘画意境刍议

马旭明[*]

【摘要】钱松岩的艺术成就是多方面的。他的绘画，人物山水花鸟无不精湛，诗词书法功力深厚。在绘画里的独特面貌和所营造的意境，形成钱松岩作品特有的艺术风格。在新中国社会主义建设时期，为时代精神感召，怀着对党的感恩之心，被建设热潮激励，在绘画作品中，结合现实题材，诗书画交融更显意境。他是具有时代性的重要画家，作品里特有的艺术境界反映了时代精神与浓烈的民族风格，他和其他艺术大师在新的时代开创了新的"一代文风"。

【关键词】钱松岩　绘画　意境

一

读元代马致远《天净沙·秋思》，"枯藤老树昏鸦，小桥流水人家，古道西风瘦马，夕阳……"一连串的意象把一系列情感的线索串联起来，构成一幅完整富有想象的图画，此情此景，可以体会到的是孤寂、悲秋思乡的意境，可以体会到作者的内心世界。情与景的交融，不论是诗歌还是绘画，艺术家们通过观察自然，描绘自然，营造出特定的"意境"来寄托和抒发自己的情感世界，历代的文人墨客无不是穷其一生来追求这种精神境界。

"意境"一词，最早见于诗论，是艺术家的理想和感情同客观的景象事物相统一而产生的境界，由于古代诗歌的发展，从实践上更早的接触到了这一美学范畴。初唐时期的王昌龄在他所著的《诗格》中称"诗有三境"，提出

"意境、物境、情境"三境说，最早提出了意境的概念。

在绘画史上，唐张彦远在《历代名画记》论画山水树石一节中，有"凝意""得意""深奇"的说法。宋代是绘画的成熟时期，绘画理论也日趋形成。杰出的山水画家郭熙，在山水画的创作和鉴赏中，开始具体地阐发了"意"概念，"画者当以此意造，而鉴者又当以此意穷之。此之谓不失其本意"。并说"境界已熟，心乎以应，方始纵横中度，左右逢源"。明代笪有光在其所撰的《画筌》中，也使用了意境一词。他不仅发展了荆浩的"真景"说，提出"实境""真境""神境"论；而且还对郭熙所触及到的"意"与"境"的概念及其相互关系，有了进一步发挥，已经论述到山水画境范畴的一些问题。而在明、清两代画论中，也着重对意境进一步阐发，逐步构成了我国山水画论中的意境理论。发展到董其昌、清四王，包

---

* 马旭明：无锡博物院征编研究部主任，副研究馆员

括极富创造性的八大，石涛以至弘仁、石溪等，创造画之意境的手法有着多方面的内容，文人士大夫等的"文人画"成为中国画坛的主流。

随着新文化思潮风起云涌，文人士大夫的绘画走下高贵的殿堂，五四运动之后的现实主义题材及新的表现手法显出勃勃生机。我们都知道尤其以徐悲鸿、刘海粟为先导，他们是中国近现代画坛领袖人物，他们新的美术教育和艺术成就从不同层面丰富、影响了中国美术近现史，成为中国乃至世界级人物，被载入美术史册。中国画自古以来重法度、讲笔法，它根植于华夏绵绵的文化沃土之中，跨越时空，形成了融汇民族文化素养、思维方式、审美意识和哲学观念的完整的艺术体系。中国画特有的笔墨意趣，是不同于生活美而构成艺术美的因素，而"意在笔先"更强调意境的塑造，增加艺术的感染力。

中华人民共和国的建立，文艺创作主题在一定程度上打破传统的框框，更注重表现宣传社会形态优越性和再现共产党的光辉革命历程。20世纪50年代，在挽救民族危亡与振兴中华的历史使命下，"保护传统文化"的民间呼声与党的"百花齐放、百家争鸣"文艺政策相激荡，涌现一批歌颂祖国歌颂人民为题材的绘画。20世纪60年代的"新金陵画派""新长安画派""新岭南画派"鼎足于中国艺术画坛。新金陵画派代表人物钱松岩无疑是这个时期、这个群体中具有代表性的重要画家，怀着对党的感恩之心，为时代精神感召，被建设热潮激励，结合现实题材，在绘画作品中，诗书画交融更显意境。尤其是他的新时期山水画，成为20世纪60、70年代中国画典范，他的艺术创新和思想升华深深烙上时代的特征，他坚信"思想变了，笔墨不得不变"、坚持"一手伸向传统，一手伸向生活"，成为当时传统中国画传承与创新的经典名言。

二

钱松岩的绘画艺术，具有浓烈的民族风格，情景交融的意境彰显诗韵画意。其绘画创作上有整体气势、地方特征、时代精神三大特点[1]，画家炽烈的爱国热情深深融入作品中，一笔一划一景都焕发出生命活力。钱松岩绘画早年受教于画家胡汀鹭、吴观岱，钻研明四家、清四僧，画风受石涛影响颇深，同时师法倪云林，追求简淡疏远的意境，打下了扎实的传统文人画笔墨基础。当时名流吴观岱、王云轩、诸健秋、陈旧村、贺天健等都有指导他并一起切磋画艺，他的绘画在交流中不断提高。在学习笔墨的同时，注重观察，模写身边之景物，赋予作品浓厚的生活气息。随着时代的改变，他更强调中国画在历史时期和新社会建设时期的表现，"时代精神不能从画中刻舟求剑。'推陈出新'的'新'，主要以时代精神为标准"[2]。在两万三千里写生壮游中，钱松岩面对祖国的大好河山，打开胸襟，将新社会翻天覆地的现实变化呈之于笔端，赋予浪漫主义的时代精神，创作了《红岩》《常熟田》《延安颂》等经典性的新中国画代表作品，意境深远。意境是绘画作品的灵魂，在画家笔下"笔能夺境"。这种意境，往往是画家的"神境""妙境"。"神无可绘，真境逼而神境生……实相生，无画处皆成妙境。"他创作一系列"反映时代精神"的绘画作品成为了典范，他作为新中国画创新的主流画家，绘画推陈出新是表现时代精神的代表人物，成为继傅抱石之后的新金陵画派又一中国画大家。他不拘限于形似，而强调骨法用笔，喜用雄浑古拙之"屋漏痕用笔"，浑厚沉着；在运用色彩上更是随类赋彩，大胆突破、随心而发，绚丽明艳，形成墨彩交融的钱松岩绘画艺术风格特征。

代表作《红岩》，革命浪漫主义的大手笔，他用前无古人的笔墨手法，夸张夺目的色彩语言，用前人所未想的方法，塑造了红色革命的精神。大面积的红色岩石，用洋红皴擦，朱砂平涂，色泽纯正明朗，与土坡上的白描芭蕉色彩的对比强烈而显得空灵；一条曲折的山径，把观众的视线引向推得更高的"红色纪念馆"，红、黑的对比，产生简洁、鲜明的视觉效果。芭蕉白描，既可加强红色，也加强了画面的节奏感和结构的空间感[3]。"风雨万方黑。红岩一帜红。仰钦奋彤笔，挥洒曙光中"。钱松岩在此 20 字的小诗中连用两个红字，把红岩渲染得更浓，"风雨万方黑"一句把当时包围《红岩》的反动黑暗势力的意境表现了出来。红与黑的对比从而加浓了红岩形象的光辉，不光在画面上色彩艳逸，更从诗句上，作者的思想感情上，塑造出灿烂的光芒，成为钱松岩艺术大师在山水画的艺术突破的典型。

以朱砂代墨，钱松岩苦心探求，一直在思索如何将民间绘画明朗朴素的设色与水墨画清新幽雅的意趣统一起来，正如他在谈到《红岩》一画的创作，特别运用了早年学过的一本《色彩学》里讲的道理，谓黑、白两色为"极色"，能大胆地使之十分鲜明的重彩调和，而这正是中国写意画所宜于采用的画法。1965年，他又以饱含朱砂的"彤笔"绘制了气氛和情调与《红岩》迥然不同的《万山红遍》，同样充满迷人的艺术魅力。画面采用全景俯瞰的构图，大片重叠的红高粱给人的感觉是亲切和热烈中却又有一种静谧和安详，一股天地相接的大气，热情充沛却又怡然如梦。在这些绘画面前，你确实感到一种新意，一种时代的感染力，一种宽广博大的境界。

《常熟田》是一幅很成功的杰作，"喜看稻菽千重浪，遍地英雄下夕烟"。画中烟云空白，给我们留出了很多遐想的空间，画家把在家乡瓯山、无锡惠山以及常熟虞山江南远眺平川的感受，用全瞰式的眼界，夸张的绿油水田，使河湖舟帆与田地穿插变化，使之有咫尺千里之势，向画外透着滋润的水气，着色处却由实而虚。绿色的主旋律与黑、白形成的和谐，使人有烟雨江南勃勃生机的感觉。《常熟田》的取名，也使我们联想到"年年常熟"，一语双关，中国式的透视和处理，力求有虚有实、静中有动，而让田野一直延伸至画外，创造了一种平畴万顷、生气勃勃的江南水乡气势雄阔的境界，是对中国山水画表现农村农业题材的一个突破。其后，他又陆续创作了《锦绣江南》《今日江南分外娇》等新作。

当我们读唐诗、宋词，我们会体会到许多的感受，体会到诗词营造出的意境，而读钱老的作品，也有这样的体会。打开《芙蓉湖上》画轴，画面展示的是芙蓉湖的广阔画面，湖上轮船长串，湖边汽车奔驰；尤其是一桥飞架两岸，湖上气势倍增，其意境更显广阔；背景是锡山惠山，或隐或现其意境更显深远。最妙的是把黄埠墩庙作为画面中心，这不但是把此古庙作为地方特征（湖上一景）来处理，更是显示古今融为一体，历史推陈出新的深刻意义和无限意境。纵观整幅画面，其构图之复杂，笔墨之多样，实属罕见。但"笔笔相生，物物相需"，构成一个不可分割的意境整体气象。近看像一幅无锡"清明上河图"，远看又是一幅"湖水碧岫"山水画，也可说是一幅山水画与风情画相结合的"奇画"。也不由使我们想到唐代诗人李绅当日留恋家乡所作的《却望无锡芙蓉湖》："水宽山远烟岚迥，柳岸萦回在碧流。清昼不风凫雁少，却疑初梦镜湖秋……旧山认得烟岚处，湖水平铺碧岫间。喜见云泉远怅望，自惭山叟不归山。"《芙蓉湖上》是一幅富有新意的"新山水画"，是一幅社会主义城乡结合融为一体的"妙境"写照，此画打破了传统山水画的"出世"意境，融入了今日"世俗"的时代精神，创造了一种新意境，这是前无古人的意境。只有这种意境，才能显示社会主义时代兴旺发达、蒸蒸日上的进取精神，这是我们时代精神的主旋律。

而《江南稻香》一画，大胆、明亮的黄色调铺满了大半幅画面，形象地突出了成熟的稻谷，表现出了江南鱼米乡的主题，既附主题的表现，又用简练的笔调、单纯的用色，造就了丰富的画面。画家娴熟的绘画技巧和高超的赋色水平，营造了一片丰收喜悦的场景。再看《高路入云端》，危崖峭壁被花青染成大片色调，阳面的部分被强烈的朱膘、洋红，及赭石色染就，并用金粉勾勒，整个画面就好像被夕阳斜照，出现金碧辉煌之感，这种前无古人的用色，营造出特有的意境，在中国绘画中不多见。

钱老敢于尝试，敢于创新。他常喜欢将整山染遍石绿，或罩上重花青，或涂满赭黑色，在重墨粗笔之下，重彩并未把笔墨所掩盖，反而更营造出苍茫浑厚的画面，表现出淋漓痛快，苍劲润泽的境界。他用色可用两句话道出，那就是"重而不滞，艳而不俗"[4]。

"山水现象是有限的，画中意境创造是无穷的。"钱松岩在《增补砚边点滴》强调作品意境，他说："今天讲'造化'应该指新时代的生活；'心源'应该指有新的世界观。"[5]置身"新时代的生活"，有了"新的世界观"，钱老的艺术观也必然要变，他的"意境论"当然也要变。钱老说过："我每于伟大的社会主义建设波澜壮阔的大场面中，走在不平凡的平凡小节中，一种豪迈的气概往往油然而生……所谓气概，也就是我们社会主义的时代精神。"[6]社会主义的时代精神冲击了他，他的主观世界变了，精神气质变了，这就不能不使他长年追求的"意境"也随之而变。王国维在《宋元戏曲考》里说："古今之大文学，无不以自然胜。"中国画之所以吸引人，是因为它源于自然，符合实际。中国画讲究把自己真挚的情感融入到山水、花鸟、人物之中，以达到情景交融的效果，用富含情感的事物来表现创作者对

社会的认知以及天真的审美趣味。中国画所想表达的自然美，不仅仅只限于表达自然景观的美，更想表达的是通过画家的加工创造，融入自己的情感从而形成的意境美。东山魁夷的画色彩凝练单纯，含蓄而整体，优美而恬静，表达出耐人寻味的深幽意境。凡•高的作品之所以如此的吸引世人，除了绘画本身之外，更多的是由于他们的热情，对于生活的热爱，构成了不可分割的整体。我们可以从他们的笔触中、生动的线条里，尤其是强烈的色彩中体会到深刻的内涵，领略到作者的思想及意境，形式美和意境美在大师的作品中自然和完美地结合。

三

钱松岩的艺术成就是多方面的，他的绘画，人物山水花鸟无不精湛，诗词书法功力深厚。在绘画里的独特面貌和所营造的意境，形成钱松岩作品特有的艺术风格。"艺术意境离不开情景交融"，[7]中国文人绘画的意境是在创作上所达到的境界和审美呈现，是画家的主观情感与现实世界，形神高度统一，是意境相合、情景交融、形神兼备的境界。李泽厚认为："艺术趣味和审美理想的转变，并非艺术本身所能决定，决定它们的归根到底仍然是现实生活……"[8]

钱松岩作为新金陵画派的代表画家，新社会翻天覆地的变化，使他内心深处迫切需要求新求变。"文艺为人民大众服务""推陈出新"成为他创新的动力和源泉。因而创作了一大批新作如《三门峡》《禹王庙》《太湖壮观》《西岳朝晖》《延安颂》《紫云胜境》《红岩》《常熟田》《今日江南分外娇》《清水塘》《珠江春晓》《高路入云端》等。

他的绘画早期以传统网格为主，清秀疏淡而尖利为其特点；中期则注重传统笔墨和文人

画以外，更强调厚重绚丽的色彩、画中意境的创作；晚期则在绘画风格上以苍劲凝重为特点，笔墨老辣生拙而厚重，画面意境空灵疏阔，运用短而粗的顿笔、朴实直接，用色大胆，减少青绿用色，焦墨、泼墨大大增加。笔墨在整个绘画中发挥更大的作用，运笔更加自由、奔放、大胆，加上题跋数语，而意趣盎然，作品取材和构思都来源于他的实际生活，造就了一批反映时代城乡新面貌的佳作，表达出老画家至诚至情的性情。

钱松岩说："一'新'字，从'新'培植百花之根，从'新'氤氲百花之香。首先思想新、认识新、情感新；然后题材内容新、表现方法新、构成风格新，形成新的艺术品。我虽然画了许多作品，但是还有不少缺点，还只是个开端，还要继续自强不息、不断学习、不断实践，永远'推陈出新'，放出人民所喜爱的花来。"[9] 钱松岩的绘画艺术主张"生活与艺术相结合，百花齐放、百家争鸣"，"古为今用、洋为中用、推陈出新"，这正是中国绘画发展变革的核心。只有把握好认识与实践的关系，结合时代精神，表现地方特征、反映人民现实生活，才能集大成。他是现代中国画发展史上承前启后的奠基者、拓疆人，他的每一幅作品都能使观者在审美感受中得以共鸣，进而感悟作品的主题和内涵意境。钱松岩独特的艺术风格确实反映着时代的精神。他和其他艺术大师们在新的时代开创了新的"一代文风"。

注　释

[1] 钱松岩绘：《荣宝斋画谱・19・山水部分》序言，荣宝斋，1987 年版。

[2] 钱松岩：《新生活新笔墨——我对中国画推陈出新的一些体会》，原载于《人民日报》1964 年 9 月 15 日第六版。

[3] 钱松岩：《钱松岩创作红岩点滴》，《美术月刊》1963 年第 4 期。

[4] 钱松岩绘：《荣宝斋画谱・19・山水部分》序言，荣宝斋，1987 年版。

[5] 钱松岩：《新生活新笔墨——我对中国画推陈出新的一些体会》，《人民日报》1964 年 9 月 15 日第六版。

[6] 钱松岩：《新生活新笔墨——我对中国画推陈出新的一些体会》，《人民日报》1964 年 9 月 15 日第六版。

[7] 李泽厚：《美的历程》，天津社会科学院出版社，2001 年版，第 268 页。

[8] 李泽厚：《美的历程》，天津社会科学院出版社，2001 年版，第 190 页。

[9] 钱松岩：《新生活新笔墨——我对中国画推陈出新的一些体会》，《人民日报》1964 年 9 月 15 日第六版。

遗产

是"王元吉"还是"王源吉"

张铁民[*]

【摘要】王源吉冶坊是无锡历史悠久的铁锅生产企业,其企业旧址已列入工业遗产名录,其遗存的丰富的历史文书资料被列为珍贵档案。然而在有关展览和图籍记叙中,却有"王源吉""王元吉"之两说。本文以珍贵档案、民间收藏和馆藏物品为依据,指出无锡冶坊中只有王源吉,而无王元吉。王源吉冶坊被误作王元吉冶坊,可能源自1941年8月日本满铁上海事务所调查室的《堰桥镇事情》。

【关键词】王源吉　王元吉　冶坊　档案　《堰桥镇事情》

一

王源吉是无锡历史上有名的冶坊,专铸民用食锅,是苏帮铁锅的发源地。与其齐名的曹大房、曹二房、曹三房,专铸寺院法器和铜僧锅,但这三家曹氏冶坊,在20世纪40年代即已不存在。王源吉冶坊传承至今,现在无锡市惠山区堰桥。

在无锡博物院负一楼,参观城市史迹展,如果仔细看会发现一些有趣的问题,既有"王源吉汉庄"店牌图,又有"王元吉锅厂旧址"图,文字说明也各说各的,似乎无锡历史上有"王源吉"和"王元吉"两个一字之差的冶坊。

2007年无锡申报国家历史文化名城,编纂出版了上下两册《梁溪胜迹》。在上册的工业遗产分布图中,注有"王元吉锅厂旧址(现压缩机厂)"[1]。后页具体介绍时,却列小标题"王源吉冶坊",刊三幅图照。两幅为"王源吉冶坊公司厂房",一幅为"王源吉冶坊公司印章"[2],刊了五枚印章图(图一),这五枚印章现陈列在无锡中国民族工商业博物馆。这里又有"王元吉""王源吉"之别。

1995年版的《无锡市志》,对王源吉有较多叙述。第一册"区县概况·南长区",说:"王源吉冶坊所产薄型铁锅,更以其质轻耐用而蜚声大江南北。"[3]第二册"轻工业"一章中,详述了王源吉冶坊的历史渊源和变迁发展,直至1966年由王源吉锅厂改称无锡市锅厂,并单列介绍了无锡市锅厂[4]。但第四册档案章节,没有提及"王元(源)吉冶坊档案"。也就是说,在1995年版《无锡市志》中只有"王源吉",而无"王元吉"。

2015年无锡市地方志编纂委员会出版了《无锡市志(1986—2005)》,在新的市志中出现了"王元吉",而"王源吉"似乎消失了。在"1986—2005年无锡市主要年份轻工业产品产量表"中列"铁锅"一项:"1986年133万

* 张铁民:无锡市文化艺术研究保护所副研究馆员(已退休)

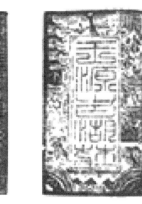

图一 王源吉冶坊公司印章

只，1990 年 120 万只。"[5] 生产铁锅的无锡市锅厂（原王源吉）只字不提，去向不明。又在第三册文博章节中明确提到，"王元吉锅厂旧址"已列入工业遗产名录[6]。还有就是第四册档案章有"无锡市馆藏珍贵档案一览表"，列一项"王元（源）吉冶坊档案（1847—1938）文书 422 件"[7]。这里"王元吉"似乎就是"王源吉"了，而且"王元吉"是正名，"王源吉"是副名、别称或又名了。果真如此？

二

无锡市档案馆 422 件"王元（源）吉冶坊档案"，笔者曾去市档案馆粗略查阅过两次，只见"王源吉"，而未见有"王元吉"。按时间顺序略举如下：

（1）清咸丰十年（1860）办铁印照。由江苏布政司发给王源吉。采办地在浙江松阳县，生铁 500 担。印照明确规定："照不离铁，铁不离照。"过关津要呈照查验交税，不得夹带多买，限定三个月内运到无锡，将印照呈交地方官，截角注销。

（2）清同治元年（1862）通州告示（图二）。无锡被太平军占领后，王源吉迁往通州（南通）北刘桥西乡"开炉鼓铸"，因"诚恐棍徒流丐藉端酗酒滋扰"，而"叩求示禁"。

（3）清同治三年（1864）捐款收照（图三）。锡金善后总局发给王源吉冶坊的捐款收据。档案中有近十份类似的捐款收据。是年，天京被清军攻陷，太平天国被基本平定，江南开始恢复战后秩序。

（4）清同治八年（1869）运铁过江护照。由靖江县府发给王源吉，"旧锅废铁壹百拾担，装赴无锡……船由天生港出口，至江阴黄田港进口"。护照右上角写有"九月初七日查王源吉废铁进口验讫"字样。

（5）清同治十二年（1873）装锅出黄田港照。由江阴县巡盐水利左堂发给，"冶户王源吉装锅出口"。档案中还有两件王源吉在镇江租用两艘英商货船、两艘美商货船的纳税文书。

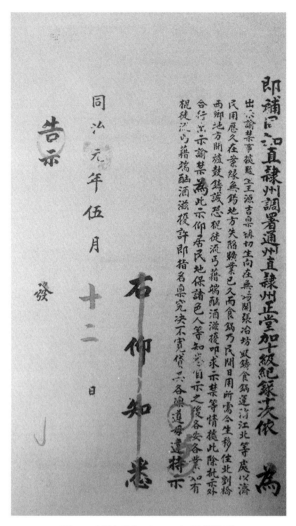

图二 同治元年（1862）通州告示

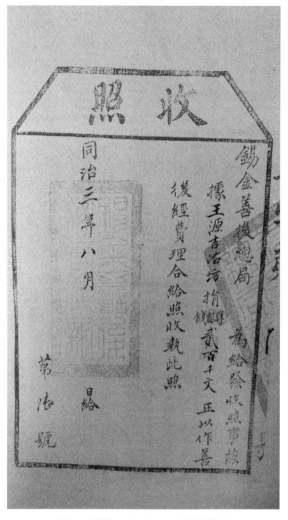

图三 同治三年（1864）捐款收照

（6）清光绪二十九年（1903）告示（图四）。该告示内容丰富，是"王源吉"品牌得以确立，并受到保护的真实写照。由"二品衔江南苏松太道袁、头品顶戴江宁布政使司李、三品衔江南盐巡道徐、二品衔奏留江苏候补道刘"，四位高官联合签署，告示题为"办理江南商务总局兼管南洋保商事宜"。缘由是："近有贩客转运湖广等处食锅，冒盖职坊牌号（按：即王源吉牌号红字戳记），於常镇通海以及苏淞各属乡镇混售。"告示明确："今该职坊以王源吉红字戳记印於食锅之上，自示之后倘有奸商以伪货假冒该坊牌号出售渔利，一经该职查知，许即扭送就近地方官严究，不稍宽贷"。

（7）清光绪三十一年（1905）湖北东湖县告示。东湖县即宜昌。该告示与"王源吉汉庄"有历史关联。光绪二十六年、二十九年，王源吉汉庄先后与南沱、罗甸溪13家木炭户订立合约，收购木炭，并"给付庄钱"（即相当于定金），以期彼此永久交易。不料受地痞滋扰，木炭户自行涉讼，借口停供。于是，王源吉汉庄庄主王宗猛向东湖县府起诉，告示明确要求各炭行户"按订约供贷，不得格外勒索"。

（8）清宣统元年（1909）汉口商务总会注册执照（图五）。光绪年间，王源吉冶坊在汉口设"王源吉汉庄"，在宜昌设分庄。此执照似为正式照章注册，地点在汉口小夹街，店名

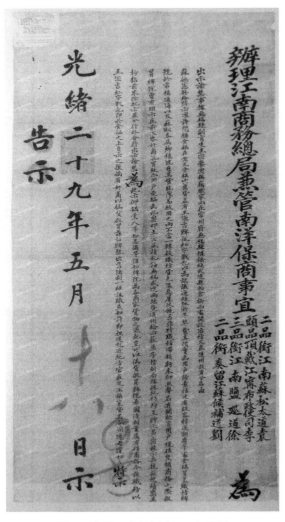

图四　光绪二十九年（1902）告示

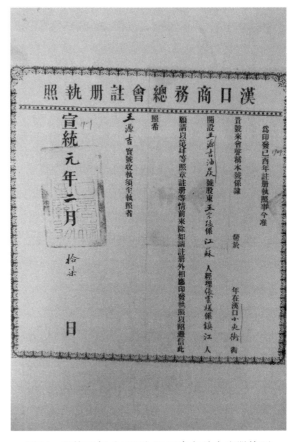

图五　宣统元年（1909）汉口商务总会注册执照

"王源吉油炭号"，股东王宗猛，经理张云槎。至 1925 年被军阀孙传芳所禁。

（9）中华民国二十一年（1932）营业税收据。有堰桥、王源吉、冶坊、俞岱青、资本一万元等填写词语。

（10）王源吉广告宣传笺。一张红笺纸，上书"冶坊王源吉，开创百余年。自铸真苏锅，物美价且廉"等五字句，共五行百言。楷书有唐楷欧体风貌。未署年月，可能是抗战胜利后郭叔鸣主政冶坊期间所拟写。

抗战胜利后，王源吉冶坊陷入困境。无锡县金属品冶铸业同业公会理事长郭叔鸣出面集资重组王源吉，亲任冶坊经理，并将无锡、南通两处冶坊命名为"无锡王源吉鑫记锅

厂""王源吉鼎记冶厂"。现今，王源吉冶坊有限公司藏有一件信函，收信人为王景晖先生，信内装一份 1946 年 9 月 1 日至 1947 年 9 月 30 日"王源吉鑫记冶坊货品总目比较表"，信封款署"无锡王源吉鑫记锅厂缄"的书体，与上述广告宣传笺如出一手。王景晖是莲蓉桥下桃枣沿河王源聚锅号后代，王源吉冶坊股东之一。其时还可见到发布于报刊的"王源吉鑫记"广告，有"双吉皮铁锅""单吉矽锅"两种圆形商标。

另见一帧老照片，刊于 2009 年 6 月广陵书社出版的《无锡历史掌故丛书·无锡老字号》，石库门旁挂牌"地方国营无锡王源吉冶铸机械厂生炉车间"[8]，仿宋繁体字。生炉是生铁炉的简称。此地即是伯渎巷祝大椿故居，厂名为 1958 年所改。

据以上资料，可见"王元吉"冶坊是不存

在的。不过在无锡市档案馆确实有一件"王元吉"文书,被夹存在"王元(源)吉冶坊档案"内,那是 1950 年开业的"王元吉铁铺"同业公会登记表。铁铺不是冶坊,更何况它与开炉于清顺治年间、起用"王源吉"名号于 1837 年的王源吉冶坊相距何止百年。

三

把"王源吉"写作"王元吉",笔者见到最早的是日本人所写。1941 年 7 月,日寇和伪军对无锡乡镇实施清乡,满铁上海事务所调查室调查员天野元之,随军开展"综合实态调查之乡镇事情",8 月出笼《堰桥镇事情》文本。文本内有六章节,其中第六章节"镇内商工业",包括杂货商、伟纶棉布店、王元吉锅厂等,叙述王元吉锅厂的内容有沿革、原料关系、劳动者、制品等 [9]。

那么,本文开头所提到的"王元吉锅厂旧址""王元(源)吉冶坊档案"云云,其"元"字是否源于日本人的《堰桥镇事情》,还是另有依据,笔者诚请方家指点。"王源吉""王元吉"一字之差,好像无关宏旨,但在无一字之差的自己的历史档案原件面前,我们更应该尊重历史。

注　释

[1]　无锡市文化遗产局编著:《历史文化名城无锡图读·梁溪胜迹》(上册),凤凰出版社,2007 年版,第 92 页。

[2]　无锡市文化遗产局编著:《历史文化名城无锡图读·梁溪胜迹》(上册),凤凰出版社,2007 年版,第 94 页。

[3]　无锡市地方志编纂委员会编:《无锡市志》(第一册),江苏人民出版社,1995 年版,第 177 页。

[4]　无锡市地方志编纂委员会编:《无锡市志》(第二册),江苏人民出版社,1995 年版,第 1163-1164 页。

[5]　无锡市地方志编纂委员会编:《无锡市志(1986—2005)》(第二册),方志出版社,2015 年版,第 862 页。

[6]　无锡市地方志编纂委员会编:《无锡市志(1986—2005)》(第三册),方志出版社,2015 年版,第 2098 页。

[7]　无锡市地方志编纂委员会编:《无锡市志(1986—2005)》(第四册),方志出版社,2015 年版,第 2196 页。

[8]　无锡市古运河整治办公室、无锡市历史学会编:《无锡历史掌故丛书·无锡老字号》,广陵书社,2009 年版,第 195 页。

[9]　〔日〕天野元之助为中心第四部调查,新居芳郎等附图,西野杰男担当:《堰桥镇事情》,东京国立国会图书馆藏,昭和十六年(1941)。

浅谈非物质文化遗产的数字化保护

薛鸣法[*]

【摘要】非物质文化遗产是中华文化的瑰宝，是中华文脉的重要象征，也是发展国家文化软实力的重要资源。非物质文化遗产深深植根于民间，世代传承于人民的生产生活之中，与生产生活息息相关，和积淀于人们心中的文化印记紧密相连，蕴含着民族文化的精华，体现了中华民族薪火相传、自强不息的民族精神。非物质文化遗产的流失也是一个民族文化的消亡。因此，在当下对非物质文化遗产保护，急需采取数字化的手段和保护措施。

【关键词】非物质文化遗产　数字化　保护

我国各族人民在漫长的历史发展中创造的非物质文化遗产，绚丽多姿、异彩纷呈，是中华文化的瑰宝，是中华文脉的重要象征，也是发展国家文化软实力的重要资源。非物质文化遗产深深植根于民间，世代传承于人民的生产生活之中，与生产生活息息相关，和积淀于人们心中的文化印记紧密相连，蕴含着民族文化的精华，体现了中华民族薪火相传、自强不息的民族精神。最近，国家文物局办公室在贯彻落实国务院《关于进一步加强文物工作的指导意见》、国家文物局《国家文物事业发展"十三五"规划》及《"互联网＋中华文明"三年行动计划》有关要求的基础上，又制定了《国家文物局办公室关于加强可移动文物预防性保护和数字化保护利用工作的通知》（办博函 <2018>348 号），为进一步加强可移动文物预防性保护和数字化保护利用有关工作作了部署，指导做好可移动文物，包括非物质文化遗产的数字化管理和保护工作。现就非物质文化遗产数字化的保护浅谈些认识，并求指正。

一、非物质文化遗产的概念和特性

什么是非物质文化遗产？联合国教科文组织在《保护非物质文化遗产公约》中为非物质文化遗产给的定义是：非物质文化遗产指被各群体、团体、有时为个人所视为其文化遗产的各种实践、表演、表现形式、知识体系和技能及其有关的工具、实物、工艺品和文化场所。我国《中华人民共和国非物质文化遗产法》也对其进行了阐述：非物质文化遗产是指各族人民世代相传并视为其文化遗产组成部分的各种传统文化表现形式，以及与传统文化表现形式相关的实物和场所。

从这些定义可以看出，非物质文化遗产具

---

* 薛鸣法：供职于无锡博物院

有鲜明的特性。一是非物质文化遗产具有民族性。民族性是非物质文化遗产的基本特点，体现了特定民族的独特的思维方式、智慧、世界观、价值观、审美意识、情感表达等因素，也表现在饮食、生产、生活方式、语言、风俗以及民族的文化、审美趣味、民族认同等方面，这些因素是长期以来形成的，深深地打上了本民族的烙印，并世代相传。二是非物质文化遗产具有文化性。它是人类社会的历史文化结晶，可以不依赖于物质而存在，是人们对于传统习俗、生活方式、文学艺术等的传承，因此有较强的文化性。三是非物质文化遗产具有非物质性。从联合国教科文组织和我国对非物质文化遗产的定义中均可看出，非物质文化遗产是以非物质形态存在的文化形式，是以人为本的活态文化遗产，强调的是以人为核心的技艺、经验、精神，其特点是活态流变。四是非物质文化遗产具有传承性。非物质文化遗产往往是经过很长的时间世代相传而产生的，也就是我们的祖辈在长期的劳动过程中，经过一代代劳动人民的积累和改进并以师徒或团体的形式流传下来，逐渐形成今天的技能或习俗。它是我国劳动人民智慧的象征，是我们祖先汗水的结晶。五是非物质文化遗产具有可塑性。非物质文化遗产不管经历多少年或多少代人，它都不会脱离各族群众的生产和生活方式。随着时代的发展，以口头或动作方式相传并创造出新的文化内容，一代代下来，具有一定的可塑性。也就是说，它是通过人的智慧创造出来的，对于上一代的技艺、方式可以凭着个人及集体的力量和智慧才智加以创新改造，进行再发展的成果。

二、非物质文化遗产保护和传承分析

以无锡市现有非物质文化遗产保护项目为例，据无锡市非物质文化遗产保护中心网站数据，截至 2018 年 2 月，无锡已拥有惠山泥人、无锡精微绣、无锡留青竹刻、宜兴紫砂、道教音乐、评曲、吴歌、玉祁双套酒、锡帮菜、玉祁龙舞、无锡纸马等县级以上非遗项目共 289 项（含扩展项目），其中国家级 11 项，省级 51 项，市级 133 项，县级 94 项，县级以上传承人 450 人，基本形成了非遗保护的国家、省、市、县四级名录保护体系和传承人梯队。所有这些非物质文化遗产，是经过发明者与继承者几代人甚至几十代人的努力创造出来的绝活、绝技和绝艺，是我们传统的文化精髓，包含着中华民族的创新精神，体现了传统的科学价值、人文价值、经济价值，承载着劳动人民智慧的结晶，是地区文化的原创部分，是宝贵的文化遗产。

但是，这些优秀的非物质文化遗产在保护和传承上还有许多不尽如人意的地方。众所周知，对于非物质文化遗产的最好的保护就是传承。可是传承人的问题，一直是非物质文化遗产保护项目传承发展的关键问题，至今有的非物质文化遗产保护项目在传承上出现了很大的难度。例如，一是具有经济效益比较突出的项目，如宜兴紫砂、惠山泥人等，传承人多，大部分年富力强，后继有人，而且传承的梯队比较明显。二是经济效益不突出的项目，如竹篾工艺、圆作木器制作技艺等，随着人们现代生活方式和生产资料的不断变化和改进，许多新颖的替代品层出不穷冲击现代人们的生活，原来这些在人们生活中的必需品已经不再使用，在现代家庭已经很难遇见。因此，这些非物质文化遗产项目，即使有传承人，传承人也屈指可数，而且年龄老化，缺乏新一代传承接班人，传承难度将不断加大，项目传承处于"有人教无人学，有心学无人教"的两难境地。三是部分不以赢利为目的项目，如吴歌、评曲、龙舞、唱春等民间舞蹈、民间音乐和民间曲艺等，在中老年人中还有一定影响，而年轻一代普遍不感兴趣，在市场经济条件下难以生存，缺乏经常性、长期性的展示平台，受众群体出现断层，生存空间逐渐萎缩。四是民间手工技艺，大多为家庭作坊式运作经营，由民间自发传承，学艺难、收入低、未来成效难以预测，已很难对年轻人产生吸引力，后继乏人，生意惨淡，整个业界面临消亡的威胁。事实证明，随着科技的进步，社会不断的向前发展，许多非物质文化遗产将以惊人的速度淡出人们的生产生活，将会越来越多的非物质文化遗产退出历史舞台，消失在历史长河中。从发展的角度来说，事物的产生、成长、延续与消亡是一个正常的过程，当失去了赖以生存的环境，事物必定走向灭亡。但是，这些非物质文化遗产是我们人类文化的重要组成部分，是活着的历史，是我们得以发展的一部分，凝结着整个民族精神。可以说，非物质文化遗产的流失也是一个民族文化的消亡。由此可见，在当下对这些非物质文化遗产保护，急需采取数字化的现代科技手段和保护措施。

三、加强非物质文化遗产的数字化保护

所谓数字化，是指利用计算机信息处理技术把声、光、电、磁等信号转换成数字信号，或把语言、文字、图像等信息转变数字编码，以高速微型计算机为核心的数字编码、数字压缩、数字调制与解调等信息处理技术，通常称为数字化技术。

当今已进入大数据时代，数字化已成为现时主要的生产、生活方式，非物质文化遗产保护也将踏上数字化保护这一时代洪流。运用科学手段保存保护中华五千多年留下的灿烂辉煌、丰富多彩的文化遗产，对于承续优秀的人类文化传统，对于人类社会的可持续发展都具有重要的意义。数字化保护就是利用多媒体技术把我们需要保护的非物质文化遗产信息经过

数字化处理进行保护的过程，这个过程贯穿于信息的采集、存储、开发利用等环节，最终实现非物质文化遗产的数字化再现。非物质文化遗产是以人为本的活态文化遗产，对其进行数据采集、建档、存储和保护数字化是最有效的手段和重要途径。因此，实现非物质文化遗产保护数据化，还需做好许多基础性工作。

（1）尽快做好非物质文化遗产的资源采录及数字化著录工作。非物质文化遗产数字化的基础是建立在数据采集的基础之上，如果没有采录等信息资源采集工作，就不可能存在非物质文化遗产的数字化。特别是对于一些濒危的非物质文化遗产保护项目，如果没有及时得到采录，一旦信息永久丢失，损失是无法估量、不可挽回的。而且相关信息的采集与著录工作也必然会推动非物质文化遗产信息化尤其是基础数据库建设的进程。因此有必要尽快启动非物质文化遗产项目以及非物质文化遗产传承人抢救性采录工程。

（2）建立数字化保护工作体系和数字化保护标准规范体系。依据非物质文化遗产相关特点，要分门别类、深入研究，建立切实可行的相关工作体系及技术标准，相关技术标准应包括非遗数字化采集、数据资源存储管理以及应用；相关工作体系以及标准规范体系的建立等，有利于信息资源汇总融合、共享，有利于对资源进行统一有效的整合，有利于后期的研究及应用。

（3）开发非物质文化遗产数据库综合应用体系。非物质文化遗产包括口头文学、传统表演艺术、民俗活动、传统手工艺技能等等多个方面，而且每个方面很多非物质文化有非常独特的性质，可用于非遗数字化的技术手段，如数字语音、数字视频、信号处理、虚拟现实等等。单一的数据化展示存在一定的局限性，需要综合运用多种新技术手段，将其立体化、可视化，并不断进行技术创新与发展。推动这

些技术手段与形态各异的非物质文化遗产之间的融合处理。因此，数字化技术与非物质文化遗产融合的技术体系基础之上建立一套数据库体系及应用体系就是数字化工作的重点。

（4）加强非遗数字化人才体系建设和数字化所需的软硬件设备体系建设。非物质文化遗产的数字化保护与开发工作是一项系统性、持续性和技术性很强的工作，然而由于目前非遗领域缺乏在IT方面的有经验的数字化技术专家，这导致优势技术的应用和深层次文化内涵的结合成为数字化过程中存在的突出薄弱环节，因此，人才队伍培养成为非物质文化遗产数字化发展的关键。毕竟巧妇难为无米之炊，有了与非遗相适应的数字化软硬件设备才能让数字化人才的作用体现得淋漓尽致，而什么样的软硬件设备与非物质文化遗产保护相适应，也需要在工作中进一步探索和研究。

映照古今的文化景观

——吴地织绣社会文化形态透视

李　明*　汤可可*

【摘要】吴地是中国丝绸生产的核心地区，丝织和丝绣独步古今。织绣作为一种生产方式和生活方式，反映了农业、手工业、商业的发展水平，也反映了生产者、消费者以及相关社会群体的生存状态。从家庭副业到民间作坊再到官营工场，织绣的生产方式决定生产要素的组合、产品的交易和利益的分配。织绣品则承担着装饰、礼仪、文化交流、贡赋租税等社会功能，融入家庭和社会生活的方方面面。在原料、机具的改进中，吴地织绣的工艺技艺、图样设计乃至纹饰色彩都不断提升，体现了独特的文化价值。

【关键词】江南　丝织　刺绣　文化遗产

在近代以前的漫长岁月里，织和绣是两种重要的手工工艺。人们将野生采集和种植、养育获得的纤维绞合成纱和线，又运用针、梭、筘、拉框乃至结构复杂的机具，将纱或线组织成成片的织物和绣品，这就是织和绣。织和绣并不仅仅是一种简单的工艺过程，其成品也不仅仅是衣服、寝具、装饰的材料，它还是一种生产方式和生活方式，反映农业、手工业、商业的发展水平，反映生产者、消费者以及相关社会群体的生存状态，也反映不同历史时期人们的审美观念和价值取向。进入近代以来，织和绣又相继发展为以机器操作、与更大范围的市场相联结的社会化大生产，涉及更广阔的领域，也有了更丰富的内容。从这一意义上说，探究吴地织绣，也就是打开一轴自古迄今、从物质生活到精神境界的历史文化图卷。

一、织绣的生产方式

吴地地处全国丝绸生产的核心之区，其织绣渊源于远古，兴盛于唐宋，至明清和近代，其织绣出数之多，品类之繁，工艺之精，质量之优，尤驾于各地之上而饮誉海内外。以蚕丝为原料的织绣，从植桑养蚕到缫丝织绸，再到练染缂绣，乃至贸易转运，是一个巨大的产业链。作为一种生产方式，它的孕育、发展经历了一个漫长的过程，也形成了各具特点的多种

* 李明：苏州大学艺术学院副研究员

* 汤可可：无锡市档案局原局长，研究馆员

组织形态。

（1）家庭手工生产。织绣最初的生产是一种自然经济状态，以家庭为单位，从种植、养殖到纺、织、绣，综合为一体，而且以满足家庭成员的衣着日用为主要目标。这在长达数千年的古代，是一种基本的生产方式。织绣的家庭组织形态，在开始有蚕桑和织作的时候就已产生。《诗经》描写周代的田野里女子执筐采桑的情景"女执懿筐""爰求柔桑"，足以让人想见家庭劳作分工的情形。在吴地，至迟在春秋时期已有相关的史籍记载。《吕氏春秋·察微》记载，吴、楚两国边境普遍植桑，吴国采桑女"戏而伤"楚国采桑女。两国之间还曾因"小童争桑"而"交怒相攻"，引发了一场兵戎相见的战争。吴越战争中，越王勾践为了增强国力，劝导农桑，曾"身自耕作，夫人自织"，为农家树立夫耕妇织的榜样[1]。古代的家庭织绣有几种主要的形式，一是男耕女织，即所谓"农夫蚤（早）出暮入，耕稼树艺，多聚菽粟，此其分事也；妇人夙兴夜寐，纺绩织纴，多治麻丝葛绪捆布，此其分事也"[2]。自汉代至三国东吴时，除了战乱时期外，统治者实行"劝督农桑"的政策，吴地"广开农桑之业"，形成农人兴"南亩之务"、女工专"机杼之业"的生产格局[3]。二是晴耕雨织，根据农业生产的自然特点，雨天不便于进行农田的劳作，而单纯的纺织、缝绣则不受天气和时令的限制，于是以家庭为单位，采取晴耕雨织的作业安排。这作为性别分工的补充，女子在农忙时节也参加田间劳动，男子在雨天和农闲时也协助纺织，使家庭生产更加巩固。三是相从夜织，从织又称"会织"，为了节省灯油，"省费燎火"，也为了相互交流，切磋技艺，在农闲季节，同巷的妇女夜间相聚在一起从事纺织。这只是一种劳作的形式，并没有突破一家一户的家庭经济结构，形成社会化协作的生产组织，但延长了劳动时间，算上夜作抵半日，

"女工一月得四十五日"[4]。

（2）官营工场生产。早在周秦时期，中国的手工纺织业就从农业中分离出来，逐步走向专门化、职业化，特别与"工商食官"制度相结合，形成官办官营、服务于朝廷官府的工场生产。周代专门经理服饰的职官和部门，有玉府、司裘、典丝、典枲、典妇功等，不下10多个[5]。相传春秋时吴王曾在吴国都城设"织里"，专司丝绸织造。在江南地区，六朝时期设立的官营丝织工场，其织工多数为具有人身依附关系的奴婢。三国东吴受汉代都城织室的影响，也建有织室。吴王孙权的潘夫人，父亲为官吏，因为触犯法律而被诛杀，两个女儿都解送入织室，孙权惊异潘夫人的美貌和才华，才"召充后宫"[6]。南朝刘宋时在丹阳设立锦署，以替代蜀锦的输入。这是江南历史上第一个专门生产锦类丝织品的官营工场，以后南朝各代均有设立，其织工多为没入的罪犯家人、奴婢和特养的"工巧婢"[7]。至唐宋时，官营工场主要采用徭役劳动，织络工匠定期到官府应役。其中南唐"善交邻国"，先后向后周、北宋称臣，大量进贡各色丝织品，在向民间采办之外，估计也建有官营织造府署[8]。五代的吴越国也通过官营工场役使精于技艺的工匠，专门织造档次较高的锦类丝织品，所谓"精缣皆制于官，以充朝贡"。宋代在江南地区既有中央的织罗务，也有地方性的织务。其劳动力主要是以强差、强雇方式役使的雇匠和军匠，劳作所得只有糊口的食粮，没有工价报酬，基本上是一种应役性的无偿劳动[9]。而到明清时，江南的官营织造业进入发展盛期。自洪武元年（1368）起，在苏州天心桥东设立织染局，至洪熙年间，增建房屋300间，"厅庑垣宇，蔚然弘丽"，各色匠人多达1700余人[10]。至清代前中期，苏州织局进一步扩充，最高年产量达到5000匹上下，与江宁、杭州鼎足而立并称"江南三织造"。其劳作分工日益明确、

细致，织造工匠逐步转为专业机户。在金派制下，包括金选殷实机户担任堂长，隶籍于织局具有"局籍"的机匠，普通轮班的织工匠等；在买丝招匠制下，则有领机机户以及隶籍于局和不隶籍的机户工匠。总的趋势是人身依附关系逐步消除，而雇佣劳动的色彩相应增强[11]。

（3）民间作坊生产。中国传统家庭经济十分稳固，而官营的工场生产又很强大，这抑制了民间丝织作坊的生成。至六朝时期，在较长时期相对和平的环境条件下，江南地区的蚕桑丝绸生产出现前所未有的盛况，"丝绵布帛之饶，覆衣天下"，但民间生产还是以家庭为单位。唐代开始出现"织造户""织锦户""贡绫户"等名称，意味着专业化的手工丝织者从农家家庭副业中分化出来，或者说从官营工场中游离出来。他们不同于利用农闲和工余，肩负机轴外出寻找织络活计，以贴补家用的农民，而是集中在城市，为市场而生产的专业小商品生产者。有史籍记载，在苏州，"绫䌷之业，宋元以前惟郡人为之"[12]。这样的丝织工匠一般建立作坊或前店后坊，独立经营或父子、兄弟、师徒共同经营。元丰初年，苏州祥符寺巷设立有机圣庙[13]，表明机户已有相当规模，并形成行业，设庙祭祀自己的行业神。元灭宋后，曾在江南挑选精于丝织的工匠，总数达 10 万余户[14]，其中来自吴地的应该占有不小的比例。元代吴地民间丝织业得到新的发展，在意大利旅行家马可·波罗笔下，苏州"居民生产大量生丝制成的绸缎，不仅供给自己消费，使人人都穿上绸缎，而且还行销其他市场"。而在吴江，"这里也同样生产大量的生丝，并有许多商人和手工艺人。这地方出产的绸缎质量最优良，行销全省各地"[15]。而这时的丝织机户已分化为主家（织家）与帮工（织工），织家为主，织工为佣，两者结成雇佣关系。联系明清时期吴地民间丝织业进一步分化出拥有较多财产的业主和完全靠出卖劳动力为生的雇

工，其生产方式的发展脉络还是相当清晰的。在苏州，民间丝织业作坊生产形成两种基本方式，一种是简单协作式的作坊生产，即"机户出资，机工出力"，机户（业主）"呼织"，机工（雇工）"趁织"，具有典型的雇佣劳动的性质[16]；另一种为与商业资本相结合包买商式的分发加工生产，即账房领织制，"贾人自置经纬，发交机户领织"，领织机户领织后，一种情形是依靠家庭劳动力或带领徒弟自织，另一种情形是靠雇工完成定织任务，或外放给零散机户代织[17]。可是，在特定的历史条件下，这两种形式都没有能够发展成真正意义上的资本主义工场手工业。

织绣特别是织的生产，还与蚕桑生产、缫丝加工、茧丝原料的采买，以及织绣产品的经销乃至出口贸易相联结，形成一个巨大的经济循环。织绣的生产方式，取决于织绣生产的规模、技术水平和社会化分工程度，又回过来影响织绣的生产、流通、分配和消费，促进或制约织绣业的兴盛和衰落。在中国古代，没有哪一门类的手工业生产方式在组织程度上能与之相比拟。如果联系丝绸的海外贸易和"丝绸之路"的文化交流来看，则织绣生产经营的经济意义和文化价值更是远超于其他手工业门类之上。

二、织绣与生活方式

织绣产品是工艺品，而首先是实用品，它的基本功能是用来满足日常的生活需求。但在同时，织绣品作为一种社会存在，它还承担装饰、礼仪、文化交流、贡赋、租税等社会功能，融入家庭和社会生活的方方面面，影响社会心理和社会意识。研究织绣对人们生活方式的影响，将能够更全面地认识其丰富的文化内涵。

（1）穿着。这里的穿着是指狭义的穿用，即满足保暖御寒、遮身蔽体等生理需求，而织

物绣品的装饰、演示等功能其实也通过穿着来实现。江南地区由于地卑而湿，民人习俗断绝纹身，衣服的穿用不如北方和中原地区。但自新石器时代起，江南地区的人们就掌握了用野生葛、苎纤维织布的工艺，至先秦时期，越葛、越布成为闻名中土的纺织品。随着蚕桑种养和蚕丝抽缫的推广，丝葛混织交织也日益增多。《墨子·节用中》说："古者圣王制为衣服之法曰：'冬服绀緅之衣轻且暖，夏服絺绤之衣轻且清。'"絺绤就指丝葛织物。《淮南子·原道训》："于越生葛絺。"于，即吴，吴国。越王勾践臣吴时，见吴王夫差"好服之离体"，乃命"种葛，使越女治葛布，献于吴王夫差"。这种葛布又称"黄丝之布"，可能含有蚕丝成份。"吴王得葛布之献，乃复赠越之封，赐羽毛之饰、机杖、诸侯之服。"[18]至汉代和六朝时期，与蚕桑业的兴起相伴随，蚕丝织物的使用越来越普及，锦、绣、绮、縠、罗、绢、纨、絺等织物不仅王室、贵族使用，民间百姓也多用于衣帽帐帏，这意味着全社会生活水平的整体提高。刘宋以前，南朝的军士只有在战时才能穿着用绢帛做成的袍袄；而到宋后期，"仪从直卫及邀罗使命，或有防卫送迎，悉用袍袄之属。非唯一府，众军皆然"。[19]可见丝绵绢帛用于穿着已很普及。绢帛的普遍使用带来丝绸贸易扩大，出现了专门经销绢帛的商贩，如梁天监时的周石珍，"建康之斯隶也，世以贩绢为业"[20]。一些官宦子弟也加入到丝绸贸易中，如孔觊的弟弟和从弟"颇营产业"，休假时从建康一路东下，"辎重十余船，皆绵绢纸席之属"，经营规模可观[21]。数以千百匹计的绢帛，其用途应该是用作日常的衣服铺盖。

（2）装饰。这是在满足生理需求的同时，进而达到心理的充实。这需要在功能开发的基础上，赋予织物更多的审美含意，也就是在增加织物品种、改善质地之外，增加色彩、不断创造新的纹样。縠，即绉纱，是一种密度较小

的丝织物，因为轻薄飘忽有如烟雾之状，故被称为"雾縠"。縠最早见于吴越，"勾践始得西施、郑旦，饰以罗縠是也"[22]。东汉会稽郡吴人陆闳，"美容仪，常衣越布单衣"，"光武见而好之，自是常敕会稽郡献越布"[23]，从此越布成为贡品。而此时的越葛，织制水平进一步提高，其轻薄细软甚至优于丝绸，常常被王室作为对臣下的赏赐品，因而具有了装饰和显耀的意义。六朝诗赋中不乏对越葛的赞颂："蕉葛升越，弱于罗纨"；"纤絺细越，青筦白纻，名练夺乎乐浪，英葛光乎三辅"。就连魏文帝的诏书中也说："夏则缔总绡縬，其白如雪；冬则罗纨绮縠，衣迭鲜文。"[24]因为统治者对不同层级的人的服饰的质地、颜色、图案纹饰都有一定的规定，特定条件下的仿效、模拟还会形成一定的时尚。东吴在孙皓时，"百工作无用之器，妇人为绮靡之饰，不勤麻枲，并绣文黼黻，转相仿效，耻独无有。兵民之家，犹复逐俗，内无担石之储，而出有绫绮之服"[25]。这说明，在统治集团奢侈追求的影响下，民间也兴起了崇尚装饰之风，而织绣是最日常的装饰体现。至南朝时，织锦工艺自北方传入南方，这种多重组织并有各种花纹的精美丝织物转而成为最主要的衣冠装饰品。《齐书·舆服志》在述及御用衮服时说，刘宋时"用绣及织成"，而到齐朝时"明帝以织成重，乃采画为之，加饰金银薄，世亦谓为天衣"。这一织锦画绣很快在吴地民间被仿效，成为流行服饰，以至于朝廷屡屡发布禁令："申明织成金薄、彩花、锦绣履之禁。"[26]但一纸禁令无论如何都不可能在根本上改变民间风尚，禁绝民人百姓对美好生活的向往。

（3）礼仪。织绣作为装饰品用于礼仪仪式，或当作礼物相互馈赠，使得织物绣品成为社会生活的一种要件。其中既有陈列、展示的意义，也作为交往礼节起到文化交流的作用。除了地方向朝廷、小国向大国的进贡，祭祀中

人们向祖先、神祇献礼外，织绣作为仪仗服饰最为突出。为人们熟知的一个故事是，"晋平公使叔向聘于吴，吴人饰舟迎之，左五百人，右五百人，有绣衣而豹裘者，有锦衣而狐裘者"[27]。这样华贵的锦绣服饰，既是对外国重要使节的隆重礼仪，也是本国经济实力的一种展示。两国之间的交往如此，个人之间往还也常以织物为礼。据《左传·襄公二十九年》记载：吴公子季札"聘于郑，如旧相识。与之缟带，子产献纻衣焉"。季札以精美的缟带作为礼品赠送给郑国大夫子产，子产回赠白纻布的衣裳，可见缟、纻分别为吴地和郑国的物产，并且质地精良、品格尊贵。在民间，织和绣作为一种工艺过程，是家庭成员的重要劳作事项，母女之间、婆媳之间、姐妹之间、姑嫂妯娌之间，日常相从而绩，传授切磋，起到调谐关系的作用；而作为工艺作品，无论是裙带、襦衫，还是鞋袜、冠巾，乃至手帕、荷包、琴套、扇袋等等，常常作为礼品相互馈赠，成为寄托感情、表达思恋、感念恩惠的一种信物。这回过来赋予家庭的机杼之工、闺阁的针线之巧以丰富的色彩和脉脉的温情，也使得每一个从事织绣的城镇和农村家庭的生活发生重大的变化，在经营谋生的同时，扩大社会交往，更多了一层精神的慰藉和追求。

（4）贡赋租调。在古代中国，丝布织物历来是朝廷官府赋税征收的重要实物之一，这对百姓的生活方式也有着深刻的影响。根据《尚书》禹贡篇的记载，早在商周时期，扬州就向上国进贡名为"织贝"的彩色丝织品。当时的扬州包括后来的苏南、浙北地区，而"织贝"有可能是可以充当货币（一般等价物）的彩锦。在秦汉时期，从中央朝廷到各地藩王食邑，各类丝织品是重要的征收和进贡物品。至两晋时，在占田制的基础上实行户调制，以征收实物为主，规定："丁男之户，岁输绢三匹，绵三斤。"[28] 南朝时，征取对象由户变成口，

数量也根据形势时有增减，但征绢征绵没有变化。一些统治者为了鼓励蚕桑，有意识地提高绢布价格，以刺激民间丝绸生产，所谓"绵绢既贵，蚕业者滋"[29]。当然，贡赋和租调都是国家行为，统治者为了满足其奢侈欲望，往往会使租调徭役变成老百姓的苛重负担。一些缺乏缫织能力的家庭，为了完成绢绵任务，不得不以购买来充作上缴。而当"期限严峻，民间买绢一匹至二三千，绵一两亦三四百，贫者卖妻儿，甚者或自缢死"[30]。也就是说，丝绸实物的交纳，有可能迫使穷困百姓受到物价低昂和高利借贷的严酷盘剥，从而使生活跌入苦难的深渊。至隋唐五代，赋税制度进一步完善，南唐一度调高征收丝绸本色的折价，"绸绢匹值千钱者当税三千"[31]，用以减轻农民负担，促进民间蚕桑丝绸生产。但百姓的总体负担仍然沉重，宋代农民"务农桑，事机织……兼由租调归于县官者十尝六七"。夏秋两税时节，常常"谷未离场，帛未下机，已非己有"[32]。纳税和养家在日常生活中紧密结合在一起，使得以家庭为单位的耕织生产长期保持一种原始形态，以自给自足的形式维持简单再生产。

织绣生产在农耕社会是农民家庭经济的重要支柱，织绣产品则是农民家庭社会生活的重要联结。织绣融入人们的生活之中，不仅决定农民劳动的作业方式，也规定他们的起居作息；不仅决定人们服饰的质料和样式，还影响农户和手工业者的生活水平、生活形态。织绣的生产者在追求服饰华美的同时，也把自己的感情和对美好生活的期望注入织物和绣品之中。而凝聚在织作绣作及其成品中的民情风俗，则为日常单调的劳作生活增添了些许明丽的色彩。

三、织绣作为文化遗产

丝绸之路经过多个国家的联合申报，经过

国际专家的调查、研究、认定，已被列为世界文化遗产的系列遗产。而作为这条贸易线路物质载体的中国丝绸，同样是人类创造精神的代表作，承载了国家、地区之间的价值交流，体现文化传统的多样性。织绣从技艺到艺术，都是中国有代表性的文化遗产，问题在于如何给出一个在清晰的时空范围内清晰的文化特征。

（1）蚕桑和茧丝。蚕丝是织绣最主要、最基础的原材料，而种桑、养蚕、育茧正是缫丝的前道工序。从甲骨文的"桑"字，到青铜器上的蚕纹，再到画像砖（石）上的采桑图，可以看到蚕桑栽培历史的久远，并且绵延不断。把蚕食桑叶图像铸于青铜器，把陶壶做成茧形，乃至铸成通体镏金的青铜蚕作为神灵加以供奉膜拜，都反映出古人对蚕桑生产的重视。在江南地区，桑树栽培在移植鲁桑的基础上，努力培养叶片厚、叶质好、产量高又便于采摘的地桑，形成独特的优良品种"湖桑"，对蚕桑生产发展起到积极的推动作用[33]。又探索低温条件下人工催青育蚕的办法，培育出闻名于世的"八辈蚕"，从而达到多缫丝、织好绸的目标。左思《吴都赋》曾这样描述六朝时的吴郡："国税再熟之稻，乡贡八蚕之锦。""八辈蚕"因而被称为"吴蚕"。之后，"八辈蚕"、"八茧蚕"等描述，大量出现在唐宋文人的诗词歌赋之中。例如李贺《南园》诗云："长腰健妇偷攀折，将喂吴王八茧蚕。"在蚕茧的处理方面，江浙民间也发明了盐腌法储茧，使茧"易缫而丝韧"，延长缫制的时间，稳定茧丝产量和质量；并采用热汤浮煮、雁齿（一种草叶）索绪的方法来缫丝，较好地解决了溶解丝胶、促使茧丝逐步舒解的技术难题[34]。这些都体现了吴地人民以其创造精神所带来的文化的演进发展。

（2）纺具和织机。早在新石器时代，古人就发明了用纺轮、纺坠来将纤维纺成纱线，以用于编织。江南地区新石器时代遗址几乎都

有石、陶纺轮出土，是发现原始纺轮最为集中的地区。浙江余姚河姆渡遗址和江苏吴县草鞋山遗址还发现有木纺轮，推测或使用了木纺轮[35]，这是后世调丝和绕线工具的起源。与原始纺具相配套的，是原始的腰织机或踞织机。河姆渡遗址出土的织机具，和根据这些织机构件复原的织机，可作为早期腰织机的代表。它由牵经装置、打纬刀、卷布轴和骨锥、梭形器、梳形器等，具备原始织机最基本的配置[36]。至余杭反山良渚文化墓地出土的织机构件，不仅用玉饰镶套起经轴、卷布轴和分经木的端部，使织机更加经久耐用，而且结构合理，使织品的幅宽和经纬密度较之河姆织机又有较大提高。钱山漾遗址出土的残绢片光滑细密，经纬密度达到每平方厘米48根，推测就是在良渚织机上织成的[37]。至汉魏六朝时期，江南地区的纺车由手摇式单锭车，演变为脚踏式三锭纺车；织机则由腰机（踞织机）向脚踏（蹬）式的手织机、斜织机过渡，从而减轻劳动强度，提高工作效率，也减少丝线的断头，提高织物的质量。这在江苏出土的汉画像石刻和东晋顾恺之为刘向《列女传》所作的插图中，形象地得到展示[38]。此后，纺织机具不断改进，与织造技法的演进相结合，推动丝织品品种不断增加，组织日益精细，纹样更加绚丽多姿。至明末，苏州至少已有绫机、绢机、罗机、纱机、绸机五种丝织机[39]，并发展出结构十分复杂而精巧、功能更趋完善的阔幅提花织机，称为大花楼提花机，能够织造妆花缎、织金绸、金宝地等复杂提花织物，代表了中国丝绸手工织造时代的最高水平。纺织机具的改进，体现了生产力水平的提升，它作为文明进步的基本动力，推动经济社会的不断发展。

（3）设计和工艺。与织机的改进相对应，是织造工艺技术的提升。特别是织锦，花样繁多，工艺复杂，并且富于变化，使得提花织物

的设计和工艺不断创新发展。花本挑结，就是大花楼织机上机织造前的创作设计。它实质上是以线为材料，将织物纹样编成程序，制作成花本。通常是画师先将花纹图样画在纸上，再由结本者也就是设计者经过量度和计算，用不同色彩的丝线编结成花本，再通过拼花将多个花色的花本拼成一个完整的花本。花本张挂在花楼上，织工根据花本提示的信息，穿综带经，提衢行梭，就能织成预定的提花花样[40]。花本可以反复循环使用，也可以"翻倒"即复制同样的花本，相当于一个程序软件。花本挑结应用于明清江南织局的织锦，体现了明代江南织锦艺人非凡的组织技巧和精湛的设计智慧。花本挑结使妆花工艺进一步完善。妆花是一种纬锦织物，也是一种独特的丝织工艺。妆花在传统织锦工艺的基础上，综合缂丝、绒锦、织金锦等丝织工艺技术的精华，通过局部挖花盘织，把各种彩色花纬线按纹样织入锦缎。妆花为重纬织物，在坚实紧密的锦地上加织而形成显花彩纬，不仅实用价值高，而且配色浓艳靓丽，形成一种立体的装饰效果，具有很强的艺术感染力。妆花工艺运用十分普遍，可以用在缎地、罗地、绸地、绢地和绒地上，其图案取材广泛，布局严谨庄重，而色彩组合却千变万化，代表明清丝织品的最高水平。与妆花密切相关的还有织金。它是用金装饰的高档丝织物，也是一种独特的装饰工艺。织金用金线勾边，俗称"金包边"，使织物显得华丽高贵。综合运用妆花和织金两项工艺，就形成被称为"金宝地"的织锦。金宝地大量使用金线，除用双圆金线织出厚重的地张外，还用扁金、扁银、圆银线勾边和装饰纹样，并用多彩绒纬挖花。整个织物色彩斑斓，层次丰富，金彩交辉，瑰丽而华贵。苏州明代王锡爵墓出土的黄织金妆花斗中方补纱，就是妆花和织金工艺的代表作[41]。从设计到织造、炼染、印花、刺绣，织绣的技艺内容丰富，作为一种承载于

织物、绣品的文化遗产，有很多传衍至今，堪称中国传统手工工艺的杰出范例。

（4）纹样和色彩。纹样是指织物组织结构变化而形成的单元图案，通过反复循环应用对织物进行装饰。丝绸纹样的变化既基于织造技术的进步，又反映特定时代的审美情趣和社会风尚的演变。它凝聚一个民族或一定人群的习俗、心理和观念，成为一种艺术结晶和文化象征。从良渚文化遗址出土的残绢都为平纹丝织物，而较早的马家浜文化遗址出土的葛麻织物，则有以纬线起花的斜纹，花纹有山形和菱形[42]。

从汉代至东吴，江南"绫绮之服"得到发展，绮是平纹地上起斜纹花的提花织物，绫为斜纹地上起斜纹花的提花织物，因为其花纹看上去像冰凌的纹理，故名绫。这表明含有丰富纹样内容的高档丝织品此时已相当普及。绫是唐代最为盛行的丝织品，从江南上贡的丝织品看，苏州所贡除绢、缎、罗外，也有相当数量的方纹绫，其中包括龙凤、麒麟、天马、辟邪等瑞祥纹样[43]。而从宋代墓葬出土实物看，民间使用的绫主要是缠枝花纹，包括牡丹、山茶、桃花、梅竹和松纹等[44]。苏州瑞光塔内发现的北宋丝织品，其中缠枝牡丹花罗组织结构巧妙，虽然是单色，但以孔眼的疏密构成织物的地和花，形成独特的纹样。明清时期吴地丝织品的图案纹样取材更加广泛，内容尤为丰富。绣工以借物象形和以名谐音的方法，赋予纹样以特定的吉祥寓意，从而展现丰富的文化意蕴。色彩同样是构成织绣样貌的重要元素。与纹样一样，丝织品的色彩不仅沉淀了人们千百年来的审美意向，而且与社会风尚、习俗紧密结合，赋予不同色彩以特定含意，还因为统治者以色彩"别贵贱等级之度"，更使色彩呈现出社会结构及其变动的面相棱角。古人以"五色作服"，即规定五种基本色调，并与五行和方位、术数相对应，归纳为"五德相胜"

说，一定时代、一定地域形成一定的的色彩主流。特别是涉及礼制、官制的服饰，"黼黻文章，必以法故，无或差忒；黑黄苍赤，莫不质良，勿敢伪诈"[45]。汉代以后，丝绸色彩进一步细分，不同颜色的区别和搭配更为讲究。而草本染料和矿物染料的开发，多次浸染、媒染和辅助染色工艺的进步，给丝绸色彩的表达提供技术支撑，使织物绣品产生出丰富的视觉效果。至唐代，虽然朝廷对江南丝绸贡品的质地和色彩有所规定，如常州紫纶布、苏州红纶巾、绯绫，杭州白编绫、纹纱等，但实际的丝织品品种、纹样、色彩要丰富得多。白居易《缭绫》一诗，对江南所产缭绫作了细致的描绘："缭绫缭绫何所似？不似罗绡与纨绮……中有文章又奇绝，地铺白烟花簇雪……织为云外秋雁行，染作江南春水色……异彩奇文相隐映，转侧看花花不定……"至此，染业已从丝织业中分化出来，丝织品的彩绘、印花技艺都有新的发展。如五代南唐时，金陵的染坊业相当发达，尤以被称为"五色帛"的彩绢名重一时。其中有一种色帛名为"天水碧"，相传为南唐后主李煜之妾所创，她将染成的碧帛晾于园中一夜未收，不料经受露水的绢帛色彩更加鲜艳而有灵气，得到李煜的喜爱，于是宫中女子竞相采露水以染碧帛，称之为"天水碧"。这一色彩很快被江南染肆普遍采用，很多染坊还在门前打出"天水碧"的招牌[46]。自宋元至明清，绸缎炼染工艺进一步完善。据考证研究，至明末，有文字记载的丝织品色彩约为50种，另有70多种色彩是新开发的[47]。至清朝末期，用于刺绣的丝线，仅色彩类别就多达88种，"其因染而别者，凡七百四十有五"[48]。明清两代，丝绸炼染的技工集中在宁、苏、杭三大城市，其中苏州染坊中染工最多时达数千人，湖州、嘉兴等地的丝织品都运至苏州加工炼染。而各地染业也逐渐形成一定分工，南京的玄色、苏州的玉色、杭州的杭青等分别成为

各自的技艺特色。吴地织绣无论是留存至今的历代实物遗存，还是相沿应用并不断发展的织绣技艺，都体现了独特的文化价值，见证人类文明的长久延续。

吴地织绣对于文化发展的贡献，最直接的是装扮人们的生活，满足人们从视觉到精神的愉悦。同时，又以独特的方式与礼仪、风俗相结合，除了多方面的瑞祥象征外，也在一定程度上反映社会结构和社会等级制度的变动。此外，织绣的技艺交流和其物化形态——织物绣品的贸易，则促进文化的传播和交流，促进国内南北地区之间和国际东西方之间的文化融合。从这些层面上看，吴地织绣的辉煌，构成中国传统手工工艺最为多姿多彩的一种文化景观。

注　释

[1] 〔汉〕司马迁：《史记·楚世家》《史记·越王勾践世家》，线装书局，2006年版，第187、198页。

[2] 〔清〕毕沅校注：《墨子·非乐上》，上海古籍出版社，2014年版，第139页。

[3] 〔晋〕陈寿：《三国志》卷六五《吴书·华覆传》，华夏出版社，2011年版，第1261-1262页。

[4] 〔汉〕班固：《汉书·食货志》，《历代食货志注释》第1册，农业出版社，1984年版，第65页。

[5] 《周礼·天官·家宰》，《周礼》新世纪万有文库本，辽宁教育出版社，1996年版，第1-5页。

[6] 〔晋〕陈寿：《三国志》卷50《嫔妃传第五》，华夏出版社，2011年版，第1011页。

[7] 〔唐〕李延寿：《南史》卷二《宋本纪·前废帝纪》，吉林人民出版社，1995年版，第41页。

[8] 〔清〕吴任臣：《十国春秋》卷一五《南唐一》第1册，中华书局，1983年版，第203页。

[9] 刘林等点校：《宋会要辑稿》卷六四《食货》第13册，上海古籍出版社，2014年版，第7741-7747页。

[10] 〔明〕皇甫汸：万历《长洲县志》卷五《县治》，广陵书社，2006年版，第27页。

[11] 参看范金民、金文《江南丝绸史研究》，农业出版社，1993年版，第114-156页、第139-147

页、第 158-162 页。

[12] 〔清〕倪师孟等：乾隆《吴江县志》卷三八《生业》，《中国地方志集成·江苏府县志辑》第 19 册，凤凰出版社，2008 年版，第 211 页。

[13] 〔清〕顾震涛：《吴门表隐》卷五，江苏古籍出版社，1999 年版，第 64 页。

[14] 〔明〕宋濂等：《元史》卷一一《世祖本纪》，百衲本二十四史《元史》第四册本纪卷第十一，第 8 页。

[15] 〔意〕马可·波罗著，陈开俊等译：《马可·波罗游记》，福建人民出版社，1982 年版，第 172-175 页。

[16] 〔明〕陆粲：《庚巳编》卷四、卷一，上海古籍出版社，2012 年版，第 34 页。

[17] 曹允源：《吴县志》卷五一《物产》，《民国吴县志校补》第 8 册，国家图书馆出版社，2014 年版，第 215 页。

[18] 〔汉〕袁康：《越绝书》卷八《记地传》，中华书局，四部备要校刊本，1936 年版，第 67 页。

[19] 〔梁〕沈约：《宋书》卷五六《孔琳之传》，中华书局，2000 年版，第 921 页。

[20] 〔唐〕李延寿：《南史》卷七七《周石珍传》，吉林人民出版社，1995 年版，第 1105 页。

[21] 〔梁〕沈约：《宋书》卷八四《孔觊传》，中华书局，2000 年版，第 1389 页。

[22] 〔宋〕沈作宾、施宿：《会稽志》卷一七"布帛"第 10 册，中国成文出版有限公司，1976 年版，第 56 页。

[23] 〔南朝宋〕范晔：《后汉书》卷七一《陆续传》，太白文艺出版社，2006 年版，第 619 页。

[24] 〔宋〕李昉等：《太平御览》卷八二〇《布帛部》七《布》，中华书局，1960 年版，第 2944 页。

[25] 〔三国〕华覈：《上吴主孙皓疏》，《中国历代食货典》卷三六《农桑部》，江苏广陵古籍刻印社，1989 年版，第 198 页。

[26] 〔梁〕萧子显：《南齐书》卷六《本纪第六明帝》，中华书局，1972 年版，第 89、91 页。

[27] 〔汉〕刘向：《说苑》卷九《正谏》，《说苑全译》，贵州人民出版社，1992 年版，第 390 页。

[28] 〔唐〕房玄龄：《晋书》卷二六《食货志》，《历代食货志今译》，江西人民出版社，1986 年版，第 15 页。

[29] 〔梁〕沈约：《宋书》卷五六《孔琳之传》，中华书局，2000 年版。

[30] 〔梁〕沈约：《宋书》卷八二《孙怀文传》，中华书局，2000 年版，第 1266 页。

[31] 〔宋〕司马光：《资治通鉴》卷二七〇第 6 册，当代中国出版社，2000 年版，第 2083 页。

[32] 〔宋〕孔延之辑：《会稽掇英总集》卷二〇，沈立：《越州图序》第 5 册，上海古籍出版社，1987 年版，第 114 页。

[33] 蒋猷龙：《浙江桑品种的形成和分化》，《古今农业》1987 年第 1 期。

[34] 陈维稷：《中国纺织科学技术史（古代部分）》，科学出版社，1984 年版，第 13、50 页。

[35] 刘兴林：《考古学视野下的江南纺织史研究》，厦门大学出版社，2013 年版，第 135 页。

[36] 浙江省文物考古研究所：《河姆渡——新石器时代遗址考古发掘报告》（上），文物出版社，2003 年版，第 376 页。

[37] 赵丰：《良渚织机的复原》，《东南文化》1992 年第 2 期。

[38] 宋伯胤、黎忠义：《从汉画像石探索汉代织机构造》，《文物》1962 年第 3 期。

[39] 〔明〕牛若麟：崇祯《吴县志》卷二九《物产》第 3 册，上海古籍书店，1990 年版，第 105 页。

[40] 〔明〕宋应星：《天工开物》卷上《乃服·穿经》，广东人民出版社，1976 年版，第 89 页。

[41] 范金民、金文：《江南丝绸史研究》，农业出版社，1993 年版，第 369-376 页。

[42] 南京博物院：《江苏吴县草鞋山遗址》，《文物资料丛刊》3，文物出版社，1980 年版。

[43] 〔宋〕欧阳修：《新唐书》卷一三四《韦坚传》第 3 册，岳麓书社，1997 年版，第 2822 页。

[44] 陈晶、陈丽华：《江苏武进村前南宋墓清理纪要》，《考古》1986 年第 3 期。

[45] 〔战国〕吕不韦：《吕氏春秋》卷六《季夏纪》，上海古籍出版社，2014 年版，第 111 页。

[46] 〔清〕吴任臣：《十国春秋》卷一七引《南唐拾遗记》第 1 册，中华书局，1983 年版，第 232 页。

[47] 〔明〕宋应星：《天工开物》卷上《彰施第七》，广东人民出版社，1976 年版，第 113-124 页。

[48] 〔清〕沈寿：《雪宧绣谱》中《线色表》，重庆出版社，2017 年版，第 22 页。

附录

《无锡文博论丛》征稿启事

《无锡文博》杂志创刊于1989年，原名《无锡博物馆通讯》，1990年改现名，是无锡博物院和无锡市文物交流中心联合主办的学术性刊物。本刊以宣传国家文博政策、促进太湖文化圈学术研究交流、弘扬优秀传统文化、推动无锡文博事业发展为宗旨。自创刊以来，刊物立足于无锡丰厚的历史文化积淀，广纳百川，不仅及时地反映了无锡地区的文博发展动态和最新研究成果，同时也为全国各兄弟单位打造了文化交流的平台。

《无锡文博》从2016年起停刊，以《无锡文博论丛》（以下简称《论丛》）形式由出版社公开出版，每年一册。现面向社会各界郑重征稿，欢迎广大业内外人士踊跃投稿。本刊所设主要栏目有：考古与文物、历史研究、艺术研究、文化遗产保护、博物馆、图书评论等。具体征稿要求如下：

一、来稿须符合基本学术规范和《论丛》要求，《论丛》来稿格式和注释规范请登录无锡博物院网站查阅，或者联系编辑部索取电子稿。

二、来稿须本人原创稿件，观点鲜明，资料详实，逻辑清楚，文辞畅达，文稿篇幅以8000字以内为宜。

三、来稿除提交电子文本至《论丛》电邮外，另邮寄一份纸质文本至《论丛》编辑部。

四、文末注明作者姓名、工作单位、电话、联系地址、电子邮箱，以便联系。

五、《论丛》实行匿名审稿制度，对于一稿多投的稿件，将不进入审稿程序。

六、《论丛》有权对来稿进行技术性处理，如有异议，请在来稿时予以说明。

七、《论丛》不以任何形式收取版面费和审稿费。稿件一经刊登，即付薄酬，同时寄赠样刊。《论丛》有权将稿件以印刷方式或电子方式出版，本刊给作者支付的稿费中已包括上述使用方式的费用。

八、《论丛》联系地址：无锡市太湖广场南侧钟书路100号无锡博物院（503室）征编部；邮编：214023；联系电话：0510-85727606；电子邮箱：wuxiwenbo@163.com

《无锡文博论丛》编辑部

《无锡文博论丛》来稿格式及注释规范

一、来稿格式

来稿需包括如下内容，顺序依次为：（1）论文标题（含副标题）；（2）作者姓名（多位作者姓名中间用空格隔开）；（3）内容摘要（200—300字）；（4）关键词（3—5个，中间用空格隔开）；（5）正文；（6）文末注明作者信息（包括：作者姓名、出生年月、职称、职务、所在单位、通联地址、邮编、手机号码、电子邮箱）。

二、注释规范

引文注释均采用文末注（尾注）格式，一律放置于文章结尾，所引注释条目按先后顺序依次编号为[1]、[2]、[3]、[4]……以此类推。现将注释格式分别说明如下：

（一）著作

引用著作的相关信息先后顺序为：（1）责任者姓名；（2）书名；（3）出版者及出版年份；（4）页码。如所引用文献出自撰著，在责任者姓名后直接加冒号；如所引用文献出自编、校等形式，在责任者姓名后加"主编"、"编"等字样后再加冒号；如两个或三个责任者合著或合编，则在责任者姓名中间用顿号隔开；如系三个以上的责任者合著或合编，则在第一责任者姓名后加"等"字。举例如下：

[1] 茅海建：《戊戌变法史事考》，生活·读书·新知三联书店，2005年版，第285页。

[2] 张宪文主编：《南京大屠杀全史》（上），南京大学出版社，2012年版，第156页。

[3] 唐兰：《古文字学导论》（增订本），齐鲁书社，1981年版，第398页。

[4] 苏智良等：《去大后方——中国抗战内迁实录》，上海人民出版社，2005年版，第16页。

（二）译著

引用译著需标明责任者国别，国别置于责任者姓名前面；翻译者作为第二责任者，置于原著者汉译姓名之后，中间用逗号隔开；翻译者有两人或三人，译者姓名中间用顿号隔开；翻译者如系三人以上，则在第一翻译者姓名后加"等"字；其余注释格式同上。举例如下：

[1]〔美〕费正清著，张理京译：《美国与中国》，商务印书馆，1987年版，第15页。

[2]〔法〕谢和耐著，黄建华、黄迅余译：《中国社会史》，凤凰出版传媒股份有限公司、江苏人民出版社，2010年版，第307页。

[3]〔日〕佐藤铁治郎著，孔祥吉、〔日〕村田雄二郎整理：《一个日本记者笔下的袁世凯》，天津古籍出版社，2005年版，第54页。

[4]〔美〕邓尔麟著，蓝桦译：《钱穆与七房桥世界》，社会科学文献出版社，1998年版，第124页。

（三）资料集与论文集中的析出文献

引用文集析出文献相关信息的先后顺序为：（1）作者姓名；（2）篇名；（3）书名；（4）出版者及出版时间；（5）页码。举例如下：

[1] 王曾瑜：《宋朝户口分类制度略论》，

《中日宋史研讨会中方论文选编》，河北大学出版社，1991年版，第11页。

[2]曾昭燏、李济：《博物馆的性质与功能》，《博物馆历史文选》，陕西人民出版社，2000年版，第70页。

[3]曾昭燏：《中国博物馆之沿革》，《曾昭燏文集》，文物出版社，1999年版，第283页。

（四）古籍

古籍的标注格式与著作类标注格式基本相同，除需注明责任者所处朝代之外，还需注明刊本、卷次等信息，如是影印本，则在原书名之后标注"（影印本）"字样，如是校注本，则需注明校注者姓名。举例如下：

[1]〔清〕魏源：《海国图志》卷八，光绪二年平庆泾固道署重刊本。

[2]〔清〕佚名辑：《华氏义田事略》（影印本），《无锡文库》第3辑，凤凰出版传媒集团、凤凰出版社，2012年版，第25页。

[3]〔唐〕陆广微撰，曹林娣校注：《吴地记》，江苏古籍出版社，1999年版，第38页。

[4]〔宋〕郭若虚：《图画见闻志》，《中国书画全书》第1册，上海书画出版社，1993年版，第466页。

（五）期刊杂志

引用期刊杂志相关信息的先后顺序为：（1）作者姓名；（2）篇名；（3）期刊名称及卷册号、期号或出版时间；（4）页码，部分期刊文献没有页码，则需在出版时间后注明"原文无页码"字样。举例如下：

[1]何思源：《华盛顿会议中山东问题之经过》，《东方杂志》第19卷第2期（1922年1月），第56页。

[2]金冲及：《清朝统治集团的最后十年》，《近代史研究》2011年第6期，第6页。

[3]李伯重：《八股之外：明清江南的教育及其对经济的影响》，《清史研究》2004年第1期，第8页。

[4]吴镇烽：《秦晋两省东汉画像石题记集释——兼论汉代圜阳、平周等县的地理位置》，《考古与文物》2006年第1期，第56页。

（六）报纸

引用报纸相关信息的先后顺序为：（1）作者姓名；（2）篇名；（3）报纸名称及出版时间。举例如下：

[1]庄希泉：《辛亥革命中的南洋华侨》，《人民日报》1981年10月12日。

[2]魏宏运：《中国的抗日战争是世界反法西斯战争的重要组成部分》，《人民日报》1995年7月27日。

[3]李治亭：《古籍整理的新开拓》，《中国新闻出版报》2003年5月28日。

[4]《无锡各界抗敌后援会筹备会为定期举开成立大会通告各界》，《锡报》1937年7月27日。

（七）未刊文献

引用未刊文献（如学位论文、未刊手稿、会议论文、馆藏档案等）除需标注作者姓名、著作名或篇名之外，还需标注文献所属机构、完成时间及页码；引用未出版的会议论文时，还需标注会议名称、地点及时间；引用档案文献时，还需标注全宗号、目录号、案卷号，或按原档案自身编排方法标注；引用未刊文献时，需取得资料所有者的授权。举例如下：

[1]余同元：《中国传统工匠现代转型问题研究》（博士学位论文），复旦大学，2005年，第76页。

[2]〔明〕华鸿山：《皇华集》卷一，木刻本，无锡博物院藏。